Beck'sche Elementarbücher

HARALD FRICKE

Norm und Abweichung

Eine Philosophie der Literatur

VERLAG C. H. BECK MÜNCHEN

Umschlagbild: Goethe auf zurückgelehntem Stuhl in seiner römischen Wohnung. Zeichnung von J. H. W. Tischbein, 1787 (Nationale Forschungs- und Gedenkstätten der klassischen deutschen Literatur, Weimar)

CIP-Kurztitelaufnahme der Deutschen Bibliothek

Fricke, Harald:
Norm und Abweichung : e. Philosophie d. Literatur / Harald Fricke. – München : Beck, 1981.
(Beck'sche Elementarbücher)
ISBN 3 406 08414 1

ISBN 3 406 08414 1

Umschlagentwurf: Walter Kraus, München

Gesamtherstellung: Hieronymus Mühlberger KG, Augsburg
Printed in Germany

Meinen

‚Anstreichern'

gewidmet

Erhaben und das Gewöhnliche meidend ist die Dichtung, die fremdartige Worte gebraucht.

ARISTOTELES: *Poetik*

Nach Aristoteles muß die dichterische Sprache den Charakter des Fremdländischen, Erstaunlichen haben ... Somit kommen wir zur Definition der Dichtung als einer gebremsten, verbogenen Sprache.

ŠKLOVSKIJ: *Die Kunst als Verfahren*

Jedesmal, wenn die Sprache eine gewisse Abweichung von der direktesten, das heißt der unsinnlichsten Ausdrucksweise des Denkens aufweist, jedesmal, wenn solche Abweichungen gewissermaßen eine Welt von Beziehungen ahnen lassen, die sich von der rein praktischen Welt unterscheidet, jedesmal begreifen wir dann mehr oder weniger deutlich ... die Substanz der Poesie.

VALÉRY: *Poésie pure*

Doch es giebt auch Verstoesse, die
gern zu verzeih'n wir geneigt sind.

HORAZ: *Ars poetica*

Tut mir leid für Mister Horaz – aber bei dem, was ich zu schreiben vorhabe, werde ich mich weder seinen Regeln fügen noch den Regeln von irgendwem sonst auf der Welt.

STERNE: *Tristram Shandy*

Ich habe die Regeln der Sprache nicht beachtet. Ich habe Sprachverstöße begangen. Ich habe die Worte ohne Gedanken gebraucht ... Ich habe die Natur frei genannt. Ich habe den Schrekken panisch genannt. Ich habe das Lachen befreiend genannt. Ich habe die Freiheit unabdingbar genannt.

HANDKE: *Selbstbezichtigung*

Inhaltsverzeichnis

1. Vorwort

> Es ist eine unbesonnene und unbescheidne Anmaßung, aus der Philosophie etwas über die Kunst lernen zu wollen. Manche fangen's so an, als ob sie hofften hier etwas Neues zu erfahren; da die Philosophie doch weiter nichts kann und können soll, als die gegebnen Kunsterfahrungen und vorhandnen Kunstbegriffe zur Wissenschaft machen . . . und diejenige logische Stimmung auch über diese Gegenstände zu erzeugen, welche absolute Liberalität mit absolutem Rigorismus vereinigt.
>
> FR. SCHLEGEL: *Kritische Fragmente*

Was ist Poesie? Und: was ist gute Poesie? Was für Arten von Poesie gibt es? Wie entwickelt sie sich im Verlauf der Geschichte? Wie hängt sie mit der Gesellschaft zusammen – und wie mit dem einzelnen in dieser Gesellschaft?

Die Antworten, die in diesem Buch auf solche Fragen gegeben werden, sind in ihrem Kern nicht neu; im Gegenteil, sie sind so alt wie die abendländische Literaturtheorie. Daß Poesie in bestimmter Weise von sprachlichen Normen abweicht, haben Literarästhetiker von Aristoteles bis Šklovskij und Dichter von Horaz bis Handke immer wieder zum Ausdruck gebracht.

Nicht ganz so alt, aber besonders in jüngster Zeit nahezu ebenso verbreitet wie das literaturtheoretische Modell von Norm und Abweichung ist die Kritik daran. Vor allem drei Einwände sind es, die immer wieder zur vorschnellen Preisgabe dieser literaturtheoretischen Konzeption verleitet haben: das Abweichungsmodell sei nur auf einen eng begrenzten *Teilbereich* literarischer Erscheinungen und literarhistorischer Entwicklungen anwendbar; eine schlüssige und trennscharfe *Definition* der zentralen Begriffe „Norm" und „Abweichung" lasse sich nicht angeben; und für weitergehende literaturtheoretische *Grundsatzfragen* sei die Abweichungskonzeption ohne Wert. Zur Widerlegung dieser drei Einwände verfolgt meine Abhandlung vor allem drei Ziele:

(1) Zum Nachweis der *Allgemeingültigkeit* des Abweichungsmodells möchte ich zeigen, daß sich das Prinzip von Norm und Abweichung nicht

auf einzelne stilistische oder historische Phänomene beschränkt, sondern auf den ganzen Bereich sprachlicher Konventionen und literarischer Besonderheiten erstreckt (Kapitel 2).
(2) Zum Nachweis der *Stichhaltigkeit* des Abweichungsmodells möchte ich zeigen, daß sich die Redeweise von „sprachlichen Normen" und „poetischen Abweichungen" philosophisch klären läßt und daß auf dieser Grundlage eine präzisierte Fassung des gesamten Modells möglich wird (Kapitel 3).
(3) Zum Nachweis der *Fruchtbarkeit* des Abweichungsmodells möchte ich zeigen, daß sich einige fundamentale Probleme der Literaturtheorie im Rahmen der Konzeption von Norm und Abweichung auf neue Weise zusammenhängend formulieren und – jedenfalls in Form begründeter Hypothesen – auch zusammenhängend beantworten lassen (Kapitel 4).

Aus dieser dreifachen Zielsetzung ergibt sich die Notwendigkeit, die Grenzen der Anwendbarkeit für das Abweichungsmodell so weit wie möglich hinauszutreiben und seinen Nutzen auch für Fragebereiche zu erweisen, die man bisher kaum mit der Konzeption von Norm und Abweichung in Verbindung gebracht hat. Das mag den Vorwurf des Überstrapazierens einer solchen Konzeption nahelegen. Das Bemühen um größtmögliche Allgemeingültigkeit ist aber nicht ein vermeidbarer Mangel dieses Versuchs, sondern sein eigentlicher Zweck. Im Zweifelsfall wäre eher das Abweichungsmodell aufzugeben als das übergeordnete Ziel, der Literaturwissenschaft eine *einheitliche* theoretische Grundlegung zu geben. Denn gegenüber einer in verschiedenste Forschungsrichtungen und Detailstudien zerfallenden literaturwissenschaftlichen Praxis muß es Aufgabe der Literaturtheorie sein, wieder ins Bewußtsein zu heben, wie bei der Untersuchung einzelner Texte oder Textgruppen Fragen der Gattungstheorie, der Literaturgeschichtsschreibung, der Literatursoziologie und der literarischen Wertung miteinander zusammenhängen – und welche Konsequenzen sich daraus für die methodologischen Entscheidungen des Literaturwissenschaftlers ergeben.

So sehr dieses Buch damit auf die Wiedergewinnung alter Einsichten und auf die Behebung gegenwärtiger Schwierigkeiten der Literaturtheorie ausgerichtet ist, so wenig kann sein Ziel doch in einer wissenschaftsgeschichtlichen Darstellung oder in einem aktuellen Forschungsbericht zum Abweichungsmodell liegen. Angestrebt wird die begriffliche Klärung und argumentative Prüfung fundamentaler Sachfragen; dieser Zielsetzung könnte eine Vermengung mit dem Geschäft gelehrter Tagespolemik oder theoriegeschichtlicher Nacherzählung nur abträglich sein. Gegenüber der im Vordergrund stehenden Frage, *was* alles für oder gegen die Konzeption von Norm und Abweichung spricht, muß die Frage, *wer* alles für oder gegen sie gesprochen hat, in den Hintergrund treten. Ich werde also weder das „exallättein" des Aristoteles noch Schellings „Absonderung von der

Totalität der Sprache", weder Šklovskijs „priem ostranenija" noch Mukařovskýs „aktualisace", weder die „écarts" französischer Strukturalisten noch die „deviations" amerikanischer Linguisten ausführlich in ihrem historisch-sachlichen Verhältnis zueinander und zu meinen eigenen Grundbegriffen erörtern. Und ebensowenig werde ich hier im einzelnen meine Auseinandersetzung mit den zahlreichen neueren Veröffentlichungen für oder gegen die eine oder andere Version einer Abweichungs- oder einer Normpoetik dokumentieren.

Die vorgetragenen Überlegungen sind also zwar durchweg auf die gegenwärtige literaturtheoretische Diskussion bezogen – aber sie handeln nicht von ihr, sondern von ihrem Gegenstand: der Literatur. Zum einen muß ich offen bekennen, daß mir hier die Sache viel wichtiger ist als anderer Leute Meinung über die Sache. Zum anderen scheint es mir aus Gründen faßlicher Darstellung in diesem Fall geradezu geboten, alle Hinweise zu historischen oder aktuellen Parallelstellen auf ein zur Vermeidung von Mißverständnissen unabdingbares Minimum zu reduzieren. Um der Konzentration auf den eigentlichen Argumentationsgang willen habe ich für die Buchfassung dieser Untersuchung auch die Anmerkungen strikt auf die Belegnachweise im Anhang beschränkt und einige hundert kritisch kommentierende Fußnoten zur Fachliteratur vollständig getilgt. Einer derjenigen Autoren, von denen andernfalls in diesem Buch am häufigsten die Rede sein müßte, der tschechische Literaturtheoretiker Jan Mukařovský, hat sich einmal in einer ähnlichen Situation für einen ähnlichen Verzicht entschieden und dies mit folgenden Worten begründet:

> Die hauptsächliche Absicht des Verfassers bestand aber darin, eine systematische Darlegung der eigenen Auffassung von einigen Grundproblemen der Ästhetik zu bieten. Deshalb erschien es nicht zweckmäßig, eine Kritik fremder Ansichten – sei sie situationsbezogen, sei sie systematisch – vorzutragen: die Gelegenheitskritik unterliegt immer der Gefahr, die fremden Gedanken, die aus dem ursprünglichen Zusammenhang herausgerissen wurden, zu entstellen; ein systematischer Überblick der Arbeiten und Auffassungen von dem Verhältnis zwischen Kunst und Gesellschaft wurde schon des öfteren gegeben, andererseits würde der Versuch, ihn im Rahmen dieses Buches zu unternehmen, dessen Zielrichtung unklar machen ...[1]

Wie von der grassierenden Unsitte des gelehrten ‚name-dropping', so erlaube ich mir auch von einer ähnlich verbreiteten Spielart verbaler Imponiergesten Abstand zu nehmen: von einer esoterischen Terminologie und der künstlichen Dunkelheit möglichst exklusiv gewählter Formulierungen. Zwar versucht dieses Buch einige avancierte, auch unter Experten höchst umstrittene Probleme der Literaturtheorie zu lösen – aber es ist nicht allein für literaturtheoretische Experten geschrieben. Es soll zugleich eine zusammenhängende Einführung in die Literatur und ihre wissenschaftliche Beschreibung geben, die für jeden Studienanfänger und für jeden nachdenklichen Leser poetischer Werke ohne literaturwissenschaftliche, linguistische oder philosophische Vorkenntnisse lesbar bleibt.

Sollte mir dieses Bemühen um größtmögliche Schlichtheit des Ausdrucks bei einigen terminologiebeflissenen Zunftgenossen den Vorwurf sprachlicher Simplifizierung eintragen, so würde ich diesen Tadel gegebenenfalls mit weitaus größerer Gelassenheit ertragen als den umgekehrten Vorwurf der Komplizierung einfacher Sachverhalte. Exaktheit ist keine Frage der gewählten Ausdrücke, sondern des Umgangs mit ihnen; das Streben nach sprachlicher Präzisierung soll der besseren Verständigung dienen, nicht sie behindern.

Ich werde hier also weder von irgendwelchen modischen Terminologien Gebrauch machen noch selber neue Kunstwörter einführen; statt dessen versuche ich, einigen in der öffentlichen Verständigung über Literatur seit langem gebräuchlichen Wörtern und Redeweisen einen genaueren Sinn zu geben. Für die Sprache der Literaturwissenschaft, will sie dem normalen Leser als ihrem eigentlichen Nutznießer zugänglich bleiben, besteht der geeignete Weg zu größerer Zuverlässigkeit des Redens nicht in der Konstruktion neuer Wissenschaftssprachen, sondern in der wissenschaftlichen *Rekonstruktion* allgemein geläufiger Begriffe und Annahmen. Bei diesem Verfahren wird der tradierte Sprachgebrauch zwar aufgenommen, aber mit allen verfügbaren Mitteln moderner wissenschaftlicher Sprachkritik präzisiert – und dabei unvermeidlicherweise gelegentlich auch korrigiert.

In besonderem Maße empfiehlt sich dieses Vorgehen bei der traditionsreichen und dennoch niemals mit einer ihre Kritiker zufriedenstellenden Genauigkeit ausgearbeiteten Redeweise von Normen und Abweichungen in der Literatur. Die moderne Sprachphilosophie hat uns scharfsichtiger, die Literatur des 20. Jahrhunderts hat uns weitsichtiger gemacht, als es die klassischen Vertreter der Abweichungstheorie sein konnten; ihre richtigen Einsichten auf dem unserer Zeit erreichbaren theoretischen Niveau neu zu formulieren, dürfte deshalb ebenso erforderlich wie erfolgversprechend sein.

Um möglichst lesbarer Darstellung willen habe ich auch bei der geordneten Zusammenstellung von Belegen für poetische Regelverstöße in Kapitel 2 zunächst noch ganz von der Verwendung explizit festgelegter Begriffe des Abweichungsmodells abgesehen und mich auf umgangssprachliche oder anderweitig gut eingeführte Ausdrucksweisen zur Erläuterung der verschiedenartigen Fälle beschränkt. Denn es dürfte sowohl der unmittelbaren Verständlichkeit als auch der sachlichen Angemessenheit der Begriffsklärungen in Kapitel 3 dienlich sein, wenn zuvor erst einmal die Palette dichterischer Normabweichungen in ihrer ganzen Breite und Vielfalt vor Augen geführt wird.

Schließlich ergibt sich aus der angeführten Zielsetzung dieses Buches noch ein über das rein Sprachliche hinausgehendes Darstellungsproblem:

die Vielfalt und die Allgemeinheit der behandelten Fragen verlangen einerseits Kürze, andererseits hohen Abstraktionsgrad. Beides pflegt die Lektüre theoretischer Abhandlungen nicht eben zu erleichtern. Den einzigen Ausweg habe ich hier in einer sorgfältig erwogenen Choreographie von Beispielen gesehen.

Zum einen habe ich in gewollt reichlichem Maße den oft nur knapp eingeführten typologischen Unterscheidungen ebenso knappe Hinweise auf exemplarische Fälle aus der europäischen und besonders der deutschen Literatur des 16. bis 20. Jahrhunderts zur Seite gestellt. Die genauere Prüfung des Verhältnisses von Text und theoretischer Einordnung muß ich hier freilich oft dem näher interessierten Leser selbst überlassen. In voller Absicht habe ich in diese Beispiele häufig auch Randphänomene des traditionellen Literaturkanons wie Oper, Schlagertext, Volks- und Kinderpoesie einbezogen. Denn eine wirklich allgemeingültige Literaturtheorie muß ebenso wie für den unumstrittenen Zentralbereich bedeutender Dichtung auch für diese Randphänomene erklären können, inwiefern sie gleichfalls poetisch sind – und inwiefern sie sich dennoch hinsichtlich ihrer Gattungszugehörigkeit, ihrer Stellung in der literarhistorischen Entwicklung, ihrer literaturkritischen Beurteilung und ihrer sozialen Funktionsweisen voneinander und von der Dichtung im engeren Sinne unterscheiden.

Zum andern habe ich in den vier literaturtheoretischen Bewährungsproben der Abschnitte 4.1.–4.4. jeweils auch eine etwas ausführlichere Fallstudie zu einem literarhistorischen Spezialproblem unternommen, um daran exemplarisch die gewonnenen literaturtheoretischen Ergebnisse zu verdeutlichen und ihre empirische Anwendbarkeit zu prüfen. Die gewählten Beispielfälle sind dabei absichtlich sehr verschiedenen literarischen Gattungen und Epochen entnommen: der in der Goethezeit sich etablierende Aphorismus als Kunstform der *Sachprosa,* die Entwicklung der deutschen *Lyrik* im 20. Jahrhundert, Hanns Johsts faschistisches Propaganda-Stück ‚Schlageter' als politisches *Drama,* schließlich als *Erzählwerke* Jörg Wickrams in der Zeit um 1550 entstandene frühbürgerliche Romane.

Zugleich handelt es sich dabei durchweg um wirklich problematische und umstrittene Fälle, deren Lösung der jeweiligen literaturwissenschaftlichen Einzelforschung nach meinem Eindruck noch nicht zufriedenstellend gelungen ist. Meine eigenen Lösungsvorschläge sollen andeuten, daß sich im Rahmen des klarer gefaßten Modells von Norm und Abweichung auch manche literaturgeschichtlichen Einzelprobleme angemessener werden klären lassen. Denn der Wert einer literaturtheoretischen Konzeption erweist sich vor allem daran, in welchem Maße sie die empirische Erkundung vielfältiger literarhistorischer Erscheinungen voranzubringen vermag.

2. Ebenen der poetischen Abweichung

> Wenn man alle Gesetze studieren sollte, so hätte man gar keine Zeit, sie zu übertreten.
>
> GOETHE: *Maximen und Reflexionen*

Wenn wir sprechen, sind uns für das, was wir sagen, von den verschiedensten Seiten her Schranken gesetzt: unter anderem von der Grammatik der verwendeten Sprache, von den äußeren Umständen des Sprechens, von der besprochenen Wirklichkeit, von der Logik. Poetisches Sprechen versucht, sich von einzelnen oder mehreren solcher Einschränkungen zu *befreien*; und zwar so, daß dabei gegenüber den gewöhnlichen Verständigungsweisen nicht nur eine Störung, sondern zugleich ein *Gewinn* herbeigeführt wird.

Diese fruchtbare Überwindung sprachlicher Grenzen geschieht auf allen Ebenen von ganz unterschiedlicher Allgemeinheit. Ohne Anspruch auf Vollständigkeit gehe ich im folgenden einmal den ganzen Bereich von den speziellsten zu den generellsten Konventionen sprachlicher Verständigung durch und führe jeweils einige Beispiele für ihre Durchbrechung in der Dichtung an.

2.1. *Graphie und Phonetik:* die Realisierung der Sprache

> Der eine hat eine falsche Rechtschreibung und der andere eine rechte Falschschreibung.
>
> LICHTENBERG: *Sudelbücher*

In neueren Grammatiken finden wir die Regeln einer Sprache meist in die Abteilungen „Phonologie", „Morphologie", „Syntax" sowie „Semantik" und „Pragmatik" aufgegliedert. Im Umgang mit poetischen Werken werden wir jedoch nicht selten daran erinnert, daß unsere Sprache noch *unterhalb* all dieser Ebenen bereits phonetischen und graphischen Regelungen unterliegt: auch in Aussprache und Schreibweise von Wörtern, Sätzen und Texten können wir nicht einfach nach Belieben vorgehen. Wieviele Freiheiten wir hier *nicht* haben, wird uns allerdings zuweilen erst bewußt, wenn ein Dichter sie sich nimmt.

Rechtschreibfehler als ‚dichterische Freiheit' auszugeben, ist freilich schon ein beliebter Witz unter Schülern. Er hat einen wahren Kern, insofern in der Tat eine zunehmende Zahl von Schriftstellern ihre Werke schon durch *orthographische* Eigenwilligkeiten als poetisch erkennbar zu machen bemüht ist. Dies ist jedoch im wesentlichen eine junge literarische Entwicklung; sie setzt nämlich eine allgemein anerkannte und befolgte nationalsprachliche *Vereinheitlichung* der Schreibweisen voraus. Vor deren allmählicher historischer Durchsetzung hatte im allgemeinen gerade die Rechtschreibung anerkannter Dichter maßstabsetzende Geltung; und im 17. und 18. Jahrhundert fungierten normative Poetiken von Autoren wie Opitz und Gottsched unter anderem auch als eine Art Vorläufer des Dudens.

Als frühe Beispiele graphischer Eigentümlichkeiten in der Poesie könnte man deshalb wohl nur Einzelfälle wie den „Ring" Heinrich Wittenwilers anführen, der um das Jahr 1400 satirische Sittenschilderung und ernsthafte moralische Belehrung durch unterschiedliche Farbgebung in den Ansatzstrichen der Versinitialen voneinander absetzt:

Die rot die ist dem ernst gemain,
Die grüen ertzaigt uns törpelleben.[2]

Die eigentliche Blütezeit graphischer Effekte – sofern man einmal von rein kalligraphischen absieht – beginnt allerdings erst mit dem 20. Jahrhundert; und in Deutschland sicher nicht zuletzt durch das Vorbild Stefan Georges. Dessen wohl kaum als Beitrag zur Überwindung von Sprachbarrieren gemeinte *Kleinschreibung* wird man zwar nicht, wie bei dem amerikanischen Lyriker e. e. cummings, für einen geradezu zentralen Kunstgriff seiner poetischen Produktion halten können – aber zum esoterischen *Gesamteindruck* seiner schon optisch schwer verwechselbaren Verse trägt neben Syntax und Interpunktion (davon später!) doch auch dieser Faktor in erheblichem Maße bei:

Ich euch gewissen· ich euch stimme dringe
Durch euren unmut der verwirft und flucht[3]

Denn trotz der syntaktischen Bindung wird hier durch das Fehlen der im Deutschen obligatorischen Großschreibung von Substantiven die grammatische Zuordnung der Wörter und damit das rasche Durchschauen der Sätze erschwert oder zumindest verzögert: „euch gewissen..." oder „euch Gewissen"? „ich euch stimme..." oder „ich, euch Stimme"? „Unmut... und Flucht" oder „Unmut, der... flucht"?

Eine andere und ebenfalls dem raschen Erkennen von Zeichenkomplexen dienende graphische Vorschrift setzt gelegentlich Helmut Heißenbüttel – ein großer Verehrer Georges[4] – außer Kraft, wenn er auf die üblicherweise als *Pausensignal* zwischen je zwei Wörter gesetzten Lücken verzichtet:

Bremen wodu

wodu
was
wodu
was
woduwarst
wo
duwarst
inBremennatürlich
(...)
inBremen
jadahabenwirdasallezusammeninBremengetan
unddassokurzvorWeihnachten[5]

Die schriftlichen *Abkürzungssitten* werden von Christian Morgenstern verspottet, wenn er in seinem Gedicht „Etiketten-Frage" die graphische Kurzform von Wörtern durch Reimzwang und Versmaß auch in ihre Aussprache hinüberträgt:

Ein halber Eßl. und ein Teel.
besahn einander stolz und scheel.[6]

Der zu den Nonsens-Lyrikern des ‚Dadaismus' zählende Hans Arp geht probeweise sogar einmal so weit, die graphisch eindeutige *Lesbarkeit* seiner Texte zugunsten zufälliger Entzifferungsvarianten bewußt zu beschränken, wenn er in der Einleitung zu einem Lyrik-Band erklärt:

Ich schrieb diese Gedichte in einer schwer leserlichen Handschrift, damit der Drucker gezwungen werde, seine Phantasie spielen zu lassen und beim Entziffern meines Textes dichterisch mitzuwirken.[7]

Zum durchgehenden literarischen *Prinzip* gemacht sind graphische Modifikationen bei Arno Schmidt, unter dessen Werken die Zuschreibung an „Gönner der VerschreibKunst" (sic!) nicht nur für den Roman „Abend mit Goldrand" gilt, der diese Zielgruppe ausdrücklich im Untertitel angibt. In Weiterentwicklung bestimmter Verfahren von James Joyce wird in Schmidts späten maschinenschriftlichen Wortkunstwerken noch die sichtbare Verbesserung von Schreibfehlern zum sinnträchtigen poetischen Zeichen. Und jeder dieser ‚Schreibfehler' selbst kopuliert auf kontextuell bedeutungsvolle Weise scheinbar entfernt liegende Wörter miteinander – im genannten Roman beispielsweise durch die Graphien „Fagott'n Müllodies", „Depputierten", „Zanktipp'" oder „hören de Nuwelln aus London" (i.e. BBC news).[8]

Arno Schmidts graphische Eigenwilligkeiten beschränken sich jedoch nicht auf die Schreibweise der Wörter, sondern erstrecken sich in seinem Spätwerk auf beinahe alle Konventionen, nach denen hierzulande aus weißen Blättern Buchseiten gemacht zu werden pflegen: Zur Synchronisierung von Text- und Handlungsabläufen verwendet er ‚gespaltene' und ‚dreigespaltene' Seiten, meist ohne den Charakter starrer Kolumnen; er fügt Handzeichnungen sowie beziehungsreiche oder oberflächlich bezuglose Zitate am Rand bzw. in je unterschiedlich geformte Kästen ein; und manche Seiten müssen überhaupt ganz von unten nach oben gelesen werden. Durch diesen Kunstgriff wird zum einen das Hin- und Herwandeln der Teilnehmer an einem auf ebendiesen Seiten dargestellten Gespräch graphisch repräsentiert; zum anderen wird dem Leser mit irritierendem Nachdruck in Erinnerung gerufen, daß auch die gewohnte europäische *Schreibrichtung* von links oben nach rechts unten – ebenso wie die spiegelverkehrte der arabischen und die senkrechte der japanischen Schrift – keine Naturnotwendigkeit, sondern eine rein konventionelle historische Festlegung darstellt.

Durch lyrische Texte sind wir allerdings schon damit vertraut, daß die Füllung einer Seite mit sprachlichen Zeichen in der Dichtung anders ausfallen kann als sonst. Die Anomalie des *Satzspiegels* in traditioneller Versschreibung mit ihren nicht vollgeschriebenen Zeilen und Seiten und die selbst noch beim späten Brecht anzutreffende anomale Großschreibung am Versanfang nehmen wir sogar nur noch ausnahmsweise einmal als solche wahr. Nicht zuletzt aufgrund solcher Gewöhnungseffekte haben manche Lyriker sich an anderen, auffälligeren Prinzipien graphischer Gliederung versucht, wie wir sie etwa in den Zeilentreppen Hölderlins oder in den achsensymmetrischen Anordnungen der „Phantasus"-Gedichte von Arno Holz vorfinden. Verwandte Bestrebungen sind freilich schon in barocker Lyrik anzutreffen, zum Beispiel in religiösen Gedichten mit kreuzförmigem Umriß; nach einer Unterbrechung von beinahe drei Jahrhunderten lebt diese Tradition des Figurengedichts dann in der Konkreten Poesie der Moderne wieder auf.

Für *phonetische* Besonderheiten der Dichtung hingegen findet man in unserer Literatur viel seltener Belege – schon deshalb, weil in unserem Kulturkreis Poesie zumindest in neuerer Zeit vorwiegend in *schriftlicher* Form verbreitet wird. Eine Ausnahme bilden hier in gewisser Weise Dramentexte: sie werden zwar in der Regel zunächst geschrieben und gedruckt, aber ihr Publikum erreichen sie vor allem auf *akustischem* Wege. Nur verhältnismäßig wenige Zuschauer einer Theateraufführung lesen zusätzlich noch den Text des Stückes, das sie sehen.

Bei der akustischen Realisierung des Wortlauts durch Schauspieler gibt es nun eine lange Tradition des ‚unnatürlichen' Sprechens, das die künstliche Gemachtheit des poetischen Textes für den Zuschauer sinnfällig hervorhebt. Die singende Sprechweise antiker Tragöden versuchen noch heute manche griechischen Klassikeraufführungen zu rekonstruieren. Wie die ‚Royal Shakespeare Company' über hauseigene Besonderheiten in der Aussprache und Intonation des Englischen verfügt, so wurde auf deutschen Bühnen die Sprechweise lange Zeit durch das Muster des ‚Burgtheater-Stils' bestimmt – etwa durch das gewaltig rollende Zungen-R oder den Vokalschwund bei manchen Artikeln im Satztiefton („an drrr Grrränze drrr Mänschheit"). An solcher phonetischen Absetzung gegen die profane Sprache des Alltags – einer Absetzung, deren Wurzeln bis in die kultischen Ursprünge des Theaterspiels zurückreichen könnten – haben auch programmatische Gegenbewegungen gegen jede Form des ‚Hoftheaters' und der ‚Meiningerei' nichts Grundsätzliches geändert: die das Sprecherische einbeziehende Verfremdungstechnik in Brechts Theaterpraxis ist, ungeachtet andersartiger Zielsetzungen dieses ‚V-Effekts', ebenso eine bloße Variante des alten Musters wie der manierierte Sprechstil in Inszenierungen mancher avantgardistisch sein wollenden Schauspielregisseure der Gegenwart.

In eine etwas andere Richtung akustischer Sprachmodifikation führen die Anweisungen Peter Handkes für die pausenfüllenden Texte seines Theaterstückes „Kaspar". Während er für die herzustellende Tonbandaufnahme den *Wortlaut* des Gesprochenen weitgehend ins Belieben der jeweiligen Inszenierung stellt („Der Text ist vielleicht folgender"), legt er den anzustrebenden *Höreindruck* genau fest – durch Angaben wie „zunächst halblaut und kaum verständlich" und durch detaillierte Vorschriften über die Geräusche, die das Gesagte in zu- oder abnehmendem Maße überlagern sollen.[9]

Solche gewollt verzerrten Tonbandtexte führen allerdings schon in jenen Bereich der Wortkunst im Zeitalter ihrer technischen Produzierbarkeit, in dem vor allem die Trivialpoesie der Popmusik meist überhaupt nicht mehr gedruckt, sondern gleich in *akustisch-mechanischer* Realisierung und darum nur um so massenhafter verbreitet wird. Hier weiß nun jeder auch nur beiläufige Mithörer von Radiomusik, wie entsprechend der literarischen Unbedarftheit der gesungenen Texte der Klangreiz gezielter Artikulationsverzerrungen erhebliche Bedeutung erhält.

Nicht anders als so läßt sich wohl auch der unverhältnismäßig hohe Anteil erklären, den Ausländer mit einem zumindest beim Singen beharrlich kultivierten *Ausspracheakzent* z. B. unter den deutsch singenden Schlagerstars innehaben. In der Geschichte der deutschen Schallplattenindustrie kann man dabei geradezu beobachten, wie verschiedene Akzentmoden einander nach Art literarhistorischer Epochen wellenartig ablösen: Den Popularisatoren des amerikanischen Englisch folgt die weich lispelnde Aussprache skandinavischer Schlagersternchen, nach den mit der phonetischen Aura von ‚Chanson' behafteten französischen Interpreten haben für eine Weile vor allem Aussprachevarianten südosteuropäischer Herkunft von Prag bis Zagreb und Athen Konjunktur.

Die kurzfristig reizschaffende Wirkung solcher verfremdenden Artikulation anspruchslosester Reimereien erweist sich ebenso an den schnell einsetzenden *Imitationen* – wenn plötzlich auch monoglott deutschsprachige Sänger mit „Isch 'ab disch lieb" und mit pseudoenglisch gerolltem

„l" und „r" brillieren oder wenn sich ein Berliner Sänger einen russischen Namen mit dito Akzent zulegt. Und daß selbst die gelegentlich anrollenden *Dialektwellen* in der Unterhaltungsbranche kein Beitrag zur Pflege der Volkskultur, sondern ein jede verbliebene Marktlücke mit dem Reiz der Abwechslung ausfüllender musikindustrieller ‚Trachten-Look' sind, erkennt man leicht daran, daß hier im allgemeinen gar nicht im eigentlichen Dialekt, sondern nur in einem mundartlich überfärbten Schriftdeutsch gesungen wird.

Diese verschiedenen Varianten der Ausnutzung phonetischer *Klangfarben* bilden somit eine genaue Entsprechung zur musikalischen Eigenart solcher Plattenproduktionen: Hier wird ja ebenfalls die schwer überbietbare Simplizität der melodischen, rhythmischen und harmonischen Komposition zunehmend durch die dominierende Rolle des *Arrangements*, durch den mittels elektronischer Verfremdung, Multiplay-Effekten und dergleichen synthetisierten spezifischen ‚Sound' überdeckt. In dieser Richtung müßte man wohl auch suchen, wollte man – jenseits des bloßen Managements und jenseits des unbedeutenden Text- und Notenbildes – irgendwelche Gründe dafür finden, warum trotz branchentypischer sprachlicher Inflation nicht jeder ‚Song' ein ‚Schlager', nicht jeder ‚Schlager' ein ‚Hit' und nicht jeder ‚Hit' eine ‚Erfolgsnummer' wird.

2.2. *Interpunktion:* die Auswahl der Satzzeichen

> . . . ein Strich durch den Gedanken
> wird mich ins Chaos führen;
> obgleich ein Strichpunkt riefe,
> dem Komma nicht zu trauen:
> ein Doppelpunkt läßt schauen
> in eines Abgrunds Tiefe!
>
> KRAUS: *Abenteuer der Arbeit*

Daß Besonderheiten in der Zeichensetzung erhebliche Bedeutung für das Gefüge poetischer Texte gewinnen können, ist ein literarhistorisch genau untersuchtes[10] und tiefsinnig ausgedeutetes[11] Faktum. Ich will mich deshalb hier darauf beschränken, an einigen Beispielen auf die enge Verwandtschaft zwischen *graphischen* Regelverstößen und solchen der *Interpunktion* hinzuweisen – ohne daß man diese deswegen doch schlankweg in die Orthographie eingemeinden und damit ihre wichtige syntaktische Dimension übergehen dürfte.

Gerade diejenigen Autoren nämlich, von denen zum Gegenstand des vorigen Abschnitts naheliegende Textbeispiele angeführt werden konnten, gehen gelegentlich oder sogar überwiegend auch mit den Satzzeichen auf sehr eigene Weise um. In Morgensterns Reim von „scheel" auf „Teel." als einem Grenzfall spielte ja die Interpunktion ohnehin schon eine Rolle; weitere Beispiele von diesem Stammvater des ‚nonsense verse' in Deutschland ließen sich leicht anführen. Arp und Heißenbüttel verzichten in den meisten ihrer experimentellen Texte ganz auf Satzzeichen und zwingen so zur aktiven, selbsttätig den Zeichenfluß gliedernden Leseweise. Handke nimmt sich im „Kaspar", der die Regeln der Sprache auf vielfältige Weise thematisiert und erprobt, in einer Szene auch die satzgliedernde Interpunktion vor und demonstriert ihre steuernde Kraft dadurch, daß er die Satzzeichen zumeist an falscher Stelle plaziert:

EINSAGER: Der Satz tut dir noch nicht weh kein Wort. Tut dir weh. Jedes Wort tut dir. Weh, aber du weißt nicht, daß das, was dir weh tut, ein Satz ist der. Satz tut dir weh, weil du nicht weißt, daß es ein Satz ist. Das Sprechen tut dir weh, aber das Sprechen tut dir nicht. Weh nichts tut dir weh, weil du noch nicht weißt, was. Weh tun ist alles tut dir weh, aber nichts. Tut dir wirklich weh der Satz tut. Dir noch nicht weh, weil du noch nicht weißt, daß es ein Satz. Ist obwohl du nicht weißt, daß es ein Satz ist, tut er dir weh, weil du nicht weißt, daß es ein Satz ist, der dir weh. Tut:

KASPAR: Ich möcht ein solcher werden wie einmal ein andrer gewesen ist.

EINSAGER: Du fängst, bei dir, an du, bist ein, Satz du, könntest von, dir unzählige, Sätze bilden, du sitzst, da aber, du weißt, nicht daß, du dasitzt. Du sitzt nicht, da weil du, nicht weißt daß, du dasitzt du, kannst von dir, keinen Satz bilden, du sitzt dein, Rock ist zugeknöpft. Der Gürtel, an deiner, Hose ist, zu weit geschnallt, du hast, kein Schuhband du, hast keinen, Gürtel dein Rock, ist aufgeknöpft, du bist gar nicht, da du, bist ein auf, gegangenes Schuh, Band. Du kannst dich gegen keinen Satz wehren ...[12]

Ist hier nur die *Stellung* der Satzzeichen regelwidrig, so führt George überhaupt seine *privaten*, im Deutschen sonst nicht vorgesehenen Interpunktionszeichen ein. In der zitierten Verszeile „Ich euch gewissen' ich euch stimme dringe" war uns schon das eigentümlich hochgestellte Komma begegnet. Eine andere Neuheit enthält der folgende Satz aus Georges Prosawerk:

Jeden wahren künstler hat einmal die sehnsucht befallen in einer sprache sich auszudrücken deren die unheilige menge sich nie bedienen würde oder seine worte so zu stellen dass nur der eingeweihte ihre hehre bestimmung erkenne..[13]

Der Satz macht an sich selbst deutlich, daß George meint, was er sagt: nicht allein durch Kleinschreibung und fehlende Kommata, sondern hier vor allem durch die *zwei* Punkte am Schluß, die die als Zeichen des offenen Satzendes konventionalisierten *drei* Punkte ersetzen – und durch den Hinweis auf ihre unnötige Geschwätzigkeit zugleich kritisieren.

Die souveräne Mißachtung eingebürgerter Regeln vornehmlich bei der *Kombination* von Interpunktionszeichen ist die besondere Domäne Arno Schmidts, den im übrigen mit George auch die Vorliebe für Exklusivität des Schriftbilds, des Buchformats und der oft eigens angegebenen Papierqualität verbindet (was in beiden Fällen auch zu einer partiell vergleichbaren Rezeptionsweise in Jünger-Zirkeln und Lesergemeinden beigetragen haben dürfte). Vor allem die Erzählwerke aus Schmidts mittlerer Schaffensperiode sind voll von apart gehäuften Satzzeichen wie " – : ? – : ", " . . . ? – : ! – : " oder " : ? – : ! / : ?? : !!! : ".[14]

Freilich kann hier von Willkür nicht die Rede sein (wiewohl von Mutwillen): die Satzzeichenketten sind jeweils dem sprachlichen und situativen Kontext subtil eingepaßt. Beispielsweise deuten sie auf knappste und dennoch nach gewisser Eingewöhnung höchst einleuchtende Weise innere oder mimische Reaktionen wie Stutzen, Zögern, Staunen, Zweifeln und Jubeln an. Oder sie ersetzen etwa die verbale Beschreibung der Geräuschkulisse beim Abheben eines düsengetriebenen Senkrechtstarters:

> *Senkrecht stand's und breitete machtvoll* düsige Fäuste: bloß rein!!!
> – – . – : – – ! – – : !! – – – :
> !!! -- -- -- -- : !! -- -- -- -- -- -- !!!! !!!! !!!![15]

Besonders deutlich wird die Leistungsfähigkeit solchen freien Umgangs mit Satzzeichen, wenn der Ich-Erzähler in Schmidts „Gelehrtenrepublik" einmal mit einer menschenartigen Schmetterlingsfrau im Zimmer einschläft und dabei die zunehmende Einklammerung der Sätze genau das stufenweise Absacken der gedanklichen Konzentration imitiert:

> *Finster & im Bett: sie* klagte immer noch (aber ruhiger geworden; ganz schwermütig und leise (und meine Tablette wirkte schön. Schon fuhr ich wie nach hinten ab (wie wenn ein Wind sich müde lungert, beim Kartoffeljäten: ob sie rausgelassen sein will? : ans Fenster halten, und in die Nacht rausfliegen? (Aber dann sicher Schwierigkeiten. (Mi'm Direktor . . .)))).
> – –[16]

Allerdings versäumt der Ironiker Schmidt nicht, seinen fiktiven, oberlehrerhaften Übersetzer gegen „die intrikate, in USA-West leider üblich gewordene ‚Neue Interpunktion' des Verfassers" wettern[17] und zu einer ähnlichen Stelle wie der gerade zitierten säuerlich anmerken zu lassen: „Über das abstoßende Schriftbild vierer aufeinanderfolgender Klammern wäre jedes Wort zu viel."[18]

2.3. *Phonologie:* die Auswahl der Laute

> Auch ein Unsinn-Gedicht ist nicht Unsinn in der Weise, wie etwa das Lallen eines Kindes.
>
> WITTGENSTEIN: *Philosophische Untersuchungen*

Unabhängig von den verschiedenen Konventionen für die graphische bzw. akustische Realisierung von Laut- und Satzzeichen ist jede Sprache gekennzeichnet durch das für sie grundlegende Inventar von ‚Phonemen': mit ihnen lassen sich die Wörter, Sätze, Texte dieser Sprache *zusammensetzen* und in ihrer Bedeutung *differenzieren.* Nun haben aber vergleichende Sprachforscher herausgefunden, daß in manchen exotischen Sprachen wie dem indianischen Nootka und Pah-Utah[19] und ähnlich auch im Japanischen[20] bestimmte Phoneme ausschließlich in *poetischen* Texten und Gesängen auftreten. Ein versierter, mit der Dichtung jedoch unvertrauter Sprecher dieser Mundarten könnte also solche Phoneme unter Umständen nicht einmal aussprechen.

Mit solch eklatanten Unterschieden im Phonembestand von Alltags- und Dichtungssprache können die europäischen Literaturen wohl nicht aufwarten. Dennoch hebt sich auch bei uns die Poesie schon auf phonologischer Ebene in vielfältiger Weise von allen anderen Formen der Sprachverwendung ab. Bereits Aristoteles setzt sich in seiner „Poetik" mit dem Vorwurf auseinander, die Dichter veränderten bei metrischem Bedarf einfach die *Quantität* der Laute und machten nach Belieben lange Vokale aus kurzen. Aristoteles aber rechtfertigt dieses Vorgehen im Rahmen seiner Ansicht von der erforderlichen Fremdartigkeit dichterischen Sprachgebrauchs und mit dem Hinweis auf die aus diesem Grunde übergeordnete Stellung des Versmaßes.[21]

Und er hat recht behalten: solange und soweit die Tradition metrisch gebundener Dichtung reicht, hat es, trotz wiederkehrender literaturkritischer Einwände, immer auch derartige Verfahren der Auslassung, Einfügung, Dehnung, Kürzung, Veränderung oder Zusammenziehung von Phonemen zugunsten von Reim und Versmaß gegeben. Auch die Veränderung des syllabischen Werts von Phonemen im Vers – wie bei französischen Feminina (zweisilbiges „tab-le") oder beim englischen (dreisilbigen) „belovèd" bzw. (einsilbigen) „o'er" und „e'er" – gehört in diesen Zusammenhang.

In den weiteren Bereich phonologischer Regeln fallen auch Einschränkungen hinsichtlich der *Kombinationsfähigkeit* bestimmter Phoneme. Die Existenz solcher Restriktionen war besonders für die dadaistischen Lyriker Anlaß genug, sich über sie hinwegzusetzen. Stellvertretend für die vielen Beispiele regelverletzender Phonemfolgen von Morgenstern über Rudolf Blümner bis Ernst Jandl, von „Kroklokwafzi"[22] über „Oiaí laéla oía ssísialu"[23] bis zum „schtzngrmm"[24], führe ich einen wenig bekannten, aber ebenso programmatischen wie repräsentativen Ausschnitt aus einem Prosatext von Melchior Vischer an:

Kroolookrooolooookroooolooooschüüschüüschüüschüüüdadadaadaadaaadaaa Löwe, ririririririilülülülühihihihihiiiii Pferd, poupoupouuou taktakpoooouuuuboooo-boooooou Hund, schaulschaulschaul sususuu Hirsch, eieieiiiinöööööiöööiööö-iiöööi-ööi-iööi Vogel, schief, quer, prasselnd wie Unwetter töteten endlich gefund-ne ichthyosaurische Urlaute die ganzen blöden Sprachen verkommener Erdkugel. Ich bin verrückt meinen Sie? O nein! meine Umwelt ist nur blödsinnig, zivilisiert, beschmiert, daher ich seltsam. Besonders seltsam pietätvollen gesunden dicken Leuten und Turnlehrern. *Wir wollen die Kultur zertrümmern, auch den bürgerlichen Wahnsinn, der oft so schön gefärbt und in Saffianleder gebunden, wir gehen bis zum äußersten Ende, dorthin, wo schon die große Freiheit grenzt:* Ursein. Wir trümmern, trümmern, und da da vom Grund auf, zuerst also kröch lackierte Sprache, daß nur übrig bleibt das einzige große DADA.[25]

Trotz des oberflächlich harmloseren Aussehens gehen hier einige Gedichte von Kurt Schwitters im Grunde sogar noch weiter, indem sie die sprachkonstituierende Verbindung der Phoneme untereinander vollständig *aufgeben*: wenn etwa Gedichte wie „Register (elementar)" oder „Z A (elementar)" nur noch aus gedichtähnlichen Konstellationen isolierter Buchstaben bestehen; oder wenn im „Gedicht 25 (elementar)" die Phoneme völlig fehlen und durch ganz aus Zahlen und Kommata zusammengesetzte ‚Verse' substituiert werden – die man eigentlich laut lesen muß, um in der Ziffernschreibung versteckte Pointen wie „Sechs, Sechs, Sechs / dreiviertel Sechs" mit der hineinspielenden Zeitangabe überhaupt wahrzunehmen.[26]

Eine letzte (oder vorletzte) Konsequenz in derselben Richtung stellt dann Morgensterns Gedicht „Fisches Nachtgesang" dar. Es ist nicht zuletzt deshalb zu einem der meistzitierten lyrischen Texte der Moderne geworden, weil es – mit Ausnahme des Titels – auf die üblichen Sprachzeichen völlig *verzichtet* und dennoch die Ankündigung der Überschrift in nahezu perfekter Weise erfüllt. „Fische sind ‚stumm', man kann also auch ihren ‚Gesang' nicht anders als durch stumme Zeichen ausdrücken", hat Morgenstern brieflich sein Gedicht erläutert.[27] Und in der Tat ist der phonemlose Text im menschlichen Sinne ‚stumm', weist aber mit seiner geordneten Folge aus metrischen Hebungs- und Senkungszeichen (bzw. Längen und Kürzen) ein harmonisch ausbalanciertes Versmaß auf – und kann dabei zugleich als bildliche Darstellung eines Schuppenmusters, schläfrig geschlossener Augen, der sich abwechselnd öffnenden und schließenden Fischmäuler, leicht bewegter Wellen und schließlich im ganzen der Silhouette eines Fisches angesehen werden:

FISCHES NACHTGESANG

—

◡ ◡

— — —

◡ ◡ ◡ ◡

— — —

◡ ◡ ◡ ◡

— — —

◡ ◡ ◡ ◡

— — —

◡ ◡ ◡ ◡

— — —

◡ ◡

—

Nun ist freilich der Dadaismus mit seinen Vorläufern und Nachfolgern ein extremer Fall, für den man in anderen Jahrhunderten schwerlich eine Entsprechung finden wird. Eine etwas abgeschwächte Variante desselben Prinzips phonembezogener Grenzüberschreitung ist jedoch in der Lyrik beinahe aller Länder und Zeiten verbreitet: die nicht direkt das phonologische System verletzende, aber sinnleere – und eben dadurch sprachwidrige –, allein nach Klangqualitäten sortierende *Phantasiekombination* von Phonemen. „Tri-tra-trallala" oder „Valeri, valera-ha-ha und juchheirassa" – dergleichen begegnet uns vor allem in volkstümlicher und in musiktragender Poesie. Daß solche klangsinnlichen Lautsequenzen zuweilen ganz allein den Reiz eines Gedichts ausmachen können, läßt sich etwa an dem Volkslied „Auf einem Baum ein Kuckuck saß" rasch nachprüfen. Der ‚vernünftige' Wortlaut seiner fünf Strophen ist dieser:

1. Auf einem Baum ein Kuckuck saß.
2. Da kam ein junger Jägersmann.
3. Der schoß den armen Kuckuck tot.
4. Doch als ein Jahr vergangen war –
5. Da war der Kuckuck wieder da.

Damit allein ist wohl nicht viel Staat zu machen, auch nicht bei fürs Schlichte schwärmenden Gemütern. Seine allgemeine Beliebtheit und jahrhundertelange Überlieferung verdankt das Lied deshalb allein der Pointe, daß jeweils vor der letzten Silbe jeder Strophe so etwas wie ein phonologischer Ohrwurm eingeschoben ist: „simsala bimbam basala dusala dim". Das ist in der Tat, mit Goethes Kurzkommentar zu einem ganz ähnlichen Volkslied, „Nur Schall, ohne irgendeine Art von Inhalt".[28]

Wem freilich dieses Beispiel nicht hochliterarisch genug ist, der darf zur Bestätigung desselben Sachverhalts statt dessen gern an vornehmere Fälle wie Walthers „tandaradei" oder Wagners „Hojotoho" und „Wagalaweia" denken.

2.4. *Morphologie:* die Abwandlung der Wörter

> Jeden Fehler groß und klein
> seht genau auf der Tafel ein. –
> „Falsch Gebänd", „unredbare Worte",
> „Kleb-Sylben", hier „Laster" gar;
> „Aequivoca", „Reim am falschen Orte",
> „verkehrt", „verstellt" der ganze Bar;
> ein „Flickgesang" hier zwischen den Stollen;
> „blinde Meinung" allüberall;
> „unklare Wort'", „Differenz", hie „Schrollen",
> da „falscher Athem", hier „Überfall".
>
> WAGNER: *Die Meistersinger von Nürnberg*

Die Verbindung mehrerer Phoneme nach, ohne oder gegen Regeln führt schon in den morphologischen Bereich hinein: ‚Morpheme' nämlich *verändern* im Gegensatz zu ‚Phonemen' nicht bloß die Bedeutung der Wörter („Hahn" : „Huhn"), sondern sie *tragen* selbst bestimmte Bedeutungsmerkmale bzw. bestimmte grammatische Funktionen, etwa als Flexionsendungen zur Kennzeichnung von Kasus, Genus, Numerus, Tempus, Modus und Person. Nicht immer allerdings bedarf ein Morphem dazu der Kombination mehrerer Phoneme; es kann sich auf ein einzelnes Phonem beschränken („Auto" : „Autos") oder sich sogar – was wohl noch jeden linguistischen Neuling verblüfft hat – als ‚Null-Morphem' durch seine bloße Nichtexistenz realisieren („laufen" : „lauf!").

Auch in bezug auf morphologische Regeln sind die Möglichkeiten ihrer poetischen Durchbrechung von der modernen sprachexperimentellen Lyrik so vielfältig genutzt und von der modernen linguistischen Poetik so ausgiebig beschrieben worden[29], daß ich mich hier darauf beschränken will, einige *Grundtypen* morphologischer Systemverstöße vorzustellen – an Beispielen desjenigen Autors, der wohl auch in diesem Punkt in spielerischer Weise den Weg für die literarische Avantgarde gebahnt hat. In seinem kleinen Gedicht „Der Vergeß" beispielweise ‚vergißt' Christian Morgenstern bei einer Reihe von Wörtern das *Endungsmorphem*, mitunter sogar mehrere:

Er war voll Bildungshung, indes,
soviel er las
und Wissen aß,
er blieb zugleich ein Unverbeß,
ein Unver, sag ich, als Vergeß;
ein Sieb aus Glas,
ein Netz aus Gras,
ein Vielfreß –
doch kein Haltefraß.[30]

Sind hier die Morpheme regelwidrig (aber ausdrucksträchtig) zu sparsam, so sind sie in Morgensterns „Lieb ohne Worte" ebenso regelwidrig (und ebenso ausdrucksträchtig) zu freigebig verwendet. Zur parodistischen Überzeichnung sprachlicher Emphase ist hier das *Superlativ-Morphem* „st", dessen Gebrauch strikt auf Adjektive und deren Ableitungen begrenzt ist, auch an Substantive, Verben, Partizipien, ursprüngliche Adverbien, Pronomina und sogar Interjektionen angehängt:

Mich erfüllt Liebestoben zu dir!
Ich bin deinst,
als ob einst
wir vereinigst.

Sei du meinst!
Komm Liebchenstche zu mir –
ich vergehste sonst
sehnsuchtstgepeinigst.

Achst, achst, schwachst schwachst arms Wortleinstche, was? – –
Genug denn, auch du, auch du liebsest.
Fühls, fühls ganzst ohne Worte: sei Meinstlein!
Ich sehne dich sprachlosestest.[31]

Ein ähnliches Spiel mit anomalen morphologischen Erweiterungen treibt Morgenstern auch in dem Gedicht „BIM, BAM, BUM". Er versieht das grammatische Maskulinum „Ton" mit den regulären femininen *Genusmorphemen* (Artikel „die", Nachsilbe „-in" samt Umlaut des dunklen Tonvokals) und konstruiert auf diese Weise dann eine absurde Liebesgeschichte zwischen Glockentönen:

Ein Glockenton fliegt durch die Nacht,
als hätt er Vogelflügel;
er fliegt in römischer Kirchentracht
wohl über Tal und Hügel.

Er such die Glockentönin BIM,
die ihm vorausgeflogen;
d.h., die Sache ist sehr schlimm,
sie hat ihn nämlich betrogen.
(...)[32]

Im Gedicht „Der Werwolf“ schließlich überträgt Morgenstern wortspielend die Morpheme der *Kasusflexion* vom Wortende auch auf das Innere des Wortes selbst:

Ein Werwolf eines Nachts entwich
von Weib und Kind und sich begab
an eines Dorfschullehrers Grab
und bat ihn: „Bitte, beuge mich!“

(...)

„Der Werwolf“, sprach der gute Mann,
„des Weswolfs, Genitiv sodann,
dem Wemwolf, Dativ, wie mans nennt,
den Wenwolf, – damit hats ein End.“[33]

Im Gedenken an Weib und Kind begehrt der Werwolf dann auch noch eine Deklination im Plural – doch vor dieser Aufgabe muß angesichts der notorischen Singularform des betreffenden Interrogativpronomens selbst der versierte Morphemjongleur Morgenstern kapitulieren.

2.5. *Lexik:* die Auswahl der Wörter

> Aller dieser Gattungen von Woertern kann ein Poet eben so wenig, als die Geschichtschreiber und Redner entbehren... Allein er bedienet sich oftmals gewisser Freyheiten, die in andern Schriften nicht erlaubt seyn wuerden.
>
> GOTTSCHED: *Critische Dichtkunst*

Gibt es ein ‚poetisches Lexikon'? Sicherlich nicht in dem Sinne, daß man die Wörter einer Sprache einteilen kann in dichterische und für Dichtung ungeeignete – obwohl dergleichen immer wieder behauptet wird. Jedes Wort, auch das ‚unästhetischste', *kann* zu literarischen Zwecken dienen; und kein Wort, auch kein von einem Dichter neu erfundenes, ist schon *für sich* genommen poetisch.

Das gilt auch für all jene Wörter, die wie „Aar“, „Antlitz“, „Hain“, „Haupt“, „Leu“, „Roß“ oder „Schweif“ in Wörterbüchern zuweilen mit dem Zusatz „poet.“ oder „dicht.“ vermerkt sind. Zu Recht hat man von linguistischer Seite dagegen eingewendet, daß es auch hier immer erst auf den *Verwendungskontext* der im Wörterbuch aufgelisteten ‚Lexeme' ankomme; statt der Dichtung seien die genannten Ausdrücke deshalb besser der ‚gehobenen Sprachschicht' zuzuordnen.[34]

Aber auch dies scheint noch nicht die richtige Lösung zu sein. Zum einen werden etwa die Ausdrücke „Roß" und „Schweif" („Schwoaf") im Oberdeutschen auch umgangssprachlich verwendet; zum anderen wird man in Gegenwartstexten die Ausdrücke „Aar" und „Leu" auch auf einer noch so gehobenen Stilebene nicht mehr regelmäßig antreffen. Vielmehr handelt es sich hier um *Archaismen*: alle genannten Wörter gehörten einmal zum ganz alltäglichen Lexemrepertoire des Deutschen, wurden aber sprachgeschichtlich von anderen Wörtern daraus verdrängt. Infolgedessen sind sie uns fast nur noch aus der Lektüre älterer literarischer Werke vertraut und von daher mit dem Beigeschmack des ‚Dichterischen' behaftet. Daß Wörter dieser Art hingegen nicht, wie die Wörterbucheintragungen suggerieren, noch immer spezifisch poetische Elemente der Gegenwartssprache sind, erkennt man leicht daran, daß man bei zeitgenössischen Dichtern Ausdrücke wie „Aar", „Leu" oder „Hain" im allgemeinen vergeblich suchen wird.

Auch die vielgenannte ‚poetic diction', deren unmittelbare Auffälligkeit besonders die englische Versdichtung zwischen John Milton im 17. und Alexander Pope im 18. Jahrhundert kennzeichnet, erweist sich bei genauer Betrachtung als ein kontextuelles und nicht – wie es oberflächlich scheinen mag – als ein rein lexikalisches Phänomen. Gewiß ist die Vermeidung gewöhnlicher Worte und ihre Ersetzung durch preziöse Periphrasen ein hervorstechendes Merkmal dieses Sprachstils. Aber ihre eigentümliche Künstlichkeit gewinnt die ‚poetic diction' dabei nicht durch das verwendete *Wortmaterial*, sondern durch die kontextuelle *Überlagerung* gehäufter Auffälligkeiten in Syntax, Lexik und Semantik:

– durch gewisse Freiheiten des *Satzbaus* wie Endstellung des Verbs („On her white breast a sparkling cross she wore"[35]) oder Verzicht auf die Umschreibung mit ‚to do' in Negation und Frage („Die not, poor Death"[36]; „What need'st thou such weak witness of thy name?"[37])
– durch gesuchte *Wortumschreibungen* mit alltäglichen oder gelehrten Lexemen („sacred pile"[38] statt „church"; „Sylvan Maids"[39] statt „Muses")
– durch einen reichhaltigen Vorrat an formelhaften *Bildern* („Bright as the sun, her eyes the gazers strike, / And, like the sun, they shine on all alike"[40])
– durch eine Vielzahl mythologischer *Allegorien* griechisch-römischen Ursprungs („tast the stream / Of Helicon"[41]; „Windsor the next (where Mars with Venus dwells, / Beauty with strength) above the Valley swells"[42]).

Rein als *Wortschatzelement* betrachtet, ist streng genommen überhaupt kein einzelnes Wort, weder ein altertümliches noch ein rares noch ein neu gebildetes, schon poetisch. Poetisch sein kann aber die *Verwendung* neuer Lexeme oder Lexemkombinationen, wenn sie sich im individuell gegebenen Kontext durch einen sprachlichen Gewinn gegenüber dem Gebrauch eines zum festen Wörterbuch der Sprache gehörenden Ausdrucks *rechtfertigt*. In diesem Sinne gilt dann in der Tat die Einsicht Gottscheds: „Doch kann man einem deutschen Poeten freylich nicht alle neuen Woerter verbiethen. Das hieße seinem Pegasus die Fluegel gar zu kurz verschneiden, wenn man allezeit bey der gewoehnlichen Art zu schreiben, bleiben mueßte.“[43]

Für diese punktuelle poetische Absetzung gegen den eingeführten Wortschatz bieten sich viele Möglichkeiten. Die radikalste unter ihnen probiert Pippi Langstrumpf aus, Astrid Lindgrens respektlose und sehr poetisch-einfallsreiche Wundergöre. Sie erfindet einfach „Ein funkelnagelneues Wort“, nämlich das Wort „Spunk“. Freilich kennt sie zu diesem Wort zunächst weder ‚Intension‘ noch ‚Extension‘, weiß also weder, wie es gemeint ist, noch was es bezeichnet: „Das einzige, was ich weiß, ist, daß es nicht Staubsauger bedeutet.“ So macht sie sich denn mit ihren Freunden auf die Suche nach einem Gegenstand, der zu diesem Wort paßt: die Spitze einer blau angestrichenen Fahnenstange? das Geräusch beim barfüßigen Herumwaten im Schlamm? eine ansteckende Krankheit? Schließlich findet sich ein würdiges Objekt – ein grünglänzender Käfer:

> Über Pippis Gesicht verbreitete sich ein seliges Lächeln.
> „Ich weiß es“, sagte sie. „Es ist ein Spunk.“
> „Bist du ganz sicher?“ fragte Thomas.
> „Glaubst du nicht, daß ich einen Spunk erkenne, wenn ich ihn sehe?“ sagte Pippi. „Hast du jemals in deinem Leben etwas so Spunkartiges gesehen?“[44]

Natürlich könnte sich Pippi hier auf bedeutende Vorbilder berufen, etwa auf die semantisch unbestimmten Ausdrücke im magischen Wortgebrauch exotischer Völker[45] oder auch auf mancherlei Parallelen in der Erwachsenen- wie in der Kinderliteratur. Zwei Fälle daraus könnten – obwohl Astrid Lindgren die Stelle in einem späteren Kommentar rein autobiographisch erläutert hat[46] – Pippis Erfinderin möglicherweise sogar unmittelbar angeregt haben. In Knut Hamsuns erstem, auch in Schweden vielgelesenem Erfolgsroman „Hunger“ verfällt der Ich-Erzähler in der Dunkelheit einer Gefängniszelle den folgenden Hungerphantasien:

> Plötzlich knipste ich mehrere Male mit dem Finger und lachte. Zum Teufel auch! Ha! – Ich bildete mir ein, ein neues Wort gefunden zu haben. Ich richtete mich im Bett auf und sagte: Das gibt es in der Sprache noch nicht, ich habe es erfunden, Kuboaa. Es hat Buchstaben wie ein Wort, beim süßesten Gott, Mensch, du hast ein Wort erfunden ... Kuboaa ... von großer grammatikalischer Bedeutung ...
>
> Mit den seltsamsten Gedankensprüngen suche ich die Bedeutung meines neuen Wortes zu erforschen. Es brauchte weder Gott noch Tivoli zu heißen, und wer hatte gesagt, daß es Tierschau bedeuten solle? ... Strickgarn? Fahr zur Hölle! Warum sollte ich dazu verpflichtet sein, es Strickgarn heißen zu lassen, wenn ich gerade dagegen etwas hatte, daß es Strickgarn bedeutete? Ich selbst hatte das Wort erfunden und war deshalb in meinem guten Recht, es bedeuten zu lassen, was ich nur wollte.[47]

Genau dieselbe Selbstsicherheit der Macht über die Bedeutung der Wörter hatte aber zwanzig Jahre früher schon Lewis Carroll in seinem poesiegeschichtlich epochemachenden Kinderbuch „Through the Looking-Glass" („Alice im Spiegelland") seinen Ei-entsprossenen Wortkünstler Humpty Dumpty verkünden lassen:

> „There's glory for you!"
> „I don't know what you mean by ‚glory'," Alice said.
> Humpty Dumpty smiled contemptuously. „Of course you don't – till I tell you. I meant ‚there's a nice knock-down argument for you!'"
> „But ‚glory' doesn't mean ‚a nice knock-down argument'," Alice objected.
> „When *I* use a word," Humpty Dumpty said, in rather a scornful tone, „it means just what I choose it to mean – neither more nor less."
> „The question is," said Alice, „whether you *can* make words mean so many different things."
> „The question is," said Humpty Dumpty, „which is to be master – that's all."[48]

Vor einer so dezidierten Unabhängigkeit bei sprachlichen Neubildungen schrecken freilich die meisten Dichter zurück. Wenn sie Neologismen einführen, dann überwiegend durch innovative Wortbildung aus – oder analog zu – *gegebenen* Lexemen:

– als *Addition* wie „flüsterbat sie" (Arno Schmidt[49])
– als *Verkettung* wie Goethes „Knabenmorgenblüthenträume" (nicht zufällig in späteren Fassungen des Gedichtes „Prometheus" zu „Blüthenträume" vereinfacht[50])
– als *Analogiebildung* wie „Ich bezwetschkige mich" (Ernst Jandl[51])
– als mehrere Lexeme verschränkendes *Wortspiel* wie „Literarhysteriker" (Karl Kraus[52])
– als archaisierende *Rückbildung* eingebürgerter Komposita wie „Brot / Für Durft" (Rudolf Borchardt[53]).

Eine weitere Abwandlung des poetischen Strebens nach dem ‚fremden Wort'[54] ist die gehäufte Verwendung *fremdsprachlicher* Wörter im Kontext der eigenen Sprache. In Deutschland war dieses Verfahren besonders im 16. und 17. Jahrhundert als sogenannte ‚Makkaronische Dichtung' beliebt, die das folgende, 1647 unter passend gewähltem Pseudonym erschienene Gedicht parodistisch demonstriert:

Reverirte Dame,
Phoenix meiner *ame,*
  Gebt mir *audientz:*
Euer Gunst *meriten,*
Machen zu *falliten*
  Meine *patientz.*

(. . .)

Die *coquilles* tragen
Werden *tandem* fragen
  Nach der *exzellentz,*
So die *saliteten*
adulciret hätten /
  Durch die *abstinentz.*

Abstinentz von hassen /
Vnd sich lieben lassen
  Sonder *insolentz,*
Kan das Meer versüssen.
Bis zu euren Füssen
  Macht Euch *reverentz*

Confusius von *Ollapotrida.*[55]

Ein besonderes Kapitel in der poetischen Lexik bilden schließlich noch die *Personennamen* in der Dichtung. Zur knappen Verdeutlichung der damit verbundenen Problematik kann man sich der Unterscheidung von ‚Merkmalen' und ‚Eigenschaften' eines Wortes bedienen, die der philosophische Logiker Gottlob Frege, zunächst für Begriffe, eingeführt hat.[56] Das Begriffswort „zweisilbig" z.B. hat das semantische Merkmal der Zweisilbigkeit, aber die Eigenschaft der Dreisilbigkeit. Wirkliche Eigennamen nun haben zwar einen *Träger* sowie bestimmte *Eigenschaften,* aber keinerlei semantische *Merkmale.* Im Gegensatz zu geläufigen Redeweisen und auch philosophisch vertretenen Auffassungen hat etwa der Name „Ivan" nicht die ‚Bedeutung' von „Slave männlichen Geschlechts", sondern nur die *Eigenschaft,* ein vornehmlich im slavischen Sprachbereich verwendeter männlicher Vorname zu sein. Und Namen wie „Theodor" oder „Ursula" haben nicht etwa die semantischen Merkmale „Gottesgabe" oder „weibliches Bärchen", sondern nur die Eigenschaft, aus den entsprechenden Begriffswörtern *abgeleitet* und in ihrer aktuellen Verwendung möglicherweise noch durch diese Etymologie *motiviert* zu sein.

In Absetzung von dieser normalen Namenverwendung werden nun in der Dichtung aus solchen bloßen Eigenschaften von Personennamen häufig wieder *Merkmale* mit sinnhaltiger Charakterisierungsfunktion gemacht:

FASOLT: Freia, die holde,
Holda, die freie, –
vertragen ist's, –
sie tragen wir heim.[57]

SIEGMUND: Friedmund darf ich nicht heißen;
Frohwalt möcht' ich wohl sein:
doch Wehwalt muß ich mich nennen.

(...)
Siegmund heiß' ich,
und Siegmund bin ich:
bezeug' es dies Schwert,
das zaglos ich halte![58]

BRÜNNHILDE: Verwundet hat mich,
der mich erweckt!
Er erbrach mir Brünne und Helm:
Brünnhilde bin ich nicht mehr![59]

PARSIFAL: Riefest du mich Namenlosen?

KUNDRY: Dich nannt' ich, thör'ger Reiner, „Fal parsi", –
Dich, reinen Thoren: „Parsifal".[60]

Zu Beispielen aus den Musikdramen Richard Wagners greife ich hier aus zwei Gründen. Zum einen ist dies einer der wenigen weißen Flecken von Belang, die das Standardwerk zur poetischen Namengebung in seiner Topographie des literarischen Umgangs mit Personennamen gänzlich leer gelassen hat.[61] Zum anderen spielen solche semantisch aufgeladenen Eigennamen in Wagners gesamtem Werk eine Schlüsselrolle – von den identitätsbelasteten Namentabus im „Fliegenden Holländer", „Tannhäuser" und „Lohengrin" über die Suche nach Namen und Vatersnamen bei Siegmund, Siegfried und Parsifal bis zum magischen Namentausch von „Tristan und Isolde" und schließlich bis zum tiefsinnigen Spiel mit Namenbeziehungen in der musikalisch dramatisierten Kunsttheorie der „Meistersinger von Nürnberg".

2.6. *Syntax:* der Zusammenhang der Wörter

... er wird vorübergehn,
aber heute ist der Satzbau
das Primäre.

BENN: *Satzbau*

Namen, Begriffs- und Funktionswörter allein ermöglichen noch keine geordnete Rede; dazu bedarf es zusätzlicher Konventionen des Satzbaus, die die Verknüpfung der Wörter und ihre kontextbedingte morphologische Gestalt regulieren. So vielfältig und komplex wie die syntaktischen *Regelungen* der Sprache sind nun auch die poetischen *Verstöße* dagegen. Ich führe einige wenige Beispiele der Übersichtlichkeit halber, unbeschadet wohlfundierter Bedenken gegen die Vorstellung von ‚Graden der Grammatikalität'[62], in einer gleitenden Skala zunehmender Regelwidrigkeit von der einfachen Veränderung sprachüblicher Wortstellungen bis zur völligen Aufgabe syntaktischer Ordnungen an.

Denn es stellt wohl eher einen Ausnahmefall dar, wenn einmal wie in Handkes „Kaspar“ das Spektrum syntaktischer Festlegungen des Deutschen nahezu komplett repräsentiert wird – in Gestalt ihrer isolierten oder kombinierten Durchbrechung. Im allgemeinen hingegen bewahrt auch ein dichterischer Text zum größten Teil die konventionalisierten syntaktischen Strukturen und setzt sich nur punktuell davon ab. Allgemein als ‚poetisch' bekannt sind dabei vor allem Inversionen in der *Satzgliedstellung*:

> Sah ein Knab ein Röslein stehn,
> Röslein auf der Heiden,
> War so jung und morgenschön,
> Lief er schnell, es nah zu sehn,
> Sah's mit vielen Freuden.[63]

Daß in der Dichtung die *Tempora* des Verbs in eigentlich systemwidriger Weise gebraucht werden können, ist am Beispiel von Romansätzen mit Vergangenheitstempus und Zeitadverb der Gegenwart oder Zukunft („Morgen war Weihnachten“) besonders in der Auseinandersetzung um die epische Fiktionalität zum vieldiskutierten Problem geworden. Auf wiederum etwas andere grammatische Unverträglichkeiten machen die folgenden Sätze aus einem Roman aufmerksam:

> „Wir beschlossen, euch um Verzeihung zu bitten, und wählten unter uns eine Gesandtschaft von zwölf Männern aus, welche die Macht besaßen, sich als unsere Deputation zu euch zu begeben, um an unserer Stelle zu euch zu reden. – – – Sobald wir uns gewählt hatten, gingen wir aus dem Dorfe herauf nach dem Schlosse. Aber als wir es erreichten, war unsere Macht zu Ende, denn wir bekamen Angst und fürchteten uns, vor euch zu erscheinen. In dieser Not waren wir so glücklich, mich zu finden, weil ich grad von der Kapelle herunterkam und dabei an uns vorüberging. Wir faßten Mut und fragten mich nach euch. Ich aber antwortete uns sehr freundlich und bereitwillig ... Ich erteilte uns den besten Rat, den es gab. Ich sagte uns, daß ich der einzige Mann sei, der uns Hilfe bringen könne ...“

Man wird den Verfasser dieses Spiels mit den *Inklusionsbeziehungen* von Personal- und Possessivpronomina kaum erraten: der Text stammt aus dem poetisch experimentierfreudigen Spätwerk Karl Mays.[64]

Einen zentralen Bereich in den grammatischen Verbindlichkeiten der Satzbildung stellen die sogenannten ‚Valenzen' oder *Wertigkeiten* dar: durch wieviele andere Satzglieder muß ein bestimmtes Verb mindestens ergänzt werden, damit ein wohlgeformter Satz entsteht? Besonders heftig umstritten sind hier seit langem die sogenannten ‚nullwertigen Verben' oder ‚Impersonalia' mit dem Standardbeispiel „es regnet“. Ungeachtet der Frage nach der angemessensten linguistischen Beschreibung dieses Phänomens – für die mir soviel sicher zu sein scheint, daß man dabei mehr auf die Logiker als auf die grammatischen Theoretiker wird hören müssen – läßt sich leicht feststellen, daß die Dichter solche valenzgrammatischen Restriktionen jedenfalls längst erfaßt und auf ihre spezifische Weise angemessen beantwortet haben: durch deren *Mißachtung*. Der regnende Gott des mythisch-poetischen ,Iupiter pluit' beispielsweise findet noch in einer Gedichtzeile Helmut Heißenbüttels eine moderne Variante:

die Braut vom gestrandeten Fenster regnet im Traum[65]

In der Literatur der sprachlich experimentierenden Moderne wird über solche punktuellen Verstöße hinaus ein syntaktisches Gefüge im normalen Sinne vielfach so gut wie vollständig zerbrochen und durch *asyntaktisch* verbundene Sprachelemente ersetzt[66]. Gewisse Ansätze dazu hat es freilich auch in der barocken Lyrik schon gelegentlich gegeben – beispielsweise in den vom Satzrahmen kaum noch zusammengehaltenen Wortketten des folgenden Sonetts von Quirinus Kuhlmann:

Der XLI. Libes-Kuss
Der Wechsel menschlicher Sachen

Gregor. Nazianzenus in Oration. de Pauperibus amandis.

Nihil est in rebus humanis Natura stabile, nihil aequabile, nihil sufficiens,
nihil in eodem statu permanens: sed omnia quadam veluti rota circumvolvuntur,
diversas saepe diebus singulis, atque etiam horis vicissitudines afferente.

Auf Nacht/Dunst/Schlacht/Frost/Wind/See/Hitz/Süd/Ost/West/Nord/ Sonn/Feur und Plagen/
Folgt Tag/Glantz/Blutt/Schnee/Still/Land/Blitz/Wärmd/Hitz/Lust/Kält/ Licht/Brand/ und Noth:
Auf Leid/Pein/Schmach/Angst/Krig/Ach/Kreutz/Streit/Hohn/Schmertz/ Qual/Tükk/Schimpf/ als Spott/
Wil Freud/Zir/Ehr/Trost/Sig/Rath/Nutz/Frid/Lohn/Schertz/Ruh/Glükk/ Glimpff/ stets tagen.

Der Mond/Glunst/Rauch/Gems/Fisch/Gold/Perl/Baum/Flamm/Storch/ Frosch/Lamm/Ochs/ und Magen
Libt Schein/Stroh/Dampf/Berg/Flutt/Glutt/Schaum/Frucht/Asch/Dach/ Teig/Feld/Wiß/ und Brod:
Der Schütz/Mensch/Fleiß/Müh/Kunst/Spil/Schiff/Mund/Printz/Rach/ Sorg/Geitz/Treu/ und GOtt/
Suchts Zil/Schlaff/Preiß/Lob/Gunst/Zanck/Port/Kuß/Thron/Mord/Sarg/ Geld/Hold/Danksagen.

Was Gutt/stark/schwer/recht/lang/groß/weiß/eins/ja/Lufft/Feur/hoch/weit genennt/
Pflegt Böß/schwach/leicht/krum/breit/klein/schwartz/drei/Nein/Erd/Flutt/ tiff/nah/ zu meiden/
Auch Mut/lib/klug/Witz/Geist/Seel/Freund/Lust/Zir/Ruhm/Frid/Schertz/ Lob muß scheiden/
Wo Furcht/Haß/Trug/Wein/Fleisch/Leib/Feind/Weh/Schmach/Angst/Streit/ Schmertz/Hohn schon rennt.
Alles wechselt; alles libet; alles scheinet was zu hassen:
Wer nur disem nach wird denken/ muß di Menschen Weißheit fassen.[67]

Die ersten vier Verse dieses Gedichts könnten bei etwas Nachsicht noch den Anschein bloßer Häufungen mit halbwegs korrekter syntaktischer Struktur erwecken (d. h. mit Ausnahme der Singularform der Verben); somit wäre hier dann lediglich die *Aufnahme* der Sätze durch ‚Überlänge' erschwert. Vom fünften Vers an bricht auch dieser Anschein endgültig zusammen: hier ergeben sich selbst bei leichter Korrektur der Morpheme sowie radikaler Verkürzung der Reihungen auf nur zwei Glieder keine syntaktisch wohlgeformten Sätze mehr. Denn eine Wortfolge wie „Der Mond und Fisch liebt Schein und Flut" (oder, gemildert: „Mond und Fisch lieben Schein und Flut") steht nicht wirklich in Analogie zu regulären Sätzen wie „Mensch und Tier lieben Sonnenschein und Wärme" (und äußerstenfalls auch noch: „Auf Nacht und Dunst folgen Tag und Glanz"). In dieser Satzkonstruktion sind nämlich beide Subjekte auf beide Objekte zu beziehen. In Kuhlmanns Gedicht hingegen müssen die Zuordnungen ‚ein-eindeutig' erfolgen, das heißt: je zwei zusammengehörige Verse müssen wortweise in *senkrechter* Leserichtung aufgenommen werden, damit ein einwandfreier Satzzusammenhang entsteht.

In waagerechter, normaler Leserichtung hingegen ist der Text nicht ‚syntagmatisch' nach Prinzipien der *Satzkombination,* sondern ‚paradigmatisch' nach Prinzipien der *Auswahl* aus gleichartigen Wortklassen angeordnet. Insofern ließe sich kaum ein präziser treffendes Beispiel als dieses anführen, um wenigstens für den Bereich der Syntax die Triftigkeit einer berühmten These des Linguisten und Literaturtheoretikers Roman Jakobson zu belegen: „The poetic function projects the principle of equivalence from the axis of selection into the axis of combination."[68]

2.7. *Textematik:* der Zusammenhang der Sätze

> Zu lesen lieb ich das,
> wo ich auf jedem Schritte
> Zugleich am Anfang bin,
> am End' und in der Mitte
>
> RÜCKERT: *Die Weisheit des Brahmanen*

Gegenüber der traditionsreichen *Satzgrammatik* haben Linguisten erst in jüngerer Zeit der Tatsache einige Beachtung geschenkt, daß die strukturellen Regelungen der Sprache über den einzelnen Satz hinausgehen und komplexe *Textzusammenhänge* herstellen. Im Mittelpunkt der Aufmerksamkeit stehen dabei die verschiedenen Formen der *Verweisung* von einem Satz auf einen anderen – auf den unmittelbar vorhergehenden zum Beispiel mit Hilfe einer den logischen oder sachlichen Anschluß sichernden

Partikel oder auch mit Hilfe eines Pronomens, das für zuvor schon genannte Nomina eintritt.

In der Dichtung werden solche rückverweisenden Elemente aber zuweilen auch an den *Anfang* eines Textes gesetzt, so daß sie auf einen jedenfalls explizit gar nicht vorhandenen Vorgängersatz zu verweisen scheinen. So etwa in der um die Wende zum 20. Jahrhundert in Mode gekommenen Manier, Gedichte mit Konjunktionen und Partikeln wie „und", „freilich" oder „nein" gleichsam *mitten im Text* beginnen zu lassen und dem Leser so eine freie Rekonstruktion des Voraufgegangenen nahezulegen:

> Und morgen wird die Sonne wieder scheinen ... (MACKAY[69])
>
> NEIN: ein Turm soll sein aus meinem Herzen ...(RILKE[70])
>
> Manche freilich müssen drunten sterben ... (HOFMANNSTHAL[71])

Der offene Anfang des letzten Gedichts hat sogar zu einer Rückfrage Georges an Hofmannsthal im Rahmen der brieflichen Vorbesprechung einer zu veranstaltenden Sammelausgabe geführt:

GEORGE AN HOFMANNSTHAL: „. . ich begreife Ihren wunsch alles vereinigt öffentlich zu sehen · dem steht wol nichts entgegen. – Ist es Ihre absicht das gedicht ‚Manche freilich müssen' ... auf ‚Weltgeheimnis' folgen zu lassen? oder ist es teil? eine angabe darüber fehlt."

HOFMANNSTHAL AN GEORGE: „Die Anordnung der Gedichte bitte ich Sie für mich zu bestimmen. ‚Manche müssen' [sic!] ist ganz selbständig."[72]

In ähnlicher Weise ist es in der Erzählprosa nach dem Zweiten Weltkrieg zu einer gängigen Technik geworden, die Handlungsträger einer Geschichte anfangs nur durch *Pronomina* einzuführen und deren Zuordnung erst später mehr oder weniger aufzuklären. Zuerst geschah dies wohl in der Kurzgeschichte; die Technik mit Breitenwirkung in den deutschen Sprachbereich eingeführt hat hier, wie die Gattung überhaupt, Wolfgang Borchert:

Sie sahen ihn schon von weitem auf sich zukommen, denn er fiel auf.[73]

Er tappte durch die dunkle Vorstadt.[74]

Als er dann seine Stiefel auszog, hätten wir ihn am liebsten erschlagen.[75]

Über die Kurzgeschichte hinaus ist das Verfahren dann zu einem verbreiteten Kunstgriff am Anfang von modernen Romanen geworden:

An diesem Morgen war Fähmel zum ersten Mal unhöflich zu ihr, fast grob. (BÖLL: *Billard um halb zehn*)

Die dabei gewesen sind, die letzten, die ihn noch gesprochen haben, Bekannte durch Zufall, sagen, daß er an dem Abend nicht anders war als sonst, munter, nicht übermütig. (FRISCH: *Mein Name sei Gantenbein*)

Sie haben mir eine Strafarbeit gegeben. (LENZ: *Deutschstunde*)

Das erzählte ich meinem Zahnarzt. (GRASS: *örtlich betäubt*) da dachte ich schlicht und streng anzufangen so: sie rief ihn an, innezuhalten mit einem Satzzeichen, und dann wie selbstverständlich hinzuzufügen: über die Grenze, damit du überrascht wirst und glaubst zu verstehen. (JOHNSON: *Das dritte Buch über Achim*)

Noch eine andere Form der Durchbrechung textematischer Konventionen hat sich vor allem in der neueren Literatur als poetisches Paradigma durchgesetzt: neben den gewollten Fragmentcharakter des offenen Anfangs oder Endes tritt die gewollte Brüchigkeit einer diskontinuierlichen *Binnenstruktur* des Textes.

Solche Brüche können zum einen durch gezielt offen gelassene *Lücken* in den Text eingearbeitet werden; so etwa, wenn in Schnitzlers „Reigen" die berühmten drei Punkte an jeder Zwischenstation des dramatisierten Liebeskarussells das Betreiben jener Sache bloß andeutend verschweigen, die vorher und hinterher wortreich beredet wird. Oder die textematische Kohärenz wird unterbrochen durch die Verfugung von Textausschnitten ganz unterschiedlicher Art oder auch Herkunft – also durch jenes vielberufene Strukturprinzip der *Montage,* wie es als eines seiner berühmtesten Beispiele Ingeborg Bachmanns Gedicht „Reklame" augenfällig macht:

Wohin aber gehen wir
ohne sorge sei ohne sorge
wenn es dunkel und wenn es kalt wird
sei ohne sorge
aber
mit musik
was sollen wir tun
heiter und mit musik
und denken
heiter
angesichts eines Endes
mit musik
und wohin tragen wir
am besten
unsre Fragen und den Schauer aller Jahre
in die Traumwäscherei ohne sorge sei ohne sorge
was aber geschieht
am besten
wenn Totenstille

eintritt[76]

2.8. *Semantik:* die Bedeutung der Sprachzeichen

> In der gewöhnlichen Rede dienen die Wörter dazu, daß man sich an die Gegenstände erinnere, aber in der poetischen Sprache dienen die Gegenstände dazu, daß man sich an die Wörter erinnere.
>
> JOUBERT: *Pensées*

Die unerschöpflich vielfältigen Möglichkeiten der Dichtung, sich von der geregelten Bedeutung der Wörter, Sätze und Texte in sonstigem Sprachgebrauch abzuheben, kann ich hier nur in radikaler Zusammendrängung aufs Exemplarische abhandeln: zuerst an einem sehr *speziellen,* dann an dem *allgemeinsten* Typus uneigentlicher Rede in der Poesie.

Der Spezialfall bezieht sich auf eine semantische Regel, die man ungeachtet ihrer strikten Geltung wohl in keinem sprachwissenschaftlichen Buch der Welt bemerkt finden wird und die man ungefähr wie folgt formulieren müßte: „Verben des vollendeten Ablebens dürfen – im Indikativ und ohne Negationspartikel (bzw. verwandte Formen kontextueller Zurücknahme wie ‚Traum' oder ‚Vortäuschung') – nicht in der ersten Person eines Vergangenheitstempus gebraucht werden." Die Existenz einer solchen sprachlichen Restriktion bemerkt man nämlich überhaupt erst, wenn Dichter sich zugunsten bestimmter extremer Wirkungen darüber hinwegsetzen:

Wehe mir! Wo ist die Zeit hin? Sank ich nicht in tiefe Brunnen? Die Welt schläft –
Ach! Ach! Der Hund heult, der Mond scheint. Lieber will ich sterben, sterben, als euch sagen, was mein Mitternachts-Herz eben denkt.
Nun starb ich schon. Es ist dahin. (FRIEDRICH NIETZSCHE[77])

Die Ringstraße ist von einem gut gezwirbelten Schnurrbart ausgefüllt. Man kann nicht vorbei, ohne anzustoßen. Das Leben vergeht, ehe er sich entfernt hat. Der Mann ist höher als das Haus im Hintergrund. Er verdeckt den Himmel. Das Leben rings ist tot. Ich ging durch die verlängerte Kärntnerstraße. Eine Rauchwolke stieg in die Nacht. Allmählich zeigten sich die Konturen. Ein Einspänner stand da und tat es mitten auf der Straße. Er fragte, ob ich fahren wolle. Ich erschoß mich. (KARL KRAUS[78])

Und tausend Nächte hatten mich genarrt,
da leuchtend, lachend kam der Tag!
Ich starb.
Den Tag der Liebe starb ich.
(. . .)
Ich starb den Tag der Liebe,
ich starb zu Babel! Leuchtend sprang

das Glas, die Scherben klirrten!
Ein König! Ein Triumph! Ich starb.
Die Garden salutierten.

(VICTOR HADWIGER[79])

Eine solche dezidierte Mißachtung von Unverträglichkeiten zwischen Verbsemantik und Verbflexion dürfte allerdings ein selten begegnender Sonderfall sein. Dagegen ist die *Metapher* die generell vorherrschende Form semantischer Verfremdung in der Dichtungssprache – ja über die Grenzen von Ländern, Zeiten, Sprachen, Kulturen und Textgattungen hinweg vielleicht die am meisten verbreitete poetische Sprachverletzung überhaupt.

Woran das liegt und was eigentlich die sprachliche Eigenart von Metaphern ausmacht, ist aber seit langem umstritten. Zu prüfen wäre deshalb, ob nicht beide Tatsachen miteinander zu tun haben: ob nämlich die Verbreitung der Metapher und die Verwirrung der Metaphernforscher vielleicht auf derselben sachlichen Eigenart von Metaphern beruhen.

Den größten Teil aller Beiträge zur Metapherntheorie kann man nämlich in zwei deutlich unterschiedene Haupttypen einteilen. Die eine Tradition betont die semantische *Regelwidrigkeit* der Metapher und beschreibt sie als Verwendung eines Wortes in einem mit seinen Bedeutungsmerkmalen eigentlich unverträglichen Satzzusammenhang. Ich möchte dies – in gewisser Überzeichnung des abweichungstheoretischen Ansatzes beim „fremdartigen Wort" in der Metapherntheorie des griechischen Philosophen[80] – die ‚aristotelische Tradition' nennen. Die andere Tradition hebt dagegen die *gleichheitsstiftende* Kraft der Metapher hervor und interpretiert sie deshalb als Kunstmittel zur Aufdeckung verborgener Ähnlichkeiten zwischen Gegenständen oder auch Wortbedeutungen. Dies könnte man – in Anlehnung an Quintilians vielzitierte Definition der Metapher als „verkürzter Vergleich"[81] – die ‚quintilianische Tradition' nennen.

Diese Spaltung in zwei Lager kehrt trotz erheblicher sprachtheoretischer Modifikationen noch in der modernen Metapherndiskussion wieder: einerseits die Deutung durch verletzte ‚Selektionsbeschränkungen' als die begrenzten Kombinationsmöglichkeiten von Wörtern[82]; andererseits die Deutung durch einen neuartigen ‚Informationsgewinn' aus einem grammatisch nicht vorhersehbaren Kontext.[83] Wenn sich nun bis heute keine dieser beiden Grundpositionen entscheidend hat durchsetzen können, so hat dies seinen Grund in der Sache: bei der Metapher fallen nämlich sprachliche Regelverletzung und Erhellung von Analogien unmittelbar *zusammen.* Unbestreitbar, daß Metaphern gegen geltende semantische Festlegungen verstoßen – in den folgenden Verszeilen Brentanos beispielsweise durch die personifizierende Übertragung des Merkmals [+ menschlich] oder zumindest des Merkmals [+ belebt] von den Prädikatsverben auf Wörter für unbelebte Gegenstände als Satzsubjekte:

Selig, wen die Wolken wiegen,
Wem der Mond ein Schlaflied singt![84]

Unbestreitbar aber ebenso, daß gerade *durch* diese sprachwidrige Merkmalsübertragung zugleich überraschende *Äquivalenzrelationen* herausgestellt werden, auf deren Möglichkeit man in regelgetreuer Alltagsrede wohl kaum aufmerksam werden würde: Das sprachliche Bild koppelt das optische Bild der geschwungenen Wiegenform von Haufenwolken und die haptische Empfindung wolkig weicher Kissen; und auf dem Wege einer weiteren, verschiedenartige Sinneseindrücke gleichsetzenden ‚Synästhesie' bringt es zugleich in Erinnerung, daß sanftes Mondlicht eine ähnlich spannungslösende Wirkung im Übergang vom Wachen zum Schlafen haben kann wie ein einschläferndes Wiegenlied.

Ebendieser Sachverhalt, daß im Falle der Metapher gewollter *Regelverstoß* und kommunikativer *Mehrwert* vollkommen *ineins* gesetzt sind und nicht erst durch Zusatzleistungen im Kontext zur Deckung gebracht werden müssen, hebt die Metaphorik aus den übrigen poetischen Sprachverletzungen heraus – und erklärt so möglicherweise ihre andauernde Beliebtheit, die ja weit über den engeren Bereich der Dichtung hinaus- und in die rhetorische Dimension von Politik, Publizistik und Wissenschaft hineinreicht. Denn gerade die zunächst *verstörende* Wirkung der semantischen Unverträglichkeit im Metapherngebrauch zwingt den Leser oder Zuhörer dazu, in *eigener* gedanklicher Aktivität nach gleichartigen oder komplementären semantischen Merkmalen als Motivation der Metapher zu suchen und so auf unentdeckte Analogien aufmerksam zu werden.

Dieser Sonderstatus der Metapher gebietet dann freilich große Zurückhaltung gegenüber neueren Versuchen, den Metaphernbegriff auch auf alle möglichen benachbarten Phänomene *auszudehnen* und z. B. noch die Wortverbindung „schwarze Milch" (in Paul Celans Gedicht „Todesfuge") als ‚Metapher' zu bezeichnen, da es sich hier ja um ein ‚Oxymoron' handle.[85] Zum einen ist „schwarze Milch" gar kein Oxymoron: dazu wäre nicht irgendeine beliebige semantische Unverträglichkeit, sondern ein strikter kontradiktorischer Gegensatz („schwarze Unschwärze") oder polar-konträrer Gegensatz („schwarzes Weiß") erforderlich. Zum zweiten ist ein Oxymoron gar keine Metapher: dazu fehlt ihm schon das aus sich selbst analogiestiftende Vermögen. Und zum dritten ist „schwarze Milch" für sich genommen auch gar keine Metapher. Denn daß die in modernen Lebensmittelgeschäften handelsübliche Kuhmilch meist chemisch weiß und damit von schwarz deutlich verschieden aussieht, hat gar nichts zu tun mit einer semantischen Unverträglichkeit der *Wörter* „Milch" und „schwarz" in der deutschen Sprache, etwa aufgrund eines vorgeblich im Wort „Milch" enthaltenen Merkmals „weiß". Das kann man sich leicht am Beispiel rosafarbiger ‚Erdbeermilch' und gelblicher ‚Muttermilch' klarmachen – oder auch an einem völlig korrekten Satz wie dem folgenden: „Wenn man weißer Milch einen geschmacklosen, chemisch neutralen schwarzen Farbstoff beifügt, erhält man schwarze Milch."

Wenn sich dagegen eine Metapherntheorie von vornherein auf die ununterschiedene Gruppe uneigentlicher Redefiguren von ‚Metapher', ‚Metonymie', ‚Synekdoche', ‚Euphemismus', ‚Hyperbel', ‚Kenning', ‚Synästhesie', ‚Oxymoron' usw. ausrichtet[86], dann wird man sich davon für die Metaphorik wenig Spezifisches erwarten dürfen. Und eher begriffsverwirrende als klärende Folgen hat es auch, wenn man noch rein *morphologische* Anomalien wie Morgensterns „Ich bin deinst" als ‚grammatische Metapher' in unmittelbare Parallele zu einer charakteristisch *semantischen* Erscheinung stellen will.[87] Zwar gehören Metaphern in der Tat neben anderen zu den Wörtern in einem ihnen widersprechenden Kontext; aber wenn man dieses Verhältnis umdreht und *alle* kontextuellen Widersprüche als ‚Metaphern' auffaßt, wird aus dem ohnehin schon weiten Feld der Metaphorik ein Land, in dem die Sonne nicht mehr untergeht.

2.9. *Pragmatik:* der Gebrauch der Sprachzeichen

> Eine Satzfrage enthält die Aufforderung, einen Gedanken entweder als wahr anzuerkennen oder als falsch zu verwerfen. Damit es möglich sei, dieser Aufforderung richtig nachzukommen, muß verlangt werden, daß... dieser Gedanke nicht der Dichtung angehöre.
>
> FREGE: *Die Verneinung*

In der Nachfolge sprachphilosophischer Fragestellungen Ludwig Wittgensteins ist auch die moderne Linguistik wieder stärker auf eine Einsicht der klassischen Rhetorik aufmerksam geworden: All unser Sprechen wird nicht allein durch den Kontext anderer *Wörter*, sondern immer auch durch den Kontext der jeweiligen *Situation* bestimmt – und das bedeutet: in seinen Möglichkeiten durch ‚pragmatische' Regeln eingeschränkt. Sprechen ist stets zugleich ein Handeln. Damit es gelingen kann, müssen wir erstens von bestimmten ‚Präsuppositionen' ausgehen, also gewisse Voraussetzungen des Gesagten als gegeben unterstellen. Zweitens muß eine der jeweiligen sprachlichen Handlung gemäße ‚Sprechsituation' bestehen, die sich aus äußeren Umständen des Sprechens zusammensetzt: Zeit, Ort, Beziehungen zwischen den Beteiligten usw. Und wir müssen drittens mit dem, was wir sagen, zugleich bestimmte *Verpflichtungen* für unser zukünftiges Handeln übernehmen – besonders im Zusammenhang mit gewissen institutionalisierten ‚Sprechakten' wie Bitte, Befehl, Frage, Versprechen oder Entschuldigung.[88]

Den Sprachgebrauch der Literatur hat man demgegenüber verschiedentlich gerade darin von sonstiger Kommunikation nach Regeln abgesetzt gesehen, daß er von jedem Bezug auf irgendwelche das Sprechen motivierende und steuernde Handlungssituationen *abgekoppelt* sei.[89] In dieser extremen Fassung wird man die These von einer pragmatischen Anomalie *aller* Literatur freilich kaum halten können. Im weiteren Sinne und in vermittelter Weise hängt ja noch die esoterischste Poesie des *l'art pour l'art* mit der historischen und sozialen Äußerungssituation zusammen, der sie entstammt. Und daß die poetische Sprachverwendung auch einen ganz unmittelbaren Handlungsbezug aufweisen kann, wird man im Jahrhundert der *littérature engagée* und des Agitprop-Theaters wie auch der weitgehend fiktionalisierten Industriereklame und der teilweise literarisierten politischen Werbung nicht mehr gut bestreiten können. Im übrigen hören ja auch politische Kampflieder wie die ‚Marseillaise' oder die ‚Internationale' nicht einfach auf, lyrische Texte zu sein, nur weil sie – zumindest in bezug auf ihre historische Entstehungssituation – einen direkten Appell zum Handeln enthalten.

Die Befreiung von pragmatischen Einschränkungen des Sprechens ist also kein allgemeines Charakteristikum von Dichtung, sondern ein spezieller Kunstgriff eines *Teils* der Dichtung. Dieser Teil fällt nun weitgehend zusammen mit dem Bereich der ‚fiktionalen' oder allgemeiner der ‚mimetischen' Literatur. In mehreren neuen Ansätzen zur Klärung des Begriffs „Fiktionalität" hat man diese Kategorie denn auch ganz im Rahmen pragmatischer bzw. kommunikationstheoretisch auf die Sprechsituation bezogener Überlegungen neu zu interpretieren gesucht.[90]

Aber auch hier dürfte die Annahme zu weit gehen, daß für den *gesamten* Bereich fiktionaler Literatur die konstitutive Durchbrechung von Sprachkonventionen auf der Ebene pragmatischer Regeln liegt. In der *epischen* Fiktion nämlich spielen nicht Faktoren der Sprechsituation eine auffällige Rolle, sondern bestimmte Präsuppositionsregeln über die Existenz literarisch angesprochener Gegenstände und Sachverhalte – und die dichterische Verletzung solcher Regeln läßt sich möglicherweise schon im Rahmen der Semantik allein zureichend beschreiben. Unabdingbar wird die Pragmatik erst für die Analyse *dramatischer* Fiktion, in der durch unmittelbar handelnde Personen eine Sprechsituation hergestellt wird, die entgegen den Regeln des Sprachgebrauchs mit der wirklich gegebenen nicht übereinstimmt. Dieser Frage nach der Unterscheidung fiktionaler Textsorten werde ich im Zusammenhang mit gattungstheoretischen Überlegungen später noch ausführlicher nachgehen.

Pragmatische Sprachregeln fallen in der Dichtung oft auch dem Kunstgriff zum Opfer, die konventionalisierte Sprachform bestimmter Sprechakte zu benutzen und gleichwohl nicht die *Verpflichtungen* zu übernehmen, die für das Gelingen solcher Sprechhandlungen jeweils unabdingbar sind. Bevorzugter Ort dieses poetischen Regelverstoßes ist das Spiel mit Lesererwartungen, gespielt von einem ‚auktorialen', das epische Geschehen souverän regulierenden und kommentierenden Erzähler.

Als unerreichter Höhepunkt in der Entwicklung dieses Spiels muß Laurence Sternes Roman (oder: Romanparodie) „Tristram Shandy" gelten. Hier spricht der Erzähler eine Fülle von Versprechungen, Ankündigungen, Schwüren, Flüchen, Beleidigungen, Entschuldigungen und Bitten aus – aber all dies unverkennbar unter Mißachtung der Ernsthaftigkeitsbedingungen, die für jede dieser Sprechhandlungstypen spezifisch und konstitutiv sind. Während also der soziale Zweck institutionalisierter Sprechakte gerade in der zuverlässigen Begründung von Erwartungen liegt, ist es Sterne ausdrücklich um die *Enttäuschung* jedweder konventionellen Erwartungen zu tun:

I set no small store by myself upon this very account, that my reader has never yet been able to guess at any thing. And in this, Sir, I am of so nice and singular a humour, that if I thought you was able to form the least judgment or probable conjecture to yourself, of what was to come in the next page, – I would tear it out of my book.[91]

Auch mit dem ziemlich genau festgelegten Sprechhandlungstyp der *Buchwidmung* treibt Sterne in dieser Weise sein Spiel: das achte Kapitel enthält einen förmlichen Widmungsbrief – aber noch ohne bestimmten Adressaten für die Anrede „My Lord", so daß der Verfasser seine Dedikation im nächsten Kapitel öffentlich, zum herabgesetzten Sonderpreis von 50 Guineen, feilbieten kann. Doch der Sprechakt der öffentlichen Auslobung mißlingt ebenso wie derjenige der Widmung selbst, ungeachtet demonstrativ verwendeter Floskeln wie „I solemnly declare to all mankind, that . . ."[92]. Denn nicht nur wäre die Annahme dieser Widmung wenig ehrenvoll (sie soll sich nämlich nur auf bestimmte, gerade für den Widmungsempfänger eher kränkende Bemerkungen des Buches erstrecken – der Rest ist der Mondgöttin dediziert, sofern es ihre Zeit erlaubt); der Erzähler gibt vielmehr deutlich genug zu verstehen, daß er sich gar nicht ernsthaft von seiner Pseudowidmung zu trennen bereit wäre. So steht sie denn auch noch in der zweiten Auflage von 1760, die nun *außerdem* als ganze eine völlig reguläre, wiewohl stilistisch unkonventionelle Widmung des Autors Sterne an den Staatsmann William Pitt enthält.

Dem Spiel mit dem Leser im Roman entspricht auf dem Theater das pragmatisch freizügige Spiel mit dem *Zuschauer,* wie es als unernsthafte Benutzung von Sprechakten ‚ad spectatores' besonders in der Commedia dell' arte und im Puppenspiel entwickelt wurde. Dieser Tradition folgt auch noch Schikaneders Hanswurst-Figur Papageno in der „Zauberflöte". Bei seinen Erhängungsbemühungen, einer Parodie auf den Selbstmordversuch der edlen Heldin Pamina, wendet er sich mit einer letzten

Frage an alle ‚schönen Mädchen' – und damit, allen Aufführungstraditionen gemäß, stets ans Publikum:

Will sich eine um mich Armen,
Eh' ich hänge, noch erbarmen,
Wohl, so laß ich's diesmal sein!
Rufet nur: ja – oder nein. –
Keine hört mich, alles stille! (*Sieht sich um.*)
Also ist es euer Wille?
Papageno, frisch hinauf!
Ende deinen Lebenslauf![93]

Zu den pragmatischen Implikationen des Sprechhandlungstyps ‚Frage' gehört es jedoch, daß der Fragende wirklich eine *Antwort* haben will und dieser Antwort entsprechend zu reagieren bereit ist. Wollte sich hier dagegen eine Zuschauerin auf Papagenos Frage hin zu seiner Rettung melden, so müßte er das schlicht ignorieren – oder aber die Vorstellung platzen lassen. Der Theaterpraktiker Mozart hat freilich ein solches Eingehen auf Papagenos Scheinfrage schon durch besonders rasches Fortlaufen der Musik zu verhindern gewußt.

Eine besondere Form der Sprechhandlung stellen schließlich auch das Gebet und die mythische ‚Invocatio' göttlicher Mächte dar. Zu ihren pragmatischen Bedingungen gehört vor allem die der *Ernsthaftigkeit,* also hier der Überzeugung des Sprechers von der wirklichen Existenz des metaphysischen Kommunikationspartners. Im Hinblick auf die homerischen Musenanrufe haben wir keinen Anlaß zu zweifeln, daß diese Aufrichtigkeitsbedingung erfüllt ist und der religiöse Sprechakt wirklich vollzogen wird. In der christlich-humanistischen Dichtung der Neuzeit hingegen wird die Invocatio zu einer rein formellen Eingangskonvention bestimmter literarischer Gattungen, unter Verlust ihres pragmatischen Sinns; erst recht offenkundig wird dies in einem ironisierenden Kontext wie dem des Musenanrufs in Popes „Rape of the Lock". Die erforderliche Ernsthaftigkeit des Glaubens an die angerufene überirdische Macht ist hier erkennbar verloren gegangen – ebenso wie bei der folgenden Gebetsformulierung aus Lichtenbergs Sudelbuch-Aufzeichnungen:

Briefe über die neuste Literatur: und ich dank' es dem lieben Gott tausendmal, daß er mich zum Atheisten hat werden lassen.[94]

Lichtenberg betet hier nicht, und er zitiert auch niemanden, der betet; er benutzt vielmehr nur die *Sprachform* des Sprechakts ‚Dankgebet', um durch den paradoxen Inhalt der Äußerung sogleich deutlich zu machen, daß der Sprechakt selbst wegen fehlender Voraussetzungen gar nicht vollzogen werden kann.

Daraus darf aber auf keinen Fall gefolgert werden, daß die Sprechhandlung des Betens in der Literatur allgemein ihrer pragmatischen Besonderheiten wegen nicht möglich sei: bei den althochdeutschen Gebetsdichtungen Otfrids von Weißenburg[95] ebenso wie bei den neuzeitlichen eines Paul Gerhardt[96], Eduard Mörike[97] oder Gerald Manley Hopkins[98] handelt es sich ohne Zweifel um wirkliche Gebete in poetischer Gestaltung. Darin zeigt sich erneut, daß die Verletzung pragmatischer Regeln nur einen *Spezialfall* und nicht den Normalfall der Dichtung ausmacht.

2.10. *Empirische Wirklichkeit:* die Grenzen der Erfahrung

> Aber das Beispiel der Alten ... scheint auf ein höheres poetisches Gesetz hinzudeuten, welches eben hierinn eine Abweichung von der Wirklichkeit fodert.
>
> SCHILLER: *Brief an Goethe*

Die Erörterung pragmatischer Regelverstöße in der Dichtung hat schon die Frage nach der Fiktionalität berührt – und damit das seit Platon unermüdlich diskutierte Problem der ‚viellügenden Dichter': Die poetische Sprachverwendung setzt sich immer wieder auch über solche Grenzen hinweg, die dem außerliterarischen Sprechen durch seine Bindung an die so und nicht anders bestehende *Realität* gezogen sind. In gewisser Weise können wir natürlich auch in der gewöhnlichen Sprache über die gegebene Wirklichkeit hinausgelangen – in Zukunftsprognosen, Hypothesen, kontrafaktischen Annahmen, Wünschen, Phantasien, Tagträumen und überhaupt sämtlichen Vorstellungen darüber, ‚wie alles wäre, wenn es anders wäre'. Das Besondere und den Rahmen geregelten Sprechens Sprengende an literarischer Fiktion ist es aber, daß hier der Dichter solche Bruchstükke aus der Welt des Irrealis wie *wirkliche* Ereignisse darstellt: er trägt sie nämlich, nach Goethes und Schillers Charakterisierung dramatischer bzw. epischer Fiktion, als „vollkommen gegenwärtig" oder auch als „vollkommen vergangen" vor.[99]

Dennoch mag die Einordung in einen solchen Zusammenhang befremden: ist denn ‚Wahrheit' oder ‚Bindung an die Grenzen der Wirklichkeit' überhaupt eine Norm der *Sprache*? Nun ist gewiß nicht zu bestreiten, daß „die Wahrheit zu sagen" zunächst einmal eher eine verbreitet akzeptierte und nicht ganz so verbreitet befolgte *moralische* Norm darstellt, ebenso eine z. B. in den jüdisch-christlichen Zehn Geboten kanonisierte *religiöse* Norm und unter Umständen eine durch Strafandrohung gegen Meineid geschützte *rechtliche* Norm. Daneben aber gehört es auch zu den spezifischen Regeln einer jeden *Sprache*, gewisse für den verbalen Wirklichkeitsbezug bestimmte Ausdrucks- und Verhaltensweisen nicht zu verwenden, wenn man gleichzeitig zu erkennen gibt, daß der damit ausgedrückte oder unterstellte Sachverhalt gar nicht besteht.

Der eigentliche Sprachverstoß besteht hier also in der *Okkupation* von sprachlichen Mitteln, deren geregelter Gebrauch dem Ausdruck von Tatsachenbezügen vorbehalten ist, für die Darstellung des Irrealen – das dabei in aller Regel sogar durch Signale im sprachlichen oder situativen Kontext als solches kenntlich gemacht ist. (Wer strukturelle Anomalien als ‚grammatische Metaphern' bezeichnet, müßte demnach hier von ‚modalen Metaphern' sprechen.) So haben erzählende Sätze auch in epischer Fiktion im allgemeinen – von stilistischen oder metrischen Besonderheiten einmal abgesehen – das normale sprachliche Aussehen echter Behauptungen über vergangene Ereignisse:

> Ihnen erwiderte drauf aus der Felsenkluft Polyphemos:
> Niemand würgt mich, ihr Freund', arglistig! und Keiner gewaltsam!
>
> (HOMER[100])

> Da stellte Pippi das Pferd auf die Küchentür, und auf den Pferderücken setzte sie Fridolf und drei andere Matrosen, und jeder der vier hatte zwei Kinder im Arm ... Dann hob Pippi die Küchentür hoch und trug sie fünfundzwanzigmal um den Rasen. (ASTRID LINDGREN[101])

> Am Morgen des 10. Juli verließ die Propellerinsel die Insel Dahu, machte zuerst einen Schwenk und fuhr dann nach Südwesten ab. (JULES VERNE[102])

> *Und da kam es heran gedonnert,* wie eine Lasterkolonne!!: Zweihundert Zentauren mit Hufen aus Gußstahl! (ARNO SCHMIDT[103])

Trotz ihrer Behauptungsgestalt wird nun für diese und ähnliche Sätze weder vom Autor ein Wahrheitsanspruch erhoben noch vom Leser Anstoß an ihrer offenkundigen ‚Unwahrheit' genommen. Das liegt vor allem an den semantischen Eigenschaften solcher poetischen *Scheineigennamen* wie „Polyphem" oder „Pippi Langstrumpf", solcher analog fungierenden *Pseudokennzeichnungen* wie „die Propellerinsel" und solcher *leeren Begriffe* wie in „Zweihundert Zentauren". Die genauere sprachphilosophische Analyse der Besonderheiten solcher Ausdrücke im Anschluß an einige eher beiläufige Hinweise Freges hat sich als außerordentlich fruchtbar für die Literaturtheorie erwiesen.[104]

Die fiktional erzählenden Sätze in epischen Werken haben also grundsätzlich keinen der beiden Wahrheitswerte ‚wahr' oder ‚falsch'. Deshalb ist es auch zumindest eine unglückliche Entscheidung, wenn man in fiktionstheoretischem Zusammenhang ausgerechnet diese Sätze als „notwendig wahr" bezeichnet hat (weil sie nämlich niemals falsch werden könnten).[105] Natürlich gehen wir, wenn Don Quijote die vom Erzähler als Windmühlen eingeführten Gegenstände für Riesen erklärt, notwendigerweise davon aus, daß Don Quijote sich ‚irrt' und der Erzähler ‚recht hat'. Gleichwohl ist die Erzähleraussage nicht deshalb schon ‚notwendig' oder gar ‚immer und ohne Einschränkung' *wahr.* Notwendige (oder ‚analytische') Wahrheit schließt nämlich für jeden in Frage kommenden Fall empirische (oder ‚synthetische') Wahrheit ein: der Satz „zwei mal zwei ist vier" gilt streng mathematisch und trifft zugleich auf Äpfel, Birnen und Viertelnoten zu – und der berühmte Syllogismus der Schlußform ‚Barbara' gilt auch für das Verhältnis von leibhaftigen Philosophen, Menschen und sterblichen Lebewesen.

Die individuelle Aussage von Cervantes' Erzähler im „Don Quijote" ist aber nicht empirisch wahr und somit erst recht nicht notwendig wahr. Wahr (oder unter Umständen auch falsch) können in der Epik überhaupt nur die nicht individuell *erzählenden*, sondern generell *kommentierenden* Aussagen eines auktorialen Erzählers sein. Oft treten dabei Erzählung und Kommentar in enger Verschränkung auf, wie etwa in dem folgenden Satz aus Goethes „Wahlverwandtschaften":

> Die Unterhaltungen der ersten Stunden waren, wie unter Freunden zu geschehen pflegt, die sich eine Zeitlang nicht gesehen haben, lebhaft, ja fast erschöpfend.

Der erzählende Teil dieses Beispielsatzes ist als ‚notwendig wahr', der kommentierende dagegen als eine bloße Charakterisierung der Erzählerpersönlichkeit ohne Wahrheitsrelevanz interpretiert worden.[106] Diese Auffassung stellt jedoch den Sachverhalt geradezu auf den Kopf. Die implizierte Aussage des Satzes, daß sich Freunde beim Wiedersehen in der beschriebenen Weise zu verhalten pflegen, ist eine ‚allgemeinmenschliche' Behauptung und (wie ich mit Goethe vermute) als solche *wahr*. Dagegen ist die Aussage, daß sich die Romanfiguren der „Wahlverwandtschaften" ebenfalls in dieser üblichen Weise verhalten, als Bestandteil des zitierten Satzes weder wahr noch falsch – die Wahrheitsfrage ist für sie ganz irrelevant –, wohl aber ist sie fiktional *verläßlich*. Und entsprechend wird man auch den Unterschied zwischen ‚allwissender' Erzählervermittlung und ‚irrtumsträchtiger' Personenrede besser nicht als strikten Gegensatz von „wahr" und „falsch", sondern als gleitende Skala von einer „verläßlichen" bis zu einer „unzuverlässigen" Konstitution fiktiver Sachverhalte bezeichnen.[107]

Die Feststellung, daß individuelle Behauptungssätze in fiktionaler Literatur nicht wahrheitswertfähig und insofern anomal verwendet werden, ist nun im Hinblick auf eine Gruppe literarischer Werke von besonderem literaturtheoretischen Interesse: in bezug auf jene Dichtungen nämlich, die auf solche fiktionale Weise gleichwohl ein *wirklichkeitsnahes* Bild ihrer Zeit vermitteln wollen und in dem einen oder anderen Sinne einem literarischen ‚Realismus' (bzw. ‚Naturalismus', ‚verismo' o. ä.) huldigen. Ist das nicht eine in sich widersprüchliche Zielsetzung? Wie sind wirklichkeitsbezogene Urteile ohne Wahrheitswert überhaupt möglich?

Ähnlich wie im Falle der analog formulierten Problemstellung in Kants Erkenntnistheorie muß man wohl auch hier die Lösung in einer modalen Verschiebung suchen – in diesem Falle allerdings nicht von der Wahrheit zur Notwendigkeit, sondern zur Möglichkeit: Mit einem unter Prinzipien des Realismus stehenden fiktionalen Behauptungssatz „p" behauptet ein

Schriftsteller zwar nicht, daß „p“ *wahr* ist in unserer wirklichen Welt, wohl aber als indirekte Aussage, daß es wahr ist, daß p *möglich* ist in der wirklichen Welt – bzw. in demjenigen zeitlichen und räumlichen Ausschnitt der Welt, um dessen literarische Erfassung es jeweils geht.

Durch spezifische Anordnung möglichst *charakteristischer* unter solchen Möglichkeitsaussagen versuchen etwa Romane des bürgerlichen Realismus oder naturalistische Gesellschaftsdramen ein ‚richtiges Bild‘ der zeitgenössischen sozialen Wirklichkeit zu entwerfen, ohne dabei doch dem Wortlaut der Texte nach wahr sein zu wollen. Es sagt eben schon eine ganze Menge über eine Gesellschaft aus, wenn in ihr Dinge auch nur geschehen *könnten,* wie sie sich in Flauberts „Madame Bovary“ oder in den „Gespenstern“ von Ibsen fiktional ereignen.

Dies ist nun beileibe kein neuartiger theoretischer Vorschlag, sondern eine uralte Lösung für ein immer wieder neu diskutiertes Problem. Sie findet sich bereits in der aristotelischen Poetik, an einer Stelle, die man – wie so viele bei Aristoteles – zugleich als implizit formulierten kritischen Platon-Kommentar zu lesen hat:

> Auch wird aus dem Gesagten klar, daß es nicht Sache des Dichters ist zu sagen, was geschehen ist, sondern was geschehen könnte, was möglich wäre nach dem Gesetz der Wahrscheinlichkeit oder sogar der Notwendigkeit. Denn Geschichtsschreiber und Dichter unterscheiden sich nicht etwa durch die gebundene oder ungebundene Form ihrer Rede . . .; vielmehr liegt der Unterschied darin, daß der eine sagt, was der Fall gewesen ist, und der andere, was der Fall sein könnte.[108]

2.11. *Empirische Möglichkeit:* die Grenzen der Welt

> . . . weil ich bedachte, daß ein Dichter, wenn er ein Dichter sein wolle, Fabeln dichten müsse und nicht vernünftige Reden . . .
>
> PLATON: *Phaidon*

Was der Fall sein *könnte* – dies stellt freilich für das dichterische Sprechen ebensowenig eine unübersteigbare Grenze dar wie das, was der Fall *ist* oder *gewesen* ist. Neben die realistische Fiktion tritt die phantastische, deren Bildungsprinzip schon 1740 von Johann Jacob Breitinger als ‚das Wunderbare‘ beschrieben worden ist:

> Die erste und vornehmste Quelle desselben, die von dem Wahrscheinlichen am weitesten entfernet ist, findet sich bey derjenigen Art der Erdichtung, da der Poet die Natur nicht bloß in dem, was würcklich ist, und nach den eingeführten Gesetzen in einer andern Einrichtung der Welt möglich wäre, nachahmet, sondern durch die Kraft seiner Phantasie gantz neue Wesen erschaffet . . .[109]

Leibniz' Konzept der möglichen Welten ist also nicht erst unter dem modischen Namen der „Modelltheorie" auf die Literaturwissenschaft gekommen. Und in der Dichtung selbst treffen wir seit eh und je auf die Erfindung radikal alternativer Welten, deren Sachverhalte nicht bloß nicht bestehen, sondern in der wirklichen Welt nach unserer Erfahrung auch gar nicht bestehen *können.*

Das geläufigste Beispiel für diesen dichterischen Verstoß gegen die sprachliche Bindung an das empirisch Mögliche bildet wohl die uralte Gattung der *Lügendichtung,* die von antiken Autoren wie Lukian über die zahlreichen Lügenschwänke und Lügenmärchen des späten Mittelalters und des Barock bis in die zeitgenössische Kinderbuchproduktion hinein immer neue Vertreter gefunden hat. Das nach wie vor prominenteste Werk der Gattung, die ‚Münchhausiaden' Raspes und Bürgers, macht das Prinzip der radikalen Abkehr von allen wirklichkeitsbezogenen Abbildungskonzeptionen besonders deutlich. Wenn der Freiherr von Münchhausen sich und sein Pferd am eigenen Haarzopf aus dem Morast zieht; wenn aus dem Horn seines Postillions die unterwegs eingefrorenen Töne beim Auftauen im Wirtshause melodisch entweichen; oder wenn sein im Kampf durchhauenes Pferd ihn mit dem Vorderteil allein weiterträgt und unaufhörlich Wasser trinkt, während das (in Bearbeitungen für die Jugend meist gestrichene) Hinterteil unterdessen auf der Weide eine ganze Stutenherde deckt und dabei lauter Fohlenhinterteile zeugt – dann sind diese Ereignisse nicht bloß unwahr, unwahrscheinlich und unglaubwürdig, sondern sie sind durch den flagranten Konflikt mit physikalischen, chemischen und biologischen Naturgesetzen vollkommen *ausgeschlossen* in der Welt, die wir kennen.

Während so in der Lügendichtung die Unglaublichkeit des Erzählten meist noch mit demonstrativem Augenzwinkern herausgestrichen wird, zielen andere Werke nichtrealistischer Epik darauf ab, sachlich unmögliche Ereignisse durch besonders illusionsstiftende *Erzählweisen* mit dem Schein der Glaubwürdigkeit oder gar der Selbstverständlichkeit auszustatten. Dies ist das bevorzugte Verfahren Franz Kafkas. Wenn Gregor Samsa in der „Verwandlung" eines Morgens als ungeheures Ungeziefer erwacht, so übersteigt dies zwar die Grenzen des empirisch Möglichen; dennoch wird es für den Leser zu einer beklemmenden Suggestion wirklichen Geschehens, weil die Ereignisse bis zu Gregors Tod fast durchweg in ‚personaler' Er-Erzählung, nämlich aus seiner eigenen Perspektive dargestellt sind und den Leser so zur Übernahme von Gregors Sicht der Geschehnisse zwingen. Dieser epische Kunstgriff der pseudorealistischen Vermittlung surrealer Handlungsbausteine bildet den erzähltechnischen Kern des vielberufenen ‚Kafkaesken'.[110]

Unter historischen Gesichtspunkten ist es bemerkenswert zu sehen, wie mit Art und Umfang menschlicher Erfahrung auch der Schwerpunkt des poetisch vorgestellten Unerfahrbaren wechselt. Zu Beginn der geschichtlichen und literarischen Überlieferung in Europa sind es, dem noch unmittelbar bedrohlichen Kampf mit der Natur entsprechend, vor allem tierische *Fabelwesen* und belebte *Naturgewalten*: Kentauren und feuerspeiende Lindwürmer, furchtbare Donnergötter und durchs Land sich schlängelnde Flußnymphen. Wenn im Übergang vom Mittelalter zur Neuzeit das Ichbewußtsein des modernen Individuums entsteht und auch seinen Niederschlag in der realistischer werdenden Kunstdichtung findet[111], breitet sich in den Volksmärchen der magische *Identitätswechsel* durch Verzauberung in ein anderes Wesen aus: Der häßliche Frosch wird ein schöner Prinz, dem ‚Fischer siine Fru' wird Kaiser und Papst. Als dann in der englischen und deutschen Philosophie des 18. Jahrhunderts im Zusammenhang mit dem Aufstieg der empirischen Naturwissenschaft und Technik die prinzipielle Bindung aller Erfahrungen an Raum und Zeit deutlich wurde, begannen bald in der ‚Gothic Novel' und dem romantischen Schauerroman, in ‚Horror Stories' und Gespenstergeschichten die an raumzeitliche Grenzen gerade nicht gefesselten *Geistererscheinungen* zu grassieren. Und nach Einsteins erneuter Revolutionierung des naturwissenschaftlich-empirischen Weltbildes trifft man im Science-Fiction-Roman der Gegenwart zunehmend auf *physikalische Absurditäten* wie ‚doppelte Lichtgeschwindigkeit' oder ‚rückwärtslaufende Zeit'.[112]

Zwischen den Gipfeln dieser historischen Entwicklung schlägt Münchhausen bei seinen verschiedenartigen Abenteuerflunkereien so etwas wie eine literaturgeschichtliche Brücke. Mit dem Besuch beim unterirdischen Schmiedegott Vulkan und mit der wie Jonas (nur geselliger) im Walfischmagen verbrachten Zeit greift er auf antike und biblische Mythen zurück; mit der Magnetberg-Episode nimmt er ein mittelalterliches Erzählmotiv aus den Fahrten von „Sindbad dem Seefahrer" und „Herzog Ernst" auf; und mit den Reisen zum Mond oder zum Mittelpunkt der Erde weist er, selbst noch tief im 18. Jahrhundert stehend, zugleich schon frappierend auf Jules Verne und die technischen Sensationen der modernen Science Fiction voraus. Ebenso vereinigt Bürgers Lügenroman in sich all jene Sorten des ‚Wunderbaren', die in einer wissenschaftlichen Typologie der phantastischen Literatur[113] auseinanderdividiert worden sind:

– das ‚hyperbolische Wunderbare' als unglaubwürdige Übertreibung glaubwürdiger Sachverhalte (etwa der in einer Nacht tauende Schnee bis zur Höhe der Kirchturmspitze, an der dann Münchhausens Pferd hängt)
– das ‚exotische Wunderbare' als Beglaubigung des Unglaubwürdigen durch Verlegung des Schauplatzes in unvertraute Fernen (bei Münchhausen bevorzugt nach Rußland, Indien, Persien und in die Türkei)
– das ‚instrumentale Wunderbare' als souveräne Bewältigung technisch unlösbarer Aufgaben (etwa der Ritt auf der Kanonenkugel samt Umsteigen in der Luft)
– das ‚naturwissenschaftliche Wunderbare' als Triumph über die Natur-

gesetze (wenn Münchhausen etwa aus funkelnden Tieraugen Feuer schlägt)

– das ‚unvermischte Wunderbare' als jede Vorstellungskraft übersteigende Absurdität (im „Münchhausen" etwa der Krieg gegen die Sonne).

Nichts vermöchte stärker die *Einheit* in der systematischen und historischen Vielfalt phantastischer Literatur zu belegen als eine solche Versammlung aller charakteristischen Momente in einem einzigen dichterischen Werk. Bedingung der Möglichkeit dieser Einheit ist das überall identische *Grundprinzip* des Schritts über die Grenzen dessen, was in unserer Welt möglich ist.

Entgegen manchen literaturwissenschaftlichen Legenden über die Leichtgläubigkeit besonders der frühzeitlichen Leser scheint das jeweilige Publikum den Unterschied zwischen realistischer und phantastischer Fiktion im allgemeinen auch ohne weiteres bemerkt zu haben. Sogar für die mythologische Dichtung der Griechen läßt sich hier ein Beleg anführen, nämlich Platons Kritik an Homers fiktionaler Darstellung von unglaubwürdigen Handlungen der Götter und Göttersöhne:

alles das wollen wir leugnen, daß es der Wahrheit gemäß erzählt sei, und wollen die Unsrigen nicht glauben lassen . . .[114]

Jedenfalls wäre es wohl vollkommen überflüssig und höchstens in komischer Absicht vorstellbar, daß einer Münchhausiade, einem Tiermärchen oder einer Gespenstergeschichte zur Beruhigung der Leser die Versicherung vorangestellt würde: „Die folgende Handlung ist frei erfunden; etwaige Übereinstimmungen mit lebenden Personen oder wirklichen Ereignissen wären rein zufällig und nicht beabsichtigt." Vielmehr beruht ja der Reiz solcher Erzählungen oft gerade auf der demonstrativ geheuchelten *Wahrheitstreue* – wie denn auch Münchhausen ausdrücklich das Aufhängen einiger aufschneiderischer Reiseberichterstatter auf der Käse-Insel billigt:

Ich fand die Strafe sehr gerecht; denn nichts ist mehr eines Reisenden Schuldigkeit, als strenge der Wahrheit anzuhängen.[115]

2.12. *Logische Möglichkeit:* die Grenzen des Denkbaren

> Ach ihr lieben Leute (die Zuhörer mein ich), das meiste in der Welt grenzt weit mehr aneinander, als ihr es meint; darum seid billig, seid nachsichtig, und nicht gleich vor den Kopf geschlagen, wenn ihr einmal einen paradoxen Satz antrefft . . .
>
> TIECK: *Die verkehrte Welt*

Wenn auch menschlich sprechende Tiere, in Tiere verzauberte Menschen und zeitlos umherwandelnde Geister in der Wirklichkeit intersubjektiver Erfahrung nicht *vorkommen* können, so sind sie doch immerhin *denkbar*: wir können uns eine Welt vorstellen – und tun es bei phantastischer Dichtung –, in der es dies alles tatsächlich gibt. Eine äußerste Grenze sprachlich mitteilbarer Gedanken bildet erst die Logik: sie regelt die fundamentalen Beziehungen zwischen der elementaren *Form* von Sätzen oder Satzfolgen und den Möglichkeiten ihrer *Geltung,* also besonders ihrer Wahrheit. Weil diese formalen Bedingungen der Wahrheit jeder einzelsprachlichen Sonderentwicklung schon zugrundeliegen, unterscheidet sich die Logik auch nicht von Sprache zu Sprache – obwohl dergleichen von Nichtlogikern immer wieder behauptet wird. Vielmehr ist die Logik allen natürlichen Sprachen gleichermaßen als übergeordnete Gesetzmäßigkeit vorgegeben. Der Differenzierung nach Muttersprachen und der historischen Modifikation unterliegt allein die grammatische und semantische *Realisierung* logischer Strukturen.

Wird dagegen die Zuständigkeit der Logik für die Alltagssprache zuweilen überhaupt in Zweifel gezogen, dann beruht dies auf der Verkennung des Unterschieds zwischen logisch nicht *Zwingendem* und offen *Logikwidrigem.* Natürlich formulieren und argumentieren wir häufig oder sogar überwiegend nicht ‚streng logisch' – aber wenn wir etwas geradezu logisch Unmögliches äußern, dann ist dieses Logikwidrige zugleich auch *sprachwidrig.*

Für den Dichter jedoch bildet auch die Grenze des logisch Möglichen kein unübersteigbares Hindernis. Im Gegenteil: die besonders strikte Geltung logischer Regeln reizt in besonderem Maße zu poetischen Verstößen. Da Logiker sich im allgemeinen selten um die Literaturwissenschaft kümmern (und Literaturwissenschaftler noch seltener um die Logik), will ich hier die wenig erforschte Vielfalt logischer Anomalien in der Dichtung in ein Spektrum von Typen ordnen und – in aller gebotenen Kürze – durch Beispiele belegen.

Am bekanntesten und strukturell am einfachsten sind dabei stilistische Figuren des kontradiktorischen oder konträren Widerspruchs: das *Oxy-*

moron (als widersprüchliches Satzglied) und das *Paradoxon* (als widersprüchlicher Satz). Diese literarisch traditionsreichen Figuren finden sich häufig in rätselvollen oder zur Mystik tendierenden Werken, in besonders reichem Maße etwa bei Angelus Silesius und bei Novalis. Zwar sind der barocke Dichter Scheffler und der romantische Dichter Hardenberg durch eineinhalb Jahrhunderte getrennt, aber sie sind verbunden durch den auf beide ausstrahlenden Einfluß des theosophischen Mystikers Jakob Böhme:

Die Füsse bedeuten Nahe und Weit, denn in GOtt ist nahe und weit ein Ding, und der Mensch kan durch die Füsse nahe und weit kommen; er sey aber, wo er wolle, so ist er in der Natur weder nahe noch weit, denn es ist in GOtt ein Ding.

So ist aber der Tod und das Sterben der Finsterniß Leben . . .

(BÖHME[116])

Ich weiß nicht was ich bin, Ich bin nit was ich weiß:
Ein ding und nit ein ding: Ein stüpffchin und ein Kreiß.

Stirb ehe du noch stirbst, damit du nicht darffst sterben,
Wann du nu sterben solst: sonst möchtestu verderben.

(SCHEFFLER[117])

Leben ist der Anfang des Todes. Das Leben ist um des Todes willen. Der Tod ist Endigung und Anfang zugleich, Scheidung und nähere Selbstverbindung zugleich. Durch den Tod wird die Reduktion vollendet.

Der Tod ist das romantisirende Princip unsers Lebens. Der Tod ist – das Leben +. Durch den Tod wird das Leben verstärkt.

(HARDENBERG[118])

In derselben neuen Gattung des literarischen ‚Fragments' hat Hardenbergs Freund Friedrich Schlegel dieses Stilprinzip – und ein wenig wohl auch die mystifizierende Tendenz – auf Probleme der Philosophie und Ästhetik übertragen:

Es ist gleich tödlich für den Geist, ein System zu haben, und keins zu haben. Er wird sich also wohl entschließen müssen, beides zu verbinden.

Auch in der Poesie mag wohl alles Ganze halb, und alles Halbe doch eigentlich ganz sein.

Die Sokratische Ironie ist die einzige durchaus unwillkürliche, und doch durchaus besonnene Verstellung . . . In ihr soll alles Scherz und alles Ernst sein, alles treuherzig offen, und alles tief verstellt.[119]

Wie das Mystische zieht auch das *Magische* vielfach Nutzen aus der verwirrenden Kraft logischer Sprachverstöße. „Denn ein vollkommner Widerspruch / Bleibt gleich geheimnisvoll für Kluge wie für Toren", wie Mephistopheles den zahlenakrobatischen Zauberspruch seiner Untergebenen in der Hexenküche kommentiert:

Du mußt verstehn!
Aus Eins mach Zehn,
Und Zwei laß gehn,
Und Drei mach gleich,
So bist du reich.
Verlier die Vier!
Aus Fünf und Sechs,
So sagt die Hex,
Mach Sieben und Acht,
So ist's vollbracht:
Und Neun ist Eins,
Und Zehn ist keins.
Das ist das Hexen-Einmaleins![120]

Und auch Shakespeare bedient sich in den Hexenszenen des „Macbeth" der Gleichsetzung von Konträrem zur sprachlichen Charakterisierung der dämonischen Wesen:

Fair is foul, and foul is fair:
Hover through the fog and filthy air.[121]

Das Spiel mit dem Widerspruch wird aber nicht allein im Kontext solcher Werke mit hohem literarischen Anspruch gewagt, sondern schon in allbekannten Produkten des poetischen ‚Volksvermögens'[122]: in *Nonsens-Gedichten* wie „Finster war's, der Mond schien helle" oder „Auf einer grünen Bank im Park, / Die rot angestrichen war". Freilich muß man hier zwischen verschiedenartigen Quellen des lustvollen Unsinns differenzieren: Um *logische* Regelverstöße handelt es sich nur bei echten Oxymora und Paradoxa wie „Stumm in ein Gespräch vertieft" oder „Als ein Auto blitzesschnelle / Langsam um die runde Ecke fuhr" (immer unter Voraussetzung bestimmter deutscher Wortbedeutungen natürlich). Dagegen ist der hohe Reibungswiderstand von Sand („Als ein totgeschoß'ner Hase / Auf einer Sandbank Schlittschuh lief") nur eine empirische Sache der Physik – und die Verträglichkeit von Butter und Schmalz („In der Hand 'ne Butterstulle, / Die mit Schmalz bestrichen war") sogar nur eine reine Geschmackssache.

Ähnlich findet sich auch in der früher einmal volkstümlichen Gattung des *Lügenmärchens* häufig eine enge Verschränkung von Verstößen gegen die empirische und gegen die logische Möglichkeit. So enthält das von den Brüdern Grimm aufgeschriebene „Dietmarsische Lügen-Märchen" u. a. die folgenden Sätze:

... da waren drei Kerls, wollten einen Hasen fangen, gingen auf Krücken und Stelzen, der eine war taub, der zweite blind, der dritte stumm und der vierte konnte keinen Fuß rühren. Wollt ihr wissen, wie das geschah? Der Blinde der sah zuerst den Hasen über Feld traben, der Stumme der rief dem Lahmen zu, und der Lahme faßte ihn beim Kragen.[123]

Wiederum ist hier die Logik nur dafür verantwortlich, daß ein Blinder nicht sehen und ein Stummer nicht rufen kann (und daß es unter dreien keinen vierten gibt) – nicht aber dafür, daß ein Lahmer auf Krücken kaum einen Hasen erwischen wird. Von dieser rein *sachlichen* Unmöglichkeit ist aber der ganze Rest des Lügenmärchens und der größte Teil der Gattung überhaupt in erster Linie bestimmt, so daß sich auch hier wieder einmal Tiecks Diktum bestätigt: „Die paradoxen Sätze sind übrigens für verständige Leute weit seltener, als man denken sollte." (Tieck versäumt nicht hinzuzufügen: „Die verständigen Leute sind aber noch viel seltener.")[124]

Paradoxie als Nebeneinander einer Aussage und ihrer Negation kann nun nicht nur einzelne *Sätze,* sondern auch ganze *Werke* beherrschen. Am deutlichsten hat dies Max Frisch in seinem Drama „Biografie: Ein Spiel" vorgeführt. Während wir nämlich sonst aus logischen (!) Gründen jedes einzelne Ereignis unseres Lebens immer nur *entweder* in der Version „p" *oder aber* in der Version „nicht p" durchmachen können, erhält Frischs Protagonist Professor Kürmann Gelegenheit, an beliebigen Punkten seiner Biographie *sowohl* den Fall „p" *als auch* den Fall „nicht p" auszuprobieren: Er kann Antoinette einmal heiraten und einmal nicht heiraten, er kann der Kommunistischen Partei beitreten und es außerdem unterlassen usw. Natürlich sind dabei Aussage und Negation der Aussage nicht *gleichzeitig* wahr; das ließe sich, da man die Logik nicht wirklich außer Kraft setzen kann, auch auf dem Theater gar nicht darstellen. Aber sie sind nacheinander in Hinsicht auf denselben *Sachverhalt* und auf denselben *Zeitpunkt* wahr.

Abwechselnd als wahr und als unwahr erscheinen auch die Ereignisse in Arthur Schnitzlers dramatischer Groteske „Der grüne Kakadu". Vor dem Hintergrund der ausbrechenden Französischen Revolution werden hier komisches Rollenspiel und blutige Wirklichkeit verwirrend ineinander geschoben: Der Eifersuchtsmord eines Schauspielers an seinem adeligen Nebenbuhler wird zuerst als unwahr dargestellt (aber von den besser informierten Anwesenden und potentiell *auch* vom Zuschauer für wahr genommen), geschieht dann jedoch in Wahrheit (und wird nun wiederum von einigen Anwesenden als unwahres Spiel behandelt). Hier wird also einmal die Variante „nicht p" fiktional dargestellt und als „p" („Henri hat den Herzog ermordet") aufgefaßt, dann wird die Variante „p" fiktional dargestellt und als „nicht p" aufgefaßt. Diesen vielberufenen ‚Widerspruch zwischen Schein und Sein', sozusagen das Paradoxon als poetische Großform, kann man wohl sogar als allgemeines Gattungsmerkmal der *Groteske* ansehen[125] – freilich auch hier wieder mit der Einschränkung, daß die fiktional realisierten Unverträglichkeiten sich nicht immer auf die Verletzung *logischer* Gesetze zu beschränken brauchen.

Eine wesentliche Voraussetzung für die paradoxen Strukturen in Schnitzlers „Grünem Kakadu" liegt in der Grundsituation des ‚Spiels im Spiel': wo die klare Trennung zwischen fiktiver *Wirklichkeit* und fiktivem

Schauspiel zu verschwimmen droht, gerät das logische Orientierungssystem der Akteure wie der Zuschauer in Verwirrung. Damit ist eine wichtige Sonderform des poetischen Verstoßes gegen die Logik angesprochen: die paradoxe *Selbstbezüglichkeit* eines Textes. Sie entsteht, wenn die Stufengrenzen der logischen ‚Typentheorie' durchbrochen werden, wenn also die ‚Objektebene' (des Sprechens über Gegenstände) und die ‚Metaebene' (des Sprechens über dieses Sprechen) nicht mehr in der erforderlichen Weise auseinandergehalten werden.

Eine besonders reiche Tradition hat dieser logikwidrige Kunstgriff von Shakespeare und Cervantes bis zu Pirandello und Peter Weiss im dramatischen ‚Spiel im Spiel', wenn auf der Bühne selbst wieder neue Theaterebenen aufgebaut und dann durch die aus ihrer jeweiligen Rolle fallenden Spieler unrettbar verquirlt werden. Freilich gibt es in vielen literarischen Gattungen Texte, die sich auf ebendiese Gattung selbst und darüber hinaus dann auf sich selbst als Element dieser Gattung beziehen: als ‚Oper in der Oper', als ‚Geschichte in der Geschichte'[126], als Parabel über das Enträtseln von Parabeln[127], als Sonett über die Form des Sonetts[128] oder als Aphorismus über den Aphorismus.[129]

Von einer Verletzung logischer Grundsätze kann dabei aber immer erst gesprochen werden, wenn die Ebenen des Besprochenen und des Sprechens wirklich ineinandergehen oder gar umgedreht werden. So findet der Titelheld in Novalis' Romanfragment „Heinrich von Ofterdingen" in einer Höhle ein Buch, einen gleichfalls fragmentarischen „Roman von den wunderbaren Schicksalen eines Dichters", in dem seine eigene Lebensgeschichte abgebildet ist – einschließlich des gegenwärtigen Höhlenbesuchs mit dem Buchfund.[130] Und in Tiecks Lustspiel „Der gestiefelte Kater" diskutieren gar die Personen des Stücks innerhalb ihrer Rolle über den Wert dieses Stücks und die Qualität der Zuschauer – statt, wie üblich und wie logisch allein möglich, umgekehrt.[131]

Aber die Logik ist für die Dichtung nicht erst da von besonderer Bedeutung, wo sie verletzt wird. Gegenüber all den genannten Formen literarischer Paradoxie findet man einen bemerkenswerten Fall von nahezu umgekehrter Machart in Peter Handkes Sprechstück „Weissagung". Dieser Text besteht auf seiner Länge von gut zehn Druckseiten ausschließlich aus *Tautologien* und verstößt so oberflächlich nur gegen gängige, durch den Titel noch genährte Forderungen nach ‚Informationsgewinn' und ‚Sachhaltigkeit' – bei genauerer Betrachtung aber weit mehr gegen das logische Prinzip der semantischen Trivialität tautologischer Vorhersagen:

> Die Fliegen werden sterben wie die Fliegen.
> Die läufigen Hunde werden schnüffeln wie läufige Hunde.
> Das Schwein am Spieß wird schreien wie am Spieß.
> Der Stier wird brüllen wie ein Stier.
> (. . .)
> Donald Duck wird gehen wie Donald Duck.

(...)
Im Theater werdet ihr euch vorkommen wie im Theater.
(...)
Jeder Tag wird ein Tag sein wie jeder andere.[132]

Erst auf den zweiten Blick erkennt man im Rahmen einer derartigen Reihung, wie wenig selbstverständlich die doppelte (und damit potentiell doppelsinnige) Verwendung alltäglicher Redensarten ausfallen kann. Nun ist der nichttriviale Gebrauch von Tautologien allerdings in der Poesie ohnehin keine Seltenheit – von „Sunt pueri pueri, pueri puerilia tractant" bis „A rose is a rose is a rose..." bei Gertrude Stein; auch in geläufigen Sprichwörtern tritt das Verfahren gelegentlich auf („Sicher ist sicher", „Besser ist besser", „Gelernt ist gelernt"). Der Österreicher Handke könnte es im übrigen dem solche Tautologien gern beim Wort nehmenden Karl Kraus abgeschaut haben – oder auch dem ähnlich wortspielfreudigen Johann Nestroy. Der läßt beispielsweise in seiner Posse „Der Zerrissene" unter vielen anderen logisch doppelbödigen Aussprüchen einmal den Inhaber des Namens „Krautkopf" sagen:

Da g'hören die Ruben her! (...) An keine Ordnung g'wöhnt sich das Volk. – Kraut und Ruben werfeten s' untereinand' als wie Kraut und Ruben![133]

Noch auf andere Weise macht sich die Dichtung logische Regeln bei der Absetzung gegen regelgeleitetes Sprechen zunutze. Zu diesen Regeln gehören nämlich auch formale Voraussetzungen der logischen *Wohlgeformtheit* sprachlicher Zeichenketten – zum Beispiel die Vorschrift, in mehrstelligen Prädikatsausdrücken sämtliche vorhandenen *Leerstellen* zu binden. So hat sich etwa innerhalb der literarischen Gattung ‚Witz' die geläufige Witzsorte „Was ist der Unterschied zwischen... und...?" herausgebildet, bei der die mindestens erforderliche Zweistelligkeit des Prädikatsausdrucks „Unterschied" im allgemeinen auch korrekt beachtet wird. (Z. B.: „Was ist der Unterschied zwischen einem Logiker und einem Dialektiker? – Der Logiker leitet seine Folgerungen aus dem Vordersatz ab, der Dialektiker aus dem Kaffeesatz.") Wie aber allgemein die Mißachtung logischer Restriktionen der Sprache bei der Erzeugung von Witzen eine wichtige Rolle spielt, so treten auch hier in Gegenbewegung zum eingespielten Schema Witze auf, die eine der beiden Leerstellen regelwidrig *offen lassen* und auch anderweitig ein Spiel mit der Logik der Relationen treiben: „Was ist der Unterschied zwischen einer Krähe? – Beide Beine sind gleich lang, besonders das rechte."

Zu den Anforderungen an logische Wohlgeformtheit zählt weiterhin die Regel, klar zwischen ‚Quantoren' (als Festlegungen des Geltungsbereichs) und ‚Konstanten' (als Namen für Gegenstände) zu unterscheiden. Demgegenüber lassen sich in der Geschichte der Poesie zahlreiche Belege dafür auffinden, daß zu witzigen oder ernsthaften Zwecken die Ausdrücke

„nichts" bzw. „niemand" logikwidrig nicht als negierte *Existenzquantoren,* sondern als *Namen* behandelt werden. Beispielgebend dürfte dabei das hier schon einmal zitierte Wortspiel des Odysseus gewirkt haben, der sich gegenüber dem einäugigen Menschenfresser Polyphem mit lebensrettender List nicht als „Odýss", sondern mit dem griechischen „Oudeís" als „Niemand" vorstellt. Ganz deutlich ist die Anspielung daran etwa in Lessings Eingangspointe in seiner berühmten Polemik gegen Gottsched:

„Niemand, sagen die Verfasser der Bibliothek, wird leugnen, daß die deutsche Schaubühne einen großen Theil ihrer ersten Verbesserung dem Herrn Professor Gottsched zu danken habe."

Ich bin dieser Niemand; ich leugne es gerade zu.[134]

Für die neuere Kinderliteratur scheint eine Stelle bei Lewis Carroll eine ähnlich anregende Wirkung gehabt zu haben wie die Homer-Stelle für die Weltliteratur:

„Just look along the road, and tell me if you can see either of them."

„I see nobody on the road," said Alice.

„I only wish *I* had such eyes," the King remarked in a fretful tone. „To be able to see Nobody! And at that distance too! Why, it's as much as *I* can do to see real people, by this light!"[135]

Carrolls Beispiel hat nämlich ganz offensichtlich manche Autoren poetisch anspruchsvoller Kinderliteratur zu ähnlichen Effekten ermutigt. So stellt Michael Ende Alices ‚Sehen des Niemand' in seinem poetologischen Märchenroman „Die unendliche Geschichte" das ‚Sehen des Nichts' und das ‚Springen ins Nichts' bei den Bewohnern des literarischen Landes Phantásien gegenüber.[136] Und James Krüss, der Doyen der deutschen Kinderlyrik, hat diese Vergegenständlichung des Negationszeichens in seinem Gedicht „Das Königreich von Nirgendwo" (mit dem Hofstaat „Niemand", „Keiner", „Niemals", „Keinesfalls" und „Nimmermehr" im Schloß „Zu Keinerzeit") durch so ziemlich alle Möglichkeiten durchdekliniert.[137]

Das Land „Nirgendwo" ist dabei natürlich nur eine Eindeutschung des griechisch-lateinischen Werktitels „Utopia", mit dem Thomas Morus 1516 nicht nur das literarische Genre der ‚Utopie' begründete, sondern auch sprachlich für viele in analoger Paradoxie gebildete Ländernamen Pate stand – allein im englischen 19. Jahrhundert etwa für William Morris' „News from Nowhere", für Samuel Butlers Umdrehung „Erewhon" und auch für den deutschen Ortsnamen „Weissnichtwo" im englischen Text von Carlyles „Sartor Resartus". Dem *räumlichen* Niemandsland der Unerreichbarkeit haben dann der Volksmund und Bertolt Brecht ein *zeitliches* Pendant an die Seite gestellt: den „Sankt Nimmerleinstag".[138]

Welche Rolle spielen nun all diese verschiedenartigen Verstöße gegen logische Regeln der Sprache in der Dichtung? Zur zusammenfassenden Verdeutlichung führe ich nochmals drei kurze Beispiele an, in denen das

Spiel mit Paradoxien und vergegenständlichten Quantoren völlig im Mittelpunkt steht. Sie entstammen einer uralten Gattung, die nun im Aussterben begriffen ist und für die die scheinbare Verletzung der Logik und deren Aufdeckung mit logischen Mitteln traditionell eine dominierende Rolle gespielt hat: dem literarischen *Rätsel.* Die folgenden drei ‚enigmatischen' Gedichte stammen aus dem 13. Jahrhundert (noch mit der verneinenden Vorsilbe „en-"), aus dem 15. und aus dem 19. Jahrhundert:

Merket alle ein vil groz wunder (...)
es enist nu, noch enwart nie,
ez enwirt ouch nimmer,
unde hat noch die werlt hie,
ja weret ez auch immer,
man mac ez schouwen alle tage,
ez enspichet niht, und hat doch sage;
ez ist allen creatiuren bi:
nu ratet alle, waz daz wunder si.

Ich han, des ich nie gewan,
vnd mangel, dez ich sull han.

Oft bin ich der Menschen einziges Wissen,
der Große gibt sich mit mir nur ab;
mich zu erzeugen sind viele beflissen,
wer mich hat, kommt an den Bettelstab.
Wer an mich denkt, hat vieles verbrochen,
auch der Stocktaube hörte mich gehn,
der Stumme selbst hat mich ausgesprochen,
und der Blinde hat mich ganz deutlich gesehn.
Man erhält mich gratis und ohne Geld,
ich bin der Urstoff der ganzen Welt.[139]

Alle drei literarischen Denksportaufgaben haben dieselbe überlieferte Lösung: „Nichts". In ihnen ist versammelt, was einzeln oder verbunden die vorangegangenen Beispiele logischer Anomalie in der Dichtung bestimmte: der Zweck des *Vergnügens;* das anfänglich verwirrende *Rätsel;* und seine mögliche *Auflösung.* Denn dient der Verstoß gegen die Logik nicht einfach als punktueller komischer Effekt zur Erheiterung, dann wird er durch seine verstörende Kraft zum mysteriösen Deutungsproblem, für das der Leser eine Lösung entweder selber suchen muß – und, gerade wenn sie nicht leicht fällt, auch suchen *wird* – oder aber im weiteren Textverlauf geliefert bekommt. Selbst die Paradoxien der Mystiker verlangen und erlauben eine widerspruchsfreie, den Doppelsinn aufdeckende Interpretation der widerspruchsvoll bloß *scheinenden* Sinnsprüche. Und selbst Shakespeares Hexen verwirren Banquo nur kurzzeitig mit der Paradoxie ihrer beiden ersten Prophezeiungen, um ihm dann mit der dritten ihre Enträtselung zu gewähren:

1. WITCH: Lesser than Macbeth, and greater.
2. WITCH: Not so happy, yet much happier.
3. WITCH: Thou shalt get kings, though thou be none. [140]

So endet auch in der Dichtung die Verletzung der Logik in der Wiederherstellung der Logik: indem der Verstoß als bloß scheinbarer *durchschaut* oder als bloß komischer *belacht* wird. Denn eine ernsthafte und anhaltende Aufhebung der Logik wäre ein zu schwerwiegender Eingriff in unser intellektuelles Orientierungssystem, als daß sie dauerhaftes ästhetisches Vergnügen bereiten könnte.

3. Präzisierung der Grundbegriffe

> Zweitens ist der Gebrauch der Worte mitunter unbeständig; das kommt unter den Gelehrten nur zu oft vor.
>
> LEIBNIZ: *Nouveaux Essais*

Die Durchsicht dichtungssprachlicher Besonderheiten von der phonetischen bis zur logischen Ebene hat durch die Vielzahl angeführter Beispiele verdeutlicht: Auf allen diesen Sprachebenen setzt sich die Poesie über normalerweise verbindliche Einschränkungen hinweg – und dies offenkundig nicht durch eine bloß willkürliche *Destruktion* sprachlicher Ordnungen, sondern durch eine vielfältig fruchtbare *Neustrukturierung.*

Eine vorschnelle Verwendung der Redeweise von „Normen" und „Abweichungen" habe ich bislang jedoch strikt vermieden. Erst jetzt kann verallgemeinernd geprüft werden, wie sich die vorgestellten und untereinander recht verschiedenartigen Eigenheiten poetischer Sprachverwendung im Rahmen eines einheitlichen, begrifflich wie theoretisch tragfähigen *Abweichungsmodells der Dichtung* zusammenfassen lassen.

Vor allem drei Fragen sind deshalb zu stellen: Ob und in welchem Sinne die Einschränkungen des Redens auf den zwölf Ebenen als „sprachliche Normen" bezeichnet werden können; inwiefern die Formen ihrer Überwindung in der Dichtung unter einen zuverlässig geklärten Begriff der „poetischen Abweichung" von sprachlichen Normen zu bringen sind; und worin eigentlich die „Funktion" solcher poetischen Normabweichungen liegt. Im Anschluß an die Beantwortung dieser drei Fragen müssen einige grundsätzliche Einwände und Folgerungen diskutiert werden, die sich im Zusammenhang mit der vorgeschlagenen Neuinterpretation des Modells von Norm und Abweichung ergeben.

3.1. Was ist eine ‚sprachliche Norm' ?

... ganz wie der Brauch es heischt;
Denn er waltet als Herr und Gebieter
und Richter der Sprache.

HORAZ: *Ars poetica*

Von „Normen" sprechen wir häufig im Sinne von *Vorschriften*, die von einer dazu ermächtigten Stelle zu bestimmten Zwecken ausdrücklich *erlassen* werden. ‚Normenausschüsse' gibt es heute in den verschiedensten institutionellen Zusammenhängen, zum Beispiel zur Festsetzung der sogenannten „Deutschen Industrie-Normen". Hier werden nicht nur Verordnungen für industrielle Herstellungsverfahren festgelegt, sondern auch die *Sprache* wird in bestimmten Bereichen normiert: die DIN 45 500 beispielsweise legt unter anderem fest, unter welchen Bedingungen ein Musikwiedergabegerät als „HiFi-Plattenspieler" *bezeichnet* werden darf.

Von Normen solcher Art soll hier nicht die Rede sein. Diejenigen Beschränkungen zulässigen Redens, die auf allen im vorigen Kapitel behandelten Ebenen immer wieder ihre demonstrative Mißachtung in poetischen Texten auf sich ziehen, werden nicht von einzelnen oder von Gruppen explizit *eingeführt*, sondern von allen Sprachteilhabern gleichermaßen bereits *vorgefunden*. Es handelt sich also ausschließlich um implizite Normen mit faktischer Geltung; sie können erst *nachträglich* – und stets nur *mehr oder weniger* zutreffend – aus dem bestehenden Sprachgebrauch ermittelt werden, während explizite Normierungen ihrem Gebrauch naturgemäß *voraufgehen*.

Man könnte freilich darüber streiten, ob nicht unsere Sprache heute schon zu ganz wesentlichen Teilen explizit und nicht mehr bloß implizit normiert ist. Das Paradebeispiel für eine solche These wäre wohl die Rechtschreibung, die ja im Deutschen nach verbreiteter Auffassung durch ‚die Vorschriften des Dudens' verbindlich geregelt ist. Aber *setzt* der Rechtschreib-Duden Normen, oder *beschreibt* er sie nur? Die tatsächliche Arbeitsweise der Mannheimer Redaktion und erläuternde Zusätze wie „häufig auch schon: ..." bei manchen Stichwörtern deuten bereits auf jene Antwort hin, die dem Duden von den Herausgebern selbst ausdrücklich beigegeben ist: „die Normen müssen ständig überprüft und nach dem geltenden Sprachgebrauch bestimmt werden."[141] Auch der Duden ermittelt also nur empirisch die jeweils implizit bereits geltenden Gepflogenheiten der Rechtschreibung und kann somit entgegen seiner Aura durchaus einmal irren. Zugleich aber gilt in weiten Bereichen des öffentlichen Lebens *implizit* – und für manche Berufsgruppen wie Setzer oder Schreibkräfte sogar *explizit* – die von den Sprachnormen ganz verschiedene Norm, sich in orthographischen Zweifelsfällen an den Duden zu *halten*. In entsprechender Weise gilt dies etwa für die Kodifikation der französischen Sprache durch die ‚Académie française' oder für das „Oxford English Dictionary".

Im übrigen gehen die für poetische Abweichung bedeutsamen Normen auch erheblich über die Rechtschreibung hinaus – und über alles sonst, was man im Rahmen von Wörterbüchern und Schulgrammatiken kodifizieren kann. Die üblicherweise mit dem Ausdruck „Sprachnorm" verknüpften Assoziationen sind allerdings wohl im wesentlichen auf diesen engen Bereich beschränkt: auf die traditionellen grammatischen Bereiche der ‚Lautlehre', ‚Formenlehre', ‚Satzlehre' und auf den ‚Wortschatz'. Damit wäre freilich bestenfalls die erste Hälfte der im vorigen Kapitel behandelten Sprachebenen erfaßt – ohne Berücksichtigung von Regeln der Semantik, Pragmatik und Textematik, von weiterem ganz zu schweigen. Die poetische Tendenz zum Sprachverstoß richtet sich aber, wie dargelegt, nicht allein gegen die verschiedenen *Strukturgesetze* einer Sprache, sondern ebenso gegen alle möglichen Arten von *Sprachhandlungsnormen* – oder allgemeiner: gegen den gesamten Bereich implizit geltender Maximen für das sprachliche Verhalten von Menschen. Dies wird übersehen, wenn im Rahmen einer vielzitierten Unterscheidung zwischen „Norm" und „System" einer Sprache die poetischen Sprachverletzungen allein auf die Ebene der historisch wandelbaren ‚Norm' bezogen werden sollen:

> Demgemäß unterschieden wir ... zwischen funktionellem System und normalem Verfahren (Verwirklichung). Aber sind andererseits nicht die meisten dichterischen Neuschöpfungen von der Art? Sind sie nicht fast immer Übertretungen oder Erweiterungen der *Norm*, im Einklang mit dem *System*?[142]

Die Dichtung macht jedoch vor den Schranken des ‚Systems' einer Sprache ebensowenig Halt wie vor denen der ‚Norm' – setzt sie sich doch partiell sogar über Restriktionen hinweg, die Bestandteile des funktionellen Systems einer *jeden* Sprache sind und die somit als ‚Universalien' gelten können: über die Logik, über die Bindung von Behauptungssätzen an Wirklichkeit und Möglichkeit oder auch über die konstitutiven Regeln für elementare Sprechakte wie Bitte oder Frage.

Damit ist zugleich angedeutet, daß nicht alle für die Poesie interessanten sprachlichen Normen ‚rein konventionell' sind. So ist es zwar eine Sache der einzelsprachlichen Konvention, durch welche phonematischen oder syntaktischen Mittel wir die Negation ausdrücken oder wie wir durch Elemente der Lexik, der Syntax, der Interpunktion oder Intonation einen Satz als Frage kennzeichnen; und hier können wir uns durchaus auch Veränderungen ausdenken und realisieren. Wir können aber nicht mit Aussicht auf erfolgreiche Verständigung beschließen, die Negation oder die Unterscheidung zwischen Frage und Antwort einfach *abzuschaffen*. Zu den Normen einer Sprache gehören auch und sogar überwiegend historisch variable Konventionen – aber nicht *nur* Konventionen.

Angesichts einer so weitreichenden Auffassung von sprachlichen Normen muß man sich natürlich dem Einwand stellen, ob sich denn die Annahme einer ‚normierten Sprache' für den Bereich alltäglicher Verständigung so überhaupt noch vertreten lasse. Schließlich sind die natürlichen Sprachen ja bekanntermaßen voll von Entscheidungsspielräumen und Unklarheiten über die jeweils ‚richtige' Ausdrucksweise; und besonders im Umfeld affektiven Sprechens scheinen die Normverstöße in mancher Hinsicht fast häufiger zu sein als die Normerfüllungen.

Aber im Zusammenhang einer Abweichungstheorie der Literatur braucht man gar nicht vorauszusetzen, daß die nichtdichterische Sprache *durchgehend* und überall gleichermaßen *strikt* normiert ist. Vielmehr gehe ich im folgenden nur von der schwächeren und völlig ausreichenden Voraussetzung aus, daß es in jeder natürlichen Sprache zumindest *einige* Normen gibt, die definitive Geltung haben und deren Nichtachtung in der Poesie eindeutig eine sprachliche Regelverletzung darstellt.

Ebensowenig braucht eine Theorie der poetischen Abweichung die Voraussetzung zu machen, daß die ihr zugrundeliegende Sprache ein völlig *einheitliches* Normensystem bildet – etwa im Sinne ‚der deutschen Hochsprache' oder von ‚Standard English'. Es ist ja ganz unübersehbar, daß die sprachliche Wirklichkeit neben der oft fälschlich als ‚die Sprachnorm' angesehenen Hochsprache – oder auch ‚Standardsprache', ‚Gemeinsprache', ‚Verkehrssprache', ‚Schriftsprache' – eine Fülle von Dialekten, Soziolekten, Gruppensprachen, Fachsprachen, Sondersprachen, Bereichs- und Funktionssprachen aufweist. Dabei handelt es sich aber ersichtlich nicht um ‚Abweichungen von der Norm der Sprache', sondern um spezifisch normierte *Teilbereiche* einer Sprache.

Irreführend mag hier die in der Linguistik verbreitete Redeweise von „Abweichungsgrammatiken" wirken, mit denen man beispielsweise die bekannten syntaktischen Besonderheiten bestimmter Textarten systematisieren kann: etwa die von *Anzeigen* („VW 1300 A, clement., Bj. 70, 70000, beh. Hecksch., Kopfst., 9f. ber., Vb. 2700.-"), von *Schlagzeilen* („Tabellenführung mit Glück behauptet"), von *Wetterberichten* („Vormittags wechselnd bewölkt und örtlich einzelne Schauer, nachmittags wolkig und zeitweise Regen") oder von *Telegrammen* („ankomme freitag den 13. um 14 uhr christine"). Aber wie schon der Wortbestandteil „-grammatik" andeutet, ist hier von „Abweichung" nicht im Sinne irgendeiner Norm*verletzung* die Rede, sondern im Sinne einer *Unterscheidung* der durch diese Abweichungsgrammatik beschriebenen Normen von den Normen der Standardsprache. Denn die syntaktischen Besonderheiten in den genannten Verwendungszusammenhängen sind in sich durchaus normativ (wiewohl implizit) *geregelt* und werden von denen, die sie im Verlaufe eines ganz normalen sprachlichen Aneignungsprozesses zu beherrschen gelernt haben, in den entsprechenden Zusammenhängen auch korrekt *eingehalten.*

Die Art und Weise solcher *normierten* und norm*gerechten* Absetzung gegen andere sprachliche Normen kann man sich sehr leicht am Beispiel von *Fußnoten* verdeutlichen, die sich ja in vielen ihrer regelmäßigen Züge von dem darüber bzw. davor stehenden Haupttext einer wissenschaftlichen Arbeit unterscheiden: teilweise anders geregelte und funktional intensivierte *Zeichensetzung* (z. B. sind hier Kommas den Punkten in einer Titelaufnahme übergeordnet), starke *Abkürzungs*lizenzen („a. a. O.", „ders.: ...", „hrsg. u. eingel. v."), massive syntaktische *Tilgungsregeln* („So auch: ...", „Dagegen z. B.: ...", „Kritisch dazu: ...") sowie *Duzen* des unbekannten Lesers („siehe", „vergleiche", „lies"). Der damit vertraute Leser reagiert darauf jedoch genau nach Jean Pauls Diktum „Man erwartet in den Anmerkungen eines Buches schlechtern Stil" – wie in dieser[143] –, und weil der Leser dergleichen *erwartet*, nimmt er auch keinerlei Anstoß daran.

Aber man kann den tiefgreifenden Unterschied zwischen ‚der Dichtungssprache' und den besonderen ‚Sprachen' in den spezifisch normierten Teilbereichen einer Sprache deutlich machen, ohne überhaupt die bislang ja noch gar nicht geklärten Begriffe „Norm" und „Abweichung" zu verwenden. Alle bereichsspezifischen ‚Sprachen' der genannten Art werden nämlich von ihren Sprachteilhabern in *gleichartiger* Weise benutzt und führen so jeweils zur Ausbildung besonderer *Sprachgemeinschaften*; jeder einzelne von uns gehört mehreren davon an. Alle Wetterdienste, alle Juristen, alle Fußballanhänger in Deutschland sprechen als solche im großen und ganzen jeweils *dieselbe* Sprache.

Dies gilt nun für alle Dichter keineswegs. In gewisser Weise hat hier sogar jeder Autor, wenn nicht gar jedes einzelne Werk seine ‚eigene Sprache', seine individuellen Besonderheiten gegenüber nichtpoetischer Sprachverwendung. Dies ist zwar in neuerer Zeit besonders augenfällig geworden, traf prinzipiell jedoch schon immer zu: auch die jeweils zeitgenössischen Landsleute Horaz und Vergil, Hartmann und Wolfram, Donne und Shakespeare, Gryphius und Weckherlin sprachen als Dichter nicht dieselbe Sprache. Während also die etablierte Wissenschaftssprache einer bestimmten Disziplin der entsprechenden ‚scientific community' gemeinsam ist, wird die poetische Sprache nicht von einer ‚poetic community' geteilt. Die ‚Dichtersprache' ist, trotz ihres Namens, keine ‚Fachsprache der Dichter'.

Und ebensowenig ist sie ein ‚poetischer Dialekt', wie das gelegentlich zu lesen ist. Auch Dialekte nämlich sind wie jede natürliche Sprache durch implizite Normen geregelt, die innerhalb einer Gruppe – hier meist einer stark regional bis lokal begrenzten Gruppe – weitgehend *einheitlich* und mit relativ großer historischer *Kontinuität* eingehalten werden. Dialekt zu sprechen, ist also nicht schon für sich genommen eine ‚Abweichung'; der Gebrauch einer bestimmten Mundart stellt in bestimmten Regionen und in bestimmten Redezusammenhängen eine genau vorhersagbare und völlig normgerechte Sprachverwendung dar. Deshalb ist auch der literarische Gebrauch des Dialektes etwa bei Hebel, Groth, Hauptmann, Döblin, Horváth oder Dürrenmatt als solcher noch nicht poetisch abweichend.

Dagegen kann es normwidrig sein, einen Dialekt – oder auch umgekehrt die Hochsprache – in einem unpassenden *Redezusammenhang* zu verwenden; wer etwa einen physikalischen Vortrag im Schwyzerdütsch halten oder an einem Stammtisch des Ruhrgebiets Amtssprache sprechen wollte, wird dies an den Reaktionen der Anwesenden bald ablesen können. Und diese *Verwendungsnormen* des Dialekts können somit auch Gegenstand poetischer – vornehmlich: sprachkomischer – Abweichung werden: wenn etwa Nestroy in seinen Wagner- und Hebbel-Travestien mythische Tragödien germanischen oder biblischen Ursprungs ins Wienerische überträgt, wenn Ludwig Thoma Probleme der großen Politik in bereits leicht überfremdetem Bairisch traktiert, wenn Jürgen von Manger Theateraufführungen im Kohlenpott-Jargon rezensiert oder wenn sich umgekehrt Karl Valentin in der szenischen Darstellung privater Gesprächssituationen mit den Tücken der Hochsprache herumschlägt.

Und schon durch den innersprachlichen Kontext allein kann die Verwendung eines Dialekts eine literarische Dimension erhalten; so verdankt der Anfang der „Buddenbrooks" seine Berühmtheit in erster Linie dem drastischen Nebeneinander von Luther-Deutsch, patrizischem Bildungsfranzösisch und lübschem Platt:

„Was ist das. – Was – ist das ..."
„Je, den Düwel ook, c'est la question, ma très chère demoiselle!"[144]

Im so erläuterten und verallgemeinerten Sinne ist nun also zu fragen: Was heißt es eigentlich genau, daß diese oder jene Entscheidung eines Sprechers, sich so und nicht anders auszudrücken, einer bestimmten sprachlichen *Norm* entspricht? Ich diskutiere im folgenden drei mögliche Interpretationen für den Begriff „sprachliche Norm"; dabei sollen die späteren jeweils auf den früheren, allein noch unzureichenden Kriterien *aufbauen* und so stufenweise einer angemessenen Präzisierung des Normbegriffs entgegenführen.

3.1.1. *Norm als statistischer Befund*

> Wer bloß Beobachtung und Experimente häuft, kommt mir vor wie jemand, der ein Register führt über die Steine, die zwei Schachspieler aufheben und niedersetzen oder wegnehmen...
>
> LICHTENBERG: *Sudelbücher*

„Es kann nicht ein einziges Mal nur ein Mensch einer Regel gefolgt sein. Es kann nicht ein einziges Mal nur eine Mitteilung gemacht, ein Befehl gegeben, oder verstanden worden sein, etc."[145] Diese scheinbar triviale Bemerkung Ludwig Wittgensteins trifft gleichwohl etwas Entscheidendes: sie lenkt die Aufmerksamkeit darauf, daß das Befolgen einer Regel offenbar etwas mit Fragen der *Häufigkeit* zu tun hat. Daß etwas „die Regel ist" oder „als Regel gilt", sagen wir niemals, wenn nur einer oder wenige es tun und alle anderen nicht; wir sagen es allein dann, wenn etwas allgemein *üblich* ist.

Entsprechend hieße das für den Bereich der Sprache, daß als Norm gilt, was innerhalb einer Sprachgemeinschaft – d.h. in einer Gruppe, in der grundsätzlich jedes Mitglied mit jedem anderen sprechen könnte – *alle* oder doch die *meisten* Sprecher der betreffenden Sprache tatsächlich sagen. Der Begriff der implizit gelten „sprachlichen Norm" ließe sich demnach als statistisch interpretierter Beobachtungsbegriff auffassen und etwa folgendermaßen festlegen:

PRÄZISIERUNGSVORSCHLAG I

Eine sprachliche Norm ist eine nachweisbar überwiegend befolgte Richtlinie sprachlichen Verhaltens in einer Sprachgemeinschaft.

Dieser Definitionsvorschlag entspricht annähernd jenen Auffassungen jedweder *sozialen* Normen als beobachtbaren Regelmäßigkeiten, die in der Soziologie und Sozialphilosophie unter Bezeichnungen wie „Norm als Verhaltensgleichförmigkeit"[146] oder „the predictive theory of obligation"[147] diskutiert werden. Für die *Sprachforschung* ist dieser rein quantitative Normbegriff in der zweiten Hälfte des 19. Jahrhunderts maßgeblich geworden, als sich die Sprachwissenschaft am erfolgreichen Modell der Naturwissenschaften als empirischen Gesetzeswissenschaften zu orientieren begann. Besonders in der Schule der ‚Junggrammatiker' wurde zum einen Jacob Grimms Begriff des „Lautgesetzes" zur methodischen Leitvorstellung der *historischen* Sprachwissenschaft verallgemeinert (mit entsprechend prestigeträchtigen Benennungen wie „Grimmsches Gesetz",

„Vernersches Gesetz" oder „Leskiens Axiom"); zum anderen hielt auch in die *systematische* Sprachbeschreibung die Interpretation von Normen als beobachtbaren Gesetzmäßigkeiten ihren Einzug (unter ähnlich anspruchsvollen Namen wie „Wackernagels Gesetz" oder „Behaghels Gesetz der wachsenden Glieder" in der Syntax).

Entsprechend versuchte man in der praktischen Forschungsarbeit die Geltung sprachlicher Normen vornehmlich durch das fleißige Sammeln historischer Belege nachzuweisen; das so gewonnene Material macht auch den unschätzbaren Wert solcher Arbeiten für die theoretisch grundlegend veränderte Linguistik der Gegenwart aus. Leichtsinnigerweise wurden dabei allerdings gleichberechtigt oder sogar bevorzugt Belegstellen aus der *Dichtung* herangezogen – angesichts der poetischen Grundtendenz zur vielfältigen Normübertragung sicherlich eine fragwürdige methodische Entscheidung.

Ferdinand de Saussure, erst Schüler und später entscheidender Überwinder der junggrammatischen Schule zugunsten einer ‚strukturalen' Sprachanalayse, hat zwar die Konzeption des Lautgesetzes mit schlagenden wissenschaftstheoretischen Argumenten kritisiert[148], blieb aber durch seine Orientierung an einer auf Durchschnittsermittlungen gerichteten Soziologie gleichfalls der Interpretation sprachlicher Normen als beobachtbarer Regelmäßigkeiten verbunden. Und diese Auffassung bestimmt bis in die Gegenwart die Praxis der empirischen Sprachanalyse. Auffälligstes Beispiel hierfür ist wohl die seit 1958 erstellte große Sprachkartei der Duden-Redaktion, die der laufenden Überarbeitung der verschiedenen Sprachwerke zugrundegelegt wird – und in die unverändert zu großen Teilen Auszüge aus dem Werk namhafter Dichter eingehen, darunter von so abweichungsfreudigen Autoren wie Kurt Tucholsky, Gottfried Benn und Ingeborg Bachmann.[149]

Vor dem Hintergrund dieser Tradition der Normauffassung in der Sprachwissenschaft ist es nicht verwunderlich, daß die statistische Interpretation sprachlicher Normen auch in die *literaturtheoretische* Diskussion um Norm und Abweichung in vielfältiger Weise eingegangen ist. So unterstellt schon die berühmte Theorie der ‚Automatisierung' in der Standardsprache und ihrer poetischen ‚Entautomatisierung' implizit eine Deutung von Sprachregeln als Regelmäßigkeiten.[150] Und dieser Grundzug findet sich noch in der späteren informationstheoretischen wie in der statistischen Neuinterpretation solcher Grundthesen des Russischen Formalismus und des Prager Strukturalismus.[151]

Die Vorzüge der statistischen Norminterpretation, die diese vielfache Verwendung in sprach- und literaturtheoretischen Zusammenhängen begründen oder zumindest motivieren, liegen auf der Hand. Der Normbegriff wird auf diese Weise nämlich nicht nur von allen ‚normativen' Entscheidungen oder Verpflichtungen abgekoppelt, sondern auch von allen übrigen ‚subjektiven' Annahmen von Sprechern über geltende Normen ihrer Sprache losgelöst. Welche Sprachnormen zu einem bestimmten Zeitpunkt und für eine bestimmte Gruppe Geltung haben, läßt sich diesem Ansatz gemäß allein durch systematische Beobachtung und Beschreibung des sprachlichen Gruppenverhaltens objektiv ermitteln. Und die Resultate in Gestalt allgemeiner oder statistischer Gesetzesaussagen genügen strengen Ansprüchen an intersubjektive Überprüfbarkeit, weil sie sowohl deduktiv zwingende *Erklärungen* für vergangene Sprachereignisse als auch kontrollierbare *Vorhersagen* für zukünftige Sprachereignisse ermöglichen.

Die Auffassung von sprachlichen Normen als faktischen Regelmäßigkeiten entspricht also dem ‚empiristischen Sinnkriterium' der erforderlichen *Belegbarkeit* wissenschaftssprachlicher Aussagen[152] ebenso wie dem ‚Falsifikationsprinzip' ihrer erforderlichen *Widerlegbarkeit*[153]. Diese Norminterpretation orientiert sich damit an den wissenschaftstheoretischen Idealen aus der Frühzeit des ‚Logischen Empirismus' bzw. des ‚Kritischen Rationalismus' – an Idealen also, die ganz allgemein trotz erheblicher Weiterentwicklung in der Philosophie selbst für große Teile der Linguistik nach wie vor maßgebliche Wirkung entfalten.

Gleichwohl ist zunehmend deutlicher geworden, daß der unmittelbare Anschluß der Geltung von Sprachnormen an die Häufigkeit ihrer Erfüllung sich so nicht halten läßt. Zum einen ergeben sich schon dann, wenn man quantitative Normkriterien als statistisch gestützte Auftretenswahrscheinlichkeiten genauer ausarbeiten und anwenden will, unüberwindliche Schwierigkeiten; sie lassen sich in Noam Chomskys ebenso schroffem wie bündigem Verdikt zusammenfassen: „For any sentence at all, probability is so low that it can be regarded as zero."[154]

Darüber hinaus läßt sich aber zeigen, daß der Präzisierungsvorschlag I auch aus *prinzipiellen* Gründen der eingebürgerten Redeweise von „sprachlichen Normen" nicht wirklich entspricht. Die mangelnde Übereinstimmung wird schon daran deutlich, daß man leicht Gegenbeispiele anführen kann – in Gestalt *seltener*, aber unzweifelhaft *richtiger* Sprachverwendungen und umgekehrt in Gestalt *häufiger*, aber unzweifelhaft *fehlerhafter* Sprachverwendungen. Seltenes Vorkommen allein macht eine sprachliche Gebrauchsweise noch nicht normwidrig, und häufiges Auftreten allein macht sie noch nicht normgerecht. Auch die Interpretation sprachlicher Normen als faktischer Regelmäßigkeiten ist damit eine jener naheliegenden Täuschungen, gegen die der sprachanalytische Philosoph G. E. Moore sein berühmtes ‚open-question argument' entwickelt hat.[155] Denn auch hier kann man jedem Satz vom Typ „Die Sprachverwendungsweise A ist normgerecht, denn die Mehrzahl aller Sprecher spricht gemäß A" stets die weiterhin ‚offene Frage' entgegenhalten: „Das mag ja so sein – aber ist es denn auch *normgerecht*, daß die Mehrzahl der Sprecher gemäß A spricht?"

Beispielsweise wird man, als Fall eines sehr seltenen Sprachgebrauchs, nur unter Mühen einen heute lebenden Deutschen auftreiben, der sich

„*eines* Menschen erinnert", statt sich wie die meisten „*an* ihn zu erinnern". Dennoch ist auch die erste Formulierung – wiewohl man sie vielleicht ‚altväterlich' oder ‚preziös' finden kann – völlig normgerechtes heutiges Deutsch. Ebensowenig ist irgendetwas dagegen vorzubringen, wenn jemand die Wörter „Protagonist" und „Antagonist" auch in seiner Aussprache, ihrer griechischen Wortbildungsweise gemäß, als „Prot-agonist" bzw. „Ant-agonist" segmentiert – obwohl das auch unter humanistisch gebildeten Benutzern dieser Wörter so gut wie niemand tut.

Umgekehrt schreibt die Mehrzahl deutscher Sprecher das Wort „Rhythmus" auf Befragen vermutlich mit mindestens einem „h" zu wenig, obwohl dieses Wort durch die massenhafte Verbreitung der Popmusik und ihres Jargons durchaus zur Alltagssprache und -lektüre auch von wenig gebildeten Sprechern gehört. Aber ein solches Mehrheitsvotum macht ihre Schreibung noch lange nicht richtig, da sie nun einmal den bestehenden Normen für die deutsche Transkription griechischer Buchstaben nicht entspricht – sprachlichen Normen also, die manche Rechtschreibreformer *explizit* ändern wollen, deren *implizite* Geltung durch Tradition jedoch unbestritten ist.

Bedenken wecken könnte dieses Beispiel freilich dadurch, daß es dem Bereich der Rechtschreibung entnommen ist, also einem Bereich, in dem es sich um vergleichsweise ‚späte', ‚künstliche' und beinahe schon explizite Sprachnormen handelt. Ihren Sonderstatus kann man schon daran ablesen, daß wir das *Schreiben* auf ganz andere Weise lernen als das *Sprechen.* Und er zeigt sich auch in der lebhaften Diskussion um die *Reform* der Rechtschreibung, während Konferenzen und Fördervereine für die Drittstellung des Verbs, für die Neueinteilung der Farbwörter oder dergleichen bislang nicht bekannt geworden sind.

Aber zum einen erhalten auch orthographische Regelungen ihre Geltung als sprachliche Normen nicht durch Konferenzempfehlungen oder Ministerbeschlüsse, sondern erst mit ihrer praktischen Annahme und Durchsetzung als *implizit* geltende Normen; eine verordnete Normung, die nicht akzeptiert wird, ist keine ‚Norm der Sprache'. Umgekehrt hat die vorläufig noch Duden-widrige Kleinschreibung bereits so etwas wie eine implizite Alternativnorm etabliert, besonders bei vielen Sprachwissenschaftlern seit Jacob Grimm und bei jungen oder betont jugendlichen Leuten – bevorzugt etwa auf Namensschildern, Anzeigen, Zeitschriftentiteln und ähnlichen Formen eines orthographischen ‚Jeans-Looks'. Daran wird inzwischen kaum noch jemand Anstoß nehmen und womöglich mit dem Hinweis auf den Duden ‚lauter Rechtschreibfehler' konstatieren. Die Kleinschreibung ist heute, wiewohl mit individuell sehr unterschiedlichem Wohlwollen, bereits als ein in bestimmten Teilbereichen der deutschen Sprachwirklichkeit jederzeit wählbares Normensystem akzeptiert.

Zum anderen gilt das, was am orthographischen Beispiel „Rhythmus" nur besonders deutlich zu beobachten war, für andere Normebenen natürlich in analoger Weise. Vielleicht muß man den Bereich der Phonetik hier ausnehmen; aber etwa im Bereich der Syntax, der Semantik oder der Logik – wohlgemerkt: der *impliziten* logischen Normen natürlicher Sprachen – ist die überwiegende Sprachverwendungsweise in vielen Fällen normwidrig; ja, man hat die Zahl der „echten Sprachnormbeherrscher" sogar nur auf „rund 10% der Bevölkerung" hochgerechnet.[156]

Anders wäre ja auch eine Sprachkritik gar nicht denkbar, wie sie etwa Karl Kraus vom Standpunkt der Sprachnorm aus gerade gegen *herrschende* Züge des ‚gedanken-losen' Umgangs mit der deutschen Sprache geübt hat.[157] Wenn man hier auch vielleicht nicht alles teilen wird, was Kraus im einzelnen z. B. über „verbieten" und „verbitten", „zutrauen" und „zumuten", über „Subjekt und Prädikat" geäußert hat, so bestätigt doch eine solche Meinungsverschiedenheit im Detail nur aufs neue die *Möglichkeit* einer solchen Sprachkritik. Und die im ganzen ebenso breite wie anhaltende Zustimmung zu den an der Sprachnorm orientierten Einwänden von Kraus gegen das sprachlich Übliche zeigt deutlich, daß ein solches Unternehmen von den Mitgliedern der Sprachgemeinschaft nicht als sinnlos betrachtet, sondern als nur allzu berechtigt akzeptiert wird.

Stärker noch als solche Hinweise auf den tatsächlichen Umgang mit Sprachnormen erweist eine prinzipielle Überlegung die Unhaltbarkeit der Norminterpretation als rein statistische Auswertung der bestehenden Sprachwirklichkeit. Man kann nämlich in diesem Rahmen überhaupt nicht zwischen *determiniertem* Verhalten – etwa aufgrund von Instinkten oder Naturgesetzen – und *regelgeleitetem* Verhalten als einer Form sozialen Handelns unterscheiden. Ein bloß empirisch die sprachlichen Regelmäßigkeiten beobachtender Normenforscher müßte beispielsweise zu dem Ergebnis kommen, zu den am striktesten befolgten Sprachnormen gehöre es, daß erwachsene Männer – möglicherweise in Zusammenhang mit anderen gruppenspezifischen Auffälligkeiten ihres Verhaltens – ungefähr eine volle Oktave tiefer zu sprechen hätten als Frauen und Kinder.

Auch ein statistisch häufiges, vielleicht sogar ausnahmslos aufweisbares Verhalten braucht aber als solches noch nicht normativ verbindlich zu sein oder überhaupt im Bezug auf irgendwelche sprachlichen Normen zu stehen. Nur die wenigsten Menschen schließen beim Sprechen ihre Augen – aber es ist keinesfalls sprachwidrig, mit geschlossenen Augen zu sprechen; und wenn es in Gesellschaft zuweilen normwidrig sein kann, dann betrifft das gerade nicht *sprachliche* Normen. Auf der anderen Seite ist die mittelalterlich-barocke Schreibgewohnheit der kunstvoll verzierten Initialen heute so gut wie ausgestorben – aber sie ist auch heute nicht etwa *normwidrig,* weil sie mit sprachlichen Normen gar nichts zu tun hat.

Allgemeiner gesprochen: Der Idealfall der statistischen Norminterpretation wäre eigentlich die *ausnahmslos* geltende Regelmäßigkeit und damit gerade nicht die soziale *Norm,* sondern das *Naturgesetz.* Denn geltende Normen kann man überhaupt erst über die Möglichkeit ihrer *Verlet-*

zung und deren Folgen als solche identifizieren. Von einer sozialen Norm werden wir weder sprechen, wenn wir ein bestimmtes Verhalten auch beim besten bzw. bösesten Willen gar nicht unterlassen *können*, noch dann, wenn wir uns ganz nach *Belieben* so verhalten können oder auch nicht. Erst die Möglichkeit einer *Abweichung* von der Norm und deren dann eintretende Konsequenzen machen also eine Norm zur Norm – oder, schlichter gesprochen: Was eine sprachliche Norm ist, erkennt man nicht schon an den Fällen, in denen sie befolgt wird, sondern richtig erst an den Fällen, in denen sie nicht befolgt wird.

3.1.2. *Norm als Institution*

> Wenn nun die Flüchtigen Ephraims sprachen: Laß mich hinübergehen! so sprachen die Männer von Gilead zu ihm: Bist du ein Ephraimiter? Wenn er dann antwortete: Nein! hießen sie ihn sprechen: Schiboleth; so sprach er: Siboleth und konnte es nicht recht reden; alsdann griffen sie ihn und schlugen ihn an den Furten des Jordans, daß zu der Zeit von Ephraim fielen 42000.
>
> DAS ALTE TESTAMENT: *Buch der Richter*

„Einer Regel folgen, eine Mitteilung machen, einen Befehl geben, eine Schachpartie spielen sind *Gepflogenheiten* (Gebräuche, Institutionen).“[158] Worin liegt nun aber das *Soziale* an dem, was Wittgenstein hier als „Gepflogenheit“, „Gebrauch“, „Institution“ bezeichnet? Offenbar nicht einfach darin, daß alle oder die meisten es immer oder häufig tun.

Erneut kann der Vergleich mit Naturgesetzen näheren Aufschluß über die Besonderheit sozialer Normen geben. Den Grundgedanken dieses Vergleichs hat Gottlob Frege mit der ihm eigenen Klarheit ausgesprochen:

> Man gebraucht das Wort „Gesetz“ in doppeltem Sinne. Wenn wir von Sittengesetzen und Staatsgesetzen sprechen, meinen wir Vorschriften, die befolgt werden sollen, mit denen das Geschehen nicht immer im Einklange steht. Die Naturgesetze sind das Allgemeine des Naturgeschehens, dem dieses immer gemäß ist.[159]

In beiden Fällen von ‚Gesetzen‘ hegen wir gewisse *Erwartungen* im Hinblick auf zukünftige Ereignisse. Wenn nun ein aufgrund von empirischen Gesetzeshypothesen prognostiziertes Ereignis nicht eintritt, werden wir unsere Hypothese als *falsifiziert* betrachten und nach einer anderen suchen. Wenn indessen entgegen unseren Erwartungen ein Gesprächspartner den Satz „Ich gelesen das Buch habe“ äußert, werden wir nicht uns, sondern *ihn* korrigieren, sofern die Situation das zuläßt; und auf jeden Fall werden wir an unseren Überzeugungen von den geltenden Normen der deutschen Wortstellung unvermindert *festhalten.*

Mit anderen Worten: gegenüber der Nichterfüllung unterstellter Naturgesetze reagieren wir ‚lernbereit', gegenüber der Nichterfüllung unterstellter Normen dagegen ‚lernunwillig'. Normen sind also „kontrafaktisch stabilisierte Erwartungen".[160] Im Falle enttäuschter Erwartungen bestehen wir gleichwohl auf unserer für geltend gehaltenen Norm; ja, wir *verteidigen* sie sogar als eine schützenswerte ‚Institution', indem wir unsere Ablehnung durch irgendeine negative Reaktion gegenüber der Normverletzung dokumentieren. Von einer implizit geltenden Norm kann man somit erst dort sprechen, wo ihre Nichterfüllung durch irgendwelche *Sanktionen* bedroht ist. Sanktionen aber sind etwas anderes als unerwünschte, naturgesetzlich bedingte Folgewirkungen eines Verhaltens; sie sind die demonstrative Ablehnung einer Verhaltensweise durch andere Gruppenmitglieder in Gestalt ausdrücklicher verbaler Mißbilligung oder auch schädigender Handlungen dem Delinquenten gegenüber. Demnach wäre der Begriff der implizit geltenden „sprachlichen Norm" etwa folgendermaßen zu bestimmen:

PRÄZISIERUNGSVORSCHLAG II

Eine sprachliche Norm ist eine nachweisbar wiederkehrend befolgte Richtlinie sprachlichen Verhaltens, deren Nichtbeachtung von der Sprachgemeinschaft in wiederkehrender Weise durch Sanktionen geahndet wird.

Aufgrund der voraufgegangenen Überlegungen zur statistischen Norminterpretation dürfte klar sein, daß von „wiederkehrend befolgt" hier nicht im Sinne von „durchschnittlich üblich" oder „überwiegend vorhanden" die Rede ist. Vielmehr ist hier nur erforderlich, daß das durch die betreffende Richtlinie bestimmte sprachliche Verhalten von einer unabgeschlossenen Zahl von Gruppenmitgliedern in einer unabgeschlossenen Zahl von Fällen auch wirklich an den Tag gelegt wird, also wenigstens für einen Teil der Sprachgemeinschaft und für einen gewissen Zeitraum einigermaßen zuverlässig vorhergesagt werden kann. Diese *Mindestanforderung* an empirische Beobachtbarkeit im tatsächlichen Sprachgebrauch ist allerdings unentbehrlich; denn wenn eine vermeintliche ‚Sprachregel' nur von einem einzigen Sprecher einer Sprache angewendet wird – oder auch an einem einzigen Tag von allen, dann aber nie wieder –, so wird man nicht gut von einer „implizit geltenden Sprachnorm" reden können.

Ebenso soll der Zusatz „in wiederkehrender Weise" bei der Sanktionsklausel nur den Fall einer völlig zufälligen oder auf wenige abgeschlossene Fälle begrenzten Verhängung von Sanktionen ausschließen, nicht aber ein ‚wahrscheinliches' oder ‚überwiegendes' Eintreten von Sanktionen postulieren. Denn erforderlich ist hier allein das Bestehen der *Sanktionsdrohung* und eines ausreichenden *Sanktionspotentials*, deren eher zurückhaltender Einsatz sich nach dem Ergebnis soziologischer Feldforschungen am effektivsten auswirkt.[161]

Diese Interpretation des Normbegriffs durch den Bezug auf Sanktionen hat mit besonderem Nachdruck und Erfolg Max Weber in die Theorie sozialer Normen eingeführt; die *soziologische* Normendiskussion wird bis heute von seiner Unterscheidung zwischen sanktionsfreiem „Brauch" und durch Kontrollmechanismen geschützter „Norm", „Konvention" oder „Sitte" beeinflußt.[162] Grundsätzliche Aspekte dieser Auffassung von Normen sind jedoch in erster Linie durch die *sprachphilosophischen* Bemühungen um eine analytische Theorie der ‚Institutionen' ans Licht gebracht worden.[163] Und auch die Normendiskussion in der *Sprachwissenschaft* – vielfach bestimmt durch eine falsche Alternative zwischen reiner Sprachbeschreibung und ausdrücklicher Normsetzung – hat mittlerweile den Weg zu einer Interpretation sprachlicher Regeln als implizit geltender, aber durch Sanktionen wirksam geschützter sozialer Normen beschritten:

> Die Erwartungsnorm erweist sich damit als Mittel einer SOZIALEN KONTROLLE, das bei Abweichungen, deren Grenzwerte wir nicht kennen, zu verschiedensten Arten von ‚Sanktionen' führt, vom hochmütigen Naserümpfen bei Orthographie- und Grammatikfehlern bis zum Ausschluß aus der Gemeinschaft wegen ständigen ‚Vergreifens im Ton'. Von langsamer Beförderung, dem Ausbleiben des gesellschaftlichen Verkehrs bis zur tätlichen Bedrohung wegen eines Akzentes, der jemanden als Angehörigen einer verhaßten Gruppe ausweist, sind die Einsatzmöglichkeiten der Erwartungsnorm groß.[164]

Das angeführte Beispiel des ‚verhaßten Akzents' macht freilich gleich auf eine Schwierigkeit aufmerksam, der sich die Interpretation von Normen durch Sanktionen im Bereich der Sprache gegenübersieht. Wie nämlich können wir die eigentlichen *sprachlichen* Normen von anderen sozialen Normen absondern, die auch auf unser sprachliches Verhalten Einfluß haben? Gilt im genannten Fall der Akzentdifferenz die Sanktion wirklich der *Sprache* des Attackierten und dem Ziel ihrer Normanpassung, oder dient die Aussprache hier nur als Erkennungszeichen für den Verstoß gegen ganz andersartige Normen der Gruppenzugehörigkeit?

Offenkundig müssen nicht alle sprachlichen Verhaltensweisen, die in der Regel durch Sanktionen beantwortet werden, deshalb auch schon gegen Normen der Sprache verstoßen. So kann das Aussprechen unangenehmer Wahrheiten oder das gewollte Durchbrechen von Tabus, das dauernde Ansprechen eines konzentriert arbeitenden Kollegen oder das Anbrüllen eines Vorgesetzten in sprachlicher Hinsicht völlig in Ordnung und auch genau verständlich sein – obwohl es im allgemeinen aggressive Reaktionen hervorzurufen pflegt. Dabei kann es sich sogar wirklich um soziale Sanktionen handeln; wir verletzen dann sprechend Normen, aber keine *sprachlichen* Normen.

Um Verstöße gegen Normen der Sprache handelt es sich vielmehr nur dann, wenn sich wenigstens einige Kontexte angeben lassen, in denen sich eine Normverletzung des betreffenden Typs *verständnisbehindernd* auswirken kann. Wohlgemerkt: des betreffenden *Typs* – auch hier kann man nicht über sprachliche Einzelfälle, sondern nur über sprachliche Prinzipien urteilen. Wer „Rytmus" schreibt, wird dadurch vielleicht Kopfschütteln und in gewissen Tätigkeitsbereichen sogar Sanktionen in Form beruflicher Nachteile hervorrufen, aber wohl kaum jemals ein Mißverständnis. In anderen Fällen hingegen kann durch die Übertretung derselben sprachlichen Norm – nämlich der Beachtung griechisch-deutscher Transkriptionsregeln und der Unterscheidung von „rh": „r" bzw. „th": „t" – schon für sich allein eine sprachliche Verwechslung geschehen („Rheinfall": „Reinfall" bzw. „Therme": „Terme"). Insofern sind, von den ‚gewichtigeren' Sprachebenen ganz abgesehen, auch korrekte Phonetik und Orthographie bereits verständigungsrelevante Normen der Sprache.

In diesem Zusammenhang muß man sich noch eine andere Besonderheit sprachlicher Normen und ihres Sanktionsmechanismus verdeutlichen. In bezug auf die meisten sozialen Normen herrscht nämlich eine personelle oder zumindest eine zeitweilig funktionelle Trennung zwischen dem *Urheber* der Norm (z. B. dem Personalchef eines Industriebetriebes, der Anforderungen an die Belegschaft stellt und gegebenenfalls durch Sanktionen bis hin zur Entlassung durchsetzt), dem *Adressaten* der Norm (im genannten Beispiel den untergebenen Beschäftigten, die die Anforderungen zu erfüllen und gegebenenfalls die Sanktionen zu erleiden haben) und dem von der Norm *Begünstigten* (etwa den Aktionären und in glücklichen Fällen auch den Kunden des Betriebes, die von der Erfüllung der Anforderungen profitieren, ohne an Normsetzung, Normerfüllung oder Sanktionierung unmittelbar beteiligt zu sein).

Im Falle der Sprachnormen ist dies anders: hier sind Normurheber, Normadressat und Normbegünstigter *identisch*. Denn alle drei Rollen übernehmen nicht einzelne oder Gruppen, sondern die Sprachgemeinschaft als ganze, die hier eine große „Sanktionskoalition" bildet.[165] Niemand hat hier ein Monopol auf Normsetzung, sondern jedermann kann die Erfüllung implizit geltender Normen explizit einfordern. Aber es kann sich auch niemand einfach dem Geltungsanspruch dieser Normen entziehen, solange er Mitglied dieser Sprachgemeinschaft zu bleiben beabsichtigt. Und ebenso kommt die Geltung und Einhaltung der Normen grundsätzlich allen gleichermaßen zustatten. Denn selbst sozial engagierte Reformvorschläge zur Erhöhung sprachlicher und damit auch politisch-ökonomischer Chancengleichheit zielen ja immer nur auf die Veränderung und insbesondere auf die Vereinfachung der Sprachnormen ab, nicht auf ihre ersatzlose Abschaffung.

Ebenso gibt es im Bereich der Sprache keinen selbständigen und organisierten *Sanktionsapparat*, wie ihn Polizei, Justiz und Strafvollzug im

Bereich der Rechtsnormen darstellen, die ja in manchen Gesellschaften ebenso wie Sprachnormen nicht ausdrücklich kodifiziert sind. Sanktionen zugunsten von Sprachnormen erfolgen sozial verstreut und inoffiziell. Vor allem aber ergehen sie in prinzipiell *umkehrbarer* Weise und haben somit grundsätzlich nicht die Struktur von *Gewalt*.

Die Umkehrbarkeit aller Sanktionshandlungen erstreckt sich prinzipiell sogar auf soziale Situationen mit extremer Ungleichheit der Rollenzuweisung. Ein Deutschlehrer, der nicht auch von seinen Schülern lernt, hat seinen Beruf verfehlt. Eltern sind zwar in der Regel die Sanktionsinstanz für sprachliche Fehler ihrer Kinder; aber kluge Kinder korrigieren bald auch manchen normwidrigen Sprachgebrauch ihrer Eltern, und kluge Eltern gehen freudig darauf ein. In gewisser Weise ist natürlich besonders der Deutschunterricht eine institutionalisierte und wohl auch nicht ganz gewaltfreie Form der Verhängung sprachbezogener Sanktionen; aber diese Funktion erhält er nicht durch die Institution ‚Sprache', sondern als Erziehungsprozeß, wie jedes andere Unterrichtsfach auch, durch die Institution ‚Schule'. Mit dem Ablauf der Schulzeit ist die Sanktionsmacht des Deutschunterrichts beendet und geht an die Sprachgemeinschaft als ganze zurück.

Diese besondere Umkehrbarkeit und Gewaltlosigkeit der Sanktionierung implizit geltender Sprachnormen enthält nun zugleich einen Hinweis darauf, daß die bislang diskutierte Interpretation des Begriffs „sprachliche Norm" mit Hilfe des Begriffs „Sanktion" allein noch nicht für eine wirklich sachadäquate Präzisierung ausreicht. Der Präzisierungsvorschlag II bietet nämlich noch keine zufriedenstellende Möglichkeit, reversible Sanktionen zur Aufrechterhaltung allgemein *geltender* Normen zu unterscheiden von individuellen, gruppenspezifischen oder gesamtstaatlichen Zwangsmaßnahmen zur Durchsetzung *strittiger* Normen. Zur Verdeutlichung des Unterschiedes führe ich ein Beispiel nationalsozialistischer Sprachregelungspolitik an:

Anweisung Nr. 1200
Der Reichspressechef der NSDAP hat in Nürnberg die Weisung ergehen lassen, daß ab sofort in Zukunft von der SA, der SS und dem NSKK nicht mehr als „Kerle" oder „Kerls", etwa in dem Sinne „die SA-Männer sind ganze Kerle" gesprochen werden soll. Der Ausdruck darf in diesem Zusammenhang nicht mehr verwandt werden.[166]

Wenn jemand nach diesem Erlaß von 1937 – selbst nicht eben ein Dokument der Beherrschung deutscher Sprachnormen – im Kontext einer öffentlichen Sprechsituation SA-Männer dennoch zweideutig als „Kerle" zu bezeichnen wagte, so hatte er massivste Sanktionen zu gewärtigen. Aber es wäre offenkundig Unsinn zu behaupten, nach den Normen der deutschen Sprache hätte man nunmehr den Ausdruck „Kerle" auf die Kerle von der SA nicht mehr korrekt anwenden können.

Für die literaturtheoretische Verwendung des Normbegriffs ist ein anderer Nachteil noch gewichtiger: Mit dem Sanktionskriterium allein lassen sich die primären Normen der Sprache auch nicht hinreichend abgrenzen von jenen bloßen Anforderungen des herrschenden *Geschmacks*, wie sie in Gestalt von stilistischen und poetologischen Erwartungsnormen auf ganz andere Weise die literarische Produktion beeinflussen. Denn die Nichtbeachtung solcher Forderungen zieht ja häufig ebenfalls soziale Sanktionen nach sich, die in kulturell illiberalen Gesellschaften lebensbedrohende Ausmaße annehmen können; Belegfälle erstrecken sich hier von der spätmittelalterlichen *Feudalherrschaft* im Frankreich des lebenslang verfolgten Provokateurs François Villon über das *demokratisch* regierte, aber viktorianisch erstarrte England des erbarmungslos zugrundegerichteten Oscar Wilde bis zu den deutschen Dichterschicksalen in der Emigration aus dem *totalitär* gleichgeschalteten Dritten Reich.

Gleichwohl handelt es sich bei verfestigten ‚literaturpolitischen' Erwartungen dieser Art nicht um allgemein geltende und für jedermann verbindliche sprachliche Normen; dies läßt sich besonders deutlich am Fall der Enttäuschung solcher Erwartungen erkennen. Die Geltung sprachlicher Normen wird nämlich in aller Regel auch von Dichtern generell *anerkannt* und außerhalb ihrer punktuellen poetischen Durchbrechung üblicherweise *befolgt*: auch Romanciers beanspruchen bei ihren Honorarabrechnungen schiere Satzwahrheit statt Fiktionen, und Lyriker setzen eine einmalig durchbrochene Syntaxregel oft schon im nächsten Vers wieder in Kraft.

Wer sich dagegen z. B. den in einer Gesellschaft unter Androhung von Sanktionen anempfohlenen Prinzipien des ‚Sozialistischen Realismus' nicht unterwirft, der *durchbricht* damit nicht eine geltende und auch von ihm selbst ansonsten anerkannte Sprachnorm, sondern er *bestreitet* gerade die verbindliche Geltung der herrschenden Normpoetik. Ein adäquat präzisierter Begriff der impliziten Sprachnorm muß also differenzieren zwischen Sanktionen zugunsten geltender *Normen* und Sanktionen zugunsten umstrittener *Normierungen.* Den Unterschied erkennt man an den Reaktionen der Betroffenen.

3.1.3. *Norm als Konsens*

> Conventionen gruenden sich auf eine allseitige Empfindung gemeinschaftlichen Vortheiles; welche Empfindung alle Glieder des Gemeinwesens einander zum Ausdrucke bringen, und welchselbe sie da hin beweget, ihre Auffuehrung gegeneinander durch gewisse Principien zu ordnen.
>
> HUME: *A Treatise of Human Nature*

„'So sagst du also, daß die Übereinstimmung der Menschen entscheide, was richtig und was falsch ist?' – Richtig und falsch ist, was Menschen *sagen*; und in der *Sprache* stimmen die Menschen überein. Dies ist keine Übereinstimmung der Meinungen, sondern der Lebensform."[167] Wittgensteins Rede von „Übereinstimmung" in der Sprache kann selbstverständlich nicht bedeuten, daß im wirklichen Sprachgebrauch immer schon vollständige Übereinstimmung *besteht*; dann gäbe es ja gar keine normbezogenen sprachlichen Konflikte und gar keine Notwendigkeit für sprachbezogene Sanktionen. Der entscheidende Punkt ist vielmehr, daß die implizit geltenden Sprachnormen – die sprachliche ‚Lebensform' – es uns ermöglichen, auch bei auftretenden sprachlichen Divergenzen eine Übereinstimmung *herzustellen.*

Und diese Übereinstimmung beruht zwar auf ‚Sachzwängen' und ‚zwingender Logik', muß sich aber ohne jeden *äußeren Zwang* herstellen lassen. Die Einigung über implizit geltende Normen ist schon ihrer Definition nach ein gewaltfrei zustandegekommener *Konsens.* Natürlich gibt es, wie nicht nur das angeführte Beispiel aus der NS-Zeit deutlich macht, Gewalt auch im Raum der Sprache. Wo aber gesellschaftlich verhängte Sanktionen gegen den hartnäckigen Widerstand der Betroffenen zwangsweise durchgesetzt werden, da bilden solche Sanktionen keinen Beweis für die allgemeine Geltung impliziter Normen, sondern nur für die bestehenden *Machtverhältnisse.*

Von implizit geltenden Normen kann erst dann die Rede sein, wenn sich über die Berechtigung der Sanktionen Einverständnis erzielen läßt. Zum Ausdruck kommt dieser erreichte Konsens vor allem darin, daß die Sanktionen schließlich auch von den Betroffenen selbst explizit oder implizit *akzeptiert* werden, indem sie ihr Verhalten normkonform verändern und so die betreffende Norm als auch für sie verpflichtend anerkennen.

Diese freiwillige Verhaltensänderung durch Zustimmung zur sanktionierten Norm muß man prinzipiell trennen von jenem anderen Fall, daß der Betroffene sich einer Sanktion, die er nach wie vor für unberechtigt hält, lediglich *beugt*, weil er entgegen seinen fortdauernden persönlichen Präferenzen durch physischen, politischen oder ökonomischen Druck dazu gezwungen wird. Im Einzelfall mag die Anwendung dieser Unterscheidung nicht immer ganz leicht sein; aber bei genauerer Prüfung der Umstände dürften sich hier doch jeweils hinreichende Indizien ergeben.

Worauf gründet sich nun der enge Zusammenhang zwischen implizit geltenden Sprachnormen und ihrer zwangsfreien Durchsetzung mit freiwillig akzeptierten Sanktionen? In erster Linie darauf, daß das Bestehen und Weiterbestehen solcher sprachlichen Normen den *übereinstimmenden Interessen* aller Beteiligten entspricht. Die Existenz allgemeingültiger Sprachnormen allein vermag nämlich ein gemeinsames Problem der gesamten Sprachgemeinschaft zu lösen: das der erfolgreichen Verständigung.

Das Problem der Verständigung zwischen Menschen ist nun ein typisches *Koordinationsproblem* – ähnlich wie, nach einem Beispiel David Humes, das rhythmisch synchronisierte Rudern ohne kommandierenden ‚Schlagmann': wenn ich mich einem anderen verständlich machen will, muß ich so reden, wie er es versteht. Um also meine eigenen Erwartungen an den anderen erfüllt sehen zu können, muß ich außer diesen meinen Erwartungen auch die Erwartungen des anderen *an mich* berücksichtigen – und gelegentlich sogar noch seine Erwartung, daß ich dies auch von ihm erwarte. Mit anderen Worten: ich muß statt einfacher, etwa auf naturwissenschaftliche Prognosen gestützter Tatsachenerwartungen hier das hegen, was man als fremde Gedankengänge antizipierende „Erwartungen höherer Ordnung"[168] oder auch schlagkräftig als „Erwartungserwartungen"[169] benannt hat. Zur Stabilisierung solcher wechselseitig koordinierenden Erwartungen benötigen wir explizite oder implizite Normen.

Wenn wir also in bezug auf unsere Sprachverwendung eine Sanktion von seiten unserer Gesprächspartner erfahren, können wir daraus entnehmen, daß die wechselseitige Koordination der Erwartungen mittels gleichermaßen unterstellter Sprachnormen in diesem Fall irgendwie *gestört* sein muß. Und deshalb werden wir die Sanktion im allgemeinen akzeptieren, sofern wir dadurch eine Verbesserung unserer Verständigungsmöglichkeiten erhoffen können. Wir geben dadurch zu verstehen, daß wir die in Frage stehende Norm als geltend anerkennen, sie aber irrtümlich oder aus unzureichender Vertrautheit nicht beachtet, sie also noch nicht genügend ‚gelernt' hatten. Denn ähnlich wie das Lernen anderer sozialer Normen der gewaltfreien Konfliktlösung ist auch der Erwerb von Sprachnormwissen für ausnahmslos jeden Sprachteilhaber ein lebenslanger, unabschließbarer Lernprozeß.

Das Akzeptieren der Sanktion kann sich dabei in ganz unterschiedlichen, nämlich teils in sehr deutlichen und teils in eher unauffälligen Formen verwirklichen – wie die Sanktionen selbst. Deren Möglichkeiten erfüllen allein im Bereich expliziter Äußerungen etwa die folgende aufsteigende Skala:

– *Rückfragen* („Wie bitte?" oder „Meinst du seine oder ihre Mutter?" oder „Kannst du dich bitte etwas deutlicher ausdrücken?")
– *Verbesserungen* („Der meistgelesene Autor, nicht der meistgelesenste!" oder „Das gleiche Kleid wie du, nicht dasselbe!" oder „Was Sie offenbar meinen, ist doch folgendes: . . .")
– *spöttische Imitation* („Sprrröchen Sie oigentlich ümmerrr so geschwollennn wie ein Burrrgschauspielerrr?" oder „Hochinteressant, Frau Zeugin – demnach haben Sie von hinten das Gesicht des Täters ganz genau erkannt!" oder „Soso, die Sättel sind also schon gepferdet!")
– *Vorwürfe* („Nuschele doch nicht immer so!" oder „Sie widersprechen sich, Herr Kollege!" oder „Du bist ein ganz gemeiner Lügner!")
– *Abbruch der Kommunikation* („Tut mir leid, aber ich kann Ihr Gebrabbel nicht verstehen!" oder „Du kapierst ja selbst nicht, was du da redest – da versuche ich's auch nicht länger!" oder „Über einen solchen logischen Unsinn kann man einfach nicht diskutieren!")

Diesem Spektrum der Sanktionen steht eine ähnlich große Palette von Möglichkeiten gegenüber, eine Sanktion anzunehmen: durch einen selbständigen Sprechakt wie etwa eine *Entschuldigung* oder das *Eingeständnis* „Du hast recht", aber auch stillschweigend z. B. durch die *Wiederholung* eines Satzes in besserer Aussprache, durch die *Korrektur* von Syntax oder Wortwahl, durch erläuternde *Umschreibung* des Gesagten, schließlich durch die *Rücknahme* einer erwiesenen Lüge oder einer als widersprüchlich aufgedeckten Behauptung.

Eine abgeschwächte Version des Akzeptierens von Sanktionen liegt auch noch vor, wenn man zwar eine Korrektur des Gesprächspartners nicht übernimmt, aber auch nicht auf dem monierten eigenen Sprachgebrauch beharrt und statt dessen auf eine ‚neutrale' dritte Ausdrucksweise ausweicht. Auf diese Weise wird die strittige Sprachnorm als nicht sofort konsensfähig gleichsam *ausgeklammert*, und man unterstreicht die Legitimität der ergangenen Sanktion gleichwohl dadurch, daß man sich auf den die Verständigung sichernden Bereich unumstrittener Normen beschränkt.

Natürlich kommt es demgegenüber vor, daß jemand eine Sanktion für sachlich *unbegründet* erklärt und seine angegriffene Sprachverwendungsweise mit Argumenten verteidigt; schließlich befindet sich ja zuweilen auch der Urheber einer Sanktion im Irrtum. Doch selbst dieser Fall ist noch deutlich verschieden von einer bloßen *Abweisung* der Sanktion. Indem man nämlich seine eigene Ansicht über die tatsächlich geltende Sprachnorm begründet, erkennt man ungeachtet der konkreten Meinungsverschiedenheit die prinzipielle Sanktionsberechtigung des anderen in solchen Fällen an. Es ist etwas wesentlich anderes, ob wir einem Kritiker unserer Sprache erwidern: „Ich glaube, du irrst dich", oder ob wir etwa jemanden, der uns wegen unserer bevorzugten Schlafstellung Vorhaltungen macht, mit den Worten abfertigen: „Was geht's dich an? Laß mich in Ruh!" Im Bereich der Sprache streitet man wohl hin und wieder über die Geltung einer *bestimmten* Norm – aber man bekräftigt eben dadurch den bestehenden Konsens über die Geltung der Sprachnormen insgesamt.

In der Sprach- und Literaturwissenschaft hat man von dieser Interpretation des Normbegriffs durch das Kriterium akzeptierter Sanktionen praktisch keinen Gebrauch gemacht; die Konzeption wurde im wesentlichen nur in *philosophischen* Zusammenhängen diskutiert.[170] Ihre eigentliche Quelle liegt in Wittgensteins Analyse sprachlicher Regeln. Er hat nicht nur die grundlegende Auffassung von der Übereinstimmung in der Sprache als Übereinstimmung in der Lebensform entwickelt, sondern auch schon die Geltung von Regeln exemplarisch am Akzeptieren oder sogar Antizipieren von Sanktionen verdeutlicht:

> Denken wir doch daran, in was für Fällen wir sagen, ein Spiel werde nach einer bestimmten Regel gespielt! . . . Wie aber unterscheidet der Beobachter in diesem Fall zwischen einem Fehler der Spielenden und einer richtigen Spielhandlung? – Es gibt dafür Merkmale im Benehmen der Spieler. Denke an das charakteristische Benehmen dessen, der ein Versprechen korrigiert. Es wäre möglich, zu erkennen, daß Einer dies tut, auch wenn wir seine Sprache nicht verstehen.[171]

Ich halte die hierin angedeutete Regelauffassung für die sachlich angemessenste Bestimmung implizit geltender Sprachnormen; sie muß deshalb auch für eine literaturwissenschaftliche Theorie von Norm und Abweichung maßgeblich sein. Ich lege sie allen weiteren Überlegungen in der folgenden Fassung zugrunde:

ABSCHLIESSENDER PRÄZISIERUNGSVORSCHLAG

Eine sprachliche Norm ist eine nachweisbar wiederkehrend befolgte Richtlinie verständigungsrelevanten sprachlichen Verhaltens, deren Nichterfüllung in wiederkehrender Weise von der Sprachgemeinschaft so durch Sanktionen geahndet wird, daß diese Sanktionen von den Betroffenen selbst überwiegend akzeptiert werden.

3.2. Was ist eine ‚poetische Abweichung'?

> ... weil sie allein frei ist, und das als ihr erstes Gesetz anerkennt, daß die Willkür des Dichters kein Gesetz über sich leide.
>
> FR. SCHLEGEL: *Athenäums-Fragmente*

Es macht das entscheidende Erkennungsmerkmal implizit geltender Sprachnormen aus, daß im Falle ihrer Verletzung Sanktionen verhängt und akzeptiert werden. Poetische Abweichungen bilden hier nun einen Sonderfall: sie verletzen zwar geltende sprachliche Normen, machen aber implizit zugleich deutlich, daß *keinerlei* Sanktionen deswegen akzeptiert werden würden.

Von dem Nachweis etwa, daß es im Danziger Geburtenregister niemals einen Oskar Matzerath gegeben habe und die „Blechtrommel"-Geschichte trotz ihrer indikativischen Behauptungsform ‚gar nicht wahr' sei, würde sich Günter Grass wohl nicht sonderlich beeindrucken lassen. Ebensowenig hätte beispielsweise ein Barockdichter wie Johann Scheffler irgendwelche Paradoxien oder Metaphern zurückgenommen, wenn man ihm die darin zutage tretende logische bzw. semantische Unverträglichkeit zum Vorwurf gemacht hätte. Während man also – um das extreme Beispiel der Orthographie noch einmal aufzugreifen – die Schreibungen „Rythmus", „Rhytmus" oder „Rhüthmus" mit Recht und meist auch mit Erfolg monieren könnte, würde sich ein Dichter von der Schreibweise „rüttelnder Rüttmuß" weder durch Hinweis auf den Duden noch durch weitschweifige Erörterungen über Transkriptionsprinzipien abbringen lassen.

Und weil dies so offensichtlich der Fall ist, werden derartige Sanktionen im Zusammenhang mit poetischen Abweichungen normalerweise gar nicht erst *verhängt*. Ganz im Gegenteil: der dichterischen Sprachverwendung wird von der Sprachgemeinschaft im allgemeinen ein besonders hoher Rang zuerkannt. Poetische Abweichungen sind gesellschaftlich akzeptierte, ja hochgeschätzte Verletzungen geltender Sprachnormen, wohingegen wir in jeder anderen als poetischen Äußerung z. B. offensichtliche Unwahrheit oder Widersprüchlichkeit von Aussagen kaum unbeanstandet hinzunehmen pflegen.

Wenn jemand etwa von sich behauptet, er sei gestorben, wird man ihm im allgemeinen empfehlen, den Psychiater zu wechseln; und wenn er auf die Dauer bei seiner Behauptung bleibt, wird er möglicherweise wirklich bald in einer Nervenheilanstalt landen. Niemand wird dagegen an solche Maßnahmen denken, wenn Victor Hadwiger in seinem bereits zitierten Gedicht mehrfach den Satz „Ich starb" äußert. Nicht auszuschließen ist freilich, daß auch dieses Gedicht von schlichten Gemütern ebendeswegen als „verrückt" bezeichnet wird – aber hier handelt es sich eben um die andersartige, ‚berufsmäßige' und anerkanntermaßen harmlose ‚Verrücktheit' der Dichter, gegen die etwas unternehmen zu wollen eine verfehlte Anstrengung wäre und die schon Platons Sokrates einmal ausdrücklich gegen mögliche Sanktionen in Schutz nimmt:

Denn ein leichtes Wesen ist ein Dichter und geflügelt und heilig, und nicht eher vermögend zu dichten, bis es begeistert worden ist und bewußtlos und die Vernunft nicht mehr in ihm wohnt.[172]

Wenn somit gegenüber den Besonderheiten poetischer Sprachverwendung Sanktionen ausbleiben oder zumindest abgewiesen werden, stellt sich natürlich die Frage, ob man hier überhaupt von „Normabweichung" sprechen oder besser einen anderen Ausdruck wählen sollte. Aus verwandten Konzeptionen der Literaturtheorie bieten sich ja durchaus einige terminologische Alternativen an.

Die renommierteste unter ihnen ist wohl der Begriff der „Verfremdung", der in den abweichungstheoretischen Überlegungen bei Aristoteles und im Russischen Formalismus eine dominierende Rolle spielt. Auf das allgemeine Verhältnis von Dichtung und Sprache angewendet, verleitet dieser Ausdruck jedoch leicht zu irreführenden Assoziationen: er suggeriert die Vorstellung, jeder Dichtung liege zunächst ein bestimmter ‚normaler' Text oder Aussagesinn zugrunde, der dann vom Dichter nachträglich ‚verfremdet', gleichsam nur noch apart verpackt werde. Dem ist aber im allgemeinen durchaus nicht so; es stellt z. B. einen ebenso häufigen wie verhängnisvollen Fehler in der Metapherntheorie dar, Metaphern bloß als uneigentlichen Aufputz, als rhetorischen Schmuck für einen vermeintlich feststehenden ‚eigentlichen' Ausdruck zu behandeln. Als allgemeine *poetologische* Kategorie ist der Ausdruck „Verfremdung" deshalb weniger geeignet – eher dagegen im Sinne von Brechts „Verfremdungseffekt" als Bezeichnung für die künstliche Änderung vorliegender literarischer Formen und Rezeptionsgewohnheiten, also als *literarhistorische* Kategorie.

Gegen den Ausdruck „Entautomatisierung" sprechen dieselben Einwände, die schon gegen den komplementären Begriff „Automatisierung" als Interpretation von Sprachnormen besonders im Prager Strukturalismus vorgebracht werden mußten. Mehr oder weniger unbemerkt psychologisieren und mathematisieren sie das charakteristisch soziale Regelverhältnis von Norm und Abweichung zu einer bloßen, durch Wiederholung automatisch gewordenen *Gewohnheit* und zu einer bloßen, automatisch nicht vorhersagbaren *Überraschung*.

Von gleicher Herkunft ist der Terminus „Aktualisierung" (mit seinem englischen Äquivalent „foregrounding"); als der stärker funktional orientierte Begriff trifft er die Sache etwas besser – aber nur in bestimmten Fällen. Gewiß werden etwa im Reim die ansonsten ziemlich unbemerkt fungierenden Phoneme aktualisiert und in den Vordergrund gerückt; aber den logischen Widerspruch in Oxymora und Paradoxa kann man nicht gut als eine Aktualisierung der Logik bezeichnen. Die Logik wird hier weder ‚intensiviert'[173] noch ‚dominant gesetzt'[174], sondern *verletzt.* Kurz: mit Bezeichnungen dieses Typs generalisiert man eine der möglichen *Wirkungen* poetischer Abweichung zum Wesen aller Normabweichungen in der Dichtung überhaupt.

Aber auch dort, wo der Ausdruck „Abweichung" selbst oder eines seiner fremdsprachlichen Äquivalente verwendet wird, geschieht das oft in einem Sinne, der für die angemessene Bestimmung dichterischen Umgangs mit der Sprache wenig geeignet sein dürfte. Besonders sprachwissenschaftliche und statistisch fundierte Konzeptionen von „Normabweichung" orientieren sich häufig eher am mathematischen und astronomischen Begriff der „Abweichung" (dort z. B. als ‚Deklination gegenüber dem Himmelsäquator'); entsprechend benutzen sie den Ausdruck weitgehend einfach synonym mit dem „Unterschied" oder „Abstand" gegenüber wechselnden Vergleichsgrößen. Daraus resultiert eine verbreitete Tendenz zur Zweiteilung poetischer Abweichungen in ‚positive' und ‚negative', nämlich in die Verletzung *bestehender* und in die Einführung *neuer* sprachlicher Restriktionen.[175] Im Gegensatz zu stilistischen ist für poetologische Zusammenhänge eine solche Zweiteilung der Abweichungen aber grundsätzlich ungeeignet. Die große Bedeutung neuer Ordnungsbeziehungen für die Dichtung wird im nächsten Abschnitt näher zu erörtern sein; der Begriff „Abweichung" jedoch muß streng auf die *Übertretung* von Normen als vorgegebenen Restriktionen beschränkt bleiben.

Und ebenso muß er auf die Abweichung von *sprachlichen* Normen beschränkt bleiben. Freilich ist unübersehbar, daß mit der Überwindung sprachlicher Grenzen in der Dichtung vielfach auch eine Verletzung politischer, moralischer, religiöser oder allgemein weltanschaulicher Normen, ein Verstoß auch gegen sexuelle, soziale oder ideelle Tabus einhergeht. Unübersehbar auch, daß hier ein Zusammenhang besteht; daß nämlich – wie ich im Schlußkapitel näher erörtern werde – die Lockerung sprachlicher Obligationen auch die Erprobung des Schritts über andere Grenzen zumindest *erleichtert,* vielleicht sogar *nahelegt.* Gleichwohl kann man nicht gut behaupten, daß die Verletzung nichtsprachlicher Normen in gleicher Weise wie die sprachliche Normabweichung *wesensbestimmend* für Dichtung wäre.

Dagegen sprechen schon die literaturgeschichtlichen Tatsachen. Der Reihe namhafter literarischer ‚Tabubrecher' läßt sich leicht eine Reihe moralisch wie politisch normbewahrender, z. T. sogar ‚staatstragender' und gleichwohl poetisch bedeutender Dichter an die Seite stellen: So steht Ovid neben Vergil, Walther von der Vogelweide neben Reinmar von Hagenau, Dante neben Petrarca, Rabelais neben Spenser, Voltaire neben Racine, Büchner neben Mörike, Dostoevskij neben Žukovskij, Joyce neben T. S. Eliot, Brecht neben Hamsun. Und dieser Vergleich belegt auch sofort einen weiteren wichtigen Unterschied zwischen sprachlicher und nichtsprachlicher Normabweichung in der Literatur: der Verstoß gegen sexuelle, politische oder religiöse Tabus ist auch in poetischem Kontext keineswegs vor massiven *Sanktionen* geschützt. So haben z. B. alle angeführten literarischen Tabubrecher – und keiner der angeführten literarischen Normbewahrer – zeitweilig in einem mehr oder weniger massiv erzwungenen Exil leben müssen. Dagegen werden solche repressiven Sanktionen allein wegen der dichtungscharakteristischen Verletzung von *Sprachnormen* wohl kaum jemals verhängt.

Was aber *veranlaßt* uns, bei poetischen Abweichungen von der Sprachnorm auf die üblichen korrigierenden Maßnahmen zu verzichten? Allem Anschein nach besitzt eine normverletzende poetische Äußerung zugleich gewisse Merkmale, die uns davon abhalten; sie kennzeichnen die Normverletzung als in irgendeiner Weise *zielgerichtet* und nicht bloß willkürlich oder versehentlich, also als eine ‚Tollheit mit Methode'. Daraus entnehmen wir, daß Sanktionen hier ganz aussichtslos und deplaziert wären.

Vielfach erfolgt in dichterischen Werken sogar eine *präventive Abweisung* möglicher Sanktionen durch eigens zu diesem Zweck entwickelte Signale: durch die explizite Angabe einer eingeführten literarischen Gattungsbezeichnung wie „Sonette", „Roman" oder „Ein bürgerliches Trauerspiel in fünf Akten". Durch diese Ankündigung eines spezifischen poetischen Genres wird zugleich schon die *Art* der im folgenden durchbrochenen Sprachnormen annonciert. Ein solcher ausdrücklicher Hinweis auf die Ablehnung bestimmter denkbarer Sanktionen wird in vielen Fällen die spontane Aufnahme von Literatur sehr erleichtern, kann aber auch *irreführen*; die explizite Benennung eines Textes als poetisches Werk aus einer bestimmten Gattung stellt also für die Einordnung seiner Sprachverletzungen als ‚poetisch' weder eine notwendige noch eine hinreichende Bedingung dar.

Notwendig und hinreichend für poetische Abweichungen ist dagegen, daß der Text selbst die ihn bestimmenden Normverletzungen gerechtfertigt erscheinen läßt: er muß sie als *funktionstragende* Elemente des gesamten Textgefüges erkennbar machen. Auf Sanktionen gegen die normwidrige Sprachverwendung verzichten wir hier wohl nur, insofern und insoweit wir den Eindruck gewinnen, daß die Normverletzung keinen Akt destruktiver sprachlicher Willkür, sondern eine produktive *Erweiterung* normimmanenter sprachlicher Möglichkeiten darstellt und auf die eine oder andere Weise einem ‚höheren Ziel' dient. Dieser Gedanke der *legitimierten Sprachabweichung* in der Dichtung kann somit in folgender Weise zugespitzt werden:

ABSCHLIESSENDER PRÄZISIERUNGSVORSCHLAG

Eine poetische Abweichung ist eine Verletzung sprachlicher Normen, die eine nachweisbare Funktion erfüllt und deretwegen somit überwiegend keinerlei Sanktionen akzeptiert werden.

3.3. Was ist die ‚Funktion' einer Abweichung?

Kein' Regel wollte da passen,
und war doch kein Fehler drin.

WAGNER: *Die Meistersinger von Nürnberg*

Die Gretchenfrage einer jeden literaturtheoretischen Abweichungskonzeption lautet: Welcher Faktor ist es eigentlich, der uns eine dichterische Sprachverletzung im Unterschied zu einer bloß irrtümlichen als funktional erscheinen und annehmen läßt, daß der Autor mögliche Sanktionen dagegen nicht akzeptieren würde? Es liegt nahe, den Grund dafür in der *Intention* des Autors zu suchen. Demnach würde er auch unter Sanktionsdrohungen auf seiner normwidrigen Ausdrucksweise bestehen, weil er die Normabweichung ja absichtlich und bewußt begangen, weil er sie ‚gewollt' habe. In dieser Interpretation könnte man dann poetische Abweichungen als die Klasse aller *intendierten* Verletzungen sprachlicher Normen definieren.[176]

Eine solche Auffassung ist jedoch ziemlich ungeschützt den bekannten Einwänden ausgesetzt, die Philosophen und Literaturtheoretiker gegen jeden ‚Psychologismus' in der Sprach- und Literaturforschung vorgebracht haben. Nicht nur über die Absichten längst verstorbener Dichter können wir nur selten etwas Genaues in Erfahrung bringen; selbst lebende und ausnahmsweise einmal bereitwillig mitarbeitende Autoren sind hier eine sehr unzuverlässige Auskunftsquelle, weil sich ihre Intentionen seit der Abfassung des betreffenden Werks vielfältig *verändert* haben können und weil wir alle selbst unsere rein rationalen Entscheidungen nicht immer im vollen Bewußtsein aller ihrer Gründe treffen. Und ganz grundsätzlich können wohl solche individuellen Bewußtseinsprozesse nicht zum Maßstab für poetologische Prinzipienfragen werden. Ob wir die schriftlichen Äußerungen eines Menschen zu Recht oder zu Unrecht als poetisch bezeichnen, das kann offenkundig nicht von seinen eigenen Wünschen und damit – nach Freges Worten – „von der chemischen Zusammensetzung seines Gehirns abhängen".[177] Diese Skepsis gegen psychologistische Kunstinterpretationen hat sich ja sogar schon in Illustriertenwitzen niedergeschlagen:

Zwei Besucher auf einer Kunstausstellung. Sagt der eine: „Sagen Sie mal, dieses Bild heißt Sonnenuntergang. Von der Stimmung, die es widerspiegelt, scheint es mir aber eher ein Sonnenaufgang zu sein." – „Unmöglich", entgegnet der andere, „ich kenne den Maler zufällig, und der steht nie vor Mittag auf!"[178]

Neben grundsätzlichen Einwänden spricht auch das, was man an allgemeinen Erfahrungen über poetische Schaffensprozesse gewonnen hat, eher gegen als für eine enge Kopplung von Intention und dichterischer Funktion. Es scheint nicht nur möglich, sondern sogar häufig zu sein, daß die poetischen Strukturen und Funktionen eines Werks dem Autor aufgrund einer stark intuitiven Schreibweise überhaupt nicht oder erst *nachträglich* bewußt werden; umgekehrt kann selbst der mit entschiedenster Absicht unternommene Versuch, etwas Poetisches hervorzubringen, im *Ergebnis* doch heftig mißlingen.

Gewiß gibt es auch viele Dichter, die unter starker rationaler Selbstkontrolle schreiben und die gewisse poetische Effekte geradezu planmäßig konstruieren. Deshalb sind dichterische Werkstattberichte und Selbstinterpretationen häufig *heuristisch*, als Quelle fruchtbarer Forschungshypothesen, von großem Wert. Aber für die Entscheidung, ob ein Text zur Dichtung zählt oder nicht, kann die *Absicht* des Dichters kein Kriterium sein. ‚Poesie' ist – frei nach Gottfried Benn – etwas anderes als ‚poetisch gemeint'.

Und auch etwas anderes als ‚poetisch rezipiert'. Freilich hat der Bezug auf die tatsächliche Rezeption der Leser gegenüber dem Bezug auf die tatsächliche Intention des Autors den erheblichen Vorteil, daß sich über die Reaktionen der *vielen* Leser methodisch sehr viel leichter etwas Gesichertes ermitteln läßt als über die Absicht des *einen* Autors: de singularibus non est scientia.

Aber auch die in ihrem Bereich zunehmend erfolgreiche Rezeptionsforschung ist überfordert, wenn sie über die poetologische Prinzipienfrage entscheiden soll, unter welchen Bedingungen ein sprachlicher Normverstoß als poetische Abweichung gelten kann. Während diese Fragestellung als elementar literaturtheoretisches Problem gerade auf das *allgemeine* Verhältnis von sprachlichen Normen und dichtungssprachlichen Normverletzungen ausgerichtet ist, gilt für die Rezeptionsgeschichte der eherne Grundsatz: „Das literarische Werk ist kein für sich bestehendes Objekt, das jedem Betrachter zu jeder Zeit den gleichen Anblick darbietet."[179] Es bietet nicht einmal zum *selben* Zeitpunkt allen Betrachtern den gleichen Anblick, sondern allen einen verschiedenen; denn die Augen der Betrachter sind verschieden.

Die mangelnde Eignung autorpsychologischer und rezeptionsgeschichtlicher Aspekte zur Bestimmung der Funktion poetischer Abweichungen hat aber nicht etwa zur Folge, daß Dichter und Publikum in dieser Konzeption literaturtheoretisch eliminiert werden. Ganz im Gegenteil: durch den gewählten Weg der Präzisierung über geltende Normen, verhängte und akzeptierte Sanktionen bzw. poetischen Sanktionsverzicht sind sie *zentrale Faktoren* im neu interpretierten literaturtheoretischen Abweichungsmodell. Aber sie sind es nicht in ‚psychologisierter' oder ‚historisierter', sondern in ‚sozialisierter' Form: als Mitglieder derselben *Sprachgemeinschaft* und damit nicht als zufällig reale, sondern als *potentielle* Teilnehmer an den einzelnen Vorgängen des literarischen Lebens.

Nicht ob eine sprachliche Normverletzung *tatsächlich* eine ,poetische Wirkung' bei realen Lesern hervorgerufen hat, entscheidet demnach über ihren Status als poetische Abweichung; entscheidend ist vielmehr, ob sie ihrer Stellung im Gesamttext nach eine bestimmte Wirkung hätte ausüben *können.* Und ebenso ist nicht maßgeblich, ob der Autor diese Normverletzung *gewollt hat,* sondern ob er sie der Sache nach begründeterweise hätte *wollen können.* Mit anderen Worten: das Poetische an einer Normabweichung hängt weder von individuellen subjektiven *Intentionen* noch von kollektiven subjektiven *Reaktionen* ab, sondern von ihrer intersubjektiv ermittelbaren *Funktion.*

Der Begriff „Funktion" ist nun, wie die Formulierungen des vorigen Absatzes schon andeuten, kein einfacher Beobachtungsbegriff, sondern ein *Dispositionsbegriff.*[180] Daß eine sprachliche Besonderheit in einem bestimmten Text eine bestimmte Funktion hat, läßt sich nicht direkt beobachten, sondern nur indirekt ermitteln – durch den Nachweis nämlich, daß Textmerkmale dieses Typs generell *geeignet* sind, in vergleichbaren Kontexten diese bestimmte Wirkung zu erzielen. Dies erweist sich daran, daß – gemäß empirischer Untersuchung einer hinreichend großen Zahl von Fällen – dieser Merkmalstyp diese Wirkung *in der Regel* tatsächlich hervorbringt und daß unter gleichen Umständen *ohne* diesen Merkmalstyp diese Wirkung in der Regel *nicht* hervorgerufen wird.

Unter Voraussetzung einer solchen generellen Disposition kommt die genannte Funktion der betreffenden sprachlichen Besonderheit im konkreten Falle somit auch dann zu, wenn die generell zu erwartende Wirkung aufgrund anderer Umstände gar nicht *eintritt.* Um es an einem andersartigen Beispiel für denselben Sachverhalt zu verdeutlichen: Was die Funktion des Vergasers in einem Automotor ist, bestimmt man, indem man bei einer ganzen *Reihe* von Autos feststellt, was jeweils der Vergaser dazu beiträgt, daß der Motor das Auto antreibt, und welche Wirkungen ausbleiben, wenn der Vergaser fehlt. Die dabei ermittelte Funktion hat der Vergaser dann aber auch in einem solchen Auto, das wegen eines Getriebeschadens überhaupt nicht fährt oder in dem der Vergaser aus Treibstoffmangel gar nicht in Betrieb gesetzt werden kann. Man kann somit sinnvollerweise davon sprechen, daß das Vergaserexemplar Nr. 54609 im Auto mit dem Kennzeichen N-NN 111 ,einem Ziel dient' oder ,zielgerichtet ist' – auch wenn dieses Ziel aus irgendwelchen Gründen nicht erreicht oder vom Autobesitzer gar nicht ,intendiert' wird.

In entsprechender Weise kann nun auch die Funktion poetischer Sprachabweichungen im Zusammenhang mit *Wirkungsdispositionen* bestimmt werden. So hat etwa eine euphemistisch verklärende Metapher in einer Wahlkampfrede die *Funktion,* die Zuhörer für den Kandidaten und seine Partei zu gewinnen. Eine entsprechende Wirkungsdisposition euphemistischer Metaphern wird man hier wohl schon aufgrund implizit statistischer Erfahrung, nicht erst aufgrund explizit statistischer Erhebung annehmen dürfen. An dieser objektiven Funktion ändert es nun überhaupt nichts, wenn Kandidat oder Partei von diesen Zuhörern aufgrund politischer Überzeugung oder sprachkritischer Schulung dann doch nicht gewählt werden oder wenn der Redner die Metapher gar nicht in dieser bewußten Absicht gebraucht hat, weil er den Gebrauch einer semantisch abweichenden Metapher überhaupt nicht bemerkte und nichts als die buchstäbliche Wahrheit zu sagen vermeinte.

Auf indirektem Wege läßt sich somit auch die Funktion einzelner sprachlicher Normverletzungen empirisch nachweisen: jede poetische Normabweichung stellt bestimmte *Beziehungen* her, denen nachweislich eine generelle Disposition zu bestimmten Wirkungen zu eigen ist. Werden dabei solche Beziehungen nur zwischen Tatsachen innerhalb des betreffenden Textes hergestellt, so hat die poetische Abweichung eine *interne Funktion;* sie hat eine *externe Funktion,* wenn sie solche Beziehungen zwischen Tatsachen im Text und Tatsachen außerhalb des Textes herstellt – z.B. zu landschaftlichen, biologischen, psychischen, sozialen, politischen, historischen, religiösen oder allgemein weltanschaulichen Sachverhalten, aber auch zu sprachlichen oder literarhistorischen Sachverhalten außerhalb des betreffenden Textes selbst.

Um es zunächst ganz knapp an zwei bereits eingeführten Beispielen zu erläutern: *Externe* Funktion hat die lexikalisch abweichende Wortbildung „Nazirener", insofern Karl Kraus durch sie mit potentiell entlarvender Wirkung auf die pseudochristliche Heuchelei des deutschen Faschismus hinweist. *Interne* Funktion hat die abweichende Satzgliedstellung in Goethes „Sah ein Knab ein Röslein stehn", insofern sie in weiteren Verszeilen wiederholt wird und so eine Regelmäßigkeit der syntaktischen, metrischen und klanglichen Bewegung mit der potentiellen Wirkung von Sangbarkeit herbeiführt – einfacher gesagt: insofern sie Parallelismen, Verse und Endreime zu erzeugen hilft.

Gemeinsam ist also allen Funktionen – den internen wie den externen –, daß sie die poetische Verletzung geltender Sprachnormen als keineswegs ,fehlerhaft', sondern ,sinnvoll' oder ,zielgerichtet' erweisen. In ihrer Funktion manifestiert sich der kommunikative *Gewinn* einer poetischen Abweichung als Ausgleich für den *Verlust* an Normgerechtigkeit. Die terminologische Redeweise von der „Funktion" einer poetischen Abweichung tritt deshalb zugleich als präzisere Fassung an die Stelle einer ganzen Reihe umgangssprachlicher Ausdrucksweisen, die als solche freilich unterschiedlich nuanciert und insgesamt unscharf sind: Die poetische Sprachverletzung *erfüllt eine Aufgabe* oder *leistet einen Dienst* oder *zahlt sich aus* oder *lohnt sich* oder *bringt etwas* oder *steht dafür* oder *ist für etwas gut* oder *dienlich* oder *zu etwas nütze* oder *kommt uns zugute* oder *ist zweckmäßig* oder *hat ein Ziel* oder *erfüllt einen Zweck* oder *hat einen Sinn* – kurz: man *hat etwas davon.*

Wo ich im noch unterminologisch formulierten Kapitel über die Abweichungsebenen von einer dieser kolloquialen Wendungen Gebrauch gemacht habe oder im folgenden weiterhin in unproblematischen Kontexten Gebrauch machen werde, verwende ich sie im erläuterten Sinne von „Funktion". Nur in eingeschränkter Weise jedoch kann dieser Begriff als Kriterium dafür gelten, daß eine Abweichung *verständlich* ist: um Poesie zu ‚verstehen', ist es wohl nur eine notwendige und nicht schon eine hinreichende Bedingung, die sprachlichen Abweichungen als funktional zu erkennen. Zum Verständnis eines poetischen Textes gehört mehr als eine funktionale Einordnung der auftretenden Abweichungen. Wer aber ihre Funktion nicht versteht, versteht den ganzen Text nicht.

Der Begriff der „internen Funktion" präzisiert darüber hinaus auch eine Reihe von bekannten Begriffen, Annahmen und Formulierungen in der Tradition literarästhetischer Grundsatzdiskussionen; sie finden sich gleichermaßen bei Dichtern, Literaturtheoretikern und Philosophen. Gemeinsamer Kern ist dabei – über alle sonstigen Verschiedenheiten hinweg – der Gedanke, daß die ästhetische *Freiheit* nicht in blinder Regel-, Norm- oder Zwecklosigkeit besteht, sondern allein darin, daß der Dichter sich vom Zwang *äußerer* Regeln, Normen und Zwecke befreit, um sich innerhalb eines Werkes seine Regeln, Normen und Zwecke *selbst zu setzen.*

Das berühmteste und unzweifelhaft bedeutendste Paradigma für diese Auffassung ist Kants philosophische Charakterisierung der ästhetischen Produktion: Er bestimmt sie als nicht regel*befolgende,* sondern regel*gebende,* frei produzierende Einbildungskraft – zugespitzt als „Zweckmäßigkeit ohne Zweck" und „Gesetzmäßigkeit ohne Gesetz".[181] Diese Auffassung Kants hat dann Pate gestanden für Schillers freilich ganz anders begründete Deutung des Schönen als „Freiheit in der Erscheinung", die ohne äußeren Bestimmungsgrund und statt dessen „von innen bestimmt" ist.[182]

Goethe, dieser Art von spekulativer Ästhetik eher abhold, hat gleichwohl in einem sehr viel konkreter gemeinten Zusammenhang eine ähnliche Ansicht geäußert:

> Zu meinen Freunden, den jungen Dichtern, sprech ich hierüber folgendermaßen: Ihr habt jetzt eigentlich keine Norm, und die müßt ihr euch selbst geben ...[183]

Daß Goethe selbst diesem Rat zu folgen pflegte, hat ihm Jean Paul in einer freilich eher spöttisch und wohl auch selbstironisch gemeinten Anmerkung zur Kompensation begangener Normverletzungen ausdrücklich bescheinigt:

> Wenn manche Genies die Kraft, die sie aufs Gutmachen übertretner Regeln wenden müssen, in der Befolgung derselben arbeiten ließen: sie täten mehr Wunder als der heilige Martin, der ihrer nicht mehr bewerkstelligte als zweihundertundsechs – Goethe in seiner Iphigenie und Klinger in seiner Medea tuns vielleicht dem heiligen Martin zuvor ...[184]

Dieses abstrakte ästhetische Verhältnis von Regel und Freiheit, von Verstoß und Vorstoß hat Wagner dann zum Hauptthema eines gut abendfüllenden Musikdramas gemacht. Seine eigenen Ansichten legt er dabei seinem heldenbaritonalen Sprachrohr Hans Sachs deutlich genug in den Mund:

SACHS: Wollt ihr nach Regeln messen,
was nicht nach eurer Regeln Lauf,
der eig'nen Spur vergessen,
sucht davon erst die Regeln auf![185]

WALTHER: Wie fang' ich nach der Regel an?
SACHS: Ihr stellt sie selbst, und folgt ihr dann.[186]

Und wenn der feste Topos von der geregelten Regellosigkeit noch bei George wieder auftritt, dann erneut in der seit Kant gleichfalls zum Topos gewordenen Stilfigur eines Paradoxons:

Strengstes maass ist zugleich höchste freiheit.[187]

Die moderne literaturtheoretische Diskussion dieser Frage nach der internen Regelmäßigkeit poetischer Normabweichungen hat jedoch am stärksten nicht einer der bisher Genannten beeinflußt, sondern – Novalis. Unter vielen ähnlichen Formulierungen weist die seines folgenden Fragments am entschiedensten in die Zukunft:

Jedes Glied eines *Systems* ist eine Function

1. des Systems.
2. mehrerer Glieder.
3. jedes andern Gliedes.[188]

Diese Auffassung von der Funktion eines Elements als seinem Ort im System hat dann ihren Weg über die intensive Novalis-Rezeption der Russischen Formalisten in den Prager und den französischen Strukturalismus genommen – und von dort aus in beinahe jede Arbeit zur linguistischen Poetik der Gegenwart.

In der Tradition dieses Gedankens wird freilich die textimmanente Regel-, Gesetz- oder Zweckmäßigkeit meist mit dem Poetischen an dichterischer Sprachverwendung völlig *gleichgesetzt.* In der hier vorgeschlagenen Präzisierung des Abweichungsmodells hingegen bildet die ‚interne Funktion' nur eine von zwei Möglichkeiten, eine sprachliche Normverletzung als funktional und damit als poetisch zu legitimieren. Und auch die begrifflichen Anforderungen sind strenger festgelegt: eine interne Funktion ist erst dann erfüllt, wenn innerhalb des betreffenden Textes eine Beziehung *besonderer Art* mit bestimmten nachweisbaren Wirkungsdispositionen geknüpft wird. Hier sind drei Arten solcher besonderen Beziehungen zu unterscheiden: Beziehungen der ‚Ähnlichkeit', der ‚Entgegensetzung' und der ‚geordneten Reihung'.

Bei weitem die größte Rolle in der Praxis der Dichtung dürften dabei funktionsstiftende Beziehungen der *Ähnlichkeit* spielen. Das kann man schon an den zahlreichen Ausdrücken ablesen, die – wiederum: in sich oft unscharf gebraucht und unterschiedlich nuanciert – in der Praxis der Literaturwissenschaft für solche Phänomene annähernder Gleichheit geläufig sind: *Gleichklang, Gleichmaß, Ebenmaß* (oft ähnlich auch: *Harmonie*), *Äquivalenzrelationen* bzw. *Äquivalenzen, Korrespondenzen, Entsprechungen, Analogien, Isotopien, Parallelen, Wiederholungen, Spiegelungen, Echowirkungen, Widerklang, Anklang* oder *Nachklang.*

Solche Ähnlichkeitsbeziehungen spielen nicht nur in der Verslehre als Reim, Alliteration, Assonanz, Versmaß und Strophenschema eine dominierende Rolle; sie finden sich auf den verschiedensten Ebenen poetischer Abweichung als Mittel interner Funktionsbindung. Semantische Anomalien gehen in bildgleiche *Metaphernketten* ein; erst das *System* bedeutungsträchtiger Namengebung verleiht dem einzelnen fiktionalen Namen seine Funktion; aus vielen einzelnen Behauptungssätzen ohne Wahrheitswert entsteht *zusammen* eine mehr oder weniger chronologisch geschlossene Geschichte mit triftigem Erzählzusammenhang; aus dem ‚verstellten Sprechen' eines einzelnen wird in der Regel erst durch das verstellte Sprechen *mehrerer* eine dramatische Fiktion; Lügenmärchen und Nonsens-Gedichte entspringen als dichterische Gebilde der *Häufung* von sachlich unmöglichen oder logisch widersprüchlichen Sätzen, die man je einzeln als bloßen „Quatsch!" ärgerlich abtun würde. Das letzte Beispiel zeigt am deutlichsten, daß die Ähnlichkeitsbeziehung nicht immer nur zwischen einem abweichenden Textelement und anderen, normgerechten Elementen zu gelten braucht, sondern daß sich die poetischen Abweichungen auch *gegenseitig* stabilisieren können.

Zweifel mögen sich hier vielleicht gegen die Allgemeingültigkeit einer solchen poetischen Funktionsbindung von Normverstößen untereinander erheben. Kommt denn wirklich etwas ‚Poetisches' dabei heraus, wenn man einen bestimmten ‚Fehler' nur *regelmäßig* genug macht, also eine Ähnlichkeitsbeziehung zwischen den gleichartigen Fehlern herstellt und ihnen so ‚interne Funktion' verleiht? Daß dies dem ersten Anschein entgegen in der Tat so ist, läßt sich an einem extremen Beispiel belegen: Es gilt sogar dann, wenn man in aufeinanderfolgenden Wörtern eines Textes immer nur einen bestimmten Buchstaben durch einen anderen ersetzt. Eine beliebte Sorte von Witzen nämlich gründet ihre Zugehörigkeit zu dieser poetischen Gattung ganz allein darauf, daß den Chinesen ‚das Ausplechen deutschel Wöltel immel so melkwüldige Schwieligkeiten beleitet'.

Die gegenseitige Stabilisierung von Sprachverletzungen spielt auch für die funktionale Bindung abweichender Sprachelemente durch *Entgegensetzung* eine wichtige Rolle: die Wahl zweier Metaphern kann beispielsweise ihren Sinn in der konträren Relation zwischen ihnen haben. Überhaupt sind es im wesentlichen semantische und logische Gesichtspunkte, die hier für den Charakter der Abweichung wie für den ihrer Funktion maßgeblich sind und die in der Literaturwissenschaft unter einer ganzen Reihe verschiedenartiger Bezeichnungen kursieren: *Antithese, Gegensatz, Gegenteil, Gegenpol, Opposition, Antonymie, Unverträglichkeit, Widerspruch, Kontrast, Kontrafaktur, Kontraposition, Kontrapunkt* und oft auch *Dissonanz.*

Doch nicht alle poetisch funktionsbildenden Relationen sind solche der Gleichheit oder der extremen Ungleichheit; vielfach handelt es sich auch nur um eine *geordnete Reihung.* Hierher gehören vor allem die morphologisch oder semantisch bedingte ‚Steigerung' als *Klimax* (z. B. morphologisch fundiert in „groß – größer – am größten") oder als *Antiklimax* (z. B. semantisch fundiert in „riesig – menschlich – zwergenhaft") und überhaupt alle Figuren der rhetorischen ‚gradatio', der graduellen Abstufung. Hierher gehören aber auch andere Kettenbildungen nach quantitativen oder qualitativen Koordinationsprinzipien – etwa nach dem Alphabet, nach der Silbenzahl oder nach der Verslänge.

Besondere und besonders wichtige poetische Formen der geordneten Reihung sind schließlich die ‚Iteration' und die ‚Superisation'. Vom Prinzip der *Iteration* war der Sache nach schon im Zusammenhang mit Formen paradoxer Selbstanwendung kurz einmal die Rede. Eine Zeichenbeziehung wird hier auf einer höheren Stufe und oft sogar auf mehreren Stufen in analoger Weise wiederholt, etwa als Aphorismus über den Aphorismus oder als Theater auf dem Theater, auf dem wiederum Theater gespielt wird – usw. ad infinitum. Bei der *Superisation* hingegen entsteht durch eine besondere Anordnung einer Menge von Zeichen im ganzen ein neues ‚Superzeichen', eine selbst wieder zeichenfähige Gesamtgestalt des Textbildes – eine große Zahl etwa oder ein Parallelogramm oder, im „Phantasus" von Arno Holz, eine in der Breite variable, aber streng achsensymmetrische Figur.

Diese visuellen Textgestalten, das Grundelement der Konkreten Poesie, können nun aber zugleich einen im Text selbst angesprochenen Gegenstand oder Sachverhalt abbilden. So etwa, wenn Morgensterns einziges Gedicht in optischer Trichterform – die ja genauso rein abstrakt verwendbar wäre – eben auch den Titel „Die Trichter" trägt und von ihnen handelt. Die superisierte Gesamtgestalt ist hier somit auf einen Sachverhalt außerhalb des Textes bezogen, auf die visuelle Form realer Trichter; auf dem Umweg über ihre *interne* Funktion der geordneten Reihung erhalten die poetischen Abweichungen des Gedichts so zugleich die *externe* Funktion der Gegenstandsabbildung. Eine Sprachabweichung kann also nicht nur mehrere interne oder mehrere externe Funktionen erfüllen, sondern sie kann interne und externe Funktionen *gleichzeitig* erfüllen. Besonders deutlich wird das etwa, wenn in manchen barocken Gedichten die kreuzförmige Gesamtgestalt – die ja zunächst nicht mehr ist als ein geometrisch regelmäßiges Superzeichen – durch den religiösen Gehalt der Texte als christliches Symbol identifiziert wird.

Welche Arten von Beziehungen in einem Text somit als interne Funktion poetischer Abweichungen gelten können, läßt sich abschließend exakt mit Hilfe dreier Begriffe aus der Relationenlogik festlegen – nämlich der Begriffe „symmetrisch", „reflexiv" und „transitiv" mit ihren Negationen, deren einfache Bedeutung sich an den gegebenen Beispielen ohne weiteres ablesen läßt:

(1) Als „Beziehungen der Ähnlichkeit" gelten alle und nur diejenigen Relationen zwischen einem abweichenden Element und mindestens einem weiteren Textelement, die zugleich *symmetrisch* (wenn „Herz" sich auf „Schmerz" reimt, reimt „Schmerz" sich auch auf „Herz"), *reflexiv* („Herz" ist auch sein eigener, nämlich identischer Reim) und *transitiv* sind (wenn „Herz" sich auf „Schmerz" und „Schmerz" sich auf „Scherz" reimt, dann auch „Herz" auf „Scherz").

(2) Als „Beziehungen der Entgegensetzung" gelten alle und nur diejenigen Relationen zwischen je zwei Elementen eines Textes, die zugleich *symmetrisch* (wenn „fair" mit „foul" unverträglich ist, dann ist auch „foul" mit „fair" unverträglich), *irreflexiv* (kein Wort ist mit sich selbst unverträglich) und *verschärft intransitiv* sind (wenn „fair" mit „foul" und „foul" mit „pretty" unverträglich ist, dann gilt nicht, daß „fair" auch mit „pretty" unverträglich ist, sondern daß zwischen beiden vielmehr eine Beziehung der Ähnlichkeit besteht).

(3) Als „Beziehungen der geordneten Reihung" gelten, stets auf mindestens drei betroffene Textelemente bezogen, alle und nur diejenigen Relationen, die zugleich *asymmetrisch* (wenn, wie in Morgensterns „Trichter"-Gedicht, Vers 3 kürzer ist als Vers 2, dann ist Vers 2 nicht kürzer als Vers 3), *irreflexiv* (kein Vers ist kürzer als er selbst) und *transitiv* sind (wenn Vers 3 kürzer als Vers 2 und Vers 4 kürzer als Vers 3 ist, dann ist Vers 4 auch kürzer als Vers 2).

Diese drei Klassen von Relationen erschöpfen den Bereich besonderer textimmanenter Beziehungen mit regelmäßigen Wirkungsdispositionen und damit die Möglichkeiten der internen Funktionsbindung poetischer Abweichungen. Für den Begriff der *externen* Funktion dagegen ist eine solche exakte Eingrenzung auf bestimmte Spezialfälle von Beziehungen nicht durchführbar. Die Möglichkeiten, wie sich abweichende Sprachelemente in einem Text auf außertextliche Sachverhalte richten können, sind dafür zu vielfältig und für zukünftige Fälle zu unabsehbar.

Gleichwohl ist die Existenz solcher externen Bezugsmöglichkeiten für die Dichtung keineswegs unbestritten. Seit Kants „Zweckmäßigkeit ohne Zweck" haben zahllose Autoren die Frage, ob die Relation zur Handlungswirklichkeit ein *wesentliches* und nicht bloß ein beiläufiges Merkmal von Dichtung bilden könnte, grundsätzlich verneint. Besondere Verbreitung hat dabei die These von der ‚poetischen Funktion' der Sprache als „message for its own sake" gefunden.[189] Zum ersten Mal hat sie wohl Jean Paul als Selbstbezug des Zeichens im Wortspiel deutlich formuliert:

Ein dritter Grund des Gefallens am Wortspiele ist die daraus vorleuchtende Geistes-Freiheit, welche imstande ist, den Blick von der Sache zu wenden gegen ihr Zeichen hin . . .[190]

Es ist aber kein Zufall, daß diese Auffassung vom poetischen Zeichen als seinem eigenen Thema durchweg an Detailbeispielen wie hier am Wortspiel oder auch an einzelnen Wendungen und Versen exemplifiziert wird: die Ansicht ist offenbar allzu eng am Beispiel der Lyrik und verwandter ‚kleiner Formen' poetischer Sprachverwendung orientiert. Daß sich ein ganzes naturalistisches Drama oder ein realistischer Roman in nennenswertem Maße statt mit der dargestellten Sache mit ihrer eigenen Sprache befassen, das dürfte schwer glaubhaft zu machen sein.

Und es trifft so nicht einmal für den Bereich der Lyrik zu; zahllose Beispiele sprachlich nahezu unauffälliger, ganz auf die sachliche Thematik und deren angemessene Umsetzung konzentrierter *Gedankenlyrik* zu religiösen, philosophischen, politischen oder ästhetischen Gegenständen belegen das. Poetische Sprachverwendung ist über weite Bereiche ganz wesentlich – und *poetisch* wesentlich – auf außertextliche Sachverhalte bezogen. Es ist auch nicht pauschal so, daß die poetischen Eigenschaften eines Textes seine Bezeichnungs- und Mitteilungsfunktionen grundsätzlich mindern oder gar aufheben. Ganz im Gegenteil *kann* die poetische Dimension viele andere Funktionen der Sprache enorm verstärken; sonst würde sie nicht von altersher zu so vielen belehrenden, politischen, ökonomischen, emotionalen und erotischen Zwecken benutzt.

Es stimmt nicht nicht einmal, daß der poetische Selbstbezug der Zeichen in solchen Fällen zur ‚dominanten Funktion' wird.[191] Gerade in den von Vertretern dieser These gern untersuchten poetisierten Werbesprüchen würde wohl jedermann eher die poetische Einkleidung fallen lassen als die werbende Funktion selbst. Genausowenig ist in einem politischen Drama Schillers die Standes- oder die Freiheitsproblematik nur ein ‚subordinierter Anlaß' für eine auf ihre eigenen Besonderheiten verweisende poetische Sprache. Auch und gerade bedeutende Dichtung hat – allen modernen *l'art-pour-l'art*-Manifesten zum Trotz – von der „Antigone" bis zur „Mutter Courage" zu allen Zeiten im Bezug auf die Wirklichkeit ihre wesentliche Funktion, ihre Legitimation für den Einsatz auch sprachverletzender Mittel gehabt.

Dabei darf der hier verwendete Begriff der externen Funktion nicht zu eng im geläufigen Sinne von ‚gesellschaftlicher Funktion' und von ‚Funktion des Textes insgesamt' aufgefaßt werden. Die externe Funktion hat zwar sachlich und historisch mit überlieferten Ansichten über den eigentlichen Zweck der Dichtung sehr viel zu tun – sei dies nun die aristotelische

‚Katharsis', das ‚movere' und ‚docere' des Horaz oder das barocke ‚Lob des Herrn', die ‚ästhetische Erziehung' Schillers oder die marxistische ‚Parteinahme im Klassenkampf'. Nichts davon kann aber einfach zum Begriff der externen Funktion parallel gesetzt werden.

Denn alle diese Auffassungen versuchen, dem bereits als poetisch vorausgesetzten Werk dann *zusätzlich* noch eine gewisse Funktion zuzuweisen. Der abweichungstheoretische Begriff der „externen Funktion" dient hingegen zur Bestimmung dessen, was überhaupt eine sprachliche Normabweichung zu einer *poetischen* und einen Text zu einer Dichtung *macht*. Wie die interne reicht eben auch die externe Funktion schon *allein* aus, um einen Sprachverstoß als poetische Abweichung zu identifizieren. Auch wenn moderne engagierte Poesie auf die tradierten internen Regularitäten wie Versmaß oder illusionsschaffende Handlungschronologie verzichtet und poetische Abweichungen unvermittelt als Ausdrucksinstrument ihrer Zeitkritik einsetzt: nach dem Grundsatz der Gleichrangigkeit von interner und externer Funktion ist sie deshalb nicht weniger poetisch als das textintern akribisch geregelte Gedicht eines metrisch gewissenhaften Barockpoeten – aber auch nicht umgekehrt.

Immer geht es also bei der externen Funktion auf der ersten Stufe nur um die Rechtfertigung einer einzelnen Sprachabweichung; erst auf einer zweiten, verallgemeinernden Stufe lassen sich externe Funktionen dann auch den durch interne Funktion verbundenen *Komplexen* poetischer Sprachabweichungen zuordnen. So kann z. B. die uneigentliche Redeweise der sokratischen Ironie – statt mit direkten Ausdrucksweisen nur den bekannten Lehrmeinungen eine neue hinzuzufügen – beim Hörer oder Leser ein ‚philosophisches Staunen' provozieren. Die lyrischen Paradoxien in Schefflers „Cherubinischem Wandersmann" können bestimmte, rational kaum formulierbare theosophische Annahmen über Wesen und Unerkennbarkeit Gottes zum Ausdruck bringen. Empirisch ‚unwahre' oder sogar ‚unmögliche' Aussagen über sprechende Tiere können in der epischen Fiktion der Fabel eine moralische Lehre wirkungsvoll vermitteln oder verdeutlichen. Und in einem Drama wie Schillers „Kabale und Liebe" können fiktionale, ‚unechte' Sprechakte wie Liebesbekenntnis, Eid und Fluch die Unmenschlichkeit der Feudalgesellschaft buchstäblich vor Augen führen. Besonders leicht erkennbar ist die externe Funktion normabweichender Sprachelemente schließlich bei ihrem punktuellen Einsatz in politischer Propaganda, kommerzieller Werbung oder pseudowissenschaftlicher Rhetorik.

Da sich die möglichen externen Funktionen nicht wie die internen durch eine Beschränkung auf bestimmte Beziehungen spezieller Art technisch abgrenzen lassen, bedarf es hier besonders strenger Anforderungen an den *Nachweis* einer vorhandenen Funktion; nur so läßt sich die Gefahr einer ganz beliebigen, auf willkürlicher Interpretation beruhenden Funktionszuweisung ausschließen. Denn: was ist noch als Funktion zulässig?

Kann nicht jede Abweichung z. B. als ‚Aufmerksamkeit oder grammatischen Widerwillen hervorrufend' funktionell gedeutet werden? Gibt es nicht immer trivialerweise unterstellbare Funktionen? Droht hier nicht eine ‚Inflationierung' des Funktionsbegriffs?[192]

Einerseits also dürfen die Möglichkeiten textexterner Bezugnahme in der Dichtung nicht durch literaturtheoretische Festsetzungen unnötig eng interpretiert werden; andererseits darf der Begriff der „Funktion" aber auch nicht leer und damit theoretisch wie empirisch unbrauchbar werden – etwa indem man „externe Funktion" bloß negativ als eine Art von Restklasse bestimmt, derzufolge jede Sprachabweichung, die keine interne Funktion hat, immer noch irgendeine Art von externer Funktion erfüllt. Grundsätzlich auszuschließen sind deshalb hier Allerweltsfunktionen wie „den Leser unterhalten" oder „zum Nachdenken bringen". Sie setzen im übrigen immer schon die Gegebenheit *poetischer*, durch interne oder externe Funktionen legitimierter Abweichungen voraus, weil eine nicht als sinnvoll erkannte Normverletzung im allgemeinen weder unterhält noch zum Nachdenken anregt, sondern zur Korrektur oder zu anderen Sanktionen.

Statt solcher Gemeinplätze muß der Funktionsnachweis deshalb unbedingt spezielle Hinweise auf genau diesen betreffenden Text, meist auch auf diese betreffende historische Situation und vor allem auf genau diese betreffende Textstelle enthalten, an der die Sprachabweichung auftritt. Hier bedarf es nun zu jedem Nachweis einer externen Funktion für ein bestimmtes normabweichendes Element zusätzlich des *Gegenbeweises*, daß der Text *ohne* diese sprachliche Abweichung die angegebene Funktion *nicht* oder zumindest signifikant geringer oder signifikant anders aufweisen würde.

Besonders heikel stellt sich dieses Problem der Beliebigkeit von Funktionszuschreibungen dar, wenn der außertextliche Sachverhalt, auf den ein Text durch seine abweichenden Bestandteile bezogen wird, die *Sprache* ist. In den experimentellen Texten der Moderne dienen die Abweichungen von sprachlichen Normen häufig in allererster Linie zur Reflexion der Tatsache, daß es diese sprachlichen Normen überhaupt gibt. In dieser Weise könnte man dann freilich von ausnahmslos jedem Sprachverstoß behaupten, daß er ‚die Funktion hat, die Existenz einer Sprachnorm durch ihre Verletzung ins Bewußtsein zu heben'. Ist dies aber damit nicht erneut eine solcher gefährlichen Allerweltsfunktionen?

In diesem Sinne: ja. Und darum muß sie in *diesem* Sinne ausgeschlossen werden. Eine einzelne Normverletzung kann nicht *allein* schon eine Sprachnorm thematisieren. Aber in der sprachexperimentellen Poesie liegt der Fall auch ganz anders: hier treten Normverletzungen eines bestimmten Typs in einem Text *gehäuft* auf und bilden so untereinander eine Beziehung der Ähnlichkeit, die ohne diese Abweichungen nicht bestünde. Insofern hat hier jede einzelne Sprachverletzung zunächst eine *interne*

Funktion; erst sie alle *gemeinsam* – und damit indirekt wiederum auch jede einzelne – haben dann die *externe* Funktion, eine geltende Sprachnorm durch ihre systematische Durchbrechung zu thematisieren.

So bestätigt sich selbst am extremen Fall der sprachthematisierenden Literatur, daß interne und externe Funktionen nicht nur ganz unabhängig voneinander, sondern ebensogut auch ganz eng miteinander verflochten sein können. In diesem Sinne einer *Selbständigkeit, Verträglichkeit* und *Gleichrangigkeit* interner und externer Funktionen kann nun – auf der Grundlage der gegebenen Erläuterungen und exemplarischen Einführungen – die Redeweise von der „Funktion" einer poetischen Abweichung folgendermaßen festgelegt werden:

ABSCHLIESSENDER PRÄZISIERUNGSVORSCHLAG

Eine Abweichung von sprachlichen Normen hat eine Funktion genau dann, wenn sie eine Beziehung herstellt, die ohne diese Normabweichung so nicht bestünde. Diese Beziehung muß eine nachweisbare Disposition zur Erzeugung bestimmter Leserwirkungen besitzen; sie kann eine textinterne oder auch eine textexterne Beziehung sein.

Interne Funktion hat eine sprachliche Normabweichung genau dann, wenn durch die abweichende Sprachverwendung (und so nur durch sie) innerhalb des betreffenden Textes eine Beziehung der Ähnlichkeit, der Entgegensetzung oder auch der geordneten Reihung hergestellt wird.

Externe Funktion hat eine sprachliche Normabweichung genau dann, wenn durch die abweichende Sprachverwendung (und so nur durch sie) der betreffende Text direkt oder auch indirekt zu einem außerhalb desselben Textes liegenden Sachverhalt in Beziehung gesetzt wird.

3.4. Probleme und Einwände

Der Philosoph wie der Hausbesitzer
hat immer Reparaturen.

W. BUSCH: *Sprikker*

An den angeführten Beispielen für externe Funktion macht sich ein kritischer Punkt des auf diese Weise präzisierten Modells von Norm und Abweichung bemerkbar: Funktionstragende Verstöße gegen sprachliche Normen kommen nicht allein innerhalb der Dichtung vor, sondern auch in vielen anderen Redezusammenhängen – in religiöser und in philosophischer Sprache, in Politik und Werbung, gelegentlich sogar in witziger Alltagskommunikation und in den Sprachspielereien von Kindern.

Was sollte uns also dazu berechtigen, funktionale Normabweichungen für etwas spezifisch Poetisches zu halten?

Der Einwand ist gewichtig – aber er beruht auf der Vernachlässigung einer unerläßlichen Unterscheidung. Damit ist nicht etwa eine hier vielleicht erwartete Differenzierung zwischen „Literatur", „Poesie" und „Dichtung" gemeint. In anderen Zusammenhängen mag es sinnvoll oder sogar notwendig sein, hier terminologisch zu unterscheiden – im Zusammenhang einer allgemeinen Poetologie ist es von der Sache her geradezu unabdingbar, hier *keinen* Unterschied zu machen.

Unerläßlich und dennoch meist vernachlässigt ist dagegen die Unterscheidung zwischen „Dichtung" und „dichtungssprachlich" (oder zwischen „Poesie" und „poetisch" bzw. zwischen „Literatur" und „literarisch"). Zur scharfen Ausgrenzung des Bereichs ‚der Dichtung' als der Klasse aller ‚poetischen Texte' reicht die Abweichungstheorie als überzeitlich generalisierendes poetologisches Modell in der Tat nicht aus. Trotzdem vermag es den Bereich des Poetischen trennscharf abzugrenzen – aber in anderer Weise, nämlich als ‚poetische Sprachverwendung'.

Die Unterscheidung zwischen poetischer Sprache und normgerechter Sprache ist also keine Klassifikation von *Texten* oder von *Sprachsystemen*, sondern eine Typologie von *Sprachverwendungsweisen*. Der Bereich der ‚Poesie' als der poetischen Texte und der Bereich des ‚Poetischen' als der poetischen Sprachverwendung sind offenkundig nicht deckungsgleich. Nicht alles, was poetisch ist, ist auch schon Poesie. Aber: alles, was Poesie ist, ist auch poetisch – und nicht mehr als dies ist aller Poesie *gemeinsam*.

Was aber ist dann ‚die Poesie'? Anders als bei der ‚poetischen Sprachverwendung' handelt es sich bei ‚der Poesie' gar nicht um eine historische und kulturelle *Konstante*, die sich allein durch literaturphilosophische Prinzipienforschung bestimmen ließe. ‚Die Poesie' ist eine veränderliche soziale *Institution*, deren Geltungsbereich für jede Gesellschaft und für jede Zeit von neuem empirisch ermittelt werden muß.

Für weiträumige historische Abschnitte ist dabei die Zugehörigkeit zur „Institution Literatur"[193] identisch mit der Zugehörigkeit zu einer institutionalisierten literarischen Gattung. Und diese Gattungszuordnung setzt voraus, daß ein Text nicht nur punktuell oder partiell poetische Abweichungen enthält, sondern daß ein spezifischer Abweichungstyp den ganzen Text hindurch *beibehalten* wird und so meist einer internen Gesamtfunktion dient – etwa einem einheitlichen Versmaß und Strophenbau, einer geschlossenen Dramenhandlung oder dem triftigen Zusammenhang einer erzählten Geschichte.

Aber eine solcherart konstante poetische Abweichung ist weder *notwendig* noch *hinreichend* für die Zugehörigkeit zur institutionalisierten Poesie. So ist das Schauspiel zwar bei uns geradezu das Musterbeispiel einer in der halbstaatlichen Institution des Theaters fest etablierten Form von Dichtung; in vielen sozialen Kulturen Afrikas dagegen ist Rollenspiel als literarisches Theater, als institutionalisierter Bestandteil der Dichtung ganz unbekannt und tritt dort, im Gegensatz zur reich tradierten epischen und lyrischen Poesie, allenfalls als magischer Kult ohne dramatische Fiktion auf – wie schon in der Frühgeschichte auch des abendländischen Theaters.

Auf der anderen Seite können aber in bestimmten Lesekulturen und Epochen auch Texte *ohne* konstante interne Gesamtfunktion als literarisch institutionalisiert sein. Ob etwa der sprachkünstlerisch ausformulierte und mit punktuellen poetischen Redefiguren durchwirkte Essay bei Schiller, Nietzsche und Bloch oder auch die partiell literarisierte Geschichtsschreibung eines Thukydides und Tacitus[194] mehrheitlich als zur Dichtung gehörig betrachtet wird oder nicht, das ist in erster Linie eine *rezeptionsgeschichtliche* Frage der vorherrschenden Wertschätzung dieser Textgattung im literarischen Leben einer Zeit. Klare Beispiele einer gewandelten Rezeption in dieser Beziehung sind etwa die alttestamentarischen Psalmen, die fiktionalisierten philosophischen Dialoge Platons und die aphoristischen Sudelbücher Lichtenbergs: während sie in ihrer eigenen Entstehungszeit kaum der ‚schönen Literatur' zugerechnet wurden, neigen wir aufgrund der inzwischen eingetretenen literarhistorischen Entwicklungen heute dazu, sie als poetische Texte anzuerkennen.

Überhaupt hat in neuerer Zeit die traditionell scharfe Abgrenzung zwischen poetischen und nichtpoetischen Texten sehr an Deutlichkeit nachgelassen. Einerseits werden öffentlich verwendete Gebrauchstexte, vor allem im ganzen publizistischen Bereich, in immer noch zunehmendem Maße poetisiert – eine Entwicklung, deren vergleichsweise harmlose Anfänge schon Karl Kraus seit Beginn des 20. Jahrhunderts als „Die Kultur im Dienste des Kaufmanns", als „Verschweinung des praktischen Lebens durch das Ornament" und als Spätfolge von Heines journalistischem Feuilletonismus attackiert hat.[195]

Andererseits nimmt gerade in der eigentlichen, als hohe Literatur anerkannten Dichtung unserer Zeit die Anlehnung und Annäherung an die praktische Sprache, an Formen nichtpoetischer Sprachverwendung mehr und mehr zu – wenn man beispielsweise an die selbst wiederum auf Karl Kraus zurückreichende Entwicklung des Dokumentardramas, der Reportageliteratur und der aus Alltagstexten montierten Lyrik oder an Autoren wie Peter Weiss, Günter Wallraff und Peter Handke denkt. Die literarischen und die außerliterarischen Entwicklungstendenzen der Zeit *zwingen* also geradezu zu einer Neubestimmung des Verhältnisses von Poesie und Nichtpoesie – und zwar zu einer Bestimmung, die von der überkommenen Auffassung abgeht, man müßte alle denkbaren Texte säuberlich auf die zwei Schubladen „Literarisches" und „Außerliterarisches" ohne Rest verteilen können.

Wenn aber funktionstragende Normabweichungen auch außerhalb der Poesie auftreten: warum sollte man sie dann gerade eine „poetische"

Sprachverwendung nennen – und nicht z. B. eine „rhetorische", „mystische" oder „suggestive"? Man könnte versucht sein, die Bezeichnung dieser Sprachverwendungsweise als „poetisch" mit handfesten *statistischen* Argumenten zu rechtfertigen: Funktionale Abweichungen dürften insgesamt in poetischen Werken wesentlich häufiger auftreten als irgendwo sonst. Aber damit gewönne man nicht mehr als eine gleitende quantitative Skala zielgerichtet abweichender Texte – und es bliebe noch immer die Frage, warum man ein sprachliches Phänomen, das in poetischen Texten lediglich etwas *häufiger* auftritt als in anderen, denn insgesamt „poetisch" nennen sollte.

Über die statistische Korrelation hinaus gibt es jedoch eine wesentlich engere Zuordnung zwischen funktionstragenden Normabweichungen und poetischen Texten: In allen anderen Textarten, in denen poetische Sprachverwendung ebenfalls auftritt, könnte sie zugunsten normgerechter Redeformen auch ganz *unterbleiben*, ohne daß dadurch der grundsätzliche Charakter eines z. B. politischen, publizistischen, werbenden, philosophischen oder religiösen Textes verlorenginge. Anders in *dichterischen* Werken: Poesie ohne poetische Sprachverwendung, ohne funktionstragende Verletzung sprachlicher Normen gibt es nicht. Nur für Poesie also ist Poetisches *notwendig*; und zugleich ist die Existenz von Poetischem das *einzige* Textmerkmal überhaupt, das für Poesie notwendig ist. ‚Notwendig' ist es dabei in dem Sinne, daß es Poesie ohne poetische Sprachverwendung im definierten Sinne gar nicht geben *kann*: wir hätten als Leser andernfalls keinerlei Anlaß und keinerlei mitteilbares, die Intersubjektivität der sozialen Institution ‚Literatur' erst begründendes *Kriterium* mehr, um die notwendig an das Medium der Sprache gebundene Poesie unter anderen Redeweisen als Poesie zu identifizieren.

Das heißt wohlgemerkt nicht, daß poetische Sprachverwendung im Sinne funktionaler Normabweichung auf Poesie und auf nichts sonst zutrifft; es heißt nur, daß funktionale Normabweichung *und nichts sonst* auf alle Poesie gemeinsam zutrifft. Mit anderen und logisch präziseren Worten: Funktionstragende Sprachabweichung ist keine *hinreichende* und damit dann auch keine *definierende* Bedingung für „Poesie" (sondern nur für „poetische Sprachverwendung"); aber sie ist eine *notwendige* Bedingung – und zwar die einzige notwendige Bedingung überhaupt im Hinblick auf Texteigenschaften. Poetisches kommt nicht nur in der Poesie vor – aber in aller Poesie kommt Poetisches vor. Und es gibt nichts anderes, was in aller Poesie vorkäme. In diesem Sinne – einem logischen, nicht spekulativ ‚essentialistischen' Sinne – kann man sagen, daß poetische Abweichungen der Poesie, und nur ihr, *wesentlich* sind. Und in dieser Interpretation darf die Bestimmung literarischer Sprachverwendung als „in funktionstragender Weise abweichend von sprachlichen Normen" auch als eine Präzisierung geläufiger Verwendungsweisen des Wortes „poetisch" gelten.

Aus dieser notwendigen Beziehung zwischen poetischer Sprachverwendung und Poesie folgt natürlich nicht automatisch auch schon, daß die hier vorgeschlagene Gebrauchsfestlegung des Begriffs „poetische Sprachverwendung" die *einzig* angemessene oder auch nur die *angemessenste* unter mehreren möglichen ist. Könnte man nicht das Verhältnis von sprachlicher Normabweichung und ihrer poetischen Funktion ebensogut oder sogar besser *umkehren*? Dann würde die Bildung neuer textimmanenter Regelmäßigkeiten oder aber die äußere Zweckbindung als das grundlegende Prinzip der Poesie gelten, das eben hier und da auch einmal die Verletzung geltender Sprachnormen unumgänglich machte. Ist es nicht bloß eine Frage der persönlichen Entscheidung oder des individuellen Temperaments, ob man eher dieser ‚ordnungspolitischen' Konzeption des *Regelmodells* oder eher der ‚liberalistischen' Konzeption des *Abweichungsmodells* zuneigt?

Zu einer solch *relativistischen* und damit resignativen Interpretation des theoretischen Verhältnisses zwischen Regelmodell und Abweichungsmodell besteht keinerlei Notwendigkeit. Gewiß ist auch auf der Basis der Konzeption von ‚Poesie als ordnungstiftende sprachliche Macht' eine ziemlich umfassende und besonders in der Lyrik- und der Gattungstheorie vielfältig anwendbare literaturtheoretische Grundlegung denkbar; und ihre sorgfältige Ausarbeitung auf dem heutigen Stand der Sprachreflexion wäre von großem Wert. Aus wenigstens zwei prinzipiellen Gründen ist aber das Regelmodell der Poesie dem Abweichungsmodell *dauerhaft* unterlegen.

Zum einen sprechen grundsätzliche Bedenken gegen die Angemessenheit einer jeden Interpretation, die Beziehungen der Ähnlichkeit in der Dichtung als ein System besonderer *Regeln* auffaßt – etwa als Regeln eines ‚ästhetischen Codes', einer ‚poetischen Kompetenz' oder einer ‚Grammatik der Poesie'. Solche Interpretationen nähern sich erneut der Vorstellung einer ‚Fachsprache der Dichter': die poetischen ‚Sonderregeln' wären dann nicht erkennbar verschieden von denen für Anzeigen, Wetterberichte oder Fußnoten – und auch nicht von den philosophisch begründeten und ausdrücklich eingeführten Sprachbesonderheiten etwa eines Hegel oder Heidegger, die zwar gelegentlich das Poetische streifen mögen, im ganzen dann aber infolge philosophischer Schulenbildung als eine Art von Fachsprache von vielen geteilt und gruppenintern streng regelkonform *eingehalten* werden. Im Unterschied dazu sind die vermeintlichen ‚poetischen Regeln' rein faktische *Regelmäßigkeiten* ohne normative Verbindlichkeit, die ihre ‚Geltung' immer nur werkspezifisch oder sogar punktuell und nur bis zum jederzeit nach Belieben des Autors möglichen *Widerruf* durch Veränderung besitzen. Die als soziale Institution geltenden Regeln der normierten Sprache dagegen können nur allmählich und im impliziten Einvernehmen der ganzen sprachlichen Regelgemeinschaft einem Wandel unterzogen werden.

Regeln begründen also ihrer Natur nach stets bestimmte Erwartungen oder sogar ‚Erwartungserwartungen' – und zwar in der Weise, daß der Hörer sanktionsbereit darauf pocht, daß seine Erwartungen auch *erfüllt* werden. Demgegenüber erwartet der Hörer – historisch und gattungsmäßig abgestuft – im Hinblick auf ‚poetische Regeln', daß seine darauf gegründeten Erwartungen durch poetischen Einfallsreichtum zumindest partiell *enttäuscht* werden. Ein deutliches Beispiel bildet hier die literarische Gattung ‚Witz': Läßt sich die Pointe – so sehr eine solche ‚erwartet' wird – bereits ihrer speziellen *Ausformung* nach voraussehen, verfehlt der Witz sein Ziel; und er *ist* dann gar kein Witz mehr, jedenfalls kein literarischer.

Der zweite Punkt, in dem das Regelmodell dem Abweichungsmodell grundsätzlich unterlegen ist, betrifft die Reichweite der jeweiligen *Erklärungskraft*. Denn das Abweichungsmodell kann in der hier vorgestellten Fassung nicht nur *alle* poetischen Erscheinungen erklären, die das Regelmodell erklärt – nämlich nun durch Interpretation faktischer Regelmäßigkeiten als interner Funktionen –; sondern es vermag darüber hinaus auch eine Reihe von Fällen poetologisch abzuleiten, bei denen die Erklärungskraft des Regelmodells *versagt*.

In erster Linie sind dies diejenigen Fälle, in denen sprachliche Normabweichungen *unmittelbar* eine externe Funktion erfüllen und so des Fehlens interner Regularitäten wegen für das Regelmodell überhaupt nicht als poetisch erfaßbar sind. Das betrifft nicht nur den wichtigen Bereich sozial engagierter Lyrik ohne regelmäßiges Versmaß in der Moderne; es betrifft auch schon traditionsreiche dichterische Verfahren wie die literarische Anspielung und die literarische Parodie als punktuelle bzw. globale Formen des unmittelbar externen Bezugs auf andere Texte.

Umgekehrt kann eine literaturtheoretische Rahmenkonzeption natürlich auch als reine ‚Zwecktheorie' der Dichtung gleich bei der *externen* Funktion als Grundkategorie ansetzen – etwa durch eine Fundierung aller Poesie in politischen oder religiösen Zielen oder auch im Ziel einer Veränderung des zeitgenössischen ‚Erwartungshorizonts'. Eine solche Theorie verfehlt aber nun wiederum die nicht weniger fundamentale poetologische Bedeutung rein *interner* Regularitäten in der Dichtung, bei denen sich vielfach ein außerhalb des Textes liegender ‚Zweck' gar nicht angeben läßt. Und sie verfehlt infolgedessen in aller Regel auch ihr selbstgesetztes Ziel einer angemessenen *äußeren* Funktionsbestimmung von Literatur, weil sie nicht von vornherein berücksichtigt, wie die poetischen Abweichungen und ihre internen Funktionen den Charakter der externen Funktionen in hohem Maße beeinflussen, begrenzen, steuern oder überhaupt erst ermöglichen.

Die sachliche Unausweichlichkeit des Abweichungsmodells für eine wirklich angemessene und umfassende Analyse poetischer Sprachverwendung führt denn auch immer wieder dazu, daß selbst seine expliziten

Gegner implizit doch wieder mit uneingestandenen Abweichungsvorstellungen operieren. Zumal in literaturtheoretischen Ansätzen auf der Grundlage der modernen Kommunikationstheorie reduziert sich das vermeintliche Regelsystem der Poesie bei genauerem Hinsehen oft auf Regeln der *Aufhebung* anderweitig normativ geltender Sprachregeln. In ähnlicher Weise haben sich freilich auch schon ‚Klassiker' des Regelmodells der Dichtung, nämlich besonders die Normpoetiker des 17. und 18. Jahrhunderts, mit der Redeweise von der „dichterischen Freiheit" oder „poetischen Lizenz" ein Schlupfloch in die Konzeption von Norm und Abweichung offen gehalten. So erklärt es selbst der gestrenge französische Regelpoetiker Boileau für das „Geheimnis der Kunst, sich bisweilen über die Regeln hinwegzusetzen".[196] Aber auch der vielgeschmähte ‚Pedant' Gottsched formuliert überraschend deutlich das Vorrecht des Dichters, anderweitig verbindliche Restriktionen der Sprachverwendung einfach zu durchbrechen: „er bedienet sich oftmals gewisser Freyheiten, die in anderen Schriften nicht erlaubt seyn wuerden."[197]

Und selbst ein Opitz straft an prominenter Stelle seines „Buches von der Deutschen Poeterey" – einer systematisierten Empfehlung bestimmter interner Funktionen für Poesie deutscher Sprache – die Legende von der regelfrommen Originalitätsfeindlichkeit der barocken Dichtungstheorie Lügen. Auch er nämlich räumt den ‚sinnreichen Erfindungen' – also funktionalen Anomalien – und den ‚hohen Sachen' – also bedeutsamen externen Funktionen – eindeutig den Vorrang vor der regelgetreuen Erfüllung interner Funktionen ein:

> Die worte vnd Syllaben in gewisse gesetze zue dringen / vnd verse zue schreiben / ist das allerwenigste was in einem Poeten zue suchen ist. Er muß . . . von sinnreichen einfaellen vnd erfindungen sein / muß ein grosses vnverzagtes gemuete haben / muß hohe sachen bey sich erdencken koennen / soll anders seine rede eine art kriegen / vnd von der erden empor steigen.[198]

So wie sich regelpoetische Konzeptionen der Dichtung oft als Varianten des Abweichungsmodells entpuppen, so muß man natürlich umgekehrt den wichtigen Einwand prüfen, ob nicht auch die hier präzisierte Abweichungstheorie als ein heimliches Regelmodell der Dichtung Regeln vorzuschreiben versucht. Offensichtlich stellt sich damit das Problem einer Selbstanwendung des Modells: Erzeugt der Allgemeinheitsanspruch der Abweichungskonzeption nicht selbst wieder eine *Norm* für poetische Sprachverwendung, nämlich daß sie ‚funktional normabweichend' zu sein habe?

In gewisser Weise schon – aber dies ist eine Norm sachlich anderer *Art* und logisch anderer *Stufe*: eine explizite Regelung nämlich für den wissenschaftlichen Gebrauch des *Ausdrucks* „poetisch". Es handelt sich hier also sozusagen um eine ‚Meta-Norm' für die normgerechte wissenschaftliche *Analyse* von sprachlichen Normen und poetischen Normabweichungen. Denn ohne eine solche metasprachliche Norm, ohne eine bei aller Elastizität der vorgeschlagenen Begriffspräzisierungen dennoch feststehende äußerste Grenze der Wortverwendung, müßte die Rede von „poetischer Sprachverwendung" in Beliebigkeit verschwimmen. Nicht die *Dichtung* also wird hier normiert, sondern das auf Verläßlichkeit zielende *Sprechen* über die Dichtung.

Daß dies so ist, ja so sein *muß*, läßt sich leicht durch Hinweise auf die absurden Konsequenzen erweisen, die sich andernfalls zwingend ableiten ließen. Wird nämlich der logische Typenunterschied zwischen impliziten Sprachnormen und expliziten terminologischen Normierungen darüber an dieser Stelle mißachtet, ergeben sich unvermeidlich Paradoxien wie die folgende: Ein Text, der keine sprachliche Norm verletzt, ist folglich potentiell ein poetischer Text – denn er verletzt eben dadurch, daß er keine Norm verletzt, die Norm, daß poetische Texte eine Norm verletzen müssen.

Ein zentrales Problem der *Anwendung* des hier vorgestellten Abweichungsmodells ergibt sich schließlich aus der Frage, wie man der geltenden sprachlichen Normen, der poetischen Abweichungen und ihrer internen wie externen Funktionen im konkreten Falle *habhaft* werden kann. Nun ist dies kein Buch über literaturwissenschaftliche Forschungsmethoden oder gar Arbeitsverfahren, sondern über das Literarische an der Literatur; deshalb müssen in dieser Frage einige knappe Hinweise genügen.

Was zunächst die Ermittlung von *Funktionen* poetischer Sprachabweichungen angeht, so wird man sich hier in weitaus stärkerem Maße als bisher auch in der Literaturwissenschaft der Vorzüge eines Verfahrens bedienen können, das in die Sprachwissenschaft zunächst mit den Begriffen „Kommutation und Permutation" eingeführt wurde[199] und im deutschsprachigen Bereich dann unter dem Namen „Weglaß-, Austausch- und Verschiebe-Probe" bekannt geworden ist.[200] Die operative Grundfigur dieses Verfahrens ist der *Vergleich*: um die Funktion einer bestimmten poetischen Abweichung herauszufinden, vergleicht man die im betreffenden Text gewählte Sprachverwendung mit denkbaren anderen. Auf diese Weise erprobt man, wie es sich auf die Beziehungen *innerhalb* dieses Textes und auf die zu *anderen* Sachverhalten auswirkt, wenn man die fragliche Sprachverletzung wegläßt, anders plaziert oder durch andere, normgerechte bzw. normabweichende Sprachelemente ersetzt.

Dieser methodische Weg ist nicht auf sprachliche *Details* beschränkt, sondern bei sämtlichen poetischen Abweichungen möglich. Man kann beispielsweise fragen, was alles sich an den didaktischen Wirkungsdispositionen einer Fabel ändert, wenn man den fiktionalen Teil vor dem ‚fabula docet' wegläßt oder wenn man die ‚unglaubliche', also empirisch unmögliche Geschichte von sprechenden Tieren und Dingen durch eine ‚realistische', also empirisch immerhin mögliche und bloß unwirkliche Fiktion ersetzt. Auf diese Weise wird zugleich der oben geforderte *Gegenbeweis* geprüft, ob nämlich wirklich die behauptete Funktion ohne die Sprachabweichung gar nicht oder signifikant geringer oder signifikant anders zur Geltung käme.

Dieses methodische Vorgehen, obwohl kaum einmal grundsätzlich reflektiert, ist natürlich nicht neu; in der Praxis der literarischen Interpretation hat es stets eine gewisse Rolle gespielt. Traditionell im Vordergrund steht es sogar bei dem schon immer sehr ergiebigen Verfahren des *Fassungsvergleichs* von stufenweise entstandenen Gedichttexten. Dies sind freilich eher glückliche Ausnahmefälle; da uns in der Regel nicht schon *genug* und genügend *spezifizierte* Fassungsvarianten fertig vorliegen, werden wir sie uns unter Berücksichtigung spezieller Arbeitshypothesen meist selber herstellen müssen. Die dabei entstehenden hypothetischen Alternativtexte mit möglichst vielfältigen Varianten zum gegebenen Text dürfen selbstverständlich keinesfalls als *Übersetzungen* in die normale oder eine andere Sprache mißverstanden werden; es gibt in der Dichtung keine Synonymie. Nicht um Übersetzungstexte geht es hier, sondern um *Kontrasttexte* in der Funktion einer Versuchsanordnung.

Was die Ermittlung geltender sprachlicher *Normen* und dagegen verstoßender poetischer *Abweichungen* angeht, so ist hier offenkundig eine enge Integration von Forschungsmethoden der Literatur- und der Sprachwissenschaft unabdingbar. Und zwar einer in sehr weitem Sinne verstandenen Sprachwissenschaft, deren empirische Untersuchung der Sprachwirklichkeit gemäß einem sozialen Sprachnormbegriff von der Art des hier präzisierten wohl die linguistisch verbreitete naive Gleichsetzung von geltenden Sprachnormen mit den *grammatischen* Regeln nachhaltig ins Wanken bringen könnte.

Nach einflußreicher Auffassung läßt sich beispielsweise nur den Vorschriften für ‚Grammatikalität' (als strukturelle Korrektheit), nicht aber den Vorschriften für ‚Akzeptabilität' (als Grenze der Aufnahmefähigkeit nach Satzdauer und Komplexität) der Rang beschreibbarer Regeln der Sprache zuweisen.[201] Es gibt jedoch eine ebenfalls massiv, vielleicht sogar noch massiver durch Sanktionen geschützte sprachliche Norm, den Geboten der Akzeptabilität nicht gröblich zuwiderzuhandeln. Auf eine Äußerung, die durch uferlose Nebensatz-Einbettungen völlig *inakzeptabel* ist, werden wir in der Regel sehr viel heftiger ablehnend reagieren – nämlich notfalls durch Kommunikationsabbruch – als auf einen leicht durchschaubaren und korrekturfähigen Grammatikfehler. Und für den Literaturwissenschaftler ist durchaus auch eine solche Norm der sprachlichen Akzeptabilität von Belang, weil natürlich auch sie gelegentlich von Dichtern in funktionaler Weise verletzt wird – systematisch etwa von Franz Mon in seinen nichtendenwollenden „Sätzen aus einem Satz".[202]

Die für poetische Abweichung grundlegenden sprachlichen Verwendungsnormen können sogar ausschließlich solche des angemessenen Gebrauchskontextes sein. Im bereits besprochenen Fall des in poetischer

Weise ,deplazierten Dialekts' gilt dies in Hinsicht auf eine Norm des *Situationsbezuges*. Daß es auch in Hinsicht auf den bloßen Zusammenhang der *Präsentation* gilt, belegt etwa der folgende, von Peter Handke in einem Lyrikband mit eigenen Gedichten[203] präsentierte Text:

Die Aufstellung des 1. FC Nürnberg
vom 27.1.1968

WABRA

LEUPOLD POPP

LUDWIG MÜLLER WENAUER BLANKENBURG

STAREK STREHL BRUNGS HEINZ MÜLLER VOLKERT

SPIELBEGINN:
15 Uhr

Dieser Text wird hier nicht einfach durch die *lyrische Umgebung* literarisiert oder gleichsam poetisch infiziert; sondern der Text – genauer: diese Textverwendung – ist schon *selbst* ein Fall dichterischen Sprachgebrauchs. Denn zum einen verletzt er eine geltende Sprachnorm, die für die korrekte Verwendung bestimmter Mitteilungen einen eng begrenzten *thematischen* Zusammenhang (hier etwa: Sportberichte) oder zumindest einen *räumlichen* Zusammenhang vorschreibt (hier etwa: Vereinsbrett, Stadionzeitung).[204] Zum anderen hat diese Normabweichung eine externe Funktion, insofern die zunächst verstörende Lösung des Textes aus dem gewohnten Zusammenhang plötzlich erkennen läßt, daß hier nach Art der Konkreten Poesie die abgedruckte Mannschaftsaufstellung strukturell genau die Verteilung der Spieler beim Anstoß abbildet. Denn es handelt sich – tempi passati – um eine Aufstellung im alten ,WM-System' mit Pyramidenstruktur, die hier jedoch allgemein gebräuchlich war und somit nicht als interne Funktion einer poetischen Abweichung gelten kann.

Handke hat nun diesen poetisierenden Kunstgriff des funktional normabweichenden Präsentationskontextes keineswegs erfunden. Die Tradition der ,poèmes trouvées' reicht in Deutschland mindestens bis auf Arno Holz zurück[205] und hat in der russischen Literatur unter anderem in Gogol, Pasternak und Kručenych Vertreter gefunden.[206] Dasselbe Verfahren findet man auch, freilich überwiegend kritisch, in der durch Isolation verfremdenden Zitiertechnik bei Karl Kraus und gelegentlich schon Lichtenberg. Und es macht beinahe den ganzen Reiz der textematischen Schmuckform ,Motto' aus, das ja eine *poetische* Qualität erst dann gewinnt, wenn es eine Äußerung normwidrig ,aus dem Zusammenhang reißt', sie bei identischem Wortlaut in einen völlig anderen Kontext stellt und ihr so eine völlig andere Bedeutung verleiht.

Diese Differenz zwischen poetisch durchbrochenen, vielschichtigen Sprachnormen und eng limitierten linguistischen Normermittlungen spricht nun deutlich nicht für einen zu *weiten* Normbegriff des präzisierten Abweichungsmodells, sondern für einen zu *engen* Normbegriff in der Forschungspraxis der Linguistik. Der Bereich implizit geltender Normen des Sprechens ist offenbar sehr viel größer als der Ausschnitt, der in der Sprachwissenschaft im allgemeinen – und gewiß aus Gründen – vorzugsweise analysiert wird. Und über diesen weiteren Bereich bestehender sprachlicher Grenzen belehren uns in erster Linie Dichter. Dichtung ist unter anderem *auch* eine implizite, antisystematische, aber außerordentlich fruchtbare Weise der Erforschung unserer sprachlichen Wirklichkeit; ihre Forschungsmethode besteht darin, die Grenzen der Sprache artistisch zu erproben.

Wenn aber die Dichter demonstrativ sprachliche Normen durchbrechen, von denen die zuständigen Sprachforscher noch kaum Notiz genommen haben, dann dürfte nicht nur die sprachwissenschaftliche Normforschung für die *Literaturwissenschaft*, sondern auch die literaturwissenschaftliche Abweichungsforschung für die *Sprachwissenschaft* von erheblichem Nutzen sein. Sprach- und Literaturwissenschaftler können und sollten wechselweise voneinander lernen – wie dies Roman Jakobson einmal kategorisch gefordert hat:

> a linguist deaf to the poetic function of language and a literary scholar indifferent to linguistic problems and unconversant with linguistic methods are equally flagrant anachronisms.[207]

Im Hinblick auf die Sache hat Jakobson recht, im Hinblick auf den ‚Anachronismus' nicht. Die Überzeugung, die er zum Ausdruck bringt, ist nicht eine neue Idee unseres Jahrhunderts. Annähernd 200 Jahre vor Jakobson hat sie Johann Gottfried Herder bereits in ähnlich deutlichen Worten ausgesprochen:

> die Litteratur wuchs in der Sprache, und die Sprache in der Litteratur: unglücklich ist die Hand, die beide zerreißen, trüglich das Auge, das eins ohne das andere sehen will.[208]

4. Literaturtheoretische Bewährungsproben

> Der Beweis der Güte des Puddings liegt eben im Essen.
>
> BRECHT: *Über reimlose Lyrik*

So alt das Modell von Norm und Abweichung als poetologische Grundkonzeption auch ist: in der praktischen Literaturforschung hat es doch bisher fast ausschließlich auf dem Felde sprachlicher *Detailanalyse* Verwendung gefunden, vor allem als sogenannte ‚Abweichungsstilistik'. Gerade in diesem Bereich ist aber die Brauchbarkeit des Modells recht eng umrissen. Denn eine leistungsfähige Stiltheorie kann sich nicht auf die in einem engeren oder weiteren Sinne *normwidrigen* sprachlichen Phänomene beschränken, sondern muß auch in der Lage sein, begründete Entscheidungen zwischen alternativen Ausdrucksweisen *innerhalb* geltender Normen zu erfassen. Ein vollständig normgerecht formulierter und verwendeter Text ist zwar kein Gegenstand der *Poetik* mehr, aber immer noch ein möglicherweise hochinteressanter Gegenstand der *Stilistik*.

Das Abweichungsmodell erfaßt also nur eine Teilklasse stilistischer Fragestellungen: es kann lediglich zur Ausgrenzung der spezifisch *poetischen* Elemente aus den standardsprachlichen Elementen eines Textes dienen. Diese spezielle Möglichkeit empirischer Anwendung des Abweichungsmodells habe ich in bezug auf den Stil von literaturwissenschaftlichen sowie von linguistischen, sprachphilosophischen und geschichtswissenschaftlichen Abhandlungen an anderer Stelle ausführlich erprobt.[209] Ich gehe deshalb auf diesen Fragenkomplex hier nicht noch einmal ein und diskutiere statt dessen die Lösungsmöglichkeiten, die das Abweichungsmodell für einige andere fundamentale Probleme in der Theorie der Literatur und der Literaturwissenschaft anbietet.

Am Anfang stehen dabei Grundsatzfragen der *Gattungstheorie.* Die starke historische Gebundenheit poetischer Gattungen führt dann zu der verallgemeinerten Frage nach der *Geschichtlichkeit* von Literatur. Überlegungen zum Problem der literarischen *Wertung* schließen sich an. Erst auf der Grundlage dieser drei Kapitel kann dann eine These über den allgemeinen Zusammenhang von *Literatur und Gesellschaft* gewagt werden.

Auch in diesen Abschnitten geht es nicht in erster Linie um eine ‚völlig neue Sicht' solcher von altersher diskutierten Probleme, sondern um eine *Klärung* und *Erprobung* überkommener Begriffe und Behauptungen – also, mit Goethes Worten, vornehmlich darum, „das unzulängliche Wahre, was die Alten schon besessen, aufzusuchen und weiterzuführen".[210]

4.1. Gattungstheorie

> Jedes wahre Kunstwerk hat eine festgelegte Gattung verletzt und auf diese Weise die Ideen der Kritiker verwirrt . . .
>
> CROCE: *Estetica*

Welchen besonderen Anforderungen muß eine präzisierte Fassung der Gattungstheorie genügen? Zum einen muß sie die überlieferten Gattungsbegriffe durch wirklich *trennscharfe* Kriterien mit geklärter logischer Struktur genauer bestimmen. Die Forderung nach Trennschärfe meint dabei nicht, daß sich *jeder* literarische Text einer – und nur *einer* – bestimmten Gattung zuordnen lassen muß. Nicht alle Dichtung ist gattungskonform; und natürlich können zwei Gattungsbereiche einander auch überlappen, also eine ‚Mischgattung' bilden. Erforderlich ist vielmehr nur, daß das Resultat der Präzisierung *entscheidungsdefinit* ausfällt, daß sich nämlich in jedem einzelnen Fall zuverlässig ermitteln läßt, ob ein Text einer bestimmten Gattung angehört oder nicht.

Die Neuinterpretation sollte die einzelnen Gattungen aber nicht nur definitorisch voneinander *trennen*, sondern zugleich literaturtheoretisch miteinander *verbinden*. Denn gerade an einem solchen systematischen Zusammenhang der Gattungen fehlt es bisher: zumindest in der Praxis der Literaturwissenschaft werden Gattungsbegriffe im allgemeinen nach sehr *uneinheitlichen* und jeweils *ad hoc* eingeführten Kriterien definiert – im epischen Bereich beispielsweise die Kurzgeschichte nach dem Umfang, die Parabel nach der Bedeutungsstruktur und die Humoreske nach der erwarteten Wirkung beim Leser. Noch immer besteht somit Anlaß zu Goethes Klage, daß die Gattungen „bald nach äußeren Kennzeichen, bald nach dem Inhalt, wenige aber einer wesentlichen Form nach benannt sind" – und wenn man sie „methodisch zu ordnen versuchen wollte, so würde man auf große, nicht leicht zu beseitigende Schwierigkeiten stoßen."[211]

Zu kritisieren ist hierbei natürlich nicht die eher triviale Tatsache, daß die verwendeten Kriterien im Einzelfall verschiedenartig sind; das ist nahezu unvermeidlich. Der Mangel liegt darin, daß sie in aller Regel gar nichts miteinander zu tun haben. Ziel einer leistungsfähigen Neufassung der Gattungstheorie muß es deshalb sein, mit Hilfe systematischer Ordnungsprinzipien einen plausiblen *Zusammenhang* zwischen den einzelnen Gattungsdefinitionen herzustellen. Und nicht nur zwischen ihnen allein: insofern die Gattungsfrage einen ganz zentralen Aspekt vieler literarischer Werke angeht, sollte zugleich der Zusammenhang der Gattungstheorie mit *anderen* literaturtheoretischen Problembereichen deutlich werden –

vor allem mit der dichterischen Handhabung der Sprache, mit dem literarhistorischen Wandel, mit der ästhetischen Bewertung und mit der gesellschaftlichen Rolle der Literatur. So könnte gerade ein erfolgreicher Neuaufbau der Gattungstheorie dazu beitragen, die Zersplitterung literaturwissenschaftlicher Fragestellungen und Arbeitsfelder zu überwinden oder doch wenigstens zu mildern.

Für diese Aufgabe bietet nun das hier präzisierte Abweichungsmodell wesentlich günstigere Voraussetzungen als das Regelmodell der Dichtung. Freilich ist die Gattungstheorie traditionell gerade die Domäne regelpoetischer Konzeptionen: Gattungen werden im allgemeinen bestimmt durch Angabe ihrer konstitutiven ‚Gattungsnormen', ‚Gattungsregeln' oder ‚Gattungskonventionen'. Demgegenüber möchte ich im folgenden vorschlagen, Gattungen durch die jeweils gattungsspezifischen Sprachabweichungen zu definieren – also nicht durch diejenigen Normen, die *erfüllt*, sondern durch diejenigen Normen, die *verletzt* werden.

Zum einen ist das Abweichungsmodell hier dem Regelmodell vorzuziehen, weil es, wie erläutert, insgesamt die weiterreichende literaturtheoretische Erklärungskraft besitzt und deshalb die Gattungstheorie besser in den Gesamtzusammenhang literaturwissenschaftlicher Forschung zu *integrieren* vermag. Zum anderen ist das Abweichungsmodell aber auch für die speziellen Zwecke der Gattungstheorie dem Regelmodell vorzuziehen, weil es in vielen und besonders in problematischen Fällen eine begrifflich klarere und sachlich trennschärfere *Abgrenzung* ermöglicht.

4.1.1. *Lyrik – Epik – Drama*

> Und jetzt denke ich dir schon deutlich zu machen, was ich vorher nicht vermochte, daß von der gesamten Dichtung und Fabel einiges ganz in Darstellung besteht, wie du sagst die Tragödie und Komödie, anderes aber in dem Bericht des Dichters selbst, welches du vorzüglich in den Dithyramben finden kannst, noch anderes aus beiden verbunden, wie in der epischen Dichtkunst und auch vielfältig anderwärts, wenn du mich verstehst.
>
> PLATON: *Der Staat*

Ein erster Testfall für den Vergleich der gattungstheoretischen Konzeptionen bietet sich geradezu an: So weit die bisherige Erfahrung lehrt, dürfte es kaum möglich sein, die traditionsreiche *Gattungstrias* der poetischen

,Naturformen' Lyrik, Epik und Drama durch Angabe je spezifischer ,Gattungsnormen' zureichend genau zu definieren. Besonders deutlich läßt sich im Bereich der *Lyrik* zeigen, daß es einfach keine positiven Regeln gibt, die von einer sapphischen Ode über die ,Spenserian stanza' bis zu freirhythmischen Hymnen und Konkreten Gedichten in aller lyrischen Produktion erfüllt würden.

Nun wäre natürlich zu erwägen, ob nicht manches dafür spricht, auf die in verschiedener Hinsicht fragwürdige Trias ganz zu verzichten. Denn nicht nur ist die *inhaltliche* Bestimmung der Begriffe „Epik", „Lyrik", „Drama" bzw. „episch", „lyrisch", „dramatisch" geradezu notorisch ungeklärt; sie tragen auch in Hinsicht auf den Begriffs*umfang* wenig aus, da sie die Fülle poetischer Schreibarten weder *erschöpfen* noch auch nur einen Teilbereich in streng getrennte Klassen *einteilen.* So fallen einerseits etwa die literarische Aphoristik, die Prosasatire oder auch große Teile der modernen sprachexperimentellen Dichtung hier ganz heraus; andererseits gibt es Überschneidungen wie im Versdrama, in der Ballade, im epischen Drama und in vielem anderen mehr.

Vor allem aber besteht von der Sache her gar kein Anlaß, dieser triadischen Gattungseinteilung singulären *Rang* zuzusprechen und sie etwa, im Anschluß an Goethes Redeweise, als vermeintlich einzig allgemeine ,Naturformen' den vermeintlich rein individuellen ,Dichtarten' wie Ode, Roman und Komödie gegenüberzustellen.[212] Denn es gibt nicht etwa nur diese *zwei* Klassifikationsebenen, sondern beliebig *viele* von vielstufig unterschiedenem Abstraktionsgrad. So gliedert sich etwa die Lyrik auf in nichtmetrische (z. B. prosaische oder konkrete) und in metrische Lyrik, die metrische wieder in silbenzählende, -messende und -wägende, diese dann in reimende, reimlose, alliterierende und assonierende Lyrik, in strophische und frei gegliederte Gattungen; unter den strophischen enthält das Sonett wiederum die Untergruppen des petrarkistischen, des englischen, des Schweifsonetts – und die Möglichkeiten der Gattungsdifferenzierung sind damit beileibe noch nicht erschöpft.

Außerdem muß die Einteilung nach Lyrik, Epik und Drama noch nicht einmal die *höchste* Klassifikationsebene darstellen. Noch allgemeiner könnte man die Dichtung statt dreifach erst einmal zweifach untergliedern, etwa in ,fiktionale' und ,nichtfiktionale' Literatur – oder auch, mit einer in der angelsächsischen Literaturkritik viel stärker als unsere Trias verbreiteten Zweiteilung, in ,prose' und ,verse'.

Im ganzen Bereich der deutschen Sprache freilich haben nun einmal die drei Sammelbegriffe der ,Naturformen' die traditionelle literaturwissenschaftliche Diskussion und wohl auch die literarische *Produktion* in solchem Maße bestimmt, daß es auf jeden Fall ein Gewinn wäre, wenn sich diese Begriffe vernünftig präzisieren ließen. Und es gibt gewisse praktische Anhaltspunkte dafür, daß dies auch möglich sein müßte: Die nahezu allgegenwärtige Verbreitung der Ausdrücke „Epik", „Lyrik" und „Drama" hätte sich schwerlich in diesem Maße durchsetzen können, wenn sie nicht auch eine erhebliche Plausibilität auf ihrer Seite hätten. Hier fallen nämlich auffällige Unterschiede in der überwiegenden öffentlichen *Erscheinungsform* – das Drama vorrangig im Theater bzw. Fernsehen, die Epik vorrangig als ‚dickes Buch' oder billiger Heftroman, die Lyrik vorrangig als gesungenes Lied, als einzelnes Gedicht oder als ‚schmales Bändchen' mit hohem Durchschnittspreis pro Seite – mit auffälligen Affinitäten zu je verschiedenen Weisen poetischer *Sprachverwendung* zusammen.

Im Rahmen der Konzeption von Norm und Abweichung bietet es sich nun geradezu an, die drei Gattungen nach der jeweiligen *Ebene* der poetisch durchbrochenen Sprachnormen voneinander abzugrenzen: In der Lyrik liegen die gattungsspezifischen Abweichungen auf der *grammatischen* Ebene, in der Epik auf der *semantischen* und im Drama auf der *pragmatischen* Ebene. Dieses Zuordnungsverhältnis läßt sich natürlich nicht einfach umkehren: Nicht jede pragmatische Abweichung ergibt ein Drama, nicht jede semantische Abweichung ist epischer Art, und nicht jede Verletzung grammatischer Normen konstituiert Lyrik. Die drei Gattungen ergeben sich vielmehr aus ganz *spezifischen* Abweichungstypen auf der jeweils genannten Ebene, verbunden mit ganz *bestimmten* Funktionsweisen vorwiegend interner Art. Abweichungen wie Funktionen können dabei durchaus ein begrenzt variables Spektrum von Typen bilden, müssen aber eindeutig auf nur eine der drei Sprachebenen bezogen sein; und sie müssen einen Text nicht bloß punktuell, sondern in seiner *Gesamtstruktur* charakterisieren.

In diesem Sinne verletzt jedes Drama bestimmte Normen der *Pragmatik* als des Bereichs geregelter sprachlicher Situationsbezüge. Die an die Konstellation von Raum, Zeit und Personen gebundenen sprachlichen ‚Indikatoren' wie „ich", „du", „wir", „hier" und „jetzt" werden in normwidriger Weise nicht auf die tatsächlich gegebene Sprechsituation bezogen: der Schauspieler auf der Bühne, der Vorleser eines Dramas und auch schon der schreibende Dramatiker meinen nicht sich selbst, wenn sie „ich" sagen. Und zwar geschieht dies, *ohne* daß es etwa durch eine redeeinleitende Erzählervermittlung wie „Darauf erwiderte Mephisto: . . ." als eine bloß zitierende Wiedergabe fremder Rede aufträte. Dies entspricht Goethes Abgrenzung zwischen den „abgebrochenen Wechselreden" des *Dramas* und dem *Epos*, in dem alles, was sich ereignet, vom ‚immer vorwaltenden Rhapsoden' erzählt wird: „niemand darf den Mund auftun, dem er nicht vorher das Wort verliehen".[213]

Während somit im Drama unvermittelt fiktive Sprechsituationen präsentiert werden, ist die Epik charakterisiert durch fiktionale Aussagen – also durch Verletzung bestimmter *semantischer* Normen: im Gegensatz zu normgerechten Behauptungen kommen in epischer Fiktion äußerlich gleichartige Behauptungssätze vor, die als ganze wie in einigen ihrer Elemente – nach Freges Ausdrucksweise – zwar einen ‚Sinn', aber keine ‚Bedeutung' haben.[214] Wir verstehen zwar den *Wortsinn* von Ausdrücken wie „Polyphem", „der böse Wolf", „der König der Zentauren" oder „Alle Marsmenschen verließen das Raumschiff" – aber wir ordnen ihnen keine bestimmten Gegenstände der uns bekannten Wirklichkeit als *Bedeutungen* und infolgedessen ihrem Satzzusammenhang auch keinen *Wahrheitswert* zu.

Die Lyrik schließlich braucht als solche weder semantische noch pragmatische Normen zu verletzen, wie etwa Gedankenlyrik oder direkt appellierende politische Gedichte zeigen. Lyrik ersteht vielmehr aus einem breitgefächerten Repertoire von Abweichungstypen und deren Funktionen auf der ‚Ausdrucksebene' der Sprache – also im umfassend verstandenen Bereich der *Grammatik* als Inbegriff der Normebenen von Phonetik, Phonemik, Graphemik, Morphologie und Syntax. Je nachdem, ob sich die funktional von der Sprachnorm abweichenden Gliederungsprinzipien des Sprachflusses dabei auf Silbenlängen, Silbenzahlen, Akzente, Endsilben, Wortanlaute, Phonemfolgen, Zeilenlängen, Satzlängen, Satzmuster, Satzfolgen oder graphische Gesamtgestalten beziehen, ergeben sich so die vielfältigsten Arten lyrischer Gebilde: antike, romanische oder germanische Versformen; gereimte, alliterierende oder ‚phonetische' Poesie; Freie Rhythmen oder unregelmäßige Kurzverse; hebräische Psalmverse mit parallelistischer Metrik; strophische Gliederungen; oder Visuelle Gedichte.

Hingegen hat diese Gattungsbestimmung zur Folge, daß die *Metapher* als semantische Abweichung nicht spezifisch für das Hervorbringen von Lyrik ist – und dies auch mit vollem Recht. Denn die Metaphorik spielt zwar in herkömmlichen lyrischen Texten oft eine wichtige Rolle; aber als eine der traditionellen ‚rhetorischen Figuren' kommt die Metapher auch in rein dramatischen, epischen, satirischen oder didaktischen Dichtungen bis hin zu publizistischen und wissenschaftlichen Sachtexten in erheblichem Umfang vor. Während also metrische und strophische Gliederungen, Reime, Alliterationen und Superisationen in systematischer Durchführung jeweils auch *allein* schon Lyrik erzeugen können, machen Metaphern für sich genommen einen Text noch nicht zum Gedicht – auch wenn sie als bildgleiche Metaphernketten gehäuft auftreten, die ja möglicherweise auch nur zu einer Prosaallegorie oder zu einem metaphorisch formulierten Argumentationszusammenhang führen können.

Ebensowenig begründen natürlich Metaphern allein schon die Gattung ‚Epik'. Die Metapher ist zwar eine semantische Abweichung – aber bezogen auf ‚sinnsemantische' Normen der *Begriffsinhalte*, während die epische Fiktion gegen ‚referenzsemantische' Normen der *Gegenstandsbezeichnung* verstößt. Erst wenn im Zuge zunehmender Häufung metaphorisch verwendeter Ausdrücke an Subjektstelle schließlich der Gegenstandsbezug der Rede ganz verlorengeht, wird aus der Metaphernfolge eine epische Fiktion; so etwa in vielen biblischen Gleichnissen und ähnlichen allegorischen Erzählungen.

Ebensowenig wie die Metaphorik ist die *Kürze* ein gattungsbildendes Kennzeichen der Lyrik – geschweige denn das einzig sichere, wie das immer wieder zu lesen ist. Nicht nur bildet die ‚Kürze' ein in seiner Unklarheit und Willkürlichkeit wenig brauchbares Entscheidungskriterium; es ist auch viel zu marginal für eine so fundamentale Abgrenzung wie die der Gattung ‚Lyrik'. Und vor allem ist die Assoziation von Lyrik und Kürze eine recht kurzsichtige Verallgemeinerung auf dem Boden der *deutschen* und der *romanischen* Dichtung, in deren Tradition überwiegend die kurzen, liedhaften Formen paradigmatischen Rang für die Lyrik gewonnen haben – was, nach Arno Holz, „dann den schönen Aberglauben zeitigte, ‚wahre' Lyrik dürfe nie ‚lang' sein."[215]

Dagegen ist etwa in der *englischen* Literatur die Vorstellung von bedeutender lyrischer Dichtung viel stärker durch längere und sehr lange Gedichte geprägt worden: von Popes „Essay on Man", Thomsons „Seasons", Youngs „Night Thoughts", Byrons „Childe Harold", Wildes „Ballad of Reading Gaol" oder T. S. Eliots „Waste Land". Das längste dieser Gedichte, „The Seasons" von James Thomson, hat in der Fassung von 1746 nicht weniger als 5541 Verse von wohlgeordnetem Gesamtgefüge und ist dabei in jedem geläufigen Sinne des Wortes lyrisch. Ähnliche Tendenzen bestimmen, teilweise unter dem Einfluß englischer Autoren wie Byron, auch in der *russischen* Literatur die Tradition der groß angelegten lyrischen ‚Poeme' von Puškin bis zu Blok, Majakovskij und Pasternak. Natürlich gibt es in allen Literaturen Lyrik, deren Merkmal Kürze ist; aber Kürze ist kein Merkmal der Lyrik.

Mit einer so gefaßten Gattungstrias lassen sich nun auch die literaturgeschichtlich so häufigen *Gattungsmischungen* von Lyrik, Epik und Drama analysieren und plausibel erklären, ohne daß dabei die Begriffsbestimmungen selbst verwischt werden müßten. Denn nach manchen Deutungen der drei gattungstheoretischen Grundbegriffe kommen einerseits Lyrisches, Episches und Dramatisches in der Realität eigentlich nie unvermischt vor, und andererseits ist störenderweise z. B. manche Lyrik ganz unlyrisch.[216] Dagegen sichert die abweichungstheoretische Interpretation auf jeden Fall, daß alle Lyrik lyrisch, alle Epik episch und jedes Drama ein dramatischer Text ist – und daß jeder der drei Gattungsbegriffe auch von einer Fülle von Texten in reiner, unvermischter Form erfüllt wird.

Da nun aber die spezifischen Abweichungstypen der drei Gattungen auf unterschiedlicher Sprachebene und somit gar nicht in *Konkurrenz* zueinander liegen, ist es selbstverständlich möglich, daß ein Text mehrere Abweichungsebenen *zugleich* aufweist und so durch eine Mischung oder genauer Vereinigung von Gattungen gekennzeichnet ist: Ein Versdrama weicht durchgehend von grammatischen und pragmatischen Normen ab, eine Ballade von grammatischen und semantischen Normen, ein episches

Drama – also ein Theaterstück, Film oder Hörspiel mit verbindend eingeschobenen Erzählpartien – abwechselnd von semantischen und pragmatischen Normen.

Bei gelungener funktionaler Integration der verschiedenen Abweichungstypen kann eine solche Mischung sogar von besonderem poetischen Reiz sein. Wenn etwa die Ringparabel in Lessings Schauspiel „Nathan der Weise" ziemlich unbestritten zu den Höhepunkten deutscher Dichtung zählt, dann spielt dabei die kunstvolle Überlagerung dramatischer, epischer und lyrischer Elemente gewiß eine Rolle. Denn hier wird in die *dramatische* Fiktion der Unterredung zwischen Nathan und Saladin die fiktionale *Erzählung* Nathans, das „Geschichtchen" vom Erbstreit um den echten unter drei Ringen eingefügt; das ganze aber spielt sich in *lyrischer* Sprachgestaltung, nämlich in Blankversen ab, deren lyrischer Qualität gegen Ende selbst jenes Merkmal der ‚enthusiastischen Aufgeregtheit' nicht fehlt, das Goethe als freilich eher mißratenes Gattungskriterium für Lyrik angeführt hat.[217]

Und diese Gleichniserzählung wird nicht nur von Nathan in lehrhafter Weise auf sein Religionsgespräch mit Saladin zurückbezogen, sondern zugleich von Lessing in lehrhafter Weise auf die religionsphilosophische Auseinandersetzung seiner Zeit gemünzt – unverkennbar für den zeitgenössischen wie für den historisch informierten heutigen Leser, überdies ausdrücklich betont durch Nathans Wunsch: „Möcht auch doch / Die ganze Welt uns hören".[218] Die Überlagerung der drei Abweichungstypen hat also insgesamt eine *externe*, nämlich didaktische Funktion. Und das Resultat spricht in seiner ‚Vollkommenheit' ebensosehr für Lessing wie gegen Hegels kategorisches Reinheitspostulat:

> Das *Vollkommene* ist freilich überall nur *Eines*, aber besonders in der Kunst das Große: die Bildsäule nicht farbig machen zu wollen; das Lyrische des Chors nicht mit dem Dramatischen der Personen zu vereinigen; – so auch das *Philosophieren* nicht mit dem *Poetisieren*, – überhaupt zur notwendigen Trennung sich zu entschließen und sie streng zu erhalten.[219]

Mit ziemlich genau entgegengesetzten Worten hatte freilich Novalis zuvor das romantische Ideal der Kunst- und Gattungsmischung formuliert:

> Man sollte plastische Kunstwercke nie ohne Musik sehn – musikalische Kunstwercke hingegen nur in schön dekorirten Sälen hören. Poëtische Kunstwercke aber nie ohne beydes zugleich genießen.[220]

Doch schon vor diesen beiden Äußerungen pauschaler Extrempositionen hat Kant zu Recht darauf hingewiesen, daß es hier wohl eher auf die Ausführung im einzelnen Falle ankommen dürfte:

> Auch kann die Darstellung des Erhabenen, sofern sie zur schönen Kunst gehört, in einem gereimten Trauerspiele, einem Lehrgedichte, einem Oratorium sich mit der Schönheit vereinigen, und in diesen Verbindungen ist die schöne Kunst

noch künstlicher; ob aber auch schöner (da sich so mannigfaltige verschiedene Weisen des Wohlgefallens einander durchkreuzen), kann in einigen dieser Fälle bezweifelt werden.[221]

Nach Kants Ausdruck vom „Lehrgedichte" könnte man bei Lessings Ringparabel sogar davon zu sprechen geneigt sein, daß hier nicht nur drei, sondern vier fundamentale poetische Gattungen einander überlagern: die lyrische, die epische, die dramatische und die *didaktische*. Allerdings haben schon Goethe und Jean Paul starke Einwände gegen den seit dem spätantiken Grammatiker Diomedes immer wieder einmal unternommenen Versuch geltend gemacht, „zu den drei Dichtarten: der lyrischen, epischen und dramatischen, noch die didaktische" hinzuzufügen[222] und so die Dichtung als „zartes Gewächs zum hölzernen Kanzel- und Lehrstuhl" zu erklären.[223]

Denn wohl kann man eine große Gruppe von Dichtungen unter dem Titel „didaktische Poesie" zusammenfassen. Poetisch sind diese Texte jedoch nicht, insofern sie *didaktisch*, sondern nur, insofern und insoweit sie außerdem noch genuin *dichterisch* in ihrer Sprachverwendung sind – etwa lyrisch, wie als Epigramm; episch, wie als Fabel; dramatisch, wie als Lehrstück; oder aber anderweitig ästhetisch strukturiert – z. B. satirisch, aphoristisch oder essayistisch. Dagegen sind Epik, Lyrik und Drama schon *als solche* poetisch.

Auch diesen Unterschied kann man im Rahmen der Konzeption von Norm und Abweichung klarer fassen: Im Gegensatz zu lyrischer, epischer und dramatischer Poesie besitzt didaktische Dichtung keinen spezifischen *Abweichungstyp*. Der Begriff „didaktische Poesie" bezeichnet also gar keine eigene literarische Textsorte, sondern eine mögliche externe *Funktion* von Abweichungen in poetischen Werken ganz unterschiedlicher Textsorten.

4.1.2. *Formen und Grenzen der Fiktion*

> Auf welche Weise könnte denn sonst jener, von dem ich sprach, ein wahrer Tragöde sein, wenn er nicht ein falscher Hektor, eine falsche Andromache, ein falscher Herkules und wer weiß was noch alles hätte sein mögen? Oder wie könnte etwas ein wahres Gemälde sein, wenn das Pferd darauf nicht unecht wäre? Wie könnte etwas ein wahres Spiegelbild des Menschen sein, wenn der Mensch darin nicht unecht wäre?
>
> AUGUSTINUS: *Soliloquia*

Die Trennschärfe der Begriffsbestimmungen von „Lyrik", „Epik" und „Drama" muß natürlich in diesen groben Umrissen noch unzureichend erscheinen. Solche Mängel lassen sich jedoch je nach den speziellen Erfordernissen durch begriffstechnisch detailliertere Festlegungen ausräumen. Dies soll nun an zwei offensichtlich besonders kritischen Punkten erläutert werden: im Hinblick auf die genaue Abgrenzung zwischen epischer und dramatischer Fiktion sowie im Hinblick auf ihr gemeinsames Verhältnis zur lyrischen Form poetischer Sprachabweichung.

Ein Differenzierungsproblem ergibt sich zum Beispiel daraus, daß situationsbezogene sprachliche Indikatoren ja nicht nur im Drama, sondern teilweise auch in der Epik abweichend verwendet werden; an fiktionalen Erzählsätzen wie „*Morgen* war Weihnachten" oder „*Hier* stand er *nun*" ist das eingehend untersucht worden.[224] Freilich wird dadurch in der Erzählkunst nicht wirklich eine zweite, fiktionale Sprechsituation mit normwidriger Pragmatik aufgebaut. Vielmehr ermöglicht hier die bereits erzeugte epische Fiktion in der Folge dann auch weitere *semantische* Normabweichungen wie die satzinterne Verknüpfung von sonst unverträglichen Zeitindikatoren – etwa des futurischen Adverbs „morgen" mit Präteritumsmorphemen. Gegenüber dieser rein semantischen Kontextwidrigkeit wird im Drama – und potentiell auch schon im Dramentext – durch den *pragmatisch* abweichenden Gebrauch der Indikatoren eine komplette neue Sprechsituation im Feld von „ich – du – wir – ihr – jetzt – hier" errichtet, die mit der zeitgleich, raumgleich und personengleich bestehenden Sprechsituation zwischen Schauspielern und Zuschauern bzw. zwischen Autor und Leser nicht übereinstimmt.

Umgekehrt könnte man einwenden, auch die dramatische Fiktion sei wie die epische durch fiktionale *Behauptungen* im Sinne von Freges Dichtungsauffassung gekennzeichnet. Schon Frege selbst hat den Versuch unternommen, seine einleuchtende *semantische* Analyse epischer Fiktion auch auf das Drama zu übertragen: „Was auf der Bühne gesprochen wird, wird ohne behauptende Kraft gesagt."[225] Doch diese Gleichsetzung der Verhältnisse ist ungenau; während Freges bedeutungstheoretische Überlegungen für den Bereich der Epik von größtem Wert sind, reichen sie zur Bestimmung der dramatischen Fiktion nicht aus. Daß Behauptungssätze auf der Bühne durchaus behauptende Kraft *haben*, sieht man schon daran, daß sie strikt *falsch* sein können – darin eher den wörtlichen Reden als dem Erzählerbericht in der epischen Fiktion vergleichbar. Sie erweisen sich, dem Zuschauer bzw. Leser völlig unverkennbar, zuweilen

– als *Irrtum* (wenn Romeo die künstlich erstarrte Juliet für tot erklärt: „Death, that hath suck'd the honey of thy breath, / Hath had no power yet upon thy beauty"[226])
– als *Lüge* (wenn Macbeth beim Bankett noch auf den fehlenden Banquo zu warten vorgibt, dessen gewaltsamer Tod dem Zuschauer bzw. Leser durch die Regieanweisung „*1. Murderer: . . . Stabs Banquo. Banquo: . . . Dies.*" bereits verbürgt und dem Auftraggeber Macbeth bereits gemeldet worden ist: „I drink to the general joy o' th' whole table, / And to our dear friend Banquo, whom we miss. / Would he were here!"[227])
– als *epische* Fiktion (wenn erst Hamlet, dann einer der Schauspieler aus „Æneas' tale to Dido", aus der – insoweit rein erzählenden – Darstellung des Mordes an Priamos rezitieren[228])
– als *dramatische* Fiktion höherer Stufe (wenn dieselben Schauspieler im „Hamlet" oder die sechs Handwerker in „A Midsummer Night's Dream" ein Stück im Stück aufführen)
– als *Wahrheit* im strengen Sinne der semantischen Korrespondenztheorie[229] (wenn Emilia entgegen Desdemonas Versuch, noch im Sterben Othellos Schuld zu leugnen, entsetzt um Hilfe ruft: „The Moor hath kill'd my mistress!", dann ist Emilias Behauptung unumstößlich wahr, weil sie mit der Szenenanweisung übereinstimmt: „*Othello: . . . Smothers her . . . She dies.*"[230]; und Szenenanweisungen fungieren gegenüber dem Dialog als Metasprache, weil sie ihn z. B. als „laut" oder „heuchlerisch" kommentieren können, der Dialogtext hingegen nichts über die Szenenanweisungen sagen kann).

Nicht die *Behauptung* ist also im Drama fiktional, sondern die *Sprechsituation,* auf die sie sich bezieht. Faust behauptet *wirklich,* er habe Philosophie, Juristerei, Medizin und Theologie studiert – aber der Schauspieler Quadflieg in der Gründgens-Verfilmung *ist* nicht Faust. Und Goethe selbst wiederum behauptet ja nirgends, daß Faust dies behauptet, sondern er *läßt* es Faust selbst behaupten, ohne jede vermittelnde fiktionale Redeeinleitung.

Als eine solche könnte man natürlich die Sprecherbezeichnung „*Faust*: . . ." auffassen wollen. Sie gehört jedoch wie die Szenenanweisungen zu jenem Nebentext im Drama, der durchgehend nicht den Charakter von Behauptungen, sondern eben als „Anweisung" den Charakter von *normativen Anleitungen* hat und auf die mögliche szenische Realisierung als Theateraufführung, Film, Hör- oder Fernsehspiel abzielt. Das gilt nicht nur für ausdrücklich so formulierte Regievorschriften oder für eindeutig bühnenbezogene Angaben wie „von rechts", „nach links", „vorn" oder „hinter der Szene" (nämlich immer vom Zuschauer der Guckkastenbühne aus gesehen). Auch schon knappe, scheinbar neutrale Vermerke wie „*Ab.*" oder „Faust *(mit dem Pudel hereintretend)*" sind *imperativisch* als szenische Handlungsanweisungen aufzufassen, wie gelegentlich schon sprachliche Indizien zeigen („*her*eintretend"). Besonders deutlich wird das, wenn z. B. bei Shakespeare sogar auf offener Heide die Personen noch „herein" und „hinaus" gehen: „*Enter* LEAR *and* FOOL." – „*Exeunt* LEAR *and* KENT."[231]

Ebenso ist nun auch die Sprecherangabe „*Faust*: . . ." nicht eine *Behauptung*, daß Faust das Folgende sage oder gesagt habe, sondern eine *Aufforderung* an den Darsteller des Faust, den folgenden Dialogtext zu sprechen. Den Beweis dafür liefert, wie stets bei der Frage nach dem Behauptungsstatus von Sätzen, die Wahrheitsfrage: Erzähleraussagen können – einschließlich der Angabe von Sprechern, die sich ja als verzaubert, verkleidet, von einem Double oder Bauchredner imitiert erweisen können – stets mehr oder weniger verläßlich und auch einmal irrig sein; dagegen können dramatische Szenen- und Sprecherangaben weder ‚lügen' noch ‚irren' – wohl aber: nicht befolgt werden.

Für diese Fragen ist es übrigens ganz unerheblich, ob ein Drama nach der Intention seines Autors überhaupt für das *Theater* bestimmt ist oder nur als ‚Lesedrama' – oder auch, wie in gewisser Weise die „Letzten Tage der Menschheit" von Karl Kraus, zum Vorlesen. Denn auch hier ist die pragmatische Normverletzung ja unübersehbar, wenn derselbe Sprecher nacheinander als verschiedene Personen in Ich-Form spricht, ohne dabei jedoch andere Personen lediglich zu zitieren oder zu referieren. Ein guter Vorleser kann und wird die Sprecherangaben über weite Strecken überhaupt nicht mitlesen – nämlich über alle Strecken eindeutiger fiktionaler Sprechsituation. Und für die Dramen der Antike sind diese Angaben überwiegend gar nicht mit überliefert, sondern erst von Philologen erschlossen und für den Druck den heutigen Konventionen bei der Präsentation von Dramentexten angepaßt worden.

Ebenso spielt es für die Gattungszuordnung zum Drama keine Rolle, ob ein Autor sein Stück für aufführbar gehalten hat und ob es sich tatsächlich aufführen läßt. Die angebliche oder wirkliche Unausführbarkeit mancher Szenenanweisungen – z. B. der sich teilweise literarisch verselbständigenden Nebentexte bei Shaw oder Hochhuth – ist kein *prinzipielles* Faktum der literarischen Semantik oder Pragmatik, sondern ein veränderliches *historisches* Faktum der jeweiligen Realisierungsmöglichkeiten; sie reichen etwa bei einer Verfilmung erheblich weiter als auf dem Theater des 20. und erst recht des 17. Jahrhunderts. Von grundsätzlicher Bedeutung ist hier nur die Frage, ob der Text bereits so, wie er ist, durch pragmatische Normabweichung eine fiktionale Sprechsituation *unmittelbar* präsentiert – ganz im Sinne von Goethes Bestimmung als „persönlich handelnde" Dichtung[232] und schon von Platons gattungstheoretischen Erwägungen im „Staat":

> Auf diese Art, sprach ich, Freund, macht sich ohne Darstellung eine einfache Erzählung. – Ich verstehe, sagte er. – Verstehe aber auch noch, sprach ich, wie hiervon wiederum das Gegenteil erfolgt, wenn jemand, das dem Dichter Angehörige zwischen den Reden herauswerfend, nur die Wechselreden übrig läßt. – Auch dieses, sagte er, verstehe ich, daß es mit den Tragödien eine solche Bewandtnis hat.[233]

In der durch den Begriff der pragmatischen Normabweichung präzisierten Form bewährt sich diese Auffassung vom Drama auch als Abgrenzungskriterium gegen dramenähnliche Gebilde wie den philosophischen Dialog, das Rollengedicht und die Ich-Erzählung. Letztere hat ja in Gestalt des fiktiven *Ich-Erzählers* ebenfalls einen normverletzenden Gebrauch des Indikators „ich" aufzuweisen, der – außer vielleicht in Schwundstufen wie dem Titel „Bekenntnisse des Hochstaplers Felix Krull" – nicht durch Redeeinleitung entschärft wird. Derjenige, der da von sich sagt: „Zugegeben: ich bin Insasse einer Heil- und Pflegeanstalt", ist nicht Günter Grass.[234]

Aber im Unterschied zum Drama, dem verstellten Sprechen mehrerer, fehlt in der Ich-Erzählung der *Sprecherwechsel* auf der Ebene des verstellt erzählenden Ichs. Und im Unterschied zur seltenen Sonderform des Monodramas, in dem ja die Sprecher gleichfalls nicht wechseln können, fehlt der Ich-Erzählung auch die fiktionale raumzeitliche *Sprechsituation*. Ihr geht damit jenes von Goethe und Schiller dem Drama zugeschriebene ‚vollkommen Gegenwärtige' ab, in dessen Rahmen etwa räumliche Indikatoren durch gleichzeitige Zeigehandlungen des Sprechers interpretiert werden könnten.[235] Der Ich-Erzähler Oskar sagt, und *kann* nur ungefähr dies sagen: „in der Tür ist ein Guckloch".[236] Es wäre gattungs- und zweckwidrig, wenn er statt dieser sprachlich objektivierten Beschreibung dem nicht räumlich anwesenden Leser gegenüber wie eine Bühnenfigur standortgebunden formulieren würde: „Da übrigens – nein, weiter rechts! – nein, schauen Sie, hier! – da ist ein Guckloch drin."

So etwas wird möglich erst in der fiktionalen Mischgattung der *Comic Strips*: Mit bildlich dargestellten Zeigehandlungen in einer Serie von ‚dramatischen Standfotos', mit lautmalerisch repräsentierten Schallereignissen und mit Sprechblasen als optisch statt akustisch zugeordneten ‚unmittelbaren Wechselreden' bringen sie dem Leser eine Art von fiktionaler Sprechsituation unmittelbar vor Augen. Auf diese Weise haben die Comics charakteristische Elemente *dramatischer* Fiktion in die historische Ausgangsform der den epischen Text bloß illustrierenden Bildergeschichte eingeführt.

Aus ähnlichen Gründen wie die Ich-Erzählung fallen auch *Rollengedichte* im allgemeinen nicht unter die dramatische Fiktion. Erst in einigen der sogenannten ‚dramatic monologues' von Robert Browning und anderen wird durch massive Einbeziehung der *Angeredeten* und der raumzeitlichen *Sprechsituation* die Grenze zur dramatischen Fiktion überschritten. So beginnt etwa das Gedicht „My Last Duchess" ausdrücklich mit dem Ort der Handlung „SCENE: FERRARA" und mit einer sprachlichen Zeigehandlung: „That's my last Duchess painted on the wall".[236]

Von welcher Art von Fiktion sind dann aber solche eindeutig fiktionalen Rollengedichte wie Goethes „Ganymed", Brentanos „Der Spinnerin Lied" oder Heines „Der Atlas"? Die als Redeeinleitung hier unentbehrlichen Titel legen schon die Antwort nahe: sie enthalten typische Scheineigennamen ohne Gegenstandsbezug – leicht erkennbar am mythologischen Traditionsanschluß bei Goethe und Heine oder am weiblichen Rollengedicht eines männlichen Dichters bei Brentano. Vom Typ her handelt es sich also eindeutig nicht um pragmatische, sondern um semantische Abweichung von prinzipiell der gleichen Art wie in *epischer* Fiktion, wenn auch in knappster Form. Ein Gedichttitel wie „Ganymed" meint abgekürzt: „Ganymed sagt(e): ‚Wie im Morgenrot . . .'".

Wenn aber nun eine solche redeeinleitende Scheinbehauptung zur Kennzeichnung des fiktiven Sprechers ganz fehlt – welche Art von Fiktion liegt dann vor? *Überhaupt* keine Fiktion; das ‚lyrische Ich' und das ‚lyrische Du' sind für sich genommen noch nicht fiktional. Ob Goethe mit „Ach, ich bin des Treibens müde" bzw. mit „Warte nur, balde / Ruhest du auch" sich selbst meint oder eine imaginative Person, das geht aus den beiden „Wandrers Nachtlied" überschriebenen Texten allein gar nicht hervor.

Zwischen solcher reinen nichtfiktionalen Lyrik und dem reinen fiktionalen Drama ließe sich somit geradezu eine Stufenfolge oder doch wenigstens ein geordnetes Spektrum von Zwischenformen episch oder dramatisch fiktionalisierter Lyrik aufstellen. Dem *Rollengedicht* als Minimalform episierter Lyrik mit nur einem fiktional eingeführten Sprecher (wie im „Prometheus") steht dann etwa die *Ballade* als voll ausgeführtes Erzählgedicht mit mehreren episch präsentierten Sprechern (wie in den „Kranichen des Ibykus") gegenüber. Der *dramatisierte Monolog* ohne Erzählervermittlung (wie in Brownings „The Laboratory. Ancien Régime") findet seine Erweiterung im erzählerlosen *Dialoggedicht* (häufig in mittelalterlicher Minnedichtung oder in Volksliedern wie „Guten Abend, mein Schatz, guten Abend, mein Kind!" und „Schwesterlein, Schwesterlein, wann geh'n wir nach Haus?"). In *Spielliedern* (wie „Plumpsack" oder „Machet auf das Tor") treten begleitende Handlungen obligatorisch hinzu, aber noch ohne feste fiktionale Rollenverteilung, die demgegenüber in den Soloarien der barocken *Kantate* die Regel ist. In deren erweiterter Form als *Oratorium* (wie in „Das Paradies und die Peri" von Schumann) können auch schon unmittelbare Wechselreden zwischen mehreren fiktionalen Rollenträgern eingeschlossen sein, aber noch keine szenische Aktion in fiktionalen Sprechsituationen. Diesen Schritt vollzieht erst die *Oper*, die jedoch in ihrer traditionellen italienischen Form mit den eingelegten Arien noch immer rein lyrische Momente stillgestellten Geschehens enthält und sich so von der rein dramatischen Form des neuzeitlichen *Prosaschauspiels* schon der Textgattung nach deutlich abhebt.

Mit dem Kriterium von fiktionaler Behauptung oder aber fiktionalem Situationsbezug dürfte sich auch in Grenzbereichen wie dem philosophischen Dialog, dem Dialog- und Briefroman sowie der Erzählung im ‚inneren Monolog' zumindest für jeden Einzelfall eine begründete Gattungszuordnung treffen lassen. Der *innere Monolog*, dem mit dem Angesprochenen auch die fiktionale Sprechsituation fehlt, bleibt wie Ich-Erzählung und reines Rollengedicht ganz im Bereich der *epischen* Fiktion; freilich mit extrem reduzierter Erzählervermittlung, die etwa in Schnitzlers „Fräulein Else" und „Leutnant Gustl" wie bei den oben genannten Rollengedichten auf den Titel beschränkt bleibt.

Ähnlich der *Briefroman*, der ja nicht etwa die Schreiber in der schriftlichen Sprechsituation des Briefeschreibens und -empfangens präsentiert – während dies im Drama durchaus geschehen kann, etwa in der Kerkerszene von Kleists „Prinz Friedrich von Homburg". Vielmehr legt der Briefroman die vermeintlichen Dokumente dieser sprachlichen Handlung mit der fiktionalen *Behauptung* vor, diese Briefe seien tatsächlich geschrieben und ausgetauscht worden; einer Behauptung, die oft sogar, wie im „Werther", durch eine ‚Einleitung des Herausgebers' explizit gemacht wird. Dieses ‚scripsit' vertritt hier das ‚inquit' anderer Formen epischen Erzählens.

Unterschiedlich verhält es sich dagegen im sogenannten *Dialogroman* besonders des 18. Jahrhunderts. Beschränken sich die nichtdialogischen Textabschnitte vollständig auf die den Dialog ergänzende Präsentation der zugehörigen Sprechsituationen, so handelt es sich um einen *dramatischen* Text – trotz der Bezeichnung „Roman" und trotz der theatralischen (nicht aber filmischen!) Unaufführbarkeit mancher Stellen. Anders jedoch, wenn ein solcher Text auch nur gelegentlich einmal behauptende Redeeinleitungen oder zusammenfassende Redeberichte als charakteristische ‚Bauformen des Erzählens'[237] und damit Schlüsselsignale für *epische* Fiktion enthält: „Aldermann ... ruft denn erst nach Lichte", heißt es z. B. in einem Dialogroman von 1779 anstelle einer im Drama allein möglichen wörtlichen Rede.[238]

Eine spektakuläre Variante dieser Mischform ist dann die ‚Circe'-Episode im „Ulysses" von James Joyce. Der Satzspiegel des Kapitels mit konventioneller Dramenform – Sprecherangabe in Versalien, Szenenanweisungen kursiv, Dialogtext gerade etc. – suggeriert den Eindruck dramatischer Fiktion. Die Ausführung erweist dann freilich das Ganze als ein bloßes Spiel mit solchen Konventionen. Schon die vermeintlichen ‚Regieanweisungen' gehen weit über alles szenisch Denkbare hinaus; obwohl der Nebentext streckenweise die Textform von Filmdrehbüchern vorwegzunehmen scheint, ist er nicht einmal filmisch voll zu realisieren. So etwa, wenn zwischen zwei Dialogreden große Teile von Dublin abgerissen und neu aufgebaut werden[239] oder wenn schließlich sogar Zeit und Raum als keineswegs allegorisierte Mitwirkende in die fiktionalen Geschehnisse hineingezogen werden:

(. . . *Time's livid final flame leaps and, in the following darkness, ruin of all space, shattered glass and toppling masonry.*)
THE GASJET: Pwfungg![240]

Daß hier der Gasstrahl einer verlöschenden Lampe mit seinem Geräusch nicht im Nebentext, sondern als *dramatis persona* auftritt, ist kein Einzelfall. Zu Sprechern derartiger ‚Dialogtexte' werden andernorts auch ein Flugblatt[241], die hörbaren Küsse aus einem Freudenhaus[242] und, synästhetisch, sogar der Duft von Tabakwaren:

(. . . *smoking birdseye cigarettes. The odour of the sick-sweet weed floats towards him in slow round ovalling wreaths.*)
THE WREATHS: Sweet are the sweets. Sweets of sin.[243]

Doch während so typische Elemente dramatischer Szenenanweisungen von Joyce in den Dialogtext versetzt werden, bringt er umgekehrt den von den Personen gesprochenen Redetext immer wieder auch in den vermeintlichen Szenenanweisungen unter[244] – bis hin zu einer großen gerichtlichen Verteidigungsrede des Helden Leopold Bloom, die im Umfang von nahezu einer vollen Druckseite mit anschließendem Kreuzverhör ganz in indirekter Rede bzw. im Redebericht wiedergegeben ist.[245] Das ‚Circe'-Kapitel ist also kein dramatisches Einsprengsel im ‚Ulysses'-Roman, sondern nur eines unter vielen anderen Experimenten mit antikonventionellen Erzähltechniken.

Textnah differenzieren muß der Gattungstheoretiker auch bei den verschiedenartigen Werken in der Tradition des *philosophischen Dialogs*. Die „Soliloquia" des Augustinus erhalten durch eine fiktional behauptende Redeeinleitung als ganze den *epischen* Status einer Ich-Erzählung. Leibniz' „Nouveaux Essais" – also nicht: „Conversations" o. ä.! – enthalten keinerlei Elemente einer raumzeitlich bestimmten Sprechsituation, sind also keine *dramatische* Fiktion. Da auch epische Elemente fehlen, wird man hier überhaupt nicht von einer Fiktion sprechen können, sondern nur von einer geringfügigen *Verschlüsselung* eines Buchexzerpts mit absatzweise eingeschobenem philosophischen Kommentar: „Philalethes" steht für Locke, „Theophilus" für Leibniz. Eindeutig *nichtfiktional* schließlich ist Freges „Dialog mit Pünjer über Existenz"; laut eigenem Nachwort handelt es sich um das aus dem Gedächtnis angefertigte Protokoll eines authentischen Streitgesprächs ohne Mitteilung irgendwelcher Situationsbezüge.[246]

Der spätmittelalterliche „Ackermann aus Böhmen" dagegen ist zwar ebenfalls aller raumzeitlichen Elemente enthoben, da hier die ‚metaphysische' Variante eines Dialogs zwischen einem Menschen und dem Tod vorliegt. Aber durch die unvermittelt präsentierte Abfolge wechselnder *partnerbezogener* Sprechhandlungen – Warnung, Drohung, Beschimpfung, Fluch; Gebet zum dritten Dialogpartner Gott – stellt der Text dennoch die *dramatische* Fiktion einer wirklichen Gesprächssituation dar und ist als solche auch ohne Rest theatralisierbar, wie gelegentliche Bühneninszenierungen beweisen.

Und Platons Dialoge schließlich, das historische Vorbild solcher philosophischen Gesprächstexte? Sie erweisen sich bei genauerer Betrachtung als ganz unterschiedlich angelegt. Der „Phaidros" etwa präsentiert unmittelbar die eindeutig situationsgebundenen Dialogreden von Sokrates und Phaidros, vom einleitenden „O lieber Phaidros, woher denn und wohin?" bis zum abschließenden „So laß uns denn gehen."[247] Ein solcher Text kann somit ohne weiteres als *Drama* betrachtet und realisiert werden; so sind denn auch einige Platon-Dialoge in einer zwar kürzenden, aber im Gegensatz zu Romanverfilmungen die Grundstruktur nicht berührenden Bearbeitung als Hör- und als Fernsehspiel inszeniert worden.

Der „Staat" ist demgegenüber durchweg eine *Ich-Erzählung* des Sokrates: „Ich ging gestern mit Glaukon . . .".[248] Der eigentliche Dialog des „Theaitetos" hat als fiktionalen *Rahmen* einen weiteren Dialog; in ihm berichtet Eukleides dem Terpsion über seine fiktionale Ausgestaltung des Binnendialogs nach der mündlichen (Ich-)Erzählung des Sokrates. Und dieser Rahmen weist echt *dramatischen* Textcharakter mit Situationsbezug auf: „Kommst du soeben erst, o Terpsion, oder bist du schon lange vom Lande hier?" – „So nimm denn das Buch, Knabe, und lies."[249]

Und ein geradezu gesucht komplizierter Rahmen umgibt den „Parmenides". Kephalos *erzählt* hier in der Ich-Form, wie ihm Adeimantos ein *Gespräch* mit Antiphon vermittelt, der ihm dann *erzählt*, daß Pythodoros wiederum ihm *erzählt* habe, welches philosophisch kontroverse *Gespräch* einst „bei den großen Panathenäen" stattgefunden habe.[250] Im Kontext des Dialoginhalts wird freilich die Funktion dieser insgesamt epischen Einleitung klar: Die mehrfach gestufte Vermittlungsfiktion dient zur präventiven Abweisung von Sanktionen. Sie soll von vornherein Einwänden gegen die Glaubwürdigkeit dieses philosophischen Gipfeltreffens zwischen Parmenides (540–480), Zenon von Elea (490–430) und Sokrates (469–399) begegnen.

Über die bisher erwogenen Grenzfälle hinaus belegt noch ein anderer Umstand, wie entscheidend das Merkmal des abweichenden sprachlichen

Situationsbezugs für die dramatische Fiktion ist. Die irreale Sprechsituation kann nämlich ganz *allein* dramatische Fiktion begründen, und dies sogar bei historisch verbürgtem Wahrheitsanspruch des gesprochenen Dialogtextes. Ein geschichtliches Dokumentarspiel des Fernsehens, etwa nach Golo Manns Wallenstein-Biographie, ist zwar ‚realistischer', aber prinzipiell in gleichem Sinne dramatisch fiktionalisiert wie Schillers „Piccolomini" oder selbst wie ein Science-Fiction-Film. Und auch die Schauspielerinnen, die in der „Ermittlung" von Peter Weiss die authentischen, durch Gerichtsprotokolle belegten Aussagen der weiblichen Angeklagten im Auschwitz-Prozeß unter deren richtigen Namen nachspielen, werden vom Theaterpublikum als Mitwirkende an einer dramatischen Fiktion erkannt und genauso wenig mit wirklichen KZ-Aufseherinnen verwechselt wie an einem anderen Theaterabend mit den Hexen des „Macbeth".

Die künstliche Situation vermag sogar ohne jeden Redetext, nach dessen eigener ‚Fiktionalität' man fragen könnte, Fiktion zu erzeugen: als *Pantomime* – die ja gleichwohl, wie das „Wunschkonzert" von Kroetz, ein von einem Dichter verfaßtes Theaterstück sein kann. Das Spektrum des Übergangs von der Pantomime *im* Drama bis zur Pantomime *als* Drama ist dabei außerordentlich breit: es reicht von pantomimischen *Einzelzügen* – etwa bei der stummen Kattrin in Brechts „Mutter Courage" oder bei vielen Personen Kleists[251] – über Zwischenstufen wie den *Stummfilm* mit Untertiteln und die wortlose filmische *Begleithandlung* zum Reklametext eines Werbespots bis zur selbständigen Theaterform der *Pantomime* und zum *Handlungsballett*.

Zwar ist auch bei diesen beiden ‚reinen' pantomimischen Formen in der Regel noch ein verbaler Verständnisschlüssel zumindest in Gestalt des Titels vorhanden; und Ballettszenarios stammen manchmal sogar von Dichtern, wie etwa Hofmannsthals und Harry Graf Kesslers „Josephslegende" zur Musik von Richard Strauss. Dennoch ist hier wohl die Grenze der notwendig sprachbezogenen literaturtheoretischen Reflexion erreicht – und zugleich der Ansatzpunkt für eine *allgemeine*, den sprachlichen Bereich unvermeidlicherweise überschreitende Theorie der Fiktionalität.

Sie könnte immerhin an das hier Gesagte anschließen mit der Ausgangsthese, daß epische Fiktion im *Darstellen* (d.h. Behaupten) einer unechten Sprech- oder auch Handlungssituation besteht, dramatische Fiktion in ihrem *Vorstellen* (d.h. vermittlungslosen Präsentieren) und szenische Fiktion im *Herstellen* (d.h. physischen Simulieren) einer solchen Situation – wobei dann in der szenischen z.B. theatralische, filmische, akustische, aktionistische, audiovisuelle oder multimediale Fiktion einbegriffen wären. Wer wortspielende Benennungen solcher Art nicht scheut, könnte dann das Gemeinsame aller drei fiktionalen Produktionsweisen – also das ‚Wesen der Fiktion' – bezeichnen als die Existenz *gestellter Situationen* – oder auch als je andersartige *Verstellung* von Personen: des Autors, des Lesers, der Darsteller, des Publikums.

Die bisher diskutierten Probleme bei der genauen Abgrenzung zwischen epischer und dramatischer Fiktion hängen in erster Linie mit der schwierigen sprachtheoretischen Unterscheidung von Semantik und Pragmatik zusammen. Die Grenze zur *Grammatik* ist leichter zu ziehen, da sie mit der Grenze zwischen ‚Ausdrucksseite' und ‚Inhaltsseite' der Sprache zusammenfällt – und insofern mit der methodischen Grenze zwischen direkt beobachtbaren Fakten des Sprachmaterials und bloß indirekt erschließbaren Verwendungsdispositionen. Deshalb macht es auch nur in seltenen Einzelfällen einmal ernsthafte Schwierigkeiten, zu bestimmen, ob ein Text beispielsweise lyrisch oder aber dramatisch ist – oder aber beides zugleich.

Peter Handkes ‚Sprechstücke' sind ein solcher Problemfall: fürs Theater geschrieben, aber ohne ‚Handlung' im herkömmlichen Sinne aktionsimitierenden Rollenspiels. Im „Kaspar", obwohl den Sprechstücken in vieler Hinsicht verwandt, lassen sich Elemente dramatischer Fiktion wenigstens in rudimentärer Form ausmachen. Zwar werden auch hier durch die Vervielfachung Kaspars, durch die anonymen Einsager- und Tonbandtexte und dergleichen die meisten Konventionen *traditioneller* dramatischer Handlungsdarstellung preisgegeben; nichtsdestoweniger findet im pragmatisch abweichenden Gebrauch von „ich" und „du" sowie in der präzise festgelegten Koordination von Redetext und szenischer Aktion noch immer eine Variante fiktionalen Spiels als sprachkritische Demonstration statt. Zwar wird hier keine ‚wirkliche' Sprechsituation fingiert, aber es wird *wirklich* eine Sprechsituation fingiert.

Davon kann nun in den eigentlichen ‚Sprechstücken' nicht die Rede sein. In der „Publikumsbeschimpfung" versetzen sich die Sprecher nicht mehr in eine Sprechsituation *zueinander*, sondern zu den *Zuschauern*. Und ob diese Situation eine bloß fiktive ist, darüber waren sich jedenfalls die beschimpften und teilweise tumultuarisch reagierenden Besucher der Frankfurter Uraufführung von 1966 durchaus im unklaren.

In den Stücken „Selbstbezichtigung", „Weissagung" und „Hilferufe" schließlich *entfällt* jeder sprachliche Situationsbezug, einschließlich der sprechergebundenen Personalpronomina als sprachlicher conditio sine qua non dramatischen Rollenspiels. Statt dessen rückt der Redetext in seiner *sprachlichen* Beschaffenheit in den Mittelpunkt: durch vielfältige Variation, Zerlegung, Reihung und Montage phonetischer, phonologischer, morphologischer, rhythmischer und syntaktischer Elemente ohne erzählenden, situativen oder argumentierenden Zusammenhang – kurz, durch eine funktional geordnete Vielfalt *grammatischer* und *textematischer* Abweichungen, die hier im allgemeinen die Regeln der Semantik und Pragmatik nicht verletzen, sondern erhellen.

Es handelt sich also eigentlich um *lyrische* Dichtung. Das wird nicht nur durch ihren konstruktiven Bezug auf Rhythmen der Beatmusik verdeutlicht, sondern besonders durch die große Nähe zu manchen offen als

Lyrik publizierten Texten Handkes. Eine ganz auffällige strukturelle Analogie besteht so z. B. zwischen der „Selbstbezichtigung" und dem Gedicht „Die unbenutzten Todesursachen".[252] Insofern die ‚Sprechstücke' gleichwohl für das *Theater* geschrieben sind, gehören sie somit nicht in die Tradition des Schauspiels, sondern in andersartige Traditionen *nichtdramatischer* Theaterformen – des Rezitationsabends, der szenischen Lesung und der literarischen Vorlesung, der literarisch-kabarettistischen Revue, des Liederabends, der Kantate und partiell schon des barocken Rede-Oratoriums. Vor allem aber haben sie einen direkten Vorläufer in vielen Abschnitten der semidramatischen „Blechschmiede" von Arno Holz: das „Verzeichnis der handelnden Personen" besteht hier in einer 45seitigen alphabetischen Wortliste, führt also sozusagen die Sprache als einzigen Protagonisten an.[253] Und manche Textpartien verselbständigen sich in der Form wortakrobatischer Lyrik beinahe schon zu isolierten ‚Sprechstükken', etwa der seitenlange „Worte"-Traktat („Worte sind die besten Poeten! / Worte die schlechtesten Interpreten!") mit verteilten Zuschauer-Rollen und – wie bei Handke – Szenenanweisungen sogar für das Verhalten des wirklichen Theaterpublikums.[254]

Ein vergleichbarer, wiewohl anders gelagerter Problemfall für die Gattungstheorie ist schließlich auch das Œuvre Arno Schmidts. Geringe Schwierigkeiten macht hier die Bestimmung der fiktionalen Struktur. Entweder wird, wie in den meisten frühen Werken, in Goethes Sinne ‚klar erzählt'[255] – wenn auch unter Ausnutzung, ja Erweiterung der avantgardistischen Erzähltechniken des 20. Jahrhunderts. Oder Schmidt treibt sein kleines, leicht durchschaubares Spielchen mit der Präsentationsform dramatischer Texte, wie in der „Schule der Atheisten" (einer „Novellen-Comödie") oder im „Abend mit Goldrand" (einer „MärchenPosse" in 20 „Aufzügen"). Im Gegensatz zu Schmidts Hörspieltexten[256], aber in Parallele zu vielen älteren Dialogromanen und zur ‚Circe'-Episode bei Joyce liegt jedoch auch hier eindeutig nicht dramatische, sondern epische Fiktion vor. Der wie eine Bühnenanweisung getippte Nebentext ist teils innerer Monolog („Die Schule der Atheisten"), teils voll von *Redeberichten* und *erzählten* Gesprächsfetzen, während umgekehrt die Dialogreden oft genug in epischer Manier durch Varianten des „inquit", durch fiktionale Behauptungssätze eingeleitet werden: „giebt einen Überblick", „erklärt", „formuliert ihre Frage anders".[257]

Im übrigen wären diese Pseudo-Dramen auch aus einem hier nun nicht bloß praktischen, sondern prinzipiellen Grund gänzlich *unaufführbar*. Die entscheidende literarische Dimension der späten Texte Schmidts liegt nämlich so sehr in der schriftlichen ‚Oberflächengestalt', daß sie, einschließlich der Dialogreden, wie viele Konkrete Gedichte nicht einmal adäquat vorlesbar sind, geschweige denn inszenierbar – ja nicht einmal im normalen Satzdruckverfahren reproduzierbar. Und hier liegt der gattungstheoretisch brisante Punkt: in der Einordnung der für Arno Schmidt charakteristischen ‚VerschreibKunst'. Der demonstrative Schreibfehler in diesem Wort, auf Umschlag und Innentitel von „Abend mit Goldrand" wiederholt, verdeutlicht durch Selbstanwendung das Prinzip; er zeigt an, daß bei Schmidts Verschreibmanier die Kunst großgeschrieben wird.

Denn zum einen handelt es sich bei diesem literarischen Verfahren um eine Technik der permanenten *Abweichung* auf graphischer, phonologischer, morphologischer und lexikalischer Ebene – und natürlich auf der Ebene der Interpunktion, während die Syntax hier sonst fast keine Rolle spielt. Zum zweiten dienen diese Abweichungen in jedem Einzelfall einer *externen Funktion,* meist der überraschenden Aufdeckung sachlich-sprachlicher Korrespondenzen. Und drittens überziehen sie in dieser Form Seite für Seite und beinahe Satz für Satz die kompletten Großtexte und erfüllen somit zugleich die *interne* Funktion systembildender Sprachmodellierung.

Ist dies also *Lyrik*? Auf den ersten Blick mag das unplausibel erscheinen: keine Versschreibung, kein Metrum, keine Reime, nicht einmal eine visuelle Gesamtgestalt. Hat man sich aber einmal entschlossen, auch das poetische Verfahren der Konkreten Poesie und der prosaischen Gedichte in der Brecht-Nachfolge zur Lyrik zu rechnen, dann wird man das umso mehr mit der Schreibweise Arno Schmidts tun müssen. Denn diese Art der durchgängigen Sprachüberformung erfüllt bei ihm eine analoge Aufgabe wie die durchgängige Sprachüberhöhung der *Versform* als traditioneller lyrischer Gestaltungsweise im klassischen Versepos und Versdrama. Seine ‚Verschreibkunst' verlangt dabei dem Leser keine geringere, eher eine noch höhere sprachästhetische Aufmerksamkeit ab als selbst die Verse Homers oder Wolframs, Shakespeares oder Kleists.

Und diese Beziehung scheint dem anspielungsfrohen Wortumschöpfer Schmidt weder in sachlicher noch in sprachlicher Hinsicht entgangen zu sein. Denn nicht umsonst hat er für seine Schreibweise eine nach demselben Konstruktionsprinzip des sinnvollen Schreibfehlers erzeugte Bezeichnung gewählt: die ‚Verschreibkunst' hat hier das Erbe der *Versschreibkunst* angetreten.

4.1.3. *Gattung – Textsorte – Genre*

> Es ist mir dabei recht aufgefallen, wie es kommt, daß wir Moderne die Genres so sehr zu vermischen geneigt sind, ja daß wir gar nicht einmal imstand sind, sie voneinander zu unterscheiden.
>
> GOETHE: *Brief an Schiller*

In ähnlicher Weise wie die allgemeinen Gattungen Lyrik, Epik und Drama lassen sich nun auch spezielle literarische Werkkategorien bestimmen: durch Angabe ihres grundlegenden *Abweichungstyps* und ihrer möglichen *Funktionen.* Freilich treten diese speziellen Gattungen häufig so deutlich als begrenzte historische Phänomene auf, daß man sich an dieser Stelle nicht länger dem alten gattungstheoretischen ‚Universalienstreit' entziehen kann.[258] Soll man versuchen, die einzelnen Gattungen rein ‚nominal' als einen möglichst praktikablen wissenschaftlichen Ordnungsbegriff zu *definieren* oder sie als eine ‚reale' historische Gegebenheit zu *beschreiben*?

Nun kann hier von realen ‚Gegebenheiten' in einem strengen Sinne ohnehin nicht eigentlich die Rede sein. So wenig wie es Naturgesetze oder Gesellschaftsstrukturen wirklich ‚gibt' – obwohl wir ihre Auswirkungen recht handfest zu spüren bekommen –, so wenig sind auch Gattungen in der Welt vorfindliche Gegenstände, nach denen man etwa in Buchhandlungen oder Bibliotheken Ausschau halten könnte. Um Konstruktionen des Literaturwissenschaftlers handelt es sich allemal; die Einsichten der Wissenschaftstheorie seit Kant lassen hier eigentlich nur noch abgestuft ‚nominalistische' Positionen zu. Die Frage ist nur wiederum, *wie* man seine Begriffe konstruiert: als rein systematische *Klassifikationen* oder als historische *Gruppennamen.* Hier nun sehe ich nicht den geringsten Grund, mich für nur eine der beiden Möglichkeiten zu *entscheiden,* sondern nur, klar zwischen ihnen zu *unter*scheiden – und dabei nach Möglichkeit noch das *Verhältnis* zwischen systematischer und historischer Kategorie zu verdeutlichen.

Dementsprechend unterscheide ich im folgenden zwischen einer „literarischen Textsorte" als rein systematischem literaturwissenschaftlichem *Ordnungsbegriff* und einem „Genre" als einer historisch begrenzten literarischen *Institution.* Ob ein Text zu einer bestimmten literarischen *Textsorte* gehört oder nicht, das muß sich allein anhand von Merkmalen dieses Textes aufgrund einer Kenntnis der allgemeinen Sprachnormen seiner Entstehungszeit feststellen lassen. Zu den Textmerkmalen gehören dabei selbstverständlich nicht nur grammatische Phänomene, sondern auch semantische und pragmatische wie Motivik, Argumentations- oder Handlungsstruktur und textgebundene Sprechsituation – also die ganze Skala poetischer Sprachabweichungen und ihrer Funktionen.

Für die Zuordnung eines Textes zu einem *Genre* hingegen muß man außerdem noch andere Texte derselben und der voraufgehenden Zeit – nicht aber der folgenden! – sowie unter Umständen auch nichtliterarische Dokumente aus diesem Zeitraum heranziehen. In diesem Sinne läßt sich der Begriff „Genre" dann folgendermaßen bestimmen:

PRÄZISIERUNGSVORSCHLAG

Ein Text gehört dann und nur dann zu einem Genre, wenn die folgenden drei Bedingungen erfüllt sind:
(1) Der Text gehört einer eindeutig abgrenzbaren literarischen Textsorte an. „Literarische Textsorte" ist dabei im logischen Sinne ‚rekursiv' definiert: eine Textsorte kann auch eine Verbindung mehrerer einfacher Textsorten sein.
(2) Diese literarische Textsorte ist zur Entstehungszeit des Textes in der jeweiligen Nationalliteratur bereits etabliert, stößt also beim überwiegenden Teil des Lesepublikums auf feste Erwartungen in bezug auf die Erfüllung der Merkmale dieser Textsorte.
(3) Zur Auslösung bzw. Steuerung dieser Erwartungen trägt der Text ausdrücklich die jeweils etablierte Bezeichnung dieser literarischen Textsorte – bzw. eine von mehreren etablierten Bezeichnungen –, oder er weist ersatzweise andere etablierte Signale einer einleitenden Textsorten-Ankündigung auf.

Gegenüber diesen terminologisch festgelegten und verbundenen Ausdrücken „literarische Textsorte" und „Genre" sollte man dann den Ausdruck „Gattung" weiterhin so verwenden, wie es ohnehin die gängige und wohl schwerlich korrigierbare Praxis ist – nämlich als unspezifizierten Oberbegriff für ganz *verschiedenartige* literarische Gruppenbildungen: nach Textsorten, nach Genres, aber auch nach ganz anderen Kriterien wie ‚pathetisch' oder ‚komisch', ‚erotisch' oder ‚politisch', ‚kommerziell' oder ‚progressiv', ‚mundartlich' oder ‚literatursprachlich', ‚trivial' oder ‚anspruchsvoll' usw. usf. Völlig akzeptabel wären also lockere Redeweisen wie „die Gattung der erotischen Literatur" oder „der progressiven Literatur"; definitionswidrig dagegen etwa die Wendung, ein bestimmtes Werk gehöre „der erotischen Textsorte" oder „dem progressiven Genre" an.

Das Verhältnis von literarischer Textsorte und Genre ist also nach diesem Präzisierungsvorschlag in der Weise bestimmt, daß das Genre eine echte *Teilmenge* aus allen Texten einer Textsorte ausgrenzt. Denn erst die hinreichend präzise systematische Definition einer *Textsorte* ermöglicht eine zuverlässige empirische Untersuchung der Frage, ob diese Textsorte in einer bestimmten historischen Epoche als *Genre* literarisch institutionalisiert war. Das setzt natürlich voraus, daß bereits die Textsorten nicht völlig beliebig, sondern nach Gesichtspunkten der wissenschaftlichen *Zweckmäßigkeit* definiert werden – also vor allem nach Kriterien der Einfachheit und der Fruchtbarkeit.

Um ihrer heuristischen Eignung willen wird man die Textsortenbegriffe folglich in der Regel so festlegen, daß sie aufgrund hypothetischer literaturgeschichtlicher Vorannahmen voraussichtlich auf historisch belegte Texte zutreffen und daß nach Möglichkeit sogar irgendwann einmal ein dieser Textsorte entsprechendes Genre bestanden hat. Dennoch kann es sich auch in einem sinnvoll konstruierten Begriffssystem ergeben, daß einzelne systematisch denkbare Textsorten historisch niemals erfüllt wurden und gleichsam eine literarische ‚Marktlücke' bilden. Dies könnte dann allerdings gerade ein literaturtheoretisch besonders aufschlußreiches Faktum darstellen. Warum etwa gibt es, wenn ich richtig sehe, keine Beispiele für rein *pantomimische* Epik von nennenswertem Umfang – also etwa einen Roman mit ausschließlich äußerer Handlung ohne Dialog, Redebericht oder Innenperspektive? Ist nur der sprechende oder mindestens sprachlich reflektierende Mensch erzählerisch von Interesse?

Weiter ergibt sich bemerkenswerterweise aus der vorgeschlagenen Begriffspräzisierung, daß ein Text, der ein neues Genre *begründet*, selbst noch nicht zu diesem Genre *gehört* – wiewohl zu der entsprechenden Textsorte. Das mag zunächst überraschen; es ist aber sachlich berechtigt, ja zum Zwecke angemessener gattungsgeschichtlicher Untersuchung unumgänglich. Denn ein strukturell neuartiges Werk kann sich eben gerade nicht nur durch *Anpassung* auf bestehende literarische Institutionen und damit auf feste Gattungserwartungen der Leser beziehen. Insofern verhält es sich mit dem historischen Begriff „Genre" ähnlich wie mit dem historischen Begriff „Tradition": Traditionsstifter sind in der Regel selbst höchst untraditionell. Luther war kein Lutheraner; und auch Marx pflegte zu betonen, er sei kein Marxist.

Daran knüpfen sich natürlich interessante Detailfragen wie die, ob ein neues Genre erst durch eine ganze *Reihe* von Werken derselben Textsorte oder zuweilen schon durch ein *einziges* Werk zur Institution werden kann – durch einen ‚Prototyp' von besonderer Wirkungsmacht, dessen erste Imitation bereits dem neuen Genre angehört. Doch Fragen dieser Art werden sich nur anhand vielfältiger historischer Fallstudien genauer klären lassen; am ehesten wohl im Umkreis hochkomplizierter Formschemata wie dem ‚Sonettenkranz' mit seinen 14 Sonetten, deren Schlußverse, jeweils zugleich Eingangsvers des nächstfolgenden Gedichts, dann im abschließenden ‚Meistersonett' vereinigt werden.

Ähnlich differenzierender historischer Untersuchung bedürfen die Formen und Funktionen rezeptionslenkender *Genresignale*. Man wird hier nämlich den Wert ausdrücklich angegebener Genrebezeichnungen nicht überschätzen dürfen. Es wäre zu untersuchen, ob nicht andere Formen der

Textsorten-Ankündigung die erwünschten Gattungserwartungen beim Leser viel unmißverständlicher auslösen: standardisierte *Titel* („Vom Fuchs und vom Löwen"), genrespezifische *Namen* („Tünnes und Schäl suchen Arbeit") oder der explizite *Einsetzungsakt* fiktionaler Namen („Eduard – so nennen wir einen Mann..."), der *Theatervorhang* bzw. einführende *Regieanweisungen* im Dramentext („Die Szene stellt eine wüste Insel dar"), gleichbleibende *Erzählanfänge* („Es war einmal...") bzw. *Spracheigentümlichkeiten* („Hattu Möhrchen?" als charakteristische Sprechweise der kurzlebigen Mode von Häschen-Witzen).

Freilich ist das Auftreten solcher Genresignale ebensowenig *hinreichend* für die tatsächliche Zugehörigkeit zur entsprechenden Textsorte – und erst damit potentiell zum Genre – wie die explizite Angabe einer etablierten Gattungsbezeichnung: Brechts „Ballade vom angenehmen Leben", nach einem Text und Titel François Villons aus einem ganz anderen Gedichtgenre des 15. Jahrhunderts, ist keine *Ballade* im modernen Sinne (sondern vollkommen nichtepische, ironisch formulierte ‚Gedankenlyrik'); Dürrenmatts ‚Komödie' über „Die Physiker" ist keine *Komödie* (sondern eine tragische Groteske), Zuckmayers ‚deutsches Märchen' vom „Hauptmann von Köpenick" ist kein *Märchen* (sondern ein halbauthentisches sozialkritisches Drama) und Thomas Manns ‚Roman eines Romans' über „Die Entstehung des Doktor Faustus" ist kein *Roman* (sondern ein autobiographischer Werkstattbericht).

Ebensowenig zum Genre des Romans gehören übrigens Walter Kempowskis nichtfiktionale Familienchroniken „Tadellöser & Wolff" und „Uns geht's ja noch gold", obwohl sie außer der Bezeichnung „Roman" auch noch als Motto-Ersatz den Vermerk „Alles frei erfunden!" tragen. Dieser ironische Vermerk fehlt dann bemerkenswerterweise in den zumindest partiell wirklich fiktional erzählten Bänden des Zyklus, dem aus wechselnder Ich-Erzählerperspektive geschriebenen „Kapitel für sich" und dem historisierenden Rekonstruktionsversuch „Aus großer Zeit". Und genau wie in diesen Fällen die *expliziten* können auch die *impliziten* Genresignale als Mittel anfänglicher Irreführung des Lesers gesetzt sein – wie etwa die Märcheneinleitung „Es war einmal" gern als Anfang von Satiren verwendet wird.

Dennoch haben die expliziten und impliziten Mittel der Genre-Ankündigung auch da, wo sie ohne ironische Relativierung im Kontext gesetzt sind, ihre wichtige Aufgabe. Sie ermöglichen es nämlich dem Autor, sprachliche Normen zu durchbrechen und dabei zugleich unmißverständlich kundzutun, daß er mögliche Sanktionen gegen diese Normverstöße keinesfalls akzeptieren wird. Er tut dies nun im allgemeinen nicht durch die unspezifische Angabe „Poesie", sondern deutet durch *spezielle* Genrebezeichnungen wie „Das Märchen", „Ein großes historisches Ritterschauspiel" oder „Ode on a Grecian Urn" schon an, um welche *Typen* von Sprachabweichungen und zum Teil auch um welche Funktionen es sich handeln wird. So schränkt er die Sanktionsbereitschaft der Leser *gezielt* ein. Auf diese Ankündigung hin werden sich die mit dem Genre vertrauten Rezipienten gar nicht mehr daran stoßen, wenn sich dann ein kleiner Frosch in einen ausgewachsenen Prinzen verwandelt, wenn auf der frauenlosen Shakespeare-Bühne Knaben auf weibliche Namen hören – bzw. wenn umgekehrt in der Oper üppige Mezzosopranistinnen als pubertäre Knaben agieren – oder wenn um des Versmaßes willen der normale Lautstand von Wörtern durch Vokalelision, Silbensynkopierung und ähnliche Verfahren deformiert wird.

Besonders deutlich kann man diese sanktionshemmende Signalfunktion am *Theatervorhang* studieren. Er trennt ja nicht die Darsteller von den Zuschauern, sondern die dramatische *Fiktion* von den nichtfiktionalen Teilen einer Theateraufführung. Nicht nur die Ankündigung von Besetzungsänderungen, sondern auch Prolog und Epilog werden traditionsgemäß *vor* dem Vorhang gesprochen, selbst noch in Brechts „Gutem Menschen von Sezuan". Denn sie sind zwar poetisch oder auch – wie im Brecht-Beispiel – uneigentlich formuliert, aber im allgemeinen nicht fiktional. Noch deutlicher als beim Aufgehen wird die trennende Funktion dann beim Fallen des Vorhangs. Denn nun zeigen sich die Darsteller vor dem Vorhang als sie *selbst*, also in einer nicht pragmatisch abweichenden Situation gegenüber dem Publikum und müssen sich deshalb auch *Sanktionen* gefallen lassen: gebuht wird nicht gegen Siegfried, weil er Brünnhilde schändlich hintergeht, sondern gegen den Heldentenor, weil ihm das Hohe C abgerissen ist.

Natürlich wird von diesen Vorhangskonventionen, wie von vielen etablierten Traditionen literarischer Genres, gelegentlich und besonders in der Moderne erneut demonstrativ abgewichen: Fiktionalisierung des Prologs wie im Marat/de Sade-Stück von Peter Weiss, manchmal sogar der Applauszeremonie durch eine einstudierte Verbeugungspantomime mit bewahrter Rollenidentität, Sprechen ‚ad spectatores' zu witzigen Effekten oder als Illusionszerstörung: „Ihr meint, ich merke nicht, daß ich verkleidet bin ..., daß alles ... Theater ist?" fällt z.B. die Darstellerin der Prinzessin Mee Lan in Frischs „Chinesischer Mauer" einmal rollengerecht aus der Rolle.[259]

Beim *Kasperletheater* ist schließlich die Durchbrechung dieser Fiktionsbegrenzungen selbst wieder genrespezifisch konventionalisiert. Der fiktive Kasperl redet die realen Zuschauer an („Kinder, seid ihr alle da?"); und die realen Zuschauer greifen in vorberechneter Weise – jedoch ausschließlich *verbal* – in die fiktionale Spielhandlung ein („Paß auf, Kasperl! Das Krokodil kommt!").

Gegenüber all diesen Erläuterungen zur Abgrenzung von Textsorte und Genre ergeben sich zwei für eine Theorie der Gattungsgeschichte wichtige Fragen. Zum einen: Kann es nicht sein, daß zwei Texte derselben *Textsorte* angehören, aber verschiedenen *Genres*? Das ist nicht nur möglich, sondern als theoretische Voraussetzung des literarhistorischen Vergleichs sogar unbedingt erforderlich. Denn nur unter dieser begrifflichen Voraussetzung läßt sich überhaupt eine Erkenntnis darüber formulieren, daß analoge literarische Phänomene (also gleicher Textsorte) in unterschiedlichen Entwicklungsphasen derselben Nationalliteratur (also in verschiedenen Genres) *wiederkehren* – etwa das Lehrstück im Mittelalter mit geistlicher Themenstellung und das Lehrstück im 20. Jahrhundert mit politischer Themenstellung. Oder auch eine Erkenntnis darüber, daß textsortengleiche Dichtungen in zwei verschiedenen literarischen *Kulturen* auftreten, ohne daß sie in einem direkten historischen Rezeptionszusammenhang, also in einer einheitlichen Genretradition stehen.

Dieser zuletzt genannte Fall ist vor allem für die Fragestellungen der Vergleichenden Literaturwissenschaft von fundamentalem Interesse. So ist etwa der Aufstieg des höfischen und hier besonders des arthurischen Romans als *Genre* in der französischen, englischen, niederländischen und deutschen Literatur des 12. und 13. Jahrhunderts eindeutig ein literarhistorischer *Wirkungszusammenhang*; er läßt sich über die verschiedenen Rezeptionsstufen der Übersetzung, Nachdichtung, Variation und Weiterentwicklung genau verfolgen. Hier liegt also so etwas vor wie ein *gemeinsames* westeuropäisches Genre. Dagegen ist die analoge Entwicklung silbenzählender Vers- und Strophenformen in der japanischen und in der romanischen Lyrik eine parallele Erscheinung, die auf völlig *unabhängigen* Prozeßabläufen beruht – und eben darum für die komparatistische Literaturforschung besonders aufschlußreich sein könnte.

Zum zweiten bleibt zu fragen: Kann es nicht umgekehrt auch sein, daß zwei Texte demselben *Genre* angehören, aber verschiedenen *Textsorten*? Dieser Fall, der nach einer etwas anders angelegten Genre-Definition sogar den Regelfall darstellt[260], ist jedoch nach der hier vorgeschlagenen Begriffsfestlegung logisch ausgeschlossen; und das ist kein Akt terminologischer Willkür, sondern hat zwingende sachliche Gründe. Denn wenn man sich entschließt, Genres als literarische Institutionen aufzufassen, dann ja vorwiegend deshalb, weil man auf diese Weise literarische Werke auf die Erfüllung oder Enttäuschung zeitgenössischer Gattungserwartungen hin untersuchen zu können hofft. Ein ‚Genre' aber, dessen Texte nicht einmal derselben *Textsorte* angehörten, wäre gar nicht in der Lage, beim Leser spezifische Erwartungen von Textmerkmalen auszulösen.

So ist etwa die Satire als *Genre* nicht schon von ihren vielgenannten Stammvätern Ennius und Lucilius begründet worden. Denn deren „saturae" genannte, also wie bunte ‚Schüsseln' gemischte Gedichtsammlungen hatten bei Lucilius zum Teil und bei Ennius fast durchweg noch gar nicht die charakteristischen *Merkmale* des ‚Satirischen'. Vielmehr enthielten sie Texte recht unterschiedlicher Textsorten, von denen dann jedoch nur die im engeren Sinne satirischen Formen durch ihre Aufnahme bei Horaz, Persius und Juvenal *musterbildend* wirkten.

Ennius und Lucilius konnten somit den eigentlichen Satiren in der Nachfolge des Horaz und Juvenal noch gar keine hinreichend spezifischen, als Publikumserwartung institutionalisierten Vorgaben bereitstellen, sondern allein den *Gattungsnamen*. Dies aber belegt nur, daß man die *Wortgeschichte* einer Genrebezeichnung von der Geschichte des Genres selbst und von der Bestimmung der zugehörigen Textsorte unterscheiden muß. Solche historisch verketteten Texte verschiedener Textsorten stehen also zwar möglicherweise in einem allgemeinen literarischen *Traditions*zusammenhang miteinander, aber nicht in einer gemeinsamen *Genre*tradition.

4.1.4. *Der Aphorismus als literarische Textsorte*

> Aphorismen respective abgesonderte Thesen ... ohne Verknüpfungen und Partikeln. Denn der Leser ergänzt diese.
>
> LEIBNIZ: *Nouveaux Essais*

An einem Beispielfall sollen nun die Möglichkeiten der Präzisierung spezieller Gattungsbegriffe im Rahmen des Modells von Norm und Abweichung genauer erprobt werden. Als dieses Beispiel wähle ich die Gattung ‚Aphorismus', und zwar vor allem aus drei Gründen. Der geringen Länge ihrer Texte wegen eignet sich diese Gattung erstens besonders gut zur knappen Demonstration. Zweitens ist der Literaturwissenschaft eine zufriedenstellende Definition des Gattungsbegriffs „Aphorismus" bislang nicht gelungen; Konsens besteht eigentlich nur darüber, daß kein Konsens besteht. Und drittens gehört der Aphorismus als eine literarische Kunstform der *Sachprosa* nicht in den Bereich der Gattungstrias Lyrik, Epik und Drama, so daß seine Abgrenzung nicht einfach als ein bloßer Spezialfall aus dem dazu Gesagten abgeleitet werden kann.

Im Sinne der erläuterten Abgrenzungen muß zunächst die *Textsorte* ‚Aphorismus' bestimmt werden. Zugunsten später möglicher Genreuntersuchungen soll auch dies nicht willkürlich, sondern durch Präzisierung traditioneller Wortverwendungen geschehen; deshalb ist vorab zu entscheiden, welche bisherigen Aphorismus-Definitionen dabei am besten als *Ausgangsbasis* zugrundegelegt werden können. Die Auswahl fällt hier gar nicht leicht; denn die Vielzahl wie die Verschiedenartigkeit der definitorischen Ansätze ist beträchtlich, trotz des vom Umfang her eher unscheinbaren Gegenstandes – oder vielleicht gerade deswegen. Auffällig oft erfolgen diese Definitionen des Aphorismus selbst wieder im Zusammenhang und in Gestalt von Aphorismen. Der Aphorismus reizt offenbar so sehr wie sonst nur noch das Sonett dazu, ihn zu seinem eigenen Thema zu machen – was darauf hinweisen könnte, daß es sich in beiden Fällen um sehr bewußt gestaltete und betont artistische Gattungen handelt.

Bemerkenswert ist nun, daß hier auch im Zusammenhang ganz unterschiedlicher Ansätze ein bestimmtes Bild immer wiederkehrt: der Aphorismus als einzelnes *Glied* einer *Gedankenkette.* Recht kontrovers allerdings sind die Ansichten darüber, um *welches* Glied der Kette es sich dabei handelt. Eindeutig entscheidet sich Marie von Ebner-Eschenbach: „Ein Aphorismus ist der letzte Ring einer langen Gedankenkette."[261] Ihr widerspricht der polnische Aphoristiker Adolf Nowaczyński und bezeichnet den Aphorismus als „vorletztes Glied in der Gedankenkette, deren letztes das Paradoxon ist".[262] Demgegenüber legt sich Nietzsche (wie üblich) nicht eindeutig fest. Einmal heißt es bei ihm: „Eine Sentenz ist ein Glied aus einer Gedankenkette; sie verlangt, daß der Leser diese Kette aus eigenen Mitteln wiederherstelle."[263] Während darin die genaue Situierung des Kettengliedes völlig offen bleibt, scheint eine andere Formulierung Nietzsches anzudeuten, daß die Gedankenkette vom Aphorismus auch erst ihren Ausgang nehmen könnte: „In Aphorismenbüchern gleich den meinigen stehen zwischen und hinter kurzen Aphorismen lauter verborgene lange Dinge und Gedankenketten".[264] Eine vermittelnde Position nimmt hier (wiederum: wie üblich) Goethe ein, dessen – in der Sache wohl am genauesten treffende – Stellungnahme lautet: „Alles wahre Aperçu kömmt aus einer Folge und bringt Folge. Es ist ein Mittelglied einer großen, productiv aufsteigenden Kette."[265]

So aufschlußreich diese Abwandlungen im Detail sein mögen, so deutlich ist doch der gemeinsame Grundgedanke: Aphorismen verweisen auf einen gedanklichen *Zusammenhang,* der aber im Wortlaut *ausgespart* bleibt und vom Leser selbständig *ergänzt* werden muß. In einem anderen, noch deutlicheren Bild hat der Aphoristiker Heinrich Wiesner diesen Grundgedanken ausgedrückt: „Der Aphorismus ist ein Sektor, der den Kreis ahnen läßt."[266] Der ausgesparte ‚Kreis' bzw. die ‚Kette' können dabei jedoch von verschiedenen Lesern auf ganz verschiedene Weise ergänzt und auf ihre je eigenen Erfahrungen bezogen werden; darin liegt die charakteristisch poetische Mehrdeutigkeit und Beziehungsvielfalt der Kunstform Aphorismus. Ich gebe ein Beispiel mit der folgenden Bemerkung:

Die Statistiker

Die politische Arithmetik hat uns nachgerade eine arithmetische Politik geliefert, und alle Verwaltung ist nur noch ein zentralisierendes Tabellenwerk. Würden die Leute satt, wenn man sie zählt, so ließe sich die Sache hören, aber es ist kein Stern und Segen mit diesen statistischen Kunststücken. König David, der erste Statistiker, von dem zu lesen ist, hätte uns durch sein Beispiel belehren sollen. Als er seine Juden zählte, kam die Pest unter sie, und heute noch geht es uns mit so vielen wohlgezählten Quellen und Stützen unsers Staatshaushaltes nicht viel besser.

Diese Klage über die Pest der politischen Statistik klingt uns wie eine wohlvertraute und nur allzu berechtigte Kritik unseres Zeitalters der Demoskopie und der Datenschutzprobleme. Sie stammt jedoch aus dem Jahr 1828, nämlich von Carl Gustav Jochmann – der seiner Zeit freilich auch sonst um vieles voraus war.[267]

Wodurch erhält ein Aphorismus nun diesen Charakter der gedanklichen, individuell zu füllenden Aussparung? Offenbar dadurch, daß *vor* und *nach* ihm nicht die benachbarten Glieder derselben Gedankenkette stehen, sondern – andere Aphorismen. Ein Aphorismus kommt selten allein. Oder besser: *Ein* Aphorismus ist noch kein Aphorismus. Einmal mehr gilt hier: Erst der Kontext macht den Text.

Diese Sätze könnten selber Aphorismen sein; hier sind sie es nicht, weil sie in einen argumentativen Zusammenhang integriert stehen. Umgangssprachlich so genannte ‚aphoristische' Formulierungen allein machen noch keinen literarischen Aphorismus. Erst die *Bruchstelle* beim Übergang von einem Aphorismus zum nächsten verleiht jedem einzelnen von ihnen den Charakter des Fragmentarischen und bewegt den Leser dazu, die fehlenden Teile des Bruchstücks durch *eigene* und deshalb immer persönlich gefärbte Denkanstrengung zu ergänzen. Am prägnantesten ist diese Grundstruktur in einer nachgelassenen Notiz Friedrich Schlegels erfaßt: „Aphorismen sind zusammenhängende Fragmente."[268] Diese Auffassung lege ich im folgenden meiner präzisierenden Begriffsbestimmung der Textsorte „Aphorismus" zugrunde.

Als Grundbegriff muß demnach die „Aphorismenfolge" dienen, so daß die Bestimmung des einzelnen „Aphorismus" dann als „Element einer Aphorismenfolge" daraus abgeleitet werden kann. Die Aphorismenfolge darf dabei, solange nur die Bedingung des zusammenhanglosen Nebeneinanders gewahrt bleibt, durchaus auch gelegentlich von nichtaphoristischen Texten durchsetzt sein – etwa von tagebuchähnlichen Notizen wie in Lichtenbergs „Sudelbüchern" oder von kurzen Erzählskizzen wie in Schnurres „Schattenfotograf". Dagegen muß die Aphorismenfolge unbedingt schon vom Autor selbst angelegt und verantwortet sein; das gängige Verfahren der ‚Blütenlese' aus den zusammenhängenden Schriften eines gut formulierenden Autors ergibt so wenig ‚Aphorismen', wie das isolierte Zitieren von „Faust"-Versen zu ‚Epigrammen' führt. Die beliebten Sammlungen goldener Worte und aus dem Kontext gerissener Bonmots haben mit der selbständigen literarischen Gattung ‚Aphorismus' nichts zu tun.

Die Aphorismenfolge ist nun charakterisiert durch eine *textematische Abweichung,* nämlich durch normwidrig fehlende textinterne Verknüpfung. Dies ist noch keine vollständige Definition, sondern nur eine notwendige Bedingung; sie besagt auch nicht – wie es scheinen könnte –, daß zwischen benachbarten Aphorismen einer Folge *überhaupt* keine oder völlig *beliebige* Beziehungen bestünden. Die einzelnen Texte einer Aphorismenfolge können sich durchaus wechselseitig erhellen (wie bei Friedrich

Schlegel) oder sogar thematisch unter Überschriften zusammengestellt sein (wie bei Karl Kraus). Es bestehen zwischen ihnen jedoch nicht jene festen, sprachlich normierten Verknüpfungsrelationen textgrammatischer und textsemantischer Art, die sonst für fortlaufende Texte charakteristisch sind – etwa ein expliziter Anschluß durch Pronomina, Konjunktionen, Artikel und Partikeln oder ein impliziter Anschluß durch gedankliche Fortführung, Erläuterung, Spezifikation und Argumentation. Einerseits also bilden die Aphorismen einer Folge *einen* gemeinsamen Text, andererseits ist dieser Text gerade durch Inkohärenz, durch die wechselseitige *Isolation* seiner Teile gekennzeichnet.

Die Analogie zu anderen, im entsprechenden Abschnitt behandelten Formen textematischer Normabweichung ist deutlich. Wie viele moderne Erzählanfänge weist der Aphorismus auf etwas ihm Voraufgehendes, aber im Wortlaut nicht Vorhandenes und erst zu *Erschließendes* zurück, fängt gleichsam mittendrin an. Und die Zusammenfügung einer ganzen Reihe solcher gedanklich fragmentarischen Texte macht die Aphorismenfolge strukturell zu einer Abart der *Montage*. Aus dieser normabweichenden Textbildungsweise entsteht die textsortenspezifische Aussparung, die Wirkung eines ‚Kreissektors' oder ‚Kettengliedes': gerade dadurch, daß der unmittelbare *sprachliche* Kontext keinen *gedanklichen* oder *situativen* Kontext bereitstellt, wird der Leser angeregt, selbsttätig einen solchen Sachkontext zum Verständnis des Aphorismus herzustellen.

Dieses Kriterium der *Kontextisolierung* stellt im Grunde nur eine etwas genauere und literaturtheoretisch systematisierte Fassung von Annahmen dar, die unter wechselnden, aber durchweg unscharfen Ausdrücken wie „programmatische Vereinzelung" bzw. „Einreihung in eine Gesamtheit von Vereinzelungen", „Einheit und Beweislosigkeit", Fehlen von „Begründungen und Erklärungen" beinahe schon als allgemeiner Konsens gelten können (der Dissens liegt anderswo).[268] Dennoch ist die Festlegung keineswegs trivial und hat überraschende Folgen. Allein schon anhand dieser notwendigen Bedingung für Aphorismen läßt sich nämlich zeigen, daß z. B. Goethes „Maximen und Reflexionen" entgegen verbreiteter Auffassung über weite Strecken gar nicht *aphoristisch* strukturiert sind. Ich gebe zunächst wieder ein Beispiel:

Hundert graue Pferde machen nicht einen einzigen Schimmel. Diejenigen, die das einzige grundklare Licht aus farbigen Lichtern zusammensetzen, sind die eigentlichen Obscuranten. Wer sich an eine falsche Vorstellung gewöhnt, dem wird jeder Irrthum willkommen sein. Deßwegen sagte man ganz richtig: „Wer die Menschen betrügen will, muß vor allen Dingen das Absurde plausibel machen." Licht und Geist, jenes im Physischen, dieser im Sittlichen herrschend, sind die höchsten denkbaren untheilbaren Energien. Ich habe nichts dagegen, wenn man die Farbe sogar zu fühlen glaubt; ihr eigenes Eigenschaftliche würde nur dadurch noch mehr bethätigt. Auch zu schmecken ist sie. Blau wird alkalisch, Gelbroth sauer schmekken. Alle Manifestationen der Wesenheiten sind verwandt. Und gehört die Farbe nicht ganz eigentlich dem Gesicht an?

Wieviele ‚Aphorismen' sind das? Man kann diesen Absatz ohne weiteres als einen einzigen Aphorismus auffassen: er bildet einen geschlossenen Argumentationszusammenhang gegen die Optik Newtons und für Goethes eigene Auffassung vom unteilbaren Licht in seinen verschiedenen farblich-sinnlich-sittlichen Manifestationen. Dem überlieferten Text zufolge handelt es sich jedoch um acht für sich allein stehende ‚Aphorismen', nämlich um die Nummern 1295–1302 der „Maximen und Reflexionen". Und ihre Unterteilung sieht im einzelnen oft erheblich anders aus, als man es selbst nach gründlichem Studium des angeführten Absatzes vermuten würde: nach jedem Punkt mit Ausnahme des zweit- und drittletzten beginnt eine neue Nummer – also sogar vor den textverknüpfenden Konjunktionen „Auch", „Und" sowie „Deßwegen".

Ich behaupte nun: Hier liegen weder acht Aphorismen vor noch ein einzelner, sondern *überhaupt* keine Aphorismen. Für einen einzigen Aphorismus werden viel zu viele Gedanken und argumentative Ansätze *aneinandergereiht*; und für acht einzelne Aphorismen sind die Teile in viel zu hohem Maße syntaktisch, semantisch und logisch voneinander *abhängig*. Denn wenn irgend etwas die allgemein anerkannte Grundbedingung für Aphorismen ist, dann die Forderung, daß sie auch einmal für sich allein stehen *könnten* und daß man sie auch einzeln als für sich verständliche Äußerungen zitieren kann.

Diese Grundbedingung kann man mit Hilfe des oben erläuterten Verfahrens von ‚Kommutation und Permutation' praktikabler machen: An der Verstehbarkeit eines Aphorismus darf sich nicht schon dadurch etwas ändern, daß man die Reihenfolge innerhalb einer Aphorismenfolge *vertauscht* bzw. den unmittelbar vorhergehenden oder nachfolgenden Aphorismus *wegläßt* bzw. durch einen beliebig gewählten anderen *ersetzt*. Gerade das aber ist nicht möglich, wenn die einzelnen Texte wie beim Goethe-Beispiel einsetzen mit Anschlußwendungen wie „Deßwegen sagte man", „Und gehört die Farbe nicht ..." oder „Auch zu schmecken ist sie".

Wollte man die zitierten Sätze also als Versuche in der literarischen Textsorte ‚Aphorismen' auffassen, dann müßte man sie als mißlungen ansehen. Eher aber sollte man doch wohl davon ausgehen, daß Goethe die Gattung ‚Aphorismus' hier nicht *verfehlt*, sondern sie gar nicht erst *gewählt* hat. Gewählt hat er statt dessen die Textsorte ‚Thesen' im heutigen Sinne des Wortes. Sie teilt mit der Textsorte ‚Aphorismen' viele Merkmale wie Knappheit, Zuspitzung, Fehlen ausführlicher Begründungen etc., hebt sich aber von ihr ab durch das gedankliche *Fortschreiten* von einer These zur nächsten, deren Reihenfolge deshalb nicht – jedenfalls nicht durchweg – vertauscht werden darf. Insofern sind Thesen auch nicht normabweichend – und somit keine *literarische*, sondern eine standardsprachliche Textsorte. Thesenpapiere sind im allgemeinen nicht gerade ein Fall von Poesie. Zusammenfassend könnte man die Unterschiede so verdeutlichen:

Aphorismen sind knapp formulierte *Gedanken*, Thesen sind knapp formulierte *Gedankengänge*. Oder, um den instruktiven Vergleich noch einmal aufzugreifen: im Gegensatz zu den isolierten Kettengliedern einer Aphorismenfolge stellen Thesen eine zwar schmucklose, aber *intakte* Gedankenkette dar.

Die an dem exemplarisch zitierten Textausschnitt gemachten Beobachtungen treffen nun auch darüber hinaus auf weite Teile der „Maximen und Reflexionen" zu. Fast auf jeder Druckseite findet man Beispiele für den direkten *Anschluß* zwischen den Kurztexten durch Pronomina, Konjunktionen, logische Partikel und dergleichen, die eher auf die Textsorte ‚Thesen' hindeuten – oder auch auf Entwürfe, Notizen und Formulierungsstudien, Exzerpte und Übersetzungsproben. Die „Maximen und Reflexionen" sind im ganzen viel zu *heterogen* strukturiert, als daß man sie unter einem einheitlichen Textsorten- oder gar einem Genrebegriff zusammenfassen könnte. Will man folglich über Goethe als Aphoristiker im Vergleich zu anderen Aphoristikern handeln, so muß man zunächst einmal feststellen, welche Abschnitte der „Maximen und Reflexionen" denn überhaupt zur Textsorte ‚Aphorismen' zu zählen sind.

Dieses Resultat wirft allerdings ein methodologisches Problem der Präzisierung vorhandener Gattungsbegriffe auf: Wenn eine neu vorgeschlagene Definition zur Folge hat, daß ein bisher zu den größten Vertretern der Gattung gerechneter Text nun auf einmal gar nicht mehr zur Gattung gehört – spricht das nicht eine deutliche Sprache gegen die sachliche Angemessenheit dieser Definition?

In der Regel wird das so sein; es gibt jedoch charakteristisch anders gelagerte Fälle. Auch den Wal hat man ja lange Zeit nicht nur für *einen*, sondern sogar für den *größten* Fisch gehalten, für die höchste Entwicklungsstufe seiner Gattung – bis man anhand schärferer Definitionen dieser Gattung als „mit Flossen unter Wasser schwimmendes Tier" entdeckte, daß der Wal nur deshalb so sehr von sonst bekannten Fischen abstich, weil er nicht einfach eine *höhere*, sondern eine ganz *andere* Entwicklung repräsentiert als sie. Nachdem nun aber das Gebären und Säugen lebender Jungtiere beobachtet worden war, erkannte man auf einmal eine Fülle weiterer Merkmale, die die Absonderung des Wals von den Fischen rechtfertigten: die Lungenatmung etwa, das Warmblut, den Knochenbau, die Hautstruktur oder auch das Orientierungssystem.

Ähnliche Folgen zeitigt aber auch die Erkenntnis, daß Goethes „Maximen und Reflexionen" nicht ein monströser *Sonderfall* der Gattung ‚Aphorismus' sind[269], sondern der Regelfall einer oder mehrerer anderer Gattungen. Denn nimmt der Leser erst einmal heuristisch die Hypothese zur Richtschnur, daß die Texte in Goethes Sammlung allenfalls teilweise aphoristisch angelegt sind, dann fallen ihm eine ganze Reihe weiterer Befunde auf, die für Aphorismen atypisch wären.

So stammen zahlreiche von ‚Goethes Sprüchen in Prosa' gar nicht von

Goethe, sondern sind nur von ihm gesammelte oder exzerpierte *Zitate* – von vielfältigen Einzelfunden bis zu ganzen Serien übersetzter Stellen aus Hippokrates[270] und Plotin[271]. Ohne Zweifel kann es auch interessant sein zu sehen, welche Zitate ein Mann wie Goethe wichtig genug findet, um sie zu notieren. Aber ist ein fleißiger und geistvoller Exzerptensammler schon ein literarischer Aphoristiker? Anderer Leute Formulierungen werden ja dadurch, daß ich sie in mein Merkheft eintrage, noch nicht zu *meinen* Aphorismen.

Im übrigen sind erhebliche Teile der „Maximen und Reflexionen", die buchstäblich als Bandfüllsel zusammengestellt wurden, eher ein *editorisches* Produkt von Eckermann und Riemer als ein eigentlich schriftstellerisches Produkt Goethes. Das beweist zwar allein noch nicht viel über die Textsorte, ist aber ein weiteres Indiz dafür, daß es sich hier nicht wie bei Friedrich Schlegel oder Karl Kraus um künstlerisch reflektierte und sorgfältig durchgeformte Herzstücke des Œuvres und auch nicht wie bei Lichtenberg oder Pascal um ein gleichsam unbemerkt entstandenes ‚heimliches Hauptwerk' handelt, sondern um vermischte Vor- und Nebenarbeiten Goethes.

Und schließlich ist hier noch ein weiteres Merkmal der äußeren Textgestalt zu beachten: Zur graphischen Betonung der Mehrgliedrigkeit des Gesagten sind eine ganze Reihe der „Maximen und Reflexionen" in sich nochmals in *Absätze* aufgeteilt.[272] Unabhängig von jeder speziellen Aphorismus-Theorie dürfte aber die Vorstellung eines mit Durchschüssen in mehrere Abschnitte *gegliederten* Textes mit der Vorstellung von der Beschaffenheit eines Aphorismus nicht recht verträglich sein.

Aus all diesen Gründen wird man mit der Einordnung der „Maximen und Reflexionen" in die Tradition des literarischen Aphorismus sehr zurückhaltend sein müssen. Gleichwohl stellt sich im Zusammenhang mit diesem Abgrenzungsproblem unweigerlich das alte Dilemma der historischen Variabilität von Gattungsbegriffen ein: Wie lassen sie sich als systematische Abgrenzung von Textsorten *trennscharf* definieren, ohne daß dabei die Möglichkeit verlorengeht, die historischen Entwicklungen, Schwankungsbreiten und Innovationen eines literarischen Genres im Rahmen solcher Begriffe *flexibel* zu erfassen?

Hier ist zunächst zu bedenken, wogegen sich die nachgerade zum Klischee gewordene Kritik an einer „statischen Definition des Genres"[273], an ‚starren' oder ‚schematischen' und oft sogar fälschlich ‚normativ' genannten Gattungsbegriffen eigentlich richtet. Offenbar bezieht man sich dabei allein auf solche Definitionen, deren Begriffsstruktur in einer logischen ‚Konjunktion', in der einfachen Reihung *notwendiger* Merkmale besteht:

> Ein Text gehört dann und nur dann einer Textsorte X an,
> wenn er *sowohl* A *als auch* B *als auch* C *als auch* . . . ist.

Weil diese logische Konjunktion nur wahr ist, wenn *alle* notwendigen Bedingungen gleichermaßen erfüllt sind, macht eine solche Definitionsstruktur einen Gattungsbegriff in der Tat sehr unflexibel: sie verlangt, daß alle Texte einer Gattung in *sämtlichen* gattungsrelevanten Merkmalen übereinstimmen. Das läßt für signifikante historische Entwicklungen keinen Spielraum. Deshalb ist man zunehmend dazu übergegangen, auf die Angabe *notwendiger* Gattungsmerkmale ganz zu verzichten und Gattungsbegriffe aufzufassen als ein bloßes Ensemble logisch *alternativer* Merkmale, zwischen denen die Gattung unbeschränkt variiert. Sie stellen dann unter den historisch aufeinander folgenden Texten einer Gattung keine stärkere Übereinstimmung als die einer bloßen ‚Familienähnlichkeit' her:

> Ein Text gehört dann und nur dann einer Textsorte X an,
> wenn er A *oder auch* B *oder auch* C *oder auch* . . . ist.

Mit Wittgensteins inzwischen zum Schlagwort abgesunkenem Begriff der „Familienähnlichkeit" kann sich diese Auffassung von Gattungsbegriffen sogar den Anstrich einer Legitimation durch eine Autorität der analytischen Philosophie geben:

> Natürlich gibt es so etwas wie „Literatur", natürlich gibt es darin Gattungen wie den „Aphorismus". Doch sind dies nicht Begriffe mit scharfen Grenzen, sondern, wie Wittgenstein in seiner Theorie gezeigt hat, Mitglieder von Wortfamilien, deren Zugehörigkeit zu dieser oder jener Familie nicht durch Definitionen, sondern durch ineinander übergreifende Ähnlichkeiten bestimmt wird.[274]

Man kann jedoch gar nicht oft genug darauf hinweisen, daß Wittgenstein seine Konzeption der vielfältig variierenden ‚Sprachspiele' mit bloßer ‚Familienähnlichkeit' zwischen den Gebrauchsweisen eines Wortes nicht zur Rechtfertigung irgendwelcher *wissenschaftlichen* Begriffsbildungen oder gar zur Abwehr wissenschaftstheoretischer Genauigkeitsanforderungen entwickelt hat:

> So eine Reform für bestimmte praktische Zwecke, die Verbesserung unserer Terminologie zur Vermeidung von Mißverständnissen im praktischen Gebrauch, ist wohl möglich. Aber das sind nicht die Fälle, mit denen wir es zu tun haben.[275]

Womit Wittgenstein es zu tun hat, ist vielmehr die Erklärung der Tatsache, daß im Zusammenhang alltäglicher *Handlungsvollzüge* auch semantisch unscharfe Sprachelemente einwandfrei funktionieren können. Solche praktischen, nichtverbalen Handlungsvollzüge gibt es in literaturwissenschaftlichen Redezusammenhängen nicht: die Gattungstheorie ist kein ‚Sprachspiel'.

Infolgedessen führt hier die Definition von Gattungsbegriffen durch eine reine logische Alternation von Merkmalen – für deren Wahrheit ja schon die Erfüllung eines einzigen Merkmals ausreicht – zu einer unerwünschten *Beliebigkeit* des Redens. Denn man wird schwerlich zwei Texte finden, die nicht wenigstens so viel miteinander gemeinsam haben, daß man ihnen bei Bedarf mit einem gewissen rhetorischen Aufwand eine ‚Familienähnlichkeit' bescheinigen und sie so in eine gemeinsame Gattungstradition einordnen kann.

Man muß sich also nach einer andersartigen Begriffsstruktur umsehen, wenn man die noch immer aktuelle Forderung Goethes erfüllen will, „ein Schema aufzustellen, welches zugleich die äußeren zufälligen Formen und diese inneren notwendigen Uranfänge in faßlicher Ordnung darbrächte".[276] Eine einfache Lösung bietet hier die folgende *Verschränkung* von Konjunktion und Alternation, von notwendigen und alternativen Merkmalen:

> Ein Text gehört dann und nur dann einer Textsorte X an,
> wenn er *sowohl* A *als auch* B ist und *zusätzlich* wenigstens *eine* der folgenden Bedingungen erfüllt:
> er ist C *oder auch* D *oder auch* E *oder auch* . . .

Die Pointe dieser Lösung liegt natürlich in dem „zusätzlich": zwar kann jedes *einzelne* der alternativen Merkmale C, D, E . . . wegfallen, aber nicht alle *zugleich*; wenigstens eins von ihnen muß immer erfüllt sein und zu den notwendigen Merkmalen A und B dazukommen.

Die Definition einer Textsorte mit einer solchen Begriffsstruktur ist also logisch einwandfrei *geklärt* und durch die Trennschärfe der notwendigen Merkmale gegen Beliebigkeit geschützt; zugleich ist sie aber durch die alternativen Merkmale hinreichend *flexibel* für die Aufnahme historisch variierender Erfüllungen des Modells. Bei der Anwendung dieser Struktur auf spezifische Textsorten bieten sich nun die vielfältigsten Möglichkeiten der Merkmalseinsetzung. Für die Textsorte ‚Aphorismus' halte ich in Anlehnung an die bisherigen Ausführungen und an weitere eingebürgerte Kriterien aus der Aphorismusforschung die folgende begriffliche Festlegung für am besten geeignet:

PRÄZISIERUNGSVORSCHLAG

Ein Text ist ein Aphorismus dann und nur dann, wenn alle folgenden Bedingungen (1) – (4) erfüllt sind:

(1) Der Text ist abweichend durch Kontextisolierung
(2) Der Text ist nicht abweichend durch Versgliederung
(3) Der Text ist nicht abweichend durch Fiktionalisierung
(4) Mindestens eine der folgenden Bedingungen (a) – (d) ist erfüllt:

(a) Der Text ist ein einzelner Satz
(b) Der Text ist konzis formuliert
(c) Der Text hat eine sprachliche Pointe
(d) Der Text hat eine sachliche Pointe

Die angegebenen Kriterien kann ich im Rahmen dieser exemplarischen Erwägungen naturgemäß nicht ausführlich diskutieren oder gar in praktische Entscheidungsverfahren verwandeln; ich beschränke mich auf einige erläuternde Anmerkungen. Auf das notwendige Merkmal der Kontextisolierung innerhalb einer Aphorismenfolge (Merkmal 1) bin ich ausführlich eingegangen; ebenso unabdingbar sind aber die Prosaform des Aphorismus (Merkmal 2) und seine Nichtfiktionalität (Merkmal 3).

Eine *Versgliederung* nämlich würde den Aphorismus z. B. in ein Epigramm verwandeln; dieses wird man jedoch um der Erfassung seiner eigenen Genretradition willen zweckmäßigerweise als eine Textsorte für sich definieren. Auch geht dem Aphorismus durch die Umwandlung in ein Epigramm zugleich die charakteristische Aussparung als textematische Normabweichung verloren, weil das Epigramm durch Überschrift, Geschlossenheit des Versbaus und Zweiteiligkeit – im Sinne von Lessings „Erwartung und Aufschluß"[277] – wie ein beliebiges anderes Gedicht als selbständiger Ganztext auftritt.

Der explizite Ausschluß einer *Fiktionalisierung* ist erforderlich, weil sonst auch der sehr kurze Sketch und die Witzseite einer Tageszeitung unter die Aphorismen geraten könnten – oder auch Texte wie Brechts „Keuner-Geschichten" und die Kurzprosa seines Buches „Me-Ti", die ja vielfach nur den fiktiven Figuren einen aphorismenähnlichen Ausspruch in den Mund legen: „Herr K. sagte einmal: ..." oder „Me-Ti lehrte: ...". Brecht hat hier sozusagen den Aphorismus mit der Kalendergeschichte gekreuzt. Auch bei Lichtenberg gibt es freilich einzelne Aphorismen, die man als Ansätze zur Fiktionalisierung deuten *kann* – aber nicht *muß*: den kurzen Texten (meistens ‚Gesprächsfetzen') fehlen deutliche Fiktionssignale, so daß offen bleibt, ob es sich nicht einfach um die nichtfiktionale Niederschrift wirklicher Gespräche und Erlebnisse handelt.

Die vier *alternativen* Merkmale sind zwar im ganzen ebenfalls ausschlaggebend, aber im einzelnen nicht unersetzlich für die Aphoristik. Die Kriterien des Einzelsatzes (Merkmal 4a) und der konzisen Formulierung (Merkmal 4b) treten dabei an die Stelle der ebenso häufig genannten wie im Vagen belassenen ‚Kürze' des Aphorismus. Der Vielfalt dieser Gattung ist nicht beizukommen mit willkürlichen Umfangsbegrenzungen wie der folgenden: „Ein Aphorismus, der mehr als drei Sätze enthält, ist bereits zur Reflexion entartet." Denn schon Wolfdietrich Schnurre selbst, von dem diese Festlegung stammt, überschreitet sie in ebenderselben Aphorismenserie wenige Nummern weiter mit einem einwandfrei aphoristischen Text aus vier Sätzen.[278] Allenfalls ließe sich das Kriterium des Umfangs auf die Aphorismen*folge* beziehen, deren Bestandteile im *Durchschnitt* wohl die Länge einer Druckseite keinesfalls überschreiten dürften. Für die Zuordnung eines *einzelnen* Textes zur Textsorte ‚Aphorismus' sagt hingegen die Zahl seiner Zeilen oder Sätze noch gar nichts aus.

Nicht auf die kurze, auf die *knappe* Formulierung kommt es hier an: ein einziger Satz kann geschwätzig, zehn können lakonisch sein. Nicht umsonst hat Jean Paul die „Sprachkürze" – nach seinen und ähnlich nach Shakespeares Worten „der Körper und die Seele des Witzes, ja er selber" – statt durch die geringe Zahl durch die „*Verminderung* der Zeichen" bestimmt.[279] Und kaum ein anderer kannte sich, trotz der äußeren Länge seiner Sätze und Werke, mit der Sprachkürze so gut aus wie Jean Paul.

Freilich kann ein *einzelner Satz,* wenn er in kontextueller Isolation neben anderen Aphorismen steht, schon als solcher zur Aphoristik zählen, auch ohne sonst auffallende sprachliche Eigenschaften zu haben; dies ist der Fall zahlreicher ‚maximes' von La Rochefoucauld. Aphorismen können aber nicht allein auch *mehrere* Sätze, sondern sogar mehrere *Seiten* lang sein, wenn sie im isolierenden Kontext überwiegend sehr viel kürzerer Aphorismen stehen. Ihre Zugehörigkeit zur literarischen Aphoristik müssen sie dann freilich durch wenigstens *eins* der anderen Merkmale, durch Konzision oder Pointiertheit legitimieren.

Von *konziser Formulierung* spreche ich hier im Sinne von Lichtenbergs Forderung: „Die Gedanken dicht und die Partikeln dünne."[280] Ein berühmtes Beispiel für solche Konzision trotz erheblichen Umfangs und damit für einen ‚langen', aber in seiner Gattungszugehörigkeit unbestrittenen Aphorismus ist Friedrich Schlegels Athenäums-Fragment 116 „Die romantische Poesie ist eine progressive Universalpoesie...", das nicht zufällig ganze Generationen von Romantik-Forschern ins Brot gesetzt hat: die immer weiter ausgreifenden und ohne jede begründende Erläuterung hingefetzten Sentenzen ersetzen in ihrer Knappheit und Dunkelheit auf wenig mehr als einer Druckseite ein ganzes Buch.[281]

Den Unterschied zwischen sprachlicher und sachlicher *Pointe* (Merkmal 4c bzw. 4d) kann ich hier nicht eingehend erörtern, sondern nur anhand zweier Aphorismen Lichtenbergs exemplarisch erläutern. Der erste Aphorismus lautet:

Dann gnade Gott denen von Gottes Gnaden.[282]

Die darin enthaltene Drohung gegen die Fürsten ist in der Zeit kurz vor der Französischen Revolution der *Sache* nach gar nicht so ungewöhnlich. Die Pointe liegt hier vielmehr in der *sprachlichen* Umkehrung, daß das Gottesgnadentum bald der Gnade Gottes nicht mehr sicher sein wird. Austausch- und Umstellungsproben in Wortwahl und Syntax vermögen das meist leicht zu erweisen. Eine rein *sachliche* Pointe liegt dagegen in der folgenden, stilistisch ganz schmucklos formulierten Notiz Lichtenbergs:

Was einem das Liegen auf dem rechten Ellenbogen ist, nachdem man eine Stunde auf dem linken gelegen.[283]

An der vorgeschlagenen Präzisierung des Textsortenbegriffs „Aphorismus" läßt sich nun deutlich machen, warum das Abweichungsmodell auch für eine Gattungstheorie die beste Basis darstellt. Als *notwendige* Merkmale treten nämlich in der angeführten Definition *nur* Angaben über erforderliche bzw. ausgeschlossene Sprachabweichungen auf. Ich behaupte, daß dies für *jeden* Textsortenbegriff gelten muß, mit dem man zugleich die historische Entwicklung eines literarischen Genres adäquat erfassen will.

Das heißt wohlgemerkt nicht, daß Abweichungstypen nur zu den notwendigen und nicht auch zu den alternativen, also historisch variablen Merkmalen gehören können. Aber den für die Trennschärfe unabdingbaren ‚harten Kern' einer genrebildenden Textsorte stellen ausschließlich Konstellationen von Sprachabweichungen. Wie bei der Textsorte ‚Aphorismus' gehört dazu oft auch der explizite *Ausschluß* bestimmter Abweichungstypen, die einen Text zwar nicht aus dem Bereich der *Poesie,* wohl aber aus dem notwendigerweise begrenzten Definitionsbereich der betreffenden *Textsorte* herausführen würden. Und dies auch dann, wenn Texte bei unterschiedlichen Abweichungskonstellationen dennoch gleichartige Funktionen erfüllen: Ähnlichkeit schützt nicht vor Gattungsdifferenz.

Dagegen kann die Vernachlässigung irgendeiner bestimmten *positiven* ‚Gattungsnorm' – etwa einer textinternen Regelmäßigkeit – niemals schon für sich genommen einen Text aus einer Textsorte ausschließen. Denn statt dessen kann dieser Text ja immer noch ein anderes alternatives Merkmal dieser Textsorte erfüllen. Jede zusätzliche Strukturreglementierung von gattungsbestimmendem Rang gerät nämlich im Laufe der Genreentwicklung unweigerlich in die Rolle einer restriktiven innerliterarischen Tradition, von der dann erneut mit dem Ziel poetischer Innovation zugunsten neuartiger Funktionen abgewichen wird. Und dadurch wird die überlieferte Regularität zu einem bloß alternativen Merkmal des Genres.

Von einer spezifischen Normabweichung hingegen kann man nicht in demselben Wortsinne erneut ‚abweichen'. Man kann sie nur in Übereinstimmung mit geltenden Sprachnormen schlicht *unterlassen* und sich, solange man die Sprache poetisch verwenden will, für einen anderen Typ sprachlicher Normabweichung entscheiden. Damit aber entscheidet man sich für eine andere Textsorte.

Aber die Beziehung zwischen Textsortenbegriff und Abweichungstheorie ist noch enger. Alle alternativen Merkmale nämlich, die als potentiell genrebildende Kennzeichen bereits in die Textsortendefinition eingehen sollen, lassen sich durchweg als *Funktionen* der textsortenspezifischen Sprachabweichungen erklären (soweit sie nicht selbst wieder poetische Abweichungen sind). Das heißt zum Beispiel im besprochenen Fall: aphoristische Texte *hätten* die durch die vier alternativen Merkmale repräsentierten Eigenschaften gar nicht – oder wenigstens in signifikant geringerem Grade –, wenn diese Texte nicht vor allem anderen durch den grundlegenden Abweichungstyp der Kontextisolierung geprägt wären. Insofern hat die textematische Normabweichung hier also die Funktion, diese zusätzlichen Eigenschaften aphoristischer Texte überhaupt erst zu *ermöglichen.*

So verlöre auch ein Aphorismus aus nur einem Satz ohne die Grundbedingung der normabweichenden Absonderung von der Textumgebung automatisch seine charakteristische *Vereinzelung* (im Sinne von Merkmal 4a), weil er dann integraler Bestandteil eines längeren Textzusammenhangs wäre; aus dem Sonderstatus eines ,Einzelsatzes' würde einfach ein ,Satz' wie jeder andere auch. Dabei würde in aller Regel auch die *konzise Formulierung* durch voraufgehende Paraphrasen und nachfolgende Erläuterungen verwässert werden. Und in solchem erläuternden Kontext wäre dem Aphorismus selbst seine sprachliche oder sachliche *Pointiertheit* nicht mehr sicher: die *sprachlichen* Überraschungseffekte würden durch den Vortext viel stärker vorhersehbar werden und dadurch verpuffen, die in der *Sache* überraschende Gedankenführung müßte durch plausible Erklärung und Begründung im Folgetext ihre provozierende Kraft einbüßen. Auch in der Sprache ist die Pointe ein ,Punkt', keine ,Linie' oder ,Fläche'.

4.1.5. *Sonett – Fabel – Komödie – Prosagedicht*

> Die verschiedenen Schreibarten unter Klassen zu bringen.
>
> LICHTENBERG: *Sudelbücher*

Daß sich die am Aphorismus erprobte Form der Textsorten-Definition auch für traditionsreiche Genres aus der *Gattungstrias* fruchtbar machen läßt, will ich an je einer lyrischen, epischen und dramatischen Textsorte in wenigen Stichworten andeuten. Für den Bereich der Lyrik wähle ich als Beispiel das *Sonett* – scheinbar das Paradebeispiel für die Vorzüge einer Regelpoetik. Für diese Gedichtform läßt sich jedoch unter Berücksichtigung der historischen Gestaltenvielfalt eine angemessene Textsorten-Bestimmung nur in ungefähr der folgenden Weise (mit Ziffern als Abkürzungen für Strophenlängen) geben:

PRÄZISIERUNGSVORSCHLAG

Ein Text ist ein Sonett dann und nur dann, wenn die beiden folgenden Bedingungen erfüllt sind:

(1) Der Text ist abweichend durch Versgliederung

(2) Als interne Funktion der abweichenden Gliederung erfüllen die Verse mindestens eins der folgenden metrischen Schemata:

(a) 8 + 6 Verse

(b) 2 x 4 + 2 x 3 Verse

(c) 3 x 4 + 2 Verse
(d) 4 x 3 + 2 Verse
(e) 2 x 4 + 2 x 3 + 1, 2, 3 oder n x 3 Verse

Diese Begriffsbestimmung verdeutlicht, daß es selbst für eine nach verbreiteter Auffassung so streng ‚geregelte' Gattung wie das Sonett keine einzige feste *Regelbindung* gibt, die nicht auch durch andere Merkmale ersetzbar wäre und historisch tatsächlich ersetzt worden ist. Denn das einzige *notwendige* Merkmal, die abweichende Segmentierung der Sprache durch Versgliederung, ist ja per definitionem keine positive ‚Norm' zusätzlich zu den geltenden Sprachnormen, sondern eine rein negativ bestimmte Verletzung solcher Sprachnormen.

Unverzichtbar ist auch nicht die *Verszahl* von 14 Zeilen – denn das seit dem 14. Jahrhundert belegte ‚Schweifsonett', das mit seinen Varianten im Merkmal (2e) erfaßte ‚sonetto colla coda', geht darüber hinaus. Unverzichtbar ist nicht einmal der für viele individuelle Sonette so wichtige *Reim* – denn reimlose Sonette gibt es nicht erst im 20. Jahrhundert, sondern mindestens seit dem (später noch zu besprechenden) „Ungereimten Sonett" des Christian Gryphius von 1698.

In einer allgemeinen Sonett-Definition kann man also nicht mehr festlegen als eine *alternative* Reihe wechselseitig ersetzbarer Strophengruppierungen. Dabei steht (2a) für die italienische Ausgangsform der vermuteten Herkunft aus einem Acht- und einem Sechszeiler, (2b) für die am meisten verbreitete petrarkistische Form. Die Struktur (2c) beschreibt das von Thomas Wyatt entwickelte und durch Shakespeare bekannt gewordene englische Sonett, das entgegen geläufiger germanistischer Lehrmeinung[284] jedoch auch in Deutschland vom frühen 17. bis zum späten 20. Jahrhundert gar nicht selten aufgegriffen wurde.[285] Eine gelungene Harmonisierung der Sonettformen Petrarcas und Shakespeares stellt die Variante (2d) dar, wie sie etwa P. B. Shelley in den fünf Sonetten seiner „Ode to the West Wind" verwirklicht hat: auf die den beiden Vorbildern gemeinsamen Quartette wird ganz verzichtet und dafür die jeweilige Besonderheit übernommen, indem auf vier Terzette in Sonett-typischer Reimverschränkung – also Dantes ‚terza rima' – ein abschließender Zweizeiler mit Paarreim, ein ‚heroic couplet' folgt.

Keine Berücksichtigung findet dagegen hier das von Gerald Manley Hopkins so genannte und entwickelte ‚curtal sonnet' aus sechs plus vier Versen mit abschließender Halbzeile; es hat mit dem eigentlichen Sonett in all seinen Spielarten wenig mehr als den *Namen* gemein. Wollte man die Definition der Textsorte auch noch auf solche exzentrischen Fälle ausdehnen, wäre der begrifflichen Beliebigkeit kaum noch eine Grenze gesetzt.

Als erzählende Textsorte wähle ich, um es bei knappen Erläuterungen belassen zu können, die *Fabel*. Hier müßte die definitorische Festlegung etwa folgendermaßen lauten:

PRÄZISIERUNGSVORSCHLAG

Ein Text ist eine Fabel dann und nur dann, wenn alle drei folgenden Bedingungen erfüllt sind:

(1) Der Text ist abweichend durch epische Fiktionalisierung
(2) Der Text ist abweichend durch fortgesetzte Vermenschlichung belebter oder auch unbelebter Gegenstände
(3) Mindestens eine der folgenden Bedingungen ist erfüllt:

(a) Der Text enthält eine explizite Lehre aus der fiktionalen Geschichte
(b) Der Text enthält eine implizite Lehre aus der fiktionalen Geschichte, die sich Punkt für Punkt nach einer konventionalisierten Fabel-Semantik ableiten läßt
(c) Bei den vermenschlichten Gegenständen handelt es sich um sprechende Tiere mit konventionalisierten Allegoriesignalen

Weder explizite noch implizite Lehre dürfen als *notwendige* Merkmale der Fabel aufgefaßt werden, wenn man auch die Weiterentwicklung des Genres in der Literatur des 20. Jahrhunderts miterfassen will: Texte wie Kafkas „Kleine Fabel"[286] oder Reiner Kunzes Versfabel „Das Ende der Fabeln"[287] haben zwar gemäß (3c) noch das klassische, wiewohl nicht unersetzbare Fabelpersonal von sprechenden Tieren mit unverkennbar allegorischem Charakter – aber sie haben keine ‚Moral' im Sinne eines klar resultierenden oder gar ausdrücklich aufgeführten ‚fabula docet' mehr.

Unter den üblicherweise genannten Wesensmerkmalen der Fabel fehlt im Präzisierungsvorschlag das der ‚Kürze'. Aber zum einen ist über die Brauchbarkeit dieses Kriteriums das Nötige schon beim Aphorismus gesagt worden. Und zum anderen spricht kein wichtiger Grund dagegen, mindestens auf der Ebene der *Textsorte* auch umfangreiche und dennoch als ganze offen allegorische Tiererzählungen wie Orwells „Animal Farm" oder Kästners „Konferenz der Tiere" als Fabeln von etwas ungewöhnlicher Länge aufzufassen. Dies ist dagegen nicht mehr möglich bei solchen sich episch verselbständigenden *Tiermärchen* (wie „Die Bremer Stadtmusikanten") und *Tierepen* (von „Reinke de Vos" bis „Donald Duck"), die sich nicht in allen Handlungen ihres sprechenden Tierpersonals als bloße Allegorien erweisen lassen.

Ebenfalls keine Rolle, weder gattungssichernd noch ausschließend, spielt die abweichende *Versgliederung*: Fabeln in Prosa- und in Gedichtform sind *als Fabeln* nicht verschieden. Bei Bedarf können sie aber selbstverständlich nach diesem Kriterium weiter untergliedert und dann auf möglicherweise getrennten Genreentwicklungen hin untersucht werden.

Auch in diesem Fall ist wieder ganz deutlich, daß die alternativen

Merkmale der Fabel überhaupt erst als *Funktionen* der notwendigen Abweichungstypen möglich werden – und umgekehrt diese als sanktionsgeschützt *poetische* Abweichungen legitimieren: erst die Lehre gibt dem Normverstoß der fiktionalen Vermenschlichung Sinn. Die mitgelieferte oder schematisch konventionalisierte Überführung der Geschichte in eine bestimmte Lehre beruht ganz auf der Voraussetzung einer epischen *Fiktion*; Wirklichkeitsberichte haben ja leider kein in dieser Weise eindeutiges, weil hineinkonstruiertes ‚fabula docet'. Und die allegorisch angelegten sprechenden Tiere resultieren als ein komplexer Spezialfall aus der semantischen Abweichung durch *Vermenschlichung* nichtmenschlicher Gegenstände. Ganz ähnlich waren ja auch im Sonett die diversen alternativen Strophenformen erst durch die abweichende Segmentierung der Zeichenketten in Verse ermöglicht worden.

Schließlich als Beispiel einer dramatischen Textsorte noch Grundlinien einer Bestimmung der *Komödie*:

PRÄZISIERUNGSVORSCHLAG

Ein Text ist eine Komödie dann und nur dann, wenn die beiden folgenden Bedingungen erfüllt sind:

(1) Der Text ist abweichend durch dramatische Fiktionalisierung
(2) Mindestens eine der folgenden Bedingungen ist erfüllt:
  (a) Der Text ist durch die Ähnlichkeitsbeziehung wiederholter Situationskomik gekennzeichnet
  (b) Der Text ist durch die Ähnlichkeitsbeziehung wiederholter Verwechslungskomik gekennzeichnet
  (c) Der Text ist durch die Ähnlichkeitsbeziehung wiederholter Sprachkomik im Dialog gekennzeichnet
  (d) Der Text ist durch eine geordnete Reihung in der Weise gekennzeichnet, daß die dadurch erzeugten Erwartungen durch ein überraschendes Happy-End komisch enttäuscht werden

Man wird hier vielleicht die geläufigen Unterarten der ‚Charakterkomödie' bzw. der ‚Sächsischen Typenkomödie' vermissen. Sie sind gleichwohl mit erfaßt – aber aufgeschlüsselt in die Merkmale (2a) und (2c). Denn so wie die wissenschaftliche Psychologie aus guten Gründen von der Erforschung von „Charakteren" und „seelischen Typen" abgekommen ist und mit größerem Erfolg das *Verhalten* und die sprachlichen *Äußerungen* der Menschen studiert, so wird man auch in der Dramenanalyse statt nach der ‚Lustigen Person' besser danach fragen, worin sie sich als solche *zeigt*. Denn Molières „Tartuffe" oder Lessings „Junger Gelehrter" sind ja nicht deshalb Komödien, weil Tartuffe und der junge Gelehrte ‚an und für sich' komische Charaktere oder Typen wären und dies selbst in einer *Tragödienhandlung* noch blieben, sondern weil sie durch ihr besonderes Verhalten und Reden in komische *Situationen* und in komische *Dialoge* geraten.

Jedes der angegebenen alternativen Merkmale (2a) bis (2d) vermag als Funktion der pragmatischen Normabweichung schon für sich allein ein Drama zur Komödie zu machen. Situationskomödie und Verwechslungskomödie werden dabei oft zusammenfallen, jedoch nicht in jedem Fall. Setzt man definitorisch für *Situationskomik* räumliche und physische Aktionen auf der Bühne als der fiktiven Sprechsituation voraus – z. B. die komischen Leiden des dicken Sir John Falstaff zwischen Waschkorb und Themse –, dann beruht die nicht ganz so gemütliche Komik in Kleists „Amphitryon" allein auf dem *Verwechslungsspiel* mit den personalen Identitäten.

Daß der witzige *verbale* Schlagabtausch im Dialog ganz allein eine Komödie tragen kann, läßt sich besonders gut an den handlungsarmen Stücken G. B. Shaws studieren; und an Shakespeares bitteren Komödien „Measure for Measure", „Much Ado about Nothing" und „Twelfth Night or What You Will", daß auch der heitere Umschlag aus einer sich steigernden tragischen Zuspitzung ins überraschende *Happy-End* einem ganzen Drama erst von hinten her eindeutige Komödienstruktur verleihen kann. Ähnlich geschieht dies erst im nachhinein, trotz komischer Einzelzüge in manchen vorhergehenden Szenen, dann auch in Lessings „Minna von Barnhelm" oder in den späten Komödien Hofmannsthals.

Daß der fröhliche Ausgang dennoch nicht als *notwendiges* Merkmal gelten kann, zeigt das Beispiel von Rolf Hochhuths Erfolgskomödie „Die Hebamme", die mit dem Tod der Oberschwester Sophie auf offener Bühne endet. Indem aber die vor allem verbal komödiantische Heroine des Stücks noch im Tod über ihre politischen Widersacher listig triumphiert, bleibt das Stück eine Komödie. Dagegen ist diese Bezeichnung über vielen Dramen Horváths ein gezielt irreführendes Genresignal.

Die Definition der Komödie verdeutlicht zugleich noch einmal, daß von der Struktur der logischen Alternation her auch die gleichzeitige Erfüllung aller alternativen Merkmale *formal* nicht ausgeschlossen ist. Die spezifische Besonderheit der verwendeten Kriterien kann freilich, wie bei den Strophengruppierungen im Sonett, durch *sachliche* Unverträglichkeit die gemeinsame Erfüllung ausschließen. In der Komödie jedoch lassen sich *alle* genannten Merkmale in einem einzigen Drama vereinigen, wie dies die besten Komödien Nestroys demonstrieren – auch wenn sie es hinter der untertreibenden Genrebezeichnung „Posse mit Gesang" eher verstecken.

Möglicherweise vermitteln die gegebenen Definitionsbeispiele den Eindruck, als könne man auf diese Weise ganz nach Wunsch jede *beliebige* Textsorte präzis rekonstruieren. Eine Begriffsstruktur aber, die nichts ausschlösse, liefe leer und wäre wissenschaftlich unbrauchbar. Das trifft jedoch für die hier eingeführten Begriffe „literarische Textsorte" und „Genre" nicht zu. Als Gegenbeispiel einer nicht in dieser Weise präzisierbaren gattungstheoretischen Hypothese wäre etwa die in der Forschung gelegentlich postulierte ‚Gattung Prosagedicht' zu nennen, deren Reichweite erheblich über die sehr spezifische und begrenzte Tradition des ‚poème en prose' im französischen 19. Jahrhundert hinaus unterstellt wird.

Nun hat der Ausdruck „Prosalyrik" sicher seinen guten Sinn, wenn man ihn als Sammelbegriff für alle nicht metrisierten oder nicht einmal vershaften Formen innerhalb der Lyrik verwendet. Ihre Variationsbreite hat Hans Magnus Enzensberger im Rahmen eines einzigen Textes vorgeführt, im „Untergang der Titanic". Dieser Text demonstriert aber gleichzeitig die *Auflösung* aller verläßlich begrenzten Gattungsbegriffe, selbst der Unterscheidungen nach der Gattungstrias: der Sache nach wohl am ehesten als ‚Gedichtzyklus' einzuordnen, wird das Buch im Untertitel als „Komödie", im bekenntnishaften Waschzettel als „episches Gedicht", „Versepos", „Geschichte", „Bericht", „Gedicht" mit einer Vielzahl der „dramatischen, lyrischen und balladesken ‚Gesänge'" inclusive „Bildbeschreibungen, polemische Gedichte, erkenntnistheoretische Modelle, Exkurse und Vergleiche" bezeichnet.[288]

Ähnlich geht aber auch aus theoretischen Erwägungen und anthologischen Textzusammenstellungen zum ‚Prosagedicht' deutlich hervor, daß hier von irgendeiner *einheitlichen* Gattungsbestimmung nicht die Rede sein kann.[289] Es gibt keinerlei Ansatzpunkte zu einer textsortenspezifischen *Eingrenzung* auf bestimmte Typen, Ebenen oder Funktionen poetischer Sprachabweichung, sondern nur eine reine rein ‚familienähnliche', alternative Reihung graphischer, phonologischer, morphologischer, syntaktischer, rhythmischer, semantischer, pragmatischer, textematischer oder logischer Normverletzungen mit ebenso vielfältigen Funktionen.

Möglicherweise handelt es sich also hier zwar um eine literarische Tradition – aber nicht um eine *Gattungstradition,* sondern um die moderne Tradition der *Überwindung* aller traditionellen Gattungsschranken. Denn das Prinzip unbegrenzter Abweichungsmöglichkeiten ist zwar ein allgemeines Prinzip des Poetischen, keinesfalls jedoch Kennzeichen irgendeiner bestimmten *Textsorte* – oder gar eines *Genres,* das spezifische Erwartungen beim Leser auszulösen vermöchte.

4.1.6. *Der Aphorismus als Genre*

> Jedes beliebige Genre rückt in der Epoche seines Verfalls aus dem Zentrum an die Peripherie, an seinem Platz aber taucht aus den Kleinigkeiten der Literatur, aus ihren Hinterhöfen und Niederungen eine neue Erscheinung im Zentrum auf.
>
> TYNJANOV: *Das literarische Faktum*

Vom Genre war auch beim Aphorismus bisher nicht die Rede, sondern nur von der Textsorte. Doch deren genaue Abgrenzung mit einem dennoch variabel strukturierten Begriff ermöglicht es nun auch, Ursprung und Weiterentwicklung des *Genres* ‚Aphorismus' in der europäischen und dann besonders in der deutschen Literatur zuverlässiger zu beschreiben. Die Entstehung des Aphorismus als einer literarischen Kunstform läßt sich nämlich erklären aus der transformierenden *Vereinigung* dreier traditionsreicher Textsorten, die ausnahmslos nicht normabweichend strukturiert, also keine *literarischen* Textsorten waren: der Tradition der medizinisch-naturwissenschaftlichen Lehrbuchaphoristik, der Tradition der biblischen Spruchsammlungen und der Tradition der gelehrten Anthologie von Sprichwörtern und poetischen Zitaten.

Die Textsorte des *Lehrbuchaphorismus* stammt ursprünglich aus dem medizinischen Bereich, aus den namengebenden Texten der hippokratischen Schriften und Galens; in deren Nachfolge wurde sie zunehmend auf die allgemeine Naturwissenschaft, durch Francis Bacons „Novum Organum" auf die Wissenschaftsphilosophie und über spanisch-italienische Tacitus-Kommentare auch auf den politischen Bereich ausgedehnt. Aus ihr rezipiert der literarische Aphorismus vor allem die *konzise Formulierung* (Merkmal 4b) und die häufige Beschränkung auf einen *einzelnen Satz* (Merkmal 4a). Durch den von Sentenz zu Sentenz gedanklich fortschreitenden, nicht umkehrbaren Aufbau haben diese Texte aber überwiegend textematisch nicht abweichende Thesenstruktur, sind also selbst noch keine *literarischen* Aphorismen.

Kontextuell isoliert (Merkmal 1) sind dagegen die einzelnen ‚Apophthegmata' oder ‚Geflügelten Worte', wie sie seit den „Adagia selecta" des Erasmus und ausdrücklich nach seinem Vorbild[290] dann in Deutschland von Agricola und seinem Plagiator Sebastian Franckh, später z.B. von Zincgref und Harsdörffer zu *Sprichwortanthologien* zusammengestellt wurden. Durch den Zitatcharakter war diese Kontextisolierung jedoch noch keine poetische Normabweichung. Die entstand erst, als nach dem Muster solcher Anthologien nunmehr – zuerst, seit Gracián, vor allem in den romanischen Ländern – auch völlig *selbstgemachte* Spruchsammlungen mit künstlich ‚hergestellten' Bruchstellen verfaßt wurden; so wie ja ganz ähnlich auch das Sammeln von Volksliedern, Märchen und altertümlichen Literaturdenkmälern bei Arnim und Brentano zum Schreiben künstlicher ‚Volkslieder', bei Fouqué und Hauff zu Kunstmärchen und in der englischen Literatur zu den Mittelalter-Fälschungen Chattertons und Macphersons führte. Aus der rhetorisch-poetischen Schmuckform vieler Geflügelter Worte wurde dabei zugleich die Stilisierung und *sprachliche Pointierung* in die Aphoristik übernommen (Merkmal 4c). Und weiterhin war auch den Dichterzitaten eine ursprünglich vorhandene *Versgliederung* durch das Isolieren einzelner Sätze und Wendungen meist schon verloren gegangen (Merkmal 2).

Zitatsammlungen sind in gewisser Weise auch die hier relevanten *Bibeltexte,* etwa die Sprüche Salomonis mit ihrer anhaltenden Nachwirkung in der Aphoristik[291] oder auch die Bergpredigt. Diese Zusammenstellung von zunächst verstreuten Worten Jesu aus einer sogenannten ‚Logienquelle' weist strukturell besonders deutlich auf Eigentümlichkeiten der ‚säkularisierten', literarischen Aphorismen voraus. Lediglich der epische Rahmen – erzähltechnisch ist das Neue Testament mit seinen Innenperspektiven etc. eindeutig eine epische Fiktion – entfällt im Aphorismus, in Analogie zu den genannten *nichtfiktionalen* Lehrsatz- und Spruchsammlungen (Merkmal 3). Vor allem die Antithetik von überliefertem Zitat aus dem Alten Testament und kommentierender Gegenformulierung in der Bergpredigt wird für den Aphorismus stilbildend – am deutlichsten für Karl Kraus, dessen Zitat-Aphorismen ja häufig genau dem Schema folgen: „Ihr habt gehört, daß gesagt ist: ... Ich aber sage euch: ..." Vor allem hierher stammt also das Grundelement der provokanten *sachlichen Pointierung* (Merkmal 4d). Denn daß die heterodoxen und stilistisch brillanten Sentenzen der Bergpredigt von den zeitgenössischen Zuhörern als provokant empfunden wurden, wissen wir daher, daß der Chronist dankenswerterweise den literaturwissenschaftlichen Rezeptionsforschern gleich die Publikumsreaktion mitüberliefert hat: „Und es begab sich, da Jesus diese Rede vollendet hatte, entsetzte sich das Volk über seine Lehre; denn er predigte gewaltig und nicht wie die Schriftgelehrten."[292]

Seit wann gibt es nun in *Deutschland* den Aphorismus als literarisches Genre? Die viel ältere französische Tradition in der Nachfolge Pascals und La Rochefoucaulds blieb 120 Jahre lang eigenartig wirkungslos und hatte auch dann, wie Strukturvergleiche belegen können, nur sehr begrenzten Einfluß auf die deutsche Aphoristik. Die Begründer des *Genres* in der deutschsprachigen Literatur sind eindeutig erst Lichtenberg, Friedrich Schlegel und Novalis, während einige aphorismenartige Texte von Zeitgenossen wie Moritz, Lavater und Heinse geringe Folgen für die Genretradition hatten.

Jedoch war mit den ersten Veröffentlichungen eigentlich *literarischer*

Aphorismen von Schlegel, Novalis und Lichtenberg zwischen 1797 und 1806 (in dieser Reihenfolge!) das Genre noch längst nicht fest *institutionalisiert*. Man kann das vor allem an den Gattungsbezeichnungen ablesen, die eine Zeitlang wie Jean Paul zwischen „Heischesätze – Apophthegmen – Philosopheme – Erasmische Adagia – Bemerkungen" u. v. a. m. schwanken und so zur eindeutigen Erwartungssteuerung ungeeignet sind.[293] Die Begründer des literarischen Aphorismus selbst benutzen nicht diesen, sondern verschiedene andere Namen – so Schlegel („Fragmente", „Ideen", oft in ähnlichem Sinne auch „Witz"), Novalis („Fragmente", „Studien", „Einfälle", „Blütenstaub", „Vermischte Bemerkungen") und vor allem Lichtenberg („Sudelbuch", „Schmierbuch", „Gedankenbuch", „Büchelchen" sowie eine Fülle einmalig auftretender Benennungen wie „Flicksentenzen" oder „Pfennigwahrheiten"). Umgekehrt verwenden sie den Ausdruck „Aphorismen" fast ausschließlich im Zusammenhang mit den überlieferten *außerliterarischen* Textsorten politischer (so Novalis) oder naturwissenschaftlicher Lehrbuchaphoristik (so Lichtenberg, Goethe, A. v. Humboldt und Görres).

Auch als Titel *philosophischer* Werke wird das Wort von Platners „Philosophischen Aphorismen" aus dem Jahre 1776 über Schellings „Aphorismen zur Einleitung in die Naturphilosophie" (1806–12) bis zu Schopenhauers „Aphorismen zur Lebensweisheit" von 1851 noch nicht im textsortenspezifischen Sinne gebraucht; diese „Aphorismen" sind Aphorismen so wenig wie der „Walfisch" ein Fisch und wie Hegels „Logik" eine Logik. Denn auch für Schopenhauers populäres Buch, das man seiner Struktur nach nur als eine locker gefügte Folge zusammenhängender Abhandlungen klassifizieren kann, gilt noch das Diktum Hegels aus seiner Rezension von Göschels „Aphorismen über Nichtwissen und absolutes Wissen" aus dem Jahre 1829:

> Aphorismen mochte der Herr Verfasser seine Betrachtungen ... nur darum nennen, weil er sie nicht in die förmlichere Methode der systematischen Wissenschaft und in abstraktere Ausführlichkeit gefaßt hat. Sonst steht der Vortrag innerhalb der besonderen Materien und Gesichtspunkte, welche betrachtet werden, in gründlichem Zusammenhange ...[294]

Diese Bemerkung ist symptomatisch für die in der ersten Hälfte des 19. Jahrhunderts noch bestehende Unsicherheit über Wort und Textsorte „Aphorismus". Um das Jahr 1900 herum hat sich dagegen bereits eindeutig der literarische Aphorismus als vorherrschender Bedeutungsträger des Wortes durchgesetzt, wie etwa an der häufigen Verwendung im Titel von Anthologien nach *verschiedenen* Autoren abzulesen ist.[295] Das Genre des Aphorismus ist also am *Ende* des 19. Jahrhunderts fest etabliert, in der *Mitte* des Jahrhunderts noch instabil; zwischen diesen beiden Eckdaten wird man die Periode der endgültigen Institutionalisierung dieser Textsorte im literarischen Leben Deutschlands ansetzen müssen.

In allen meinen Überlegungen zu Textsorte und Genre des Aphorismus habe ich eine Fragestellung weitgehend beiseite gelassen, die in der gattungstheoretischen Forschungsliteratur zum Aphorismus meist ganz obenan steht: die Frage nach der ‚Denkform des Aphorismus' oder nach der ‚Denkhaltung des Aphoristikers'. Dies beruht jedoch nicht, wie es scheinen könnte, auf einer Entscheidung für eine rein ‚formale' Betrachtung von Gattungen, sondern schlicht auf der Entscheidung, klar zwischen den Aufgaben von Theorie und Empirie zu *differenzieren*. Wenn man nämlich problemreiche *empirische* Fragen wie die nach ‚der' aphoristischen Gedankenwelt oder nach der geistigen Persönlichkeit ‚des' Aphoristikers schon in die theoretisch verallgemeinernde Abgrenzung der *Gattung* hineinzieht, wird das weder der Klarheit der Begriffsdefinition noch der Tragweite historischer Forschungsresultate sonderlich gut bekommen.

Damit wird wohlgemerkt nicht etwa die Möglichkeit *ausgeschlossen*, daß aphoristische Textstrukturen und bestimmte gedankliche Haltungen besonders häufig miteinander verbunden sind. So legt sich zum Beispiel der Eindruck nahe, daß sich aus der Kontextisolierung des Aphorismus mit ihren alternativen Funktionen immer wieder eine Neigung zur nichtspekulativen Einzelfallbetrachtung und damit zum *Empirismus* ergibt – ganz unabhängig vom jeweiligen philosophiegeschichtlichen Entstehungszusammenhang. Das beginnt bereits in den ständig und ausdrücklich erfahrungsbezogenen Aphorismen des Hippokrates und seiner antimagischen Tradition in der Geschichte der Medizin. Seine markanteste Ausprägung erfährt es in Francis Bacons „Novum organum scientiarum", das als programmatische Streitschrift der modernen experimentellen Naturwissenschaft gleich im einleitenden „Aphorism I" den Grund- und Hauptsatz des Empirismus komprimiert:

> Man, being the servant and interpreter of Nature, can do and understand so much and so much only as he has observed in fact or in thought of the course of nature. Beyond this he neither knows anything nor can do anything.[296]

Bacons Buch hat Lichtenberg als „heuristisches Hebzeug" besonders hoch geschätzt.[297] Er selbst, der als Physiker diese experimentelle Naturwissenschaft in Deutschland mit durchsetzte, hat nicht nur 1784 die noch gemäß naturwissenschaftlicher Tradition aphoristisch abgefaßten „Anfangsgründe der Naturlehre" seines Lehrers und Freundes Erxleben überarbeitet und mit gleichfalls aphoristischen Zusätzen herausgegeben – er hat auch in seinen *literarischen* Aphorismen immer aufs neue die Grundfigur des physikalischen wie des gedanklichen Experiments wiederholt.

Während Novalis ebenfalls ein naturwissenschaftlich stark interessierter und informierter Aphoristiker war, kann man das von Nietzsche und Karl Kraus beim besten Willen nicht behaupten. Dennoch sind auch deren aphoristische Texte in hohem Maße von *erfahrungsbezogener* Argumentation gekennzeichnet; bei Nietzsche vor allem in Gestalt provokanter, durch psychologische und biologische Fakten gestützter Skepsis gegen idealistische Theoreme, bei Kraus im fanatischen Beharren auf der Aufschlußkraft sprachlicher Detailbeobachtung. Und selbst ein Autor wie Theodor W. Adorno, im allgemeinen jeder empiristischen Neigung unverdächtig, zeichnet sich in seinen aphoristischen „Minima moralia" durch große Erfahrungsnähe und durch den einleuchtenden Anschluß allgemeiner Reflexion an Beobachtungen aus dem praktischen Leben aus:

Wie manchen Dingen Gesten, und damit Weisen des Verhaltens einbeschrieben sind. Pantoffel – „Schlappen", slippers – sind darauf berechnet, daß man ohne Hilfe der Hand mit den Füßen hineinschlüpft. Sie sind Denkmale des Hasses gegen das sich Bücken.[298]

Die Vermutung, daß diese Verbindung von Aphorismus und Empirismus geradezu ein *Gattungsmerkmal* sei, ließe sich jedoch leicht mit dem Beispiel der nachdrücklich spekulativen Aphorismen Friedrich Schlegels widerlegen. Allenfalls könnte man auch bei ihm darauf hinweisen, daß sich hier eine gewisse *Abstufung* zwischen seinen „Fragmenten" und den „Ideen" ergibt, die der angeführten empiristischen Grundtendenz in der Kontextisolierung von Aphorismen entspricht. Die meist wolkig-pointenarm formulierten und allein in der Sache provokanten „Ideen" über Religion, Metaphysik und Kunst verlieren durch einzelne Rückverweise und durch den ausdrücklich zusammenfassenden Schluß beinahe schon ihre aphorismenspezifische *Isolation* als textematische Abweichung.[299] Dagegen nähern sich die im ganzen wesentlich individueller und konkreter angelegten Lyceums- und Athenäums-Fragmente auch strukturell sehr viel stärker dem Idealtypus der Textsorte ‚Aphorismus' im Sinne einer *gleichzeitigen* Erfüllung aller notwendigen und alternativen Merkmale.

Daran wird deutlich, daß solche Fragen der Verwendung und gedanklichen Ausfüllung einer literarischen Textsorte allein durch gründliche historische Einzelforschung von Fall zu Fall geklärt werden können. Die literaturtheoretische Prinzipienreflexion hat dafür lediglich geeignete Begriffe und fruchtbare Hypothesen bereitzustellen, keinesfalls aber die Ergebnisse der Untersuchung vorab zu verordnen. Die Gattungstheorie kann der literarischen Erfahrung nur *dienen*, nicht sie *ersetzen*.

4.2. Literaturgeschichte

> Tradition?: Das ist die Gesinnung der Faulen; die Pfützen stehen läßt, weil sie vielleicht noch von der Sintflut herrühren könnten.
>
> A. SCHMIDT: *Die Gelehrtenrepublik*

Am Beispiel der Entwicklung des literarischen Genres ‚Aphorismus' hat sich schon abgezeichnet, wie die literaturtheoretische Konzeption von Norm und Abweichung auch für die *Geschichte* einer Gattung und damit für *spezielle* literarhistorische Forschung fruchtbar gemacht werden kann. Ich möchte nun zeigen, daß die neu interpretierte Abweichungstheorie auch zu der *prinzipiellen* Frage nach der ‚Geschichtlichkeit der Literatur' klärende Beiträge zu leisten imstande ist.

Denn jede historische Forschung hat es mit der Grundkategorie der *Veränderung* zu tun. Sie muß dabei die geschichtlichen Veränderungen zum einen angemessen *beschreiben,* zum andern sachgerecht *erklären.* Eine Beschreibung literarhistorischer Veränderungen setzt nun – mindestens stillschweigend – eine Theorie der literarischen *Ähnlichkeit* und der signifikanten *Verschiedenheit* voraus. Andernfalls ließe sich ein tiefgreifender dichtungsgeschichtlicher Wandel gar nicht von der nur leicht variierenden Wiederholung poetischer Schemata unterscheiden.

Hier bietet nun das Abweichungsmodell die Möglichkeit, den literarhistorischen Prozeß von eintretenden Differenzen und bewahrten Analogien begrifflich genauer zu erfassen – als Veränderung von Sprachnormen, von Abweichungstypen oder auch von Funktionsweisen. Es ist dies zunächst einmal schon die Möglichkeit, den fraglichen Wandel genauer zu lokalisieren: Hat sich die Sprache selbst in ihren geltenden *Normen* verändert? Werden in der Dichtung neue Weisen der *Abweichung* gegenüber seit langem bestehenden Sprachnormen erprobt? Treten bereits bekannte Abweichungsformen in den Dienst neuartiger *Funktionen* interner oder auch externer Art?

Darüber hinaus bieten sich aber auch systematische Anknüpfungspunkte für die *Erklärung* literarhistorischen Wandels. Denn sprachliche Normen, poetische Abweichungen, interne und externe Funktionen stehen ja in enger theoretischer Abhängigkeit untereinander; dadurch läßt sich in begrifflich geklärten Verfahren erfassen, in welchem Umfang und in welcher Weise sich Veränderungen bei einem dieser Faktoren auf die anderen Faktoren auswirken. Als erheblicher Vorteil erweist sich dabei die Tatsache, daß das Abweichungsmodell hier von vornherein auf größtmögliche Durchlässigkeit für Veränderungen *außerhalb* der Literatur angelegt worden ist: durch die Interpretation von Sprachnormen über gesellschaftlich sanktionierte Institutionen und von poetischen Abweichungen über mögliche textexterne Funktionsbezüge. Daraus ergeben sich Begriffsnetze und Forschungsstrategien sowohl für das Problem der historischen Entwicklung *innerhalb* der ‚literarischen Reihe' aufeinander folgender Dichtungen als auch für die Frage, wie ‚literarische' und ‚außerliterarische Reihe', wie Literaturgeschichte und allgemeine Geschichte miteinander *zusammenhängen.*

Zu beachten bleibt bei alledem jedoch immer das eherne Prinzip der zeitlichen Reihenfolge: Ein literarisches Werk kann auf alle ihm historisch *voraufgehenden* Werke und Ereignisse bezogen sein, aber nicht auf irgendwelche *nachfolgenden.* So wenig ein Text einem erst späterhin sich etablierenden Genre angehören kann, so wenig kann es auch sonst für die historische Erklärung literarischer Phänomene darauf ankommen, was für Ereignisse innerhalb und außerhalb der Literatur im nachhinein noch eintreten. Die Chronologie ist nicht umkehrbar; auch für historische Wissenschaften gilt der alltägliche und physikalische Zeitbegriff der *einsinnig* verfließenden Zeit. Ein literarisches Werk kann zwar zukünftiges Geschehen beeinflussen, aber nicht umgekehrt. Die Geschichte macht keine Saltos. Alle literaturwissenschaftlich geläufigen Redeweisen von „vorausweisen", „vorwegnehmen", „vorgreifen", „vorbereiten", „vorausahnen", „antizipieren", „sich ankündigen" und dergleichen sind deshalb entweder nicht mehr als eine erlaubte ‚façon de parler' für chronologische Abfolge – oder unerlaubter Unsinn.

4.2.1. *Literarhistorische Quasi-Normen*

> Ein Brauch, bei dem der Bruch
> Mehr ehrt als die Befolgung.
>
> SHAKESPEARE: *Was ihr wollt*

Was zunächst die *innerliterarische* Entwicklung poetischer Elemente und Strukturen angeht, so haben hier abweichungstheoretische Vorstellungen schon eine eigene und bedeutende Geschichte. Im Russischen Formalismus wie im Prager Strukturalismus hat sich der Schwerpunkt des Interesses zunehmend von der Abweichung gegenüber standardisierten Sprachformen zur Abweichung gegenüber literarischen Traditionen verlagert: von der ‚Verfremdung' zur ‚literarischen Evolution' und von der ‚Aktualisierung' zur Theorie der ‚avantgardistischen Generation'. Diese Entwicklung liegt von der Sache her auch nahe: das Prinzip der ‚literarischen Evolution' als der ständigen Ablösung automatisierter Genres durch unverbrauchte neue Formen läßt sich auffassen als eine historische *Dynamisierung* des poetischen Prinzips der Normabweichung überhaupt.[300]

Die funktionale Bindung poetischer Sprachabweichungen kann nämlich durch Etablierung fester Genres konventionell so weit erstarren, daß der für Poesie grundlegende Effekt des Verstoßes gegen die Erwartungen durch Gewöhnung *verblaßt* oder ganz *verlorengeht*. Wie aus dem ‚fremdartigen Wort' des Dichters so ein Allerweltswort wird, hat Goethe treffend beschrieben:

> Wenn eine gewisse Epoche hindurch in einer Sprache viel geschrieben und in derselben von vorzüglichen Talenten der lebendig vorhandene Kreis menschlicher Gefühle und Schicksale durchgearbeitet worden, so ist der Zeitgehalt erschöpft und die Sprache zugleich, so daß nun jedes mäßige Talent sich der vorliegenden Ausdrücke als gegebener Phrasen mit Bequemlichkeit bedienen kann.[301]

Über Ausdrücke und Phrasen einer Sprache hinaus trifft dies in besonderem Maße auf innerliterarische ‚Regelsysteme' im Sinne implizit oder explizit kanonisierter interner Funktionen zu. Bekannte Beispiele solcher literarhistorischen Konventionalisierungen sind etwa metrische und strophische Schemata, fixierte allegorische Metaphernsysteme, quasirealistische Erzähltechniken oder naturalistisches Illusionstheater. In solchen Fällen kommt es zur Entstehung innerliterarischer *Quasi-Normen*: sie fungieren für die Dichtung in ähnlicher Weise als Erwartungsvorgaben wie die primären sprachlichen Normen, unterscheiden sich von diesen jedoch durch eine sehr viel weniger strikte Geltung.

Denn Quasi-Normen beruhen ausschließlich auf faktischer *Gewöhnung* an häufig wiederkehrende Strukturen, nicht aber wie die primären Sprachnormen auf dem lebenswichtigen gemeinsamen Interesse an erfolgreicher Verständigung im sozialen Zusammenleben. Mit anderen Worten: Quasi-Normen begründen zwar Erwartungen, aber keine ‚lernunwilligen' oder ‚Erwartungserwartungen'. Wir bestehen nicht mit einem den Sprachnormen vergleichbaren Nachdruck auf ihrer Erfüllung, wenn sie einmal ausbleibt. Als Kriterium kann hier wieder das praktizierte *Sanktionsverhalten* gelten: Die Verletzung geltender Sprachnormen zieht in der Regel Sanktionen nach sich, der Verstoß gegen eine Quasi-Norm in aller Regel nicht. Im Gegenteil, er wird oft genug um seines Neuigkeitswertes willen als *besonders* poetisch gefeiert – statt, in Analogie zur Sprachwidrigkeit, als ‚poesiewidrig' ausgemerzt zu werden. Und dies gilt, wie die zitierten Bekenntnisse zur dichterischen Originalität selbst bei Boileau, Opitz und Gottsched gezeigt haben, nicht erst im 20. Jahrhundert.

Den Bereich der ‚literarischen Erziehung', in dem man z. B. bei ersten Reimversuchen das holpernde Versmaß verbessert, muß man hier als einen ähnlichen Sonderbereich wie die Spracherziehung mit ihren institutionellen Sanktionen ausklammern; dies ist nicht die normale Form literarischer Rezeption. Und eine negative literarische *Wertung* ist etwas anderes als eine Sanktion: sie zielt nicht wie eine sprachliche Korrektur auf die verbesserte Wiederholung derselben Äußerung zum Zwecke gesicherter

Verständigung, ist überhaupt nicht oder nur ausnahmsweise eine Kommunikation zwischen Rezipient und Produzent, sondern eine Kommunikation der Rezipienten *untereinander.*

Und wenn die Verletzung literarhistorischer Quasi-Normen doch einmal Sanktionen nach sich ziehen sollte, so werden diese von dem davon Betroffenen, vom Dichter, kaum jemals *akzeptiert* werden; dagegen stellt das regelmäßige Akzeptieren von Sanktionen im Bereich der Sprachnormen gerade das entscheidende Kriterium ihrer impliziten Geltung dar. Wer sich nämlich einmal dazu entschlossen hat, anders zu dichten als üblich, wird sich davon auch durch den Vorwurf, das sei unüblich, nicht abbringen lassen – ganz im Sinne von Hölderlins lutherhaft trotzigem Bekenntnis:

> Sollten aber dennoch einige eine solche Sprache zu wenig konventionell finden, so muß ich ihnen gestehen: ich kann nicht anders.[301]

Daß Verstöße gegen literarhistorische Quasi-Normen erst *sekundäre* Abweichungen und nicht, wie poetische Abweichungen von den primären Sprachnormen, *fundamentale* Merkmale jeder Poesie sind, ergibt sich noch deutlicher aus einem anderen Sachverhalt: Dichtung kann auch ganz *ohne* diese sekundären Abweichungen auskommen. Selbst das völlige Verharren eines literarischen Textes im vorgegebenen Rahmen überlieferter Quasi-Normen macht ihn noch nicht zu einer außerliterarischen Äußerung. Es wirkt sich zwar voraussichtlich aus auf seine Gattungszuordnung (restloses Aufgehen in einem bekannten Genre), seine historische Stellung (Epigonalität), seine gesellschaftliche Zweckdienlichkeit (eher zur Stabilisierung als zur Veränderung von Bestehendem) und seine Bewertung (Schematismus als Kennzeichen literarischer Trivialität) – aber nicht auf seine Zugehörigkeit zur Literatur überhaupt. Ein durchweg klischeehaftes Gedicht mag kein gutes Gedicht sein, aber es bleibt noch immer ein Gedicht.

Im ganzen jedoch legt die Literaturgeschichte reiches Zeugnis dafür ab, daß Quasi-Normen die sekundären Abweichungen in Gestalt literarhistorischer Innovationen geradezu provozieren. Denn diese Innovationen können gegenüber den primären poetischen Abweichungen der schwächeren Normgeltung wegen zwar nur einen *abgeschwächten,* aber doch in vieler Hinsicht vergleichbaren Effekt der produktiven Enttäuschung gegebener Erwartungen auslösen.

Dementsprechend unterliegen freilich auch die Quasi-Normabweichungen, wenn sie als *poetisch* gelten sollen, der gleichen Forderung nach dem Bestehen einer internen oder externen *Funktion,* die den Verstoß als sinnvoll rechtfertigt. Die sekundäre Abweichung muß also auch hier durch systematisches Auftreten besondere Beziehungen zwischen den Textelementen aufbauen oder andernfalls wenigstens im Hinblick auf einen außertextlichen Sachverhalt zielgerichtet eingesetzt werden. Dies wäre einer gelegentlich anzutreffenden Übertreibung literarhistorischer Innovationstheorien entgegenzuhalten – dem Mißverständnis nämlich, der Reiz des Neuen sei ein *Selbstzweck* literarischer Produktion. Es bloß irgendwie anders zu machen als bisher, reicht jedoch auch hier zur Einführung poetischer Neuschöpfungen allein nicht aus.

Ein Spezialfall innerliterarischer Abweichungen ist schließlich die funktionale Verletzung einer *textinternen* Quasi-Norm. Dies darf man freilich erst recht nicht mit primären poetischen Abweichungen gleichsetzen. Denn der Verstoß richtet sich hier lediglich gegen im selben Text zunächst vorhandene Regelmäßigkeiten als rein statistische Fakten; durch sie werden zwar Erwartungen, aber keine kontrafaktisch stabilisierten Erwartungen höherer Ordnung wie durch Normen erzeugt. Und vor allem sind dies gar keine vorgegebenen *sozialen* Realitäten wie selbst noch etablierte Genrekonventionen, sondern individuelle Festsetzungen eines Autors für jedes individuelle Werk.

Aus diesem Grunde darf man auch hier wieder nur von textinternen *Quasi-Normen* sprechen; von einiger Bedeutung für die Dichtung sind jedoch auch sie. Denn wenn die einem Werk eigentümlichen internen Funktionen zu einer konstanten Struktur der Ähnlichkeit oder geordneten Reihung führen, dann ruft das analog zu Sprachnormen und literarhistorischen Quasi-Normen gewisse Erwartungen hinsichtlich der Fortführung des Textes hervor. Auch diese Erwartungen aber können im Dienste bestimmter Aufgaben zunächst *aufgebaut* und dann poetisch *enttäuscht* werden. Ein ebenso einfaches wie bekanntes Beispiel dafür ist der ‚metrische Kontrapunkt' in der Schlußstrophe von Wilhelm Buschs Gedicht „Fink und Frosch":

Wenn einer, der mit Mühe kaum
Geklettert ist auf einen Baum,
Schon meint, daß er ein Vogel wär,
So irrt sich der.[302]

Durch die penetrant gleichmäßigen vierhebigen Jamben der ersten drei Verse wird hier die Erwartung erzeugt, daß dieses Versmaß als textinterne Quasi-Norm auch im Schlußvers eingehalten wird. Aber wer dies erwartet, der ‚irrt sich' genauso und an genau derselben Stelle des Gedichts wie der vom Baum plumpsende Frosch. Die Textstruktur *simuliert* also sprachlich den erzählten Ereignisablauf; die enttäuschte metrische Erwartung erzeugt – im Sinne einer Wirkungsdisposition – beim Leser bzw. Hörer einen analogen Effekt zu dem, der an diesem Punkt des Gedichts dargestellt wird. Dies ist die externe Funktion der Abweichung von der internen Quasi-Norm des Metrums.

Die Wertschätzung und damit die Häufigkeit solcher Abweichungen von verschiedenartigen Quasi-Normen im Dienste überraschender Wirkungen schwankt freilich stark im Verlaufe der literaturgeschichtlichen

Entwicklung. Zum einen ist allen Vorstellungen von literarischem Wandel als ‚permanenter Revolution' entgegenzuhalten, daß man sich den Ablösungsprozeß von Quasi-Normensystemen im ganzen nicht nach dem irreführenden Muster der kurzatmigen Abfolge literarischer Moden im 20. Jahrhundert ausmalen darf. In der Regel benötigt ein poetisches Genre zunächst einmal eine gewisse Anlaufzeit bis zu seiner vollzogenen Etablierung. Und auf diese ‚Gründerphase' folgt dann oft eine längere Phase stabiler ‚normal poetry', in der sich die literarhistorische Weiterentwicklung nicht auf die *Veränderung* der Textsorte richtet, sondern auf ihre variierende *Ausfüllung* und *Erprobung*: auf neue Versformen, neue Reimwörter, neue Handlungselemente, auf neue Themen und Zielsetzungen. Es mag ja z. B. richtig sein, daß die Möglichkeiten eines künstlerisch produktiven Umgangs mit dem Endreim in der deutschen Sprache nunmehr erschöpft sind; aber um sie zu erschöpfen, hat die deutsche Literatur zwischen Otfrid von Weißenburg und Gottfried Benn ein gutes Jahrtausend gebraucht.

Zum andern verhält es sich mit der Vorliebe für die energische dichterische Innovation auch in den verschiedenen Epochen verschieden. In manchen Zeiten wird mehr Wert auf die sorgfältige *Erfüllung* traditionsgegründeter Quasi-Normen gelegt, in anderen Zeiten auf ihre *Destruktion* zugunsten neuer Wege. Dies kann man sehr gut an der ungleichmäßigen Rezeptionsgeschichte der englischen ‚metaphysical poets' um John Donne studieren, deren abweichungsintensive, in Metrik und Semantik höchst unkonventionelle Lyrik schon bei ihren Zeitgenossen im frühen 17. Jahrhundert auf eher gemischte bis skeptische Resonanz stieß. Selbst ein Ben Jonson, der doch „John Donne the first poet in the world in some things" nannte, wetterte als Verfechter der metrischen Quasi-Normen seiner Zeit zugleich, „That Donne for not keeping of accent deserved hanging".[303]

Dabei war in der englischen Literatur gerade die Zeit von 1580 bis 1680 mit Autoren wie Spenser, Marlowe, Shakespeare, Jonson, Donne, Marvell, Bunyan und Milton ein Jahrhundert von außerordentlicher dichterischer Vielfalt. In der weitaus stärker auf einheitlichen Quasi-Normen bestehenden Folgezeit von Restauration und Klassizismus, von Dryden, Pope und Dr. Johnson gerieten die normpoetisch sperrigen ‚metaphysical poets' dann weitgehend in Vergessenheit. Die literarhistorischen Wiederbelebungsbemühungen der Romantiker und des späteren 19. Jahrhunderts änderten daran nichts, richteten sie sich doch in erster Linie auf noch frühere Epochen – auf die hellenische Antike, auf die ‚gothic poetry' des Mittelalters und auf die präraffaelitische Renaissance.

Erst im 20. Jahrhundert, vor allem nach der Wiederentdeckung Donnes und Marvells durch T. S. Eliot, stieg das Interesse an den ‚metaphysical poets' sprunghaft und in kaum vorhersehbarem Maße wieder an. Das dürfte damit zu tun haben, daß in der Literatur der Moderne in erster Linie die *Überwindung* überkommener literarischer Gewohnheiten prämiiert, die *Befolgung* tradierter Quasi-Normen dagegen eher scheel angesehen wird – etwa im Sinne von Arno Schmidts spöttisch herabsetzendem Diktum: „Wenn Einem gar nischt Neues einfällt, dann sind seine Dichtungen eben von ‚Klassischer Strenge'."[304]

4.2.2. *Entwicklungslinien der modernen Lyrik*

> Der erste, der – vor Jahrhunderten! – auf Sonne Wonne reimte, auf Herz Schmerz und auf Brust Lust, war ein Genie; der tausendste, vorausgesetzt, daß ihn diese Folge nicht bereits genierte, ein Kretin.
>
> A. HOLZ: *Evolution der Lyrik*

Gerade am Beispiel lyrischer Strukturwandlungen im 20. Jahrhundert sollen nun die Möglichkeiten der Abweichung von innerliterarischen Quasi-Normen und ihre verschiedenartigen Funktionsweisen etwas näher untersucht werden. Ich wähle diesen exemplarisch gemeinten Fall – mit gleichfalls bloß exemplarischer Beschränkung auf deutschsprachige Lyrik –, weil gerade er in der literaturwissenschaftlichen Diskussion besonders hartnäckig umstritten ist: Inwieweit sich vor allem die avantgardistische Lyrik der letzten Jahrzehnte im Rahmen einer systematisch fundierten *Verstheorie* beschreiben und in irgendeinen *formgeschichtlichen* Zusammenhang mit älteren Gedichttraditionen bringen läßt, das stellt nach wie vor ein ungelöstes Problem der metrischen wie der literarhistorischen Forschungsdebatte dar.

Problematisch könnte diese Beispielwahl – wie manch andere dieser Untersuchung – allerdings durch die angedeutete Gefahr einer überzogenen Akzentuierung literarischer Tendenzen der *Moderne* erscheinen. Dies resultiert aus der grundlegenden Zielsetzung, die neuere und neueste Literatur wieder in einen einheitlichen poetologischen Zusammenhang mit traditioneller Dichtung zu bringen und dabei alte literaturtheoretische Einsichten auf dem Entwicklungsstand unserer Zeit neu zu formulieren; das macht das überproportionale Zitieren aus literarischen Werken des 20. Jahrhunderts unumgänglich. Dadurch könnte leicht der Eindruck entstehen, hier würde eigentlich nur die dominierende Abweichungsästhetik moderner Poesie zur *allgemeinen* Literaturtheorie extrapoliert und somit zu Unrecht auch auf die grundsätzlich anders geartete Literatur früherer Jahrhunderte übertragen.

Doch dieser Eindruck wäre verfehlt, wie die ebenfalls gewollt reichlich gegebenen Belegfälle aus sehr viel früheren Epochen anzeigen. Die vorgeschlagene Neufassung des Abweichungsmodells ist gerade darauf angelegt, die neuere wie auch die ältere und älteste Poesie theoretisch *gleichermaßen* adäquat zu erfassen. Denn eine Poetik, die allein auf der Basis der Literatur des 17., des 18. und selbst noch des kompletten 19. Jahrhunderts aufgebaut wäre, könnte für die Literatur des zwanzigsten keine ausreichenden begrifflichen Mittel mehr bereitstellen. Dagegen sieht man erst mit einer an *heutiger* literarischer Produktion geschulten Theorie auch im Hinblick auf manche Phänomene *älterer* Dichtung wirklich klar. Am eindrucksvollsten demonstriert das wohl das Beispiel der mit bemerkenswerter Verspätung zur Blüte gekommenen deutschen Barockforschung, das in vielem eine Parallele zum Fall der englischen ,metaphysical poets' darstellt.

Im folgenden soll gezeigt werden, daß dies auch und gerade auf den Bereich der *Verslehre* zutrifft. Denn einerseits ist offenbar jede am Paradigma *traditioneller* Verssprache orientierte Metrik angesichts einiger moderner Entwicklungen im Bereich der Lyrik mit ihrem Latein (und auch mit ihrem Griechisch) am Ende. Andererseits könnten einige Probleme der älteren Verslehre in neuem Licht erscheinen, wenn man sie in engerem Zusammenhang mit *experimenteller* Poesie des 20. Jahrhunderts zu analysieren sucht.

Zugleich gerät damit das Abweichungsmodell an seinen härtesten Prüfstein überhaupt: die Metrik, das Reich des strengen Maßes – oder doch jedenfalls des *geregelten* Maßes – ist natürlich der eigentliche ,locus classicus' für das Regelmodell der Poesie. Soll die Abweichungstheorie mit diesem konkurrieren können, muß sie auch ein über Jahrtausende hinweg so dominierendes Merkmal poetischer Sprache wie den Vers in mindestens vergleichbar überzeugender Weise theoretisch erklären. Lassen sich aber metrische Strukturen überhaupt, und zwar sachlich angemessen, als von geltenden Normen *abweichender* Sprachgebrauch interpretieren?

Solche Zweifel liegen gewiß nahe; sie lassen sich jedoch ausräumen. Im vorigen Kapitel ist im Rahmen der Bestimmung der Textsorte „Lyrik" implizit auch schon das Prinzip vershaften Sprechens benannt worden: als abweichende *Gliederung* der Rede zugunsten interner Funktionen, nämlich von Ähnlichkeitsbeziehungen z. B. in phonologischer, syllabischer oder syntaktischer Beziehung. Und bereits beim Durchgang durch die Ebenen poetischer Sprachabweichung waren des öfteren Normverletzungen vorgekommen, deren interne Funktion in der Ermöglichung vershafter Strukturen bestand: die Veränderung von Vokalquantitäten oder von Schreibgewohnheiten, von Phonemfolgen oder von Satzstellungen.

Für sich genommen liegt hier natürlich in beiden Fällen eine einfache *Umdrehung* der Relationen nahe. Solche Phänomene scheinen sich sehr viel zwangloser im Sinne des poetologischen Regelmodells auffassen zu lassen, nämlich als „Seiltanzen mit Fesseln an den Füßen" im Sinne Voltaires[305]: als zusätzliche *Normierung* der Sprache durch metrische Gesetze, deren Befolgung dann und wann auch einmal in Konflikt mit anderen Formierungs- und Segmentierungsregeln der Sprache geraten *kann.*

Aber die oberflächlich größere Plausibilität der Erklärung durch übergeordnete Regelbildungen besagt noch nichts darüber, welches Erklärungsmodell sich einer Bewährungsprobe durch Grenz- und Sonderfälle besser gewachsen zeigt. Will man entscheiden, ob die abweichende Segmentierung oder die zusätzliche Regulierung *fundamentaler* für den Vers ist, so muß man für eine solche Belastungsprobe einmal je eines der beiden Prinzipien *außer Kraft setzen.* So kann man probeweise die strukturelle *Ähnlichkeitsbeziehung* als Quasi-Norm eines Gedichts eliminieren, also etwa das Reimschema oder auch die regelmäßige Hebungszahl punktuell bzw. entgegen traditionsbegründeter Erwartung sogar durchgehend fallen lassen. Dann bleibt dem Gedicht die abweichende *Segmentierung* dennoch erhalten. Diese verstypische Normabweichung kann also auch ohne eine sie veranlassende Strukturregularität als ihre interne Funktion auskommen. Im angegebenen Fall ergibt sich einmal ein *reimloser* Vers (eine ,Waise'), das andere Mal ein *ungebundener* Vers (ein ,metrischer Kontrapunkt') – aber in jedem Falle noch immer ein *Vers.*

Dessen Abkopplung von der *internen* Funktionsbindung ans Reim- und Hebungsschema kann durch eine *externe* Funktion sogar poetisch aufs beste gerechtfertigt sein. Mit der abweichenden Hebungszahl geschieht das zum Beispiel in komischer Weise durch den zitierten Schlußvers in Buschs „Fink und Frosch" – und in sehr ernsthafter Weise etwa bei Goethe durch die metrisch verkürzte Anrufung „Süßer Friede" in „Wanderers Nachtlied" („Der du von dem Himmel bist"). Entsprechend kann auch ein naheliegender und dann doch ausbleibender Reim als sprachlicher Witz geradezu mit den Erwartungen der Hörer oder Leser spielen. So etwa in den trotz häuslicher Vorbereitung kläglich mißratenden Reimversuchen der Schildbürger bei der Bürgermeister-Wahl und ähnlich – vielleicht nach ihrem Vorbild – bei Gryphius im Dialogtext der ,Wand' in seiner Sommernachtstraum-Komödie „Peter Squentz":

Was soll ich viel reimen oder sagen,
eh ich nicht hab einen vollen Hals?
(. . .)
Wer nicht wohl kann reimen und renken,
den sollt man an den Galgen knüpfen.[306]

Ihr Herren höret mir zu mit offnen Ohren /
Ich bin von ehrlichen Leuten gezeuget.
Mein Groß-Vater ward gefangen und gebunden /
Und wie man saget / so ist er abgezogen /
Mein Vater war der Bettler König /
Er hat mir wahrhafftig gelassen nicht gar viel /
Meiner Mutter hat es wolgelückt /
Daß man sie hat nach Fischen gesand.[307]

Außer durchweg aus dem Reimschema läßt Andreas Gryphius hier seinen Blasebalgmacher Bulla Butän an zwei Stellen auch restlos aus dem holprig alternierenden Versmaß fallen („abgezogen" statt „geschunden", „nicht gar viel" statt „wenig"). Ganz ähnlich treibt es später sein Sohn Christian Gryphius in einem „Ungereimten Sonett". Er durchbricht nicht nur auf funktional brillant eingesetzte Weise die *literarhistorische* Quasi-Norm der genrespezifischen Reimbindung, sondern mit dem verkürzten letzten Vers zugleich die bis dahin fest etablierte *textinterne* Quasi-Norm des geregelten Versmaßes:

Ob gleich Cloridalis auf ihre Marmor-Kugeln /
  Die / wie ein jeder sagt / der Himmel selbst gewölbt /
  Und auf ihr Angesicht / das Sternen gleichet / trozt /
Ob schon / wie sie vermeynt / des Paris goldner Apfel
Vor sie allein gemacht / ob gleich viel altes Silber
  In ihrem Kasten ruht / doch ists ein eitler Wurf /
  Den sie nach mir gethan; ich bin gleichwie ein Felß /
Und lieb ein kluges Buch mehr als der Venus Gürtel.

Die Liebe reimet sich so wenig mit Minerven /
Als eine Sterbe-Kunst zu Karten und zu Würffeln /
Das Brautt-Bett in die Gruft / Schalmeyen zu der Orgel /
Ein Mägdchen und ein Greiß / als Pferde zu den Eseln /
Als Meßing zum Smaragd / als Rosen zu den Disteln /
Als diese Verse selbst / ja fast noch weniger.[308]

Es kann also *jede* aufgrund einer literarhistorischen oder textinternen Quasi-Norm erwartete metrische Regelmäßigkeit auch entfallen, ohne daß deshalb der durch abweichende Segmentierung gesicherte Verscharakter verlorengehen müßte. Fällt dagegen diese *Gliederung* nach normabweichenden Gesichtspunkten weg, so ist damit automatisch auch die regelmäßige Bauform dahin: sie läßt sich nämlich gar nicht mehr *ausmachen,* wo es z. B. keinerlei Verszäsur in der Gedichtrezitation mehr gibt (sondern nur reguläre Satzpausen) oder z. B. keine verkürzten Verszeilen mehr im Schriftbild (sondern nur reguläre Interpunktion). Wo der je verfügbare Zeilenraum in Prosamanier *beliebig* mit syntaktisch normal segmentierten Sätzen vollgeschrieben wird und auch sonst keinerlei Signale für andersartig abgeteilte Spracheinheiten auftreten, da kann man Ähnlichkeitsbeziehungen wie ‚gleiche Hebungs- oder Silbenzahl' (nämlich: je Vers!) oder ‚Endreim' (nämlich: am Versende!) gar nicht mehr identifizieren. Jegliche vermeintlich ‚versbildende' Regularität *existiert* also überhaupt nur, insofern sie eine interne *Funktion* versbildender Abweichungen ist.

Noch genauer muß man die enge Abhängigkeit aller Versregeln von Versabweichungen wohl sogar folgendermaßen formulieren: Eine strukturbildende Äquivalenzrelation des überlieferten Versrepertoires (wie Alliteration oder Assonanz, Reim oder Versmaß) schließt selbst immer schon eine sprachliche Abweichung *ein* – nämlich einen Verstoß gegen die normierte *Hierarchie* unter den Prinzipien der Segmentierung sprachlicher Zeichenketten. Denn über die normierte Gliederung des Lautstroms nach syntaktischen, semantischen, textematischen und pragmatischen Regeln legt sich hier eine Gliederung nach Silbenlängen, Akzenten oder gleichzahligen Folgen, nach gleichen Anlauten bzw. Endsilben oder nach übereinstimmenden Satzmustern. Und das Normverletzende daran ist, daß im Konfliktfall die poetische Segmentierung über die grammatische *dominiert.*

Denn bekanntlich respektieren Versgrenzen häufig nicht die zur Kennzeichnung von Sinneinheiten vorgegebenen Grenzen von *Satz* und *Absatz*, sondern setzen sich mit ihrer vorrangigen Textgliederung von *Vers* und *Strophe* über syntaktische und semantische Barrieren gleichermaßen hinweg. Einerseits faßt ein einziger Vers oft mehrere Sätze (oder Teile davon) zu einer geschlossenen rhythmischen Einheit zusammen, andererseits zerstört er z. B. im Zeilensprung des ‚Enjambements' durch den gravierenden Einschnitt der Versgrenze mehr oder weniger stark die normale Einheit des *Satzes*; ja gelegentlich selbst die Einheit eines *Wortes* durch Verlegung der Verszäsur ins Wortinnere. Besonders häufig findet sich das bei Rilke (in den „Duineser Elegien" z. B. „hochauf- / schlagend", „Zug- / vögel", „Vorstadt- / Himmel"[309]), aber auch schon bei Goethe („Knabenmorgen- / Blüthenträume"[310]) oder Platen („Nachtigall- / Ton"[311]) und als komische Variante bei Wilhelm Busch („Jeder weiß, was so ein Mai- / Käfer für ein Vogel sei"[312]). Morgenstern trennt in seinem „Trichter"-Gedicht, um die trichterförmige Gesamtgestalt des Druckbildes auf die Spitze zu treiben, sogar einen einzelnen *Buchstaben* aus der Abkürzung „usw." als eine eigene ‚Verszeile' ab.[313]

Massiver noch fällt die Verletzung geregelter Hierarchien der Segmentierung in *Versdramen* aus: hier dominiert die Verseinteilung sogar über die fundamentale *pragmatische* Gliederung durch Wechsel des Sprechers. Während einheitliche Äußerungen im Dialog meist durch Versgrenzen zerteilt werden, faßt häufig ein einziger Vers zwei oder mehr Sprecheräußerungen zu einer rhythmischen Einheit zusammen – obwohl sich darin oft komplexe und normalerweise sogar recht zeitraubende Handlungsabläufe verbergen. So bietet Sittah in Lessings „Nathan" ihrem Bruder Saladin innerhalb ein- und desselben Blankverses[314] mindestens zweimal, bei anderer Auslegung sogar fünfmal Schach:

SITTAH: Schach! – Schach!
SALADIN: Nur weiter.
SITTAH: Schach! – und Schach! – und Schach!

Natürlich gibt es auch Versdramen ohne solches Auseinanderklaffen von Verseinheit und Äußerungseinheit, etwa die „Antigone" des Sophokles. Und ebenso gibt es Gedichte, in denen syntaktische und metrische Grenzen stets zusammenfallen, etwa in streng gebauten ‚Alexandrinern' mit ausgeschlossenem Enjambement und fester metrisch-syntaktischer Zäsur nach drei von sechs Hebungen. Inwiefern wären aber auch solche Gedichte mit reinem *Zeilenstil* – als angenommener Extremfall: jeder Vers ein Satz, jeder Satz ein Vers – durch abweichende Segmentierung gekennzeichnet? Nun, durch ebendiese Tatsache, daß die Satzlängen hier unter das *Diktat* gleicher Verslängen gezwungen und dem normwidrig übergeordneten Gliederungsprinzip nach Elementzahlen, nach gleichzahligen Hebungen, Silben oder Längen unterworfen werden. Denn nach geltenden Sprachnormen rangiert dieses ganz unerhebliche Gliederungsprinzip in der Hierarchie weit *unterhalb* syntaktischer und semantischer Segmentierung.

Ein solches Zusammenfallen der Gliederungseinheiten ist deshalb überhaupt nur möglich bei strikt gleichmäßig gebauten Versen – seien sie nach Quantitäten, nach Laut- oder Satzstrukturen koordiniert. Dagegen wäre durchgehender Zeilenstil in Freien Rhythmen oder in den unregelmäßigen reimlosen Versen vom Brecht-Typ gar nicht als dichterisches Verfahren denkbar, weil er hier nicht mehr als poetisch *abweichend* und als von der Prosa unterschieden wahrgenommen werden könnte.

Ein früher Belegfall für eine deutsche Versform, die sich als abweichende Gliederung der Rede weitaus angemessener beschreiben läßt denn als metrische Regelung, ist der ‚Freie Knittelvers' (besonders des 15. Jahrhunderts). Die nicht seltenen Versuche, auch ihm eine Art von quantitierender Metrik zuzuschreiben und ihn durch Vierhebigkeit oder Viertaktigkeit oder durch eine begrenzte Zahl von 6–15 Silben gekennzeichnet zu sehen[315], wirken gezwungen und sind der Sache nach nicht haltbar. Der Freie Knittelvers ist weder nach Hebungszahlen noch nach Silbenzahlen *reguliert,* sondern nur abweichend *segmentiert* nach paarweise aufeinander folgenden Endreimen (und einzig nach diesen). Deshalb sind im ursprünglichen Knittelvers auch Binnenreime von vornherein ausgeschlossen; Goethe, der sie im „Faust" gelegentlich hat, macht eben in jeder Hinsicht Knittelverse aus der metrischen Perspektive der Goethezeit und nicht der Sachs-Zeit.

Daß sich dabei die vorkommenden Silbenzahlen im Knittelvers *faktisch* nur zwischen 6 und 15 bewegen – oder auch zwischen 4 und 16[316] –, hat mit einer quantitierenden metrischen ‚Normierung' nichts zu tun: dies schreibt sich von dem simplen wahrnehmungspsychologischen Faktum her, daß wir aus Gründen begrenzter Speicherkapazität des Kurzzeitgedächtnisses noch längere Segmente nicht mehr als einheitliche *erfassen* könnten – und damit die Segmentierung nach Reimen überhaupt nicht mehr als Segmentierung, schon gar nicht als eine poetisch abweichende. Weit entfernt voneinander stehende ‚Reimwörter' kommen schließlich in beinahe jedem Prosatext unbemerkt vor. (Auch in diesem Absatz.)

In den ‚Freien Rhythmen' des 18. Jahrhunderts lassen Klopstock und seine Nachahmer dann selbst die *Reimbindung* noch fallen. Durch die hier besonders gewichtig hervortretende anomale Gliederung bleiben diese lyrischen Einheiten jedoch weiterhin unverkennbar *Verse* – und bei näherem Besehen nicht einmal so ganz untraditionelle. Auch der metrische Fortschritt hat, frei nach Nestroy, im allgemeinen das an sich, daß er viel größer ausschaut, als er wirklich ist.

Denn nach einleuchtender Interpretation[317] lassen sich Freie Rhythmen ohne weiteres aus den Bestandteilen überlieferter Vers- und Strophenmaße zusammensetzen. Sie bestehen aus Versatzstücken der metrischen Tradition, aus ganzen oder aufgespaltenen Versen bewährten Musters – unter Bevorzugung antiker Odenmaße sowie germanischer Alternationsverse mit freier Senkungsfüllung. Nur *wechselt* das gewählte metrische Paradigma frei von Vers zu Vers, ja oft sogar innerhalb eines Verses. Dadurch ist der jeweils nächste Vers in *Länge* und *Bau* niemals vorhersagbar. Aber es läßt sich ziemlich genau vorhersagen, um was für einen *Typ* von Vers es sich dabei handeln wird.

Statt konstant auf dieses oder jenes Schema bestehender metrischer Quasi-Normen beziehen sich Freie Rhythmen also variierend auf ein alternativ wählbares *Spektrum* von charakteristischen Elementen fest institutionalisierter lyrischer Genres. Durch diesen Bezug bewahren sie bei aller Freiheit des vielfältigen Wechsels dennoch den Charakter von Versen im überkommenen Sinne des Wortes. Schließlich hat auch Musik mit permanentem Taktwechsel gleichwohl ihren genau definierten Takt. Und selbst die fliegenden Galoppwechsel eines Pferdes sind zwar kein gleichmäßiger Links- oder Rechtsgalopp mehr – aber noch immer ein Galopp.

Die Lyrik des 20. Jahrhunderts schließlich ist besonders augenfällig ein Bereich, in dem die Erklärungsmuster der traditionellen Regelmetrik versagen. Der Grund dafür ist allgemein gesprochen der, daß einige der wichtigsten Tendenzen moderner Lyrik nicht bloß, wie frühere Innovationen, bestimmte metrische Teilregulierungen aufgeben, sondern in grundsätzlicher Opposition zur herkömmlichen Metrik *überhaupt* stehen; zum Inbegriff jener Metrik also, wie sie seit Opitz als geregelte Folge von Hebungen und Senkungen die deutsche Verssprache beherrscht hat – mit geringeren oder größeren, immer aber *begrenzten* Freiheiten. Mit anderen Worten: die Lyrik ist im 20. Jahrhundert großenteils gekennzeichnet durch Abweichung von der fundamentalen literarhistorischen Quasi-Norm der *Metrizität* von Lyrik im alten Sinne.

Der Tendenz nach läßt sich dies überraschenderweise schon bei Rilke beobachten. Überraschenderweise, weil Rilke eigentlich (und nicht ohne Grund) gerade als später Meister metrisch *geregelter* Versfügung gilt. Doch gerade dieses ‚Spätzeitliche' gibt seiner Weise der Erfüllung überkommener Versschemata einen höchst zwiespältigen Charakter: Rilke *bewahrt* zwar die traditionellen metrischen Muster, muß sie aber – um angesichts ihrer in fast jeder Richtung bereits ausgetretenen Wege nicht in bloße Epigonalität abzusinken – im Detail so sehr modifizieren, daß er sie auf diese Weise gleichsam *von innen* aushöhlt.

Eine seiner auffälligsten Techniken metrischer Veränderung *in* der Bewahrung ist dabei eine zuvor kaum gekannte Kühnheit des *Enjambements*. Durch extreme ‚Enklisis' oder ‚Proklisis' , durch syntaktische und intonatorische Anlehnung über das Vers- oder sogar das Strophenende hinweg beginnt hier die Regelmäßigkeit der Versgliederung in eins mit den Versgrenzen selbst zu verschwimmen. Als Beispiel führe ich eines der berühmtesten Sonette Rilkes an:

ARCHAÏSCHER TORSO APOLLOS

Wir kannten nicht sein unerhörtes Haupt,
darin die Augenäpfel reiften. Aber
sein Torso glüht noch wie ein Kandelaber,
in dem sein Schauen, nur zurückgeschraubt,

sich hält und glänzt. Sonst könnte nicht der Bug
der Brust dich blenden, und im leisen Drehen
der Lenden könnte nicht ein Lächeln gehen
zu jener Mitte, die die Zeugung trug.

Sonst stünde dieser Stein entstellt und kurz
unter der Schultern durchsichtigem Sturz
und flimmerte nicht so wie Raubtierfelle;

und bräche nicht aus allen seinen Rändern
aus wie ein Stern: denn da ist keine Stelle,
die dich nicht sieht. Du mußt dein Leben ändern.

Das Gedicht erfüllt noch immer die Anforderungen der jahrhundertealten Bauform des Sonetts (nämlich die der Version 2b in der oben gegebenen Definition dieser Textsorte). Dennoch ist es auch in metrischer Hinsicht unüberhörbar neuartig und trotz des bewahrten Schemas nicht im mindesten schematisch. Man versuche die Verse einmal nach Schülermanier zu ‚leiern': es gelingt einfach nicht, an irgendeiner Stelle – spätestens in den Terzetten – kommt man immer ‚raus'.

Der Grund liegt in der besonderen Art der *rhythmischen*, d. h. syntaktischen und syllabischen Füllung des vorgegebenen Versschemas – also zum einen in der variablen Abfolge teils ein- und teils mehrsilbiger Wörter mit teils steigendem und teils fallendem Akzent („zurückgeschraubt": „Augenäpfel") bei gleichbleibend jambischem Metrum; zum andern im Verhältnis zwischen Versgrenzen und Kolongrenzen. In unregelmäßigen Abständen setzt Rilke die Grenze des ‚Kolons' als enger syntaktisch-intonatorischer Einheit weder ins Versinnere noch genau ans Versende, sondern unmittelbar *daneben*, so daß der Einschnitt der Versgrenze verwischt wird und die durch syntaktische Zusammenhänge gefesselte Aufmerksamkeit rasch darüber hinweggleitet: „. . . reiften. Aber / sein Torso"

– „der Bug / der Brust" – „Drehen / der Lenden" – „bräche nicht aus allen seinen Rändern / aus".[318]

Ebenso überspielt Rilke durch den fortlaufenden Satzzusammenhang zwei der drei *Strophengrenzen* des Gedichts. Zwar ist die für das petrarkistische Sonett essentielle Zäsur zwischen Quartetten und Terzetten hier noch bewahrt, anders als später in vielen der „Sonette an Orpheus".[319] Aber im Gegensatz zur graphischen Gliederung verschleift Rilkes syntaktische Gliederung die beiden anderen Grenzlinien: weniger auffällig zwischen den Terzetten – aber auch hier ist, trotz des Semikolons, das subjektlose „und brächte nicht ..." nicht Gliedsatz, sondern Satzglied des in der vorigen Strophe begonnenen Satzes; ganz deutlich hingegen zwischen den Quartetten, bei denen die Grenze der beiden weit ausholenden Satzgefüge wiederum ganz knapp neben die Strophengrenze gesetzt ist.

Rilke *verschärft* also, indem er die Versgrenze in die enge Einheit eines Kolons und die Strophengrenze in die enge Einheit eines Satzes hineinverlegt, die *Sprachabweichung* der normwidrigen Segmentierung und schwächt die gleichwohl beibehaltene interne *Regularität* gleichmäßig gebauter Verse ab. Dieses Prinzip der Bewahrung traditioneller sprachlicher und poetischer Formen unter gleichzeitiger Modifikation fast bis zu ihrer Auflösung ist übrigens – wie ich hier nur andeuten kann – einer der durchgehenden Grundzüge des poetischen Verfahrens in Rilkes Werken: etwa in der kunstvoll gleitend gemachten Syntax, in der oft dunklen und kaum durch traditionelle Übertragungsweisen vorgeformten Metaphorik, ja schon in der beinahe unmerklichen und doch wirksamen semantischen Verschiebung ganz schlichter, ‚alter' Worte durch neuartige Kontextbezüge.

Insofern ist Rilke, ähnlich wie seine in manchen formalen Zügen vergleichbaren Zeitgenossen Borchardt und Hofmannsthal, in der Tat ein charakteristisch ‚spätzeitlicher' Neuerer, sozusagen ein konservativer Revolutionär literarhistorischer Quasi-Normen. Und besonders im lyrischen Werk Rilkes begegnen wir dem oben skizzierten Verfahren allerorten, ja manchmal zugespitzt bis zu dem Punkt, an dem die Versstruktur von Gedichten im Sprechen kaum noch hörbar wird. Man vergleiche etwa das „Liebes-Lied" mit seinen Anfangsversen:

> Wie soll ich meine Seele halten, daß
> sie nicht an deine rührt? Wie soll ich sie
> hinheben über dich zu andern Dingen?
> Ach gerne möcht ich sie bei irgendwas
> Verlorenem im Dunkel unterbringen
> an einer fremden stillen Stelle, die
> nicht weiterschwingt, wenn deine Tiefen schwingen.[320]

Durch die Kühnheit seiner unkonventionell engen Enjambements scheint Rilke das konventionelle Gleichmaß seiner Verse geradezu zu *verstecken*;

und entsprechend ‚versteckt' er auch seine *Reime* durch die bevorzugte Wahl solcher Reimwörter, die aus syntaktischen Gründen im Satztiefton stehen („daß" – „was"; „sie" – „die"). Auf diese Weise löst er das gewählte traditionelle Gefüge von Vers und Reim beinahe schon in eine fortlaufende rhythmische Prosa auf – so wie er ja umgekehrt seine Prosa oft bis an den Rand freirhythmischer Lyrik treibt.

Eine ganz andere und sehr viel massivere Art der Abweichung von metrischen Quasi-Normen finden wir in der Lyrik Brechts (bei dem man leicht übersieht, daß er kaum mehr als 20 Jahre nach den Generationsgenossen Rilke, Hofmannsthal und Borchardt geboren wurde). Auch Brecht hat sein Leben lang, besonders jedoch in seiner frühen Gedichtproduktion, die Vers- und Strophenformen der Tradition aufgenommen – aber in vielen Fällen in *kritischer* oder *parodistischer* Weise. So ist etwa die „Liturgie vom Hauch" in „Bertolt Brechts Hauspostille"[321] nicht nur ein demonstratives Gegengedicht zu „Wandrers Nachtlied", sondern nimmt implizit die ganze Tradition metrisch geregelter Verse und Strophen aufs Korn.

Anfangs geschieht das vor allem in Gestalt einer betont ‚schlampigen', das Prinzip metrisch geregelter Reimverse überhaupt desavouierenden Erfüllung des verwendeten Versschemas (bestehend aus fünf plus vier vierhebigen, bis auf wenige Ausnahmen jambischen Versen mit beliebig verteilten Endreimen). Ganz allgemein ist ja die ostentative Herstellung *schlechter* Verse für Brecht ein häufiges Mittel sprachlicher Distanzierung gewesen, in großem Rahmen etwa in der dramatisierten Hitler-Persiflage „Arturo Ui" mit der später revidierten Begründung, „daß ein verlotterter Vers diesen Persönlichkeiten anstehe".[322] Ich führe als Beleg nur die erste Strophe der „Liturgie vom Hauch" an, die mit ihren unreinen Reimen und mit ihren teils leiernden, teils stolpernden Versen für die vier folgenden Strophen von gleicher Bauweise repräsentativ ist:

1
Einst kam ein altes Weib einher

2
Die hatte kein Brot zum Essen mehr

3
Das Brot, das fraß das Militär

4
Da fiel sie in die Goss', die war kalte

5
Da hatte sie keinen Hunger mehr

6
Darauf schwiegen die Vöglein im Walde
Über allen Wipfeln ist Ruh
In allen Gipfeln spürest du
Kaum einen Hauch.

Das auf diese Weise bereits zerrüttete metrische Schema bricht dann in der sechsten und letzten Strophe vollends zusammen – zugleich mit dem Umsturz jener unerträglichen sozialen Verhältnisse, die das Gedicht beschreibt und zu deren dürftig poetischer Einkleidung die Versform fünf Strophen lang gedient hatte. Wenn nämlich der revolutionäre rote Bär am Schluß die ebenso schöngeistigen wie herzlosen Exponenten der bürgerlichen Gesellschaft verschlingt, dann bleibt dabei in den überlangen Prosazeilen 38/39 und der auf drei Hebungen verkürzten Verszeile 40 auch das einengende metrische Schema, das kulturelle *Produkt* der überwundenen Gesellschaft, auf der Strecke. Und damit wird das bis dahin nur metrisch geregelte Schweigen über das Unrecht schließlich im buchstäblichen Sinne zum Schweigen gebracht: die dem Refrain voraufgehende fünfte Verszeile ist in dieser Strophe stumm. Dabei wird sie aufgrund der zuvor etablierten textinternen Quasi-Normen des Gedichts in hohem Maße erwartet – zur *Reimbindung* des so nun hier und auch im Refrain reimlosen „Walde", nach dem *Strophenschema,* nach den das metrische Gleichmaß eigens hervorhebenden *Verszahlen.* Doch sie bleibt aus:

> 37
> Da kam einmal ein großer roter Bär einher
>
> 38
> Der wußte nichts von den Bräuchen hier, das brauchte er nicht als Bär.
>
> 39
> Doch er war nicht von gestern und ging nicht auf jeden Teer
>
> 40
> Und der fraß die Vöglein im Walde.
>
> 41
> Da schwiegen die Vöglein nicht mehr
> Über allen Wipfeln ist Unruh
> In allen Gipfeln spürest du
> Jetzt einen Hauch.

Beachtung verdient hier nun die Tatsache, daß „Wandrers Nachtlied" zwar im 19. Jahrhundert zum liebsten Erbauungsgedicht des deutschen Bildungsbürgers und deshalb dann im 20. Jahrhundert zum begehrtesten Objekt literarischer Parodie geworden ist, aber nicht eigentlich als Repräsentant traditionshöriger metrischer *Regelfrömmigkeit* benutzt werden kann: in seinem durchgehend ungleichmäßigen und dennoch kunstvoll ausbalancierten Versbau – ermöglicht durch gezielte Wortverformungen wie „balde" oder „spürest du" (statt „spürst du" in der ersten Handschrift) – verstieß Goethes Gedicht in *seiner* Zeit auf eine durchaus mit den lyrischen Revolutionen Brechts vergleichbare Weise gegen herrschende metrische Quasi-Normen.

Brecht trägt dem auf elegante Weise Rechnung und macht dem aufmerksamen Leser (aber nur diesem) deutlich, daß seine poetische Kritik sich nicht gegen Goethe selbst, sondern gegen seine mechanisch nachplappernde bürgerliche *Rezeption* mit ihrem harmonistischen Mißbrauch klassischer Dichtung richtet. Brecht verwendet das Gedicht nämlich nicht im Wortlaut und in der Versstruktur *Goethes*, sondern verwandelt es beinahe unmerklich, durch Austausch zweier Buchstaben und durch Zusammenfassung von je zwei Goethe-Versen, in einen platt-regelmäßigen Vierzeiler voll baren inhaltlichen Unsinns: welcher Hauch sollte wohl ‚in' allen Gipfeln zu spüren sein? Und eben durch die Unauffälligkeit dieser Verballhornung entlarvt Brecht das übliche gedankenlose Wiederkäuen von Texten lyrischer Klassiker.

Bekanntlich hat sich Brecht dann später meist ganz von der traditionellen Regelmetrik *abgewendet* und diese Entscheidung auch ausdrücklich begründet:

Sehr regelmäßige Rhythmen hatten auf mich eine mir unangenehme einlullende, einschläfernde Wirkung, wie sehr regelmäßig wiederkehrende Geräusche (Tropfen aufs Dach, Surren von Motoren), man verfiel in eine Art Trance, von der man sich vorstellen konnte, daß sie einmal hatte erregend wirken können; jetzt tat sie das nicht mehr. Außerdem war die Sprechweise des Alltags in so glatten Rhythmen nicht unterzubringen, es sei denn ironisch.[323]

Im Anschluß an solche Bemerkungen hat man die ‚reimlose Lyrik mit unregelmäßigen Rhythmen' des späten Brecht häufig als Rückkehr zur *normalen* Sprachverwendung des Alltags interpretiert, die sich auf diese Weise gegen die selbst zur Quasi-Norm erstarrte Abweichungsästhetik wende und so zugleich einen schlagenden Beleg gegen die Allgemeingültigkeit jeder literaturwissenschaftlichen Abweichungstheorie abgebe. Diese Beschreibung ist aber, auch wenn sie sich auf gewisse Teilformulierungen Brechts stützen kann, sachlich nicht ganz zutreffend. Es bedarf hier einer etwas genaueren literaturtheoretischen Bestimmung, als sie aus den wenigen und nicht für wissenschaftliche Ansprüche gedachten Anmerkungen Brechts entnommen werden kann.

Brecht setzt nämlich in seiner Spätlyrik gar nicht die *Abweichungen* der traditionell metrisierten Gedichte außer Kraft, sondern nur ihre *internen* Funktionen. Die innertextlichen Ähnlichkeitsbeziehungen von Reim und Versschema werden aufgegeben – die abweichende Segmentierung durch verkürzte Verszeilen und Strophen aber bleibt, ja gewinnt noch an Gewicht. Brechts Grundsatz „Das Ende der Verszeile bedeutet immer eine Zäsur"[324] kommt auch äußerlich dadurch zum Ausdruck, daß in seinen frei metrisierten Gedichten die abweichende Versgliederung durch zwei weitere Formen der Sprachabweichung noch unterstrichen wird, durch eine traditionelle und eine neuentwickelte: nach alter Übung schreibt Brecht am Versanfang in Mißachtung orthographischer Normen auch Nichtsubstantive im Satzinneren *groß*; und in Mißachtung von Normen der Interpunktion setzt er am Versende niemals ein *Komma*, sondern auch in genau entsprechenden Fällen ausschließlich im Versinneren.

Der Gegensatz zu den Quasi-Normen der tradierten Metrik liegt vielmehr nur darin, daß die Unterbrechung der Zeichenkette an anderen als den durch Sprachnormen und Kolumnenbreite bedingten Stellen bei Brecht keine *interne,* sondern unmittelbar *externe* Funktion erfüllt. Brecht selbst hat diese externe Funktion als „die Wahrnehmung gesellschaftlicher Dissonanzen" bezeichnet.[325] Man wird dies schon für seine eigenen Gedichte, erst recht aber für die politisch uneinheitlichen zahlreichen Adepten seines lyrischen Verfahrens wohl etwas allgemeiner formulieren müssen: Die von ihm auch als ‚gestisches Sprechen' bezeichnete Versifikation durch abweichende Segmentierung dient allemal als pointierter Hinweis auf einen *außerhalb* des Gedichts liegenden, aber von ihm implizit oder explizit *gemeinten* Sachverhalt.

Dies darf man nun wohl nicht – und schon im Hinblick auf Brecht nicht – in dem starken Sinne interpretieren, daß sich *jede einzelne* Versgrenze als individueller Fall von Normabweichung durch ihre externe Funktion muß rechtfertigen lassen. Vielmehr ist nur erforderlich, daß es in jedem Gedicht dieses Typs wenigstens *eine* derartige Verstrennung mit außertextlicher Zielsetzung gibt, die dafür aber eine durchgehende Versschreibung des Gedichts *voraussetzt* und auf diese Weise auch die *indirekte* Funktionalität aller anderen Versgrenzen erweist. Als Beispiel für eine solche einmalige Pointe, die gleichwohl schon allein die Versschreibung des ganzen Texts rechtfertigt, führe ich Brechts kleines Gedicht „Vergnügungen" an:

Der erste Blick aus dem Fenster am Morgen
Das wiedergefundene alte Buch
Begeisterte Gesichter
Schnee, der Wechsel der Jahreszeiten
Die Zeitung
Der Hund
Die Dialektik
Duschen, Schwimmen
Alte Musik
Bequeme Schuhe
Begreifen
Neue Musik
Schreiben, Pflanzen
Reisen
Singen
Freundlich sein.[326]

Fast alle semantischen Effekte dieser Zusammenstellung – etwa die pointierte Reihenfolge oder auch die Plazierung von neuer Musik deutlich hinter alter – ließen sich ebensogut in einer *prosaisch* geschriebenen Auflistung erzielen („Vergnügungen: die Zeitung, der Hund, die Dialektik . . ."). Und man könnte das Ganze in der Tat für einen Prosatext halten, nämlich für eine in durchaus normgerechter und üblicher Weise untereinander geschriebene Liste von Begriffen – wenn es da nicht die Zeile „Schreiben, Pflanzen" gäbe. Erst diese überraschende Kopplung durch die Kraft des Verses, die Schreiben und Pflanzen als ähnlich verwandte Vergnügungen darstellt wie plausiblerweise Duschen und Schwimmen im parallel gebauten Vers vorher, gibt dem Text seine poetische Legitimation als Gedicht: seine Verssegmentierung ist normabweichend und dabei doch *funktional* motiviert. Brecht selbst hat diesen Zusammenhang von nicht metrisch fixierter Versschreibung und auf Externes verweisendem Ausdruckswert verallgemeinernd so formuliert:

> Bei unregelmäßigen Rhythmen bekamen die Gedanken eher die ihnen entsprechenden eigenen emotionellen Formen ... Für einige der sozialen Funktionen, welche die Lyrik hat, konnten da neue Wege beschritten werden.[327]

Wo allerdings diese funktionale Bindung völlig *fehlt*, wo sich ausnahmslos jede Versgrenze im Schriftbild ohne Veränderung im internen oder externen Funktionswert auch beliebig *anders* plazieren läßt, da freilich handelt es sich überhaupt nicht mehr um Verse – und wenn sonst nichts dafür spricht, auch gar nicht um Poesie. Eine solche ‚Beliebigkeit' der nicht durch ein geregeltes Metrum begründeten Versgrenzen ist dem Freien Vers in der Brecht-Nachfolge ja des öfteren als *allgemeiner* Einwand kritisch entgegengehalten worden. Und auch Brecht selbst hat schon in diesem Sinne eine Warntafel aufgestellt:

> Diese freie Art, den Vers zu behandeln, ist, wie zugegeben werden muß, eine große Verführung zur Formlosigkeit: Die Güte der Rhythmisierung ist nicht einmal so weit garantiert wie bei regelmäßiger Rhythmisierung (wo allerdings gut abgezählte Versfüße auch noch keine Rhythmisierung ergeben).[328]

Hier jedoch handelt es sich offensichtlich um eine *wertende* Unterscheidung von ‚guten' und ‚schlechten' unter den reimlosen Versen mit unregelmäßigen Rhythmen. Das aber ist eine ganz andere Frage als die vorgeschlagene *terminologische* Grenzziehung für den Begriff „Vers". Wenn eine sprachliche Abweichung keine erkennbare Funktion hat, gibt es für den Literaturforscher einfach keinen Anhaltspunkt mehr, sie als poetisch einzuordnen. Nichtsdestoweniger kann auch ein in funktionsloser Gedichtform gedruckter nichtpoetischer Text ein ‚guter' Text sein, z. B. ein informativer oder aus anderen als strukturellen Gründen politisch wirksamer Text. Die Literaturtheorie *muß* aber den Fall der Beliebigkeit in der poetischen Sprachverwendung ausschließen, um selbst in ihrer wissenschaftlichen Sprachverwendung des Ausdrucks „Poesie" vor Beliebigkeit geschützt zu sein.

So weitgehend Brecht in den meisten seiner späteren Gedichte auch die Quasi-Normen der traditionellen Metrik außer Kraft setzte, in einem ließ er ihre Geltung doch unangetastet: Auch diese Lyrik ist noch im klassischen *Schriftbild* von Versen verfaßt, also zeilenweise nacheinander geschrieben und auch nach den Intonationseinheiten der Verszeilen sukzessiv zu lesen. In der *Konkreten Poesie* wird nun selbst diese Quasi-Norm der früheren Lyrik aufgegeben: die Texte lassen sich nicht mehr in der gleichen Weise in einzelne ‚Verse' aufgliedern, sondern müssen in ihrer ‚Konstellation' als durch Superisation erzeugtes graphisches Ganzes erfaßt werden.

Das heißt aber noch immer nicht, daß damit auch das fundamentale Prinzip der *Metrizität* überhaupt aufgegeben wäre. Denn Konkrete Gedichte entstehen, wie alle Versgedichte auch, durch abweichende Segmentierung der Zeichenkette im Dienste einer bestimmten Funktion. Diese Funktion ist nun wiederum eine *externe*: es wird nicht oder nur beiläufig eine Äquivalenzrelation *innerhalb* des Gedichttextes hergestellt (wie durch Reim oder rhythmisches Gleichmaß), sondern eine Äquivalenzrelation zwischen der Textgestalt und *anderen* Gestalten, auf die das ‚Superzeichen' des Gedichts im ganzen hinweist. Die Gesamtstruktur eines Konkreten Gedichts bildet die Struktur eines außerhalb des Gedichts stehenden, aber von ihm gemeinten Gegenstandes oder Sachverhalts ab – und dies ‚konkret', nicht bloß ‚abstrakt' durch konventionalisierte verbale Stellvertreter.

So bildet Döhls bekanntes „Apfel"-Gedicht aus dem gehäuft verwendeten Wort „Apfel" die Silhouette eines Apfels nach und verbirgt das Wort „Wurm" in seinem Innern wie eine wurmstichige Frucht den Schädling. Gomringers ebenso berühmtes „schweigen"-Gedicht repräsentiert das Schweigen nicht nur durch seinen Begriffsnamen, sondern auch durch dessen unerwartetes Verschweigen in der graphischen oder akustischen Mitte des Gedichts. Und noch deutlicher als diese beiden, in sich durch hohes Gleichmaß und Symmetrie bestimmten Gedichte zeigt der folgende Text von Claus Bremer[329], daß konkrete Gedichte nicht von irgendeiner mechanisch erzeugbaren textinternen Regelmäßigkeit abhängig sind:

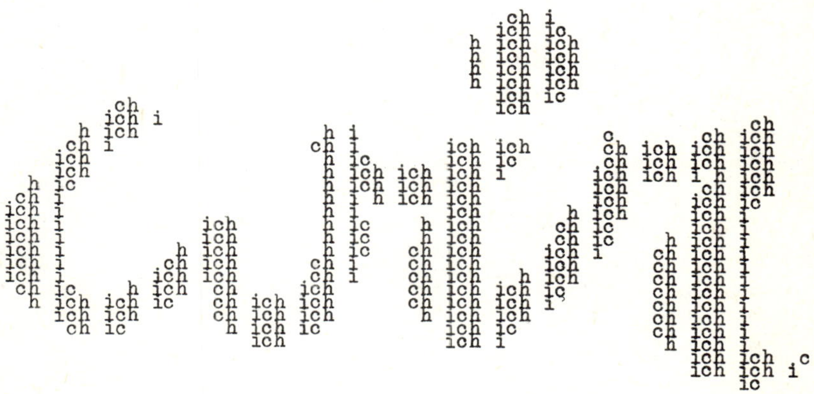

Die normabweichende Reihung und Gliederung von Sprachzeichen hat hier sogar in zweifachem Sinne externe Funktion. Das Gedicht simuliert zum einen visuell die unleugbare Tatsache, daß jedes „wir" erst durch den Zusammenschluß von „Ichs" entsteht – mit Bremers eigenen Worten: Der Text „besteht aus ‚ich's, deren Einengung es zu verdanken ist, daß sie den Raum bilden, der ‚wir' heißt".[330] Und das Gedicht wird dadurch zum zweiten zu einer modernen Form der ‚Gedankenlyrik', weil es vielfältige und durchaus ambivalente sozialphilosophische Deutungen nahelegt: einerseits ‚affirmative' – als Staunen über die wunderbare Möglichkeit, daß viele „Ichs" sich zur Gemeinschaft eines „wir" zusammentun können; andererseits ‚ideologiekritische' – durch Entlarvung der Tatsache, daß sich in jedem durch die Rede von ‚Volksgemeinschaft' und dergleichen beschworenen „wir" in Wirklichkeit viele individuelle „Ichs" verbergen, deren Individualität durch den normativen Zwang der Gemeinschaftsordnung an den Rändern erheblich beschnitten wird.

Aus dem Bereich der *Metrik* fällt die Konkrete Poesie also nur dann heraus, wenn man den Ausdruck „Metrik" im engen Sinne der herkömmlichen Verssprache definiert als „Theorie der abweichenden Segmentierung mit *interner* Funktion"; dann fällt aber auch die Verssprache des späten Brecht und seiner lyrischen Nachgeborenen aus diesem Bereich heraus. Faßt man dagegen die Metrik im weiteren Sinne als „Theorie der abweichenden Segmentierung mit *Funktion*", dann sind neben Freien Versen auch Konkrete Gedichte metrisch organisierte Texte und können als solche in der Geschichtsschreibung der Lyrik mitbehandelt werden.

Und gerade für die *literarhistorische* Einordnung gegenwärtiger lyrischer Tendenzen ergibt sich daraus eine interessante Einsicht. Nach verbreiteter Auffassung und mit oberflächlicher Plausibilität gelten nämlich die vermeintlich ‚artistisch-selbstbespiegelnde' Konkrete Poesie einerseits und die prononciert ‚schmucklose', dafür meist sachlich sehr engagierte Lyrik der Brecht-Nachfolge andererseits als geradezu *gegenläufige* Entwicklungen der modernen Lyrik. Dagegen wird in der hier vorgenommenen theoretischen Bestimmung ihrer Grundzüge auf einmal der formgeschichtliche *Zusammenhang* der beiden Strömungen erkennbar. Beide Formen der Lyrik lehnen sich gegen die metrische Quasi-Norm der *internen* Funktionsbindung durch Gleichmaß auf und setzen an ihre Stelle auf je verschiedene Weise eine unmittelbar *externe* Funktion der lyrischen Sprachabweichung. Konkrete Poesie und reimlose Verse mit unregelmäßigen Rhythmen erweisen sich so als unterschiedlich angelegte, aber *analoge* Absetzbewegungen gegen die konventionalisierten Versformen der lyrischen Tradition.

4.2.3. *Literaturgeschichte und allgemeine Geschichte*

> Man weicht der Welt nicht sicherer aus als durch die Kunst, und man verknüpft sich nicht sicherer mit ihr als durch die Kunst.
>
> GOETHE: *Maximen und Reflexionen*

Die Betonung externer Funktionen der poetischen Sprachverwendung in der modernen Lyrik verweist zugleich darauf, daß die Historizität von Literatur sich in der *formgeschichtlichen* Beziehung auf die Quasi-Normen literarischer Vorgänger bei weitem nicht erschöpft. Beide Entwicklungsrichtungen der Lyrik stehen – bei Brecht in unmittelbar einsichtiger, bei der Konkreten Poesie meist in stärker vermittelter Weise – in engem Bezug zu *außerliterarischen* Entwicklungen. Vor allem solche Wandlungen der gesellschaftlichen Wirklichkeit nämlich und hier besonders die von Brecht angesprochenen ‚gesellschaftlichen Dissonanzen' haben dazu geführt, daß die harmonisierenden Versmaße und Reimstrukturen früherer Poesie mit interner Funktionsbindung vielen Lyrikern des 20. Jahrhunderts als unredliche Glättung erscheinen: „In meinem Lied ein Reim / Käme mir fast vor wie Übermut" – so konstatiert Brecht reimlos ‚Schlechte Zeiten für Lyrik'.[331]

Das eigentliche Problem in diesem Verhältnis von Literaturgeschichte und allgemeiner Geschichte besteht in jenem Dilemma von Zeitgebundenheit und Zeitenthobenheit der Dichtung wie aller Kunst überhaupt, das Marx in einer berühmten Formulierung so zusammengefaßt hat:

> Aber die Schwierigkeit liegt nicht darin, zu verstehen, daß griechische Kunst und Epos an gewisse gesellschaftliche Entwicklungsformen geknüpft sind. Die Schwierigkeit ist, daß sie für uns noch Kunstgenuß gewähren und in gewisser Beziehung als Norm und unerreichbares Muster gelten.[332]

Die Antwort bei Marx selbst mit dem bildlichen Hinweis auf die Bewunderung für die unwiederbringliche ‚Kindheit' der Kunst und Poesie läßt sich nicht auf spätere Fälle übertragen und so für eine *allgemeine* Theorie der Klassizität vergangener literarischer Kunstleistungen nicht fruchtbar machen. Dagegen bietet es sich an, das beschriebene Dilemma zur Antithese zwischen historisch beständigem poetischem *Abweichungsprinzip* und historisch sich wandelnden *Normensystemen* in Beziehung zu setzen.

Die Antwort auf das Marx-Dilemma lautet dann: Die *Kontinuität* ästhetischen Genusses beruht auf der musterhaften Erfüllung des poetischen *Grundgesetzes* funktionstragender Abweichung in den klassischen Werken der Dichtung. Im Falle griechischer Poesie denke man etwa an die komplizierte Harmonie einer Sapphischen Ode oder an die Konstruktion einer erzählerisch triftigen, mythisch-heroischen ‚Welt' aus lauter einzelnen Scheinbehauptungen bei Homer – beides klassisch gewordene Modelle der gelungenen funktionalen Integration sprachlicher Normabweichungen.

Die *Zeitgebundenheit* literarischer Klassiker hingegen liegt darin, *welche* Normen in der Entstehungszeit bevorzugt zum Ziel poetischer Abweichungen gewählt und *welchen* Funktionen solche Normabweichungen jeweils unterstellt wurden. Von besonderem Interesse sind in diesem Zusammenhang natürlich die *externen* Funktionen – im Falle griechischer Dichtung etwa der in dramatischer Fiktion vorgetragene Appell der „Antigone" für den Primat religiöser Gebote im ‚Kulturkampf' mit Prinzipien der Staatsräson. Denn durch die Art der externen Funktion ist die Literatur nicht nur von den Gegebenheiten ihrer Zeit *bedingt*, sondern wirkt zugleich aktiv auf sie *zurück*.

Diesen engen Zusammenhang von Literaturgeschichte und allgemeiner Geschichte kann man erneut an der modernen deutschen Lyrik beispielhaft verdeutlichen. Deren Entwicklung ist im vorigen Abschnitt zunächst fast nur im Sinne einer inneren ‚literarischen Evolution', einer Ablösung verfestigter lyrischer Quasi-Normen durch neuartige Möglichkeiten des Gedichtschreibens behandelt worden. Nun gibt es aber, selbst wenn man von allen anderen äußeren Einflüssen einmal absehen will, ein Ereignis der politischen Geschichte, das selbst mit irgendwelchen literarhistorischen Prozessen nicht das geringste zu tun hat und das dennoch die Entwicklung der deutschsprachigen Literatur des 20. Jahrhunderts in radikaler Weise beeinflußt: die als Folge des Zweiten Weltkriegs entstandene Aufteilung Deutschlands in zwei getrennte Staaten mit stark divergierenden ökonomischen, politischen und kulturellen Ordnungssystemen. Ob ein deutsches Gedicht nach 1949 in der DDR oder in der Bundesrepublik geschrieben wurde, das ist entscheidend nicht bloß für seine *Rezeption*, sondern in ganz fundamentaler Weise für die *poetische Struktur* des Gedichtes selbst. Es ist die Frage, auf welche gesellschaftlichen Normen, auf welche sprachlichen Normen und auf welche literarischen Quasi-Normen das Gedicht bezogen ist.

In der Bundesrepublik wird die Literaturproduktion im wesentlichen durch keine anderen Restriktionen bestimmt als durch das *Marktprinzip* von Angebot und Nachfrage. Infolgedessen sind in der unübersehbaren Vielfalt konkurrierender poetischer Verfahren so gut wie gar keine geltenden literarhistorischen oder gattungsspezifischen Quasi-Normen mehr auszumachen, wie am Fall des ‚Prosagedichts' exemplarisch dargetan werden konnte. Es sei denn, man wollte den aus dem öffentlichen Warencharakter literarischer Publikationen erwachsenden Zwang zum immer Neuen selbst wieder als eine Quasi-Norm auffassen – freilich nur in uneigentlichem Sinne: diese ‚Quasi-Norm' schreibt keine bestimmten Dichtweisen *vor*, sondern schließt nur alle schon üblichen *aus*. Dagegen hat die ganz andere Wirtschafts- und Öffentlichkeitsstruktur der DDR zur ungleich restriktiveren, oft sogar expliziten und sanktionsgeschützten Geltung bestimmter literarischer Quasi-Normen geführt.

Ein für den Bereich der lyrischen Dichtung entscheidender Schritt war dabei die Kanonisierung Brechts als des unbestrittenen ‚poeta laureatus' der DDR. Auf diese Weise nämlich wurde hier die neuartige Gedichtform Brechts in reimlosen Versen mit unregelmäßigen Rhythmen in kurzer Zeit zur fast konkurrenzlos herrschenden Quasi-Norm für Lyrik; dagegen ist Brechts Vorbild in der BRD, in Österreich, der Schweiz und bei deutschsprachigen Weltbürgern wie Erich Fried und Peter Weiss zwar ebenfalls einflußreich, hat aber immer nur *eine* von vielen wählbaren Möglichkeiten bedeutet. Doch in der DDR ein Gedicht zu schreiben und sich dabei des Verfahrens von Brechts später Lyrik zu bedienen, entspricht mindestens seit dessen Tod genau den faktischen wie den normativen Erwartungen der literarischen Öffentlichkeit dieses Staates.

Diese oder analoge Erwartungen hingegen demonstrativ nicht zu erfüllen, bedeutet oft den Konflikt nicht nur mit dem herrschenden literarischen Geschmack, sondern mit den abgestuften Institutionen der *Staatsmacht* vom volkseigenen Verlagswesen über den Schriftstellerverband bis zum Staatssicherheitsdienst. Die beiden im folgenden exemplarisch besprochenen Versuche von DDR-Lyrikern, sich den bestehenden literarischen Quasi-Normen zu entziehen, sind deshalb zugleich prominente Beispiele für die Rückwirkung historisch bedingter Dichtung auf die historische Wirklichkeit einer Gesellschaft. Denn die Vorgänge um die Unterdrückung der literarischen Produkte Wolf Biermanns und Reiner Kunzes und deren schließliche Emigration haben seinerzeit nicht allein die kulturelle, sie haben die *politische* Situation in der DDR verändert.

Die Weisen der Abweichung von der lyrischen Quasi-Norm sind dabei in den beiden Fällen durchaus verschieden, ja gegensätzlich. Biermann hat die eminente Bedeutung von Brechts Vorbild für seine eigenen Texte stets ausdrücklich hervorgehoben – obwohl auch dies in einer gegen die *herrschende* Brecht-Rezeption gezielten Weise, wenn er etwa seiner Übersetzung von Gedichten des russischen Dissidenten Julij Daniel Brechts Gedicht vom die Ketzer sammelnden „Glücksgott"[333] mit dem folgenden Zusatz anfügt:

> Der Meister spricht: Nimm dies Gedicht,
> ein Feigenblatt kann schützen!
> Ich bin zum Denkmal degradiert
> und kann dir darum nützen.[334]

Freilich hat auch Wolf Biermann viele imitierte Brecht-Gedichte in reimlos-unregelmäßiger Form geschrieben; sie stehen vor allem in den frühen Sammlungen „Die Drahtharfe" und „Mit Marx- und Engelszungen". Wenn er dennoch als Lyriker über bloße Epigonalität hinausgekommen ist, dann verdankt er das einem anderen Weg: dem Weg am ‚klassischen' Brecht vorbei zurück zu den Liedern des *jungen* Brecht und seiner Vorgänger – etwa zu den aggressiven Balladen Frank Wedekinds oder den politischen Couplets bei Nestroy; Heine und Villon nicht zu vergessen. Das Persönliche und ebenso auch das politisch Wirkungsmächtige in Biermanns Dichtungen ist die Rückkehr zu scheinbar ‚einfachen' und ‚überholten' Liedformen, die Renaissance von Reim, Vers, Strophe und Refrain.

Was unterscheidet aber den zur Gitarre singenden Dichter Wolf Biermann in der DDR von den vielen zur Gitarre singenden ‚Liedermachern' der gehobenen *westdeutschen* Pop-Musik dieser Zeit mit ihren mehr oder minder trivialen, den Marktbedarf an ‚kritischer' Unterhaltung sättigenden Texten? Er tut etwas äußerlich Ähnliches – aber er tut es in einer anderen *Weise* und in einer anderen *Situation*. In einer literarischen Öffentlichkeit, in der man (fast) alles öffentlich aussprechen darf und in der auf die noch ein wenig schärfere Satire nur der noch ein wenig höhere Absatz folgt, bleiben die alten Liedformen im besten Falle epigonal, in den meisten Fällen schlicht banal. In einer literarischen Öffentlichkeit dagegen, in der man fast alles *nicht* sagen darf (nicht einmal bestimmte Namen oder Fakten öffentlich erwähnen), kann der Reim von „Stalinallee" auf „die Zeit ist passé" wieder zur gewagten poetischen Innovation werden[335], kann die Wiederbesinnung auf die Sangbarkeit und Einprägsamkeit metrisch regelmäßiger Verse ihre massenhafte Verbreitung trotz unterdrückter Publikation ermöglichen.

Die wichtigste und wirksamste unter Biermanns formal-funktionalen Neuentdeckungen ist wohl die des *Refrains* – auch nach eigenem Bekenntnis für ein geplantes Liedermacher-Lehrbuch: „In einem solchen Büchlein müßte es auch ein Kapitel über Refrain-Techniken geben".[336] Die neue Kraft dieses uralten lyrischen Mittels liegt bei Biermann – wie bei so manchem politischen Lied seiner genannten Vorgänger – in der stillschweigenden gegenseitigen Erhellung und Modifikation des Sinnes von Kehrreim und Strophe, die das Gemeinte deutlich macht, ohne es doch platterdings zu sagen. Häufig wird dabei der Refrain selbst minimal variiert: „d i e hab ich satt ... d e n hab ich satt ... ich hab es satt"[337]; „so soll es sein ... so soll es sein ... so w i r d es sein"[338]; sogar aus dem fast unüberbietbar knappen Refrain „Ah jaa ...!" wird nach achtfacher Wiederholung in der neunten Strophe ein „Ah jaa!!".[339] In anderen Liedern bleibt er dem Wortlaut nach völlig unverändert, wie in den sechs Strophen des folgenden, von denen ich nur die letzte anführe:

Karl Marx, der Revolutionär
Hat großes Glück: Er lebt nicht mehr
Denn wenn er heut am Leben wär
– Genosse meiner Trauer –

Dann lebte er nicht lange mehr
Man zöge ihn aus dem Verkehr
Nun rat mal: WO?? – das ist nicht schwer:
In China! In China!
In China, hinter der Mauer[340]

In dieser Weise beschreibt das ganze Lied in den eigentlichen Strophen die Perversion sozialistischer Ideen ‚in China' – aber erst der gleichbleibende Refrain mit dem jenseits des ‚antifaschistischen Schutzwalls' tabuisierten Schlüsselwort „Mauer" macht in freilich noch immer indirekter Form unmißverständlich, von welchem Staat hier die Rede ist. Der Ausdruck „Sklavensprache", der für solches politisch zweideutige Sprechen geläufig geworden ist, scheint auf Biermanns rücksichtslose Offenheit der ironischen Verstellung nicht recht zu passen. Und dazu paßt auch nicht, daß schließlich durch den öffentlichen Vortrag solcher Strophen eines kommunistischen Dichters ein verbalkommunistischer Machtapparat sich öffentlich zu demaskieren und Biermann auszubürgern gezwungen sah.

Entzieht sich Biermann den politisch durchgesetzten lyrischen Quasi-Normen der DDR durch eine funktional modifizierende *Rückwendung,* so wählt Reiner Kunze den Weg der Erprobung ganz neuer Ausdrucksmöglichkeiten, den Weg des literarischen *Avantgardismus.* Ich möchte das an einem Text demonstrieren, den man wohl kaum als Beispiel gerade für die *lyrischen* Entwicklungsprozesse der deutschen Literatur erwarten wird, weil er in einem Buch mit dem Titel „Die wunderbaren Jahre. Prosa" steht.[341] Er heißt: „Orgelkonzert (Toccata und Fuge)" – und er ist ein *Konkretes Gedicht.* Aber er ist dies auch wieder nicht in dem einfachen Sinne, daß Kunze hier bloß bestimmten westdeutschen Quasi-Normen statt denen der DDR gefolgt wäre; vielmehr hat er der oft als eher verspielte Kleinform verwendeten Konkreten Poesie neue Größenordnungen erschlossen.

Auf den ersten Blick könnte man freilich die stufenweise breiter werdenden Textkolumnen lediglich für den Versuch visueller Nachbildung der Orgelgestalt halten. Aber da der rechte Kolumnenrand immer gleich bleibt und sich das Gedicht asymmetrisch nur nach links verbreitert, wäre dieser Versuch wenig geglückt. Viel eher ist hier an eine Visualisierung des *Orgelklanges* zu denken: Der Text als ‚Superzeichen' ahmt in seiner Gesamtgestalt, in der variablen Breite und Fülle der Zeichenspalten, die vielfältigen Klangwirkungen einer Orgel durch verschiedenartige *Registrierung* von der Vox humana bis zum Vollen Werk nach.

Das ist zwar so; aber es ist noch immer nicht die ganze Wahrheit. Der Untertitel „Toccata und Fuge" bezieht sich nämlich nicht nur auf das Programm des beschriebenen Orgelkonzertes, das von jugendlichen DDR-Bürgern überlaufen ist, seit ihnen der Besuch verboten wurde. Er beschränkt sich auch nicht auf den ebenfalls vorhandenen Doppelsinn, daß im Gegensatz zur staatlich straffen Erziehung hier (wie in der ‚Toccata') die freie Improvisation herrscht und den Jugendlichen so die Möglichkeit zeitweiliger Flucht (,fuga') aus den sonstigen sozialen Realitäten ermöglicht wird.

Sondern der Text ist wirklich als ganzer eine *Toccata und Fuge*: er ist genau nach den strengen Regeln dieser musikalischen Kompositionsform strukturiert. Kunze erprobt hier gleichsam eine Umkehrung des Verfahrens einer symphonischen Dichtung, die ein poetisches Werk in Musik zu übertragen versucht. Er bildet ein *musikalisches* Kunstwerk in künstlerischer *Sprache* nach, und zwar in ihrer genauen Verlaufsgestalt – also nicht nur, wie Thomas Mann gegenüber der Musik Wagners, in ihren emotionalen Wirkungen auf den Hörer.

Nach einem knapp das Thema vorgebenden, kursiv gesetzten Vortext zur Erläuterung (wie in vielen der lakonischen Stücke dieses Bandes) setzt der Haupttext ein mit der kurzen ,Toccata', also mit einem formal freien, ein Thema in lebhaften Figuren und Läufen variierenden Vorspiel. Sprachlich verwirklicht ist es hier durch fünf anaphorisch verknüpfte und einen gegebenen Sinn paraphrasierende Sätze:

> Hier müssen sie nicht sagen, was sie nicht denken.
> Hier umfängt sie das Nichtalltägliche, und sie müssen
> mit keinem Kompromiß dafür zahlen; nicht einmal mit
> dem Ablegen ihrer Jeans. Hier ist der Ruhepunkt der
> Woche. Sie sind sich einig im Hiersein. Hier herrscht
> die Orgel.

Der restliche, gut vier Seiten lange Text hat die übliche Bauform einer einfachen Fuge. Er besteht aus den drei Hauptteilen Exposition, Interludium, Reprise sowie der abschließenden Coda; jeder dieser vier Abschnitte setzt mit dem anaphorischen „Alle Orgeln – " von neuem ein.

Die *Exposition* ist schulmäßig dreigeteilt in ,Dux' („die berühmten ..."), ,Comes' („die kleinen ...") und ,Durchführung' („die machtvollen ..."). In dieser Durchführung wird, wie in allen folgenden, ein Zitat aus alter Zeit als sprachlicher Kontrapunkt eingesetzt.

Im *Interludium* ist für die Durchführung das geläufige kompositorische Verfahren der ,Vergrößerung' gewählt. Der musikalischen Verlängerung der Notenwerte jeweils um den Faktor 2 entspricht hier die Verlängerung der Zeilen, nämlich das exakte Anwachsen der Spaltenbreite von 2 cm auf 4, 6 und 8 cm („die im Westen ... die im Norden ... die im Süden ... die im Osten ...").

Die *Reprise* wiederholt diese stufenweise Vergrößerung in rascher Fugierung („unter wessen Dach auch immer ..."). Dann läßt sie, wie gebräuchlich, noch ein kurzes Zwischenspiel in den beiden extremen Tonhöhenbereichen der Orgel folgen („mit ihren tiefsten Pfeifen ... und mit ihren höchsten ...").

Die *Coda* schließlich enthält eine vorschriftsmäßige Engführung der drei Hauptteile („die im Osten, Süden, Norden, Westen ...") und führt dann in einer langgedehnten Schlußausweichung den mit dem ersten Wort der Exposition begonnenen Satz zu Ende:

Alle Orgeln –
die namenlosen, von denen jede „unsere Orgel" heißt,
(...)
alle Orgeln –
die im Osten, Süden, Norden, Westen,
die sechstausendeinhundertundelf klingenden Pfeifen in der Kreuzkirche zu Dresden, das Betstubenpositiv der Grube Himmelsfürst zu Freiberg, die von Bach geprüfte Orgel zu Hohnstein, die zu Kirchdorf, die einfach „unsere Orgel" heißt –
sie alle müßten plötzlich zu tönen beginnen und die Lügen, von denen die Luft schon so gesättigt ist, daß der um Ehrlichkeit Bemühte kaum noch atmen kann, hinwegfegen – unter wessen Dach hervor auch immer, hinwegdröhnen all den Terror im Geiste ...
Wenigstens ein einziges Mal, wenigstens für einen Mittwochabend.

Ist dies schon im Gesamtbereich der deutschsprachigen Literatur kein ganz gewöhnlicher Text, so verstößt er unter seinen historischen Entstehungsbedingungen in der DDR massiv gegen die bestehenden literarischen Quasi-Normen und die sie bedingenden sozialen Normen. Schon die Wahl des dichterischen *Verfahrens* von Konkreter Poesie ist ein solcher Verstoß: eine Annäherung an ‚dekadenten Formalismus' westlicher Provenienz. Und erst recht ist es die Art des *externen Bezuges*, der hier mit diesem Verfahren hergestellt wird: das offene Eintreten für das politisch geächtete Kirchenkonzert als eine Form der öffentlichen Gegenkultur.

Dieses Engagement für Elemente des kirchlichen Lebens hätte in keiner früheren Phase und in keinem anderen Teilbereich der deutschsprachigen Literaturentwicklung eine im Konflikt mit normierten Erwartungen stehende externe Funktion von Poesie abgeben können. Hier aber dient, allein aufgrund tiefgreifender Veränderungen in der *allgemeinen* Geschichte Deutschlands, die lyrische Gestaltung der Strukturen von Kirchenmusik als Ausdruck einer politischen Haltung: als Bekenntnis zur Macht der Orgel gegen die Macht der Stalinorgeln.

4.3. Literarische Wertung

> ... das Urteil über Schönheit würde also, wenn es zur Wissenschaft gehörte, kein Geschmacksurteil sein.
>
> KANT: *Kritik der Urteilskraft*

Lassen sich im Rahmen der hier entwickelten Konzeption von Norm und Abweichung auch literarische Werturteile präzisieren und begründen? Die Beantwortung dieser Frage verlangt ein etwas anderes Vorgehen als im Falle der Neuinterpretation gattungstheoretischer und literaturgeschichtlicher Zusammenhänge. Denn von typologischen und historischen Aussagen unterscheiden sich literarische Werturteile nicht einfach dadurch, daß sie zu einem anderen ‚Bereich' der Literaturwissenschaft oder zu einem anderen ‚Aspekt' der Literatur zählen; sie bilden vielmehr einen ganz anderen *Äußerungstyp* innerhalb möglicher Formen des Redens über Literatur.

Der Behandlung von Wertungsfragen im Abweichungsmodell muß deshalb eine grundsätzliche Analyse dieses Äußerungstyps literarischer Werturteile und ihrer andersartigen semantischen, pragmatischen und logischen Eigenschaften vorausgehen. Denn in der lebhaften literaturwissenschaftlichen Wertungsdiskussion ist über dem Streit um die ‚richtigen' Wertkriterien und Begründungsmaßstäbe die viel grundlegendere Frage, inwieweit sich literarische Werturteile ihrem Charakter nach *überhaupt* argumentativ begründen lassen, in einträchtiger sprachphilosophischer Naivität meist vollständig übergangen worden.

Die Forderung einer sprachlichen Analyse von Werturteilen meint dabei nicht eine empirische Untersuchung wertender Sätze z. B. der deutschen Sprache mit *linguistischen* Methoden. Denn durch eine solche systematisierte Befragung von kompetenten Sprechern über ihren Wortgebrauch von Wertausdrücken könnte man allenfalls ermitteln, worin der *Unterschied* besteht etwa zwischen den deutschen Sätzen „Dieses Gedicht ist großartig", „Dieses Gedicht ist gefällig" und „Dieses Gedicht ist mißlungen".

Will man dagegen bestimmen, was diesen drei Sätzen *gemeinsam* ist, insofern sie nämlich alle drei literarische Werturteile sind – will man also die charakteristischen Züge eines *jeden* literarischen Werturteils ermitteln, so wird man sich besser jenes Verfahrens bedienen, das man in der angelsächsischen Welt mit dem fest eingebürgerten Terminus „philosophical analysis" bezeichnet: der *sprachphilosophischen* Untersuchung von Werturteilen. Dieses Verfahren steht dem Gedankenexperiment näher als dem empirischen Test und arbeitet in erster Linie mit Verträglichkeitsbetrachtungen, d. h. mit der Untersuchung von Folgerungsmengen, von Widersprüchen und Äquivalenzen an möglichst vielfältigen Einzelfällen. Im Bereich wertender Äußerungen ist es bislang vorzugsweise für die philosophische Analyse *moralischer* Werturteile genutzt worden.[342] Im Mittelpunkt der so verstandenen Analyse literarischen Wertens müssen dabei vor allem zwei Fragen stehen:

(1) Welches ist eigentlich der Gegenstand, *über* den wir ein literarisches Werturteil fällen?
(2) Was ist es eigentlich, was wir in einem literarischen Werturteil in bezug auf diesen Gegenstand *sagen*?

Es ist vielleicht nicht überflüssig, ausdrücklich auf eine Einschränkung hinzuweisen, die in dieser Fragestellung bereits enthalten ist. Im Gegensatz zur entsprechenden Tradition in der Philosophie spreche ich nämlich nur von *literarischen* und nicht allgemein von *ästhetischen* Werturteilen. Manches von dem, was hier über literarische Werturteile zu sagen sein wird, mag wohl auch auf andere Bereiche der Beurteilung von Kunstwerken zutreffen. Aber die generalisierende Redeweise von „ästhetischen Urteilen", „ästhetischen Erlebnissen" oder auch „ästhetischen Objekten" führt im allgemeinen eher in die Irre.

Denn die landläufig unter „ästhetisch" subsumierten Erlebnisse eines Gemäldes, einer Sonate und eines Romans sind untereinander kaum vergleichbar. Das Betrachten einer schönen *gemalten* Landschaft ist dem Betrachten einer schönen *realen* Landschaft ähnlicher als dem Lesen eines schönen Romans. Das Lesevergnügen an einem guten *Roman* ist dem Lesevergnügen an einem guten historischen *Sachbuch* ähnlicher als dem Hörvergnügen an einer barocken Sonate. Und der Höreindruck einer barocken *Sonate* hat weniger Ähnlichkeit mit dem Leseeindruck eines Romans oder dem Seheindruck eines Gemäldes als mit dem *Höreindruck* eines rauschenden Baches – oder auch des angenehm ratternden Geräusches, das ein schnell fahrender D-Zug erzeugt. (Dieses technische Beispiel wähle ich, um zu verhindern, daß an dieser Stelle die alten Schubladen ‚Naturschönes' und ‚Kunstschönes' zu klappern beginnen.)

Und auch wenn man von solcher Unterschiedlichkeit der ‚ästhetischen Erfahrungen' in den diversen Künsten absieht, so sind doch auf jeden Fall die *Gründe* sehr verschieden, die wir jeweils zur Stützung heranziehen, wenn wir etwa die Werturteile „Dies ist ein schönes Porträt", „Dies ist ein schönes Violinkonzert" oder „Dies ist ein schönes Lustspiel" verteidigen wollen.

4.3.1. *Der Gegenstand literarischer Werturteile*

> Vergessen wir nicht: wir reden nicht von dem, was ‚ist' oder was Menschen ‚wissen' können, sondern was Menschen sprachlich mitteilen können.
>
> POLLOCK: *The Nature of Literature*

Wie wichtig die Einschränkung auf den Bereich *literarischer* Werturteile ist, zeigt sich gleich bei der genannten Frage, was denn eigentlich dasjenige ist, *worüber* ein literarisches Werturteil gefällt wird. Im Bereich der bildenden Kunst nämlich steht die Antwort auf die entsprechende Frage meist so eindeutig fest, daß man auf den Gegenstand eines Werturteils im Museum direkt hinzeigen und sagen kann: „Dieses Bild von Caspar David Friedrich meine ich" oder „Diese Plastik von Rodin ist es, die mir so gut gefällt."

Im Bereich der Literatur liegen die Dinge dagegen viel komplizierter. Hier kommen gleich eine ganze Reihe von Kandidaten als Gegenstand des Werturteils in Frage: ein einzelnes *Buchexemplar*; eine bestimmte *Ausgabe*; der darin abgedruckte *Text*; mein *Leseerlebnis* bei der Lektüre dieses Textes, oder allgemeiner seine *Rezeption*; eine ganze *Gruppe* von Texten, zu der das gelesene Werk gehört; oder auch der *Autor* und sein Akt der *Produktion* – insofern man die Äußerung „Goethes ‚Faust' ist schön" ja auch in folgendem Sinne verstehen könnte: „Es war eine schöne Leistung von Goethe, den ‚Faust' zu schreiben" oder „Es war schön von Goethe, daß er den ‚Faust' geschrieben hat."

Um gleich bei diesem Fall zu bleiben: in einer solchen leicht karikierenden Zuspitzung mag die These vom Dichter als Gegenstand der literarischen Beurteilung nicht sehr plausibel erscheinen. In der *Praxis* literarischer Wertung spielt aber die Person des Autors in der Tat eine ganz erhebliche Rolle. Man braucht hier nur daran zu denken, welch zentrale Bedeutung besonders im Rahmen marxistischer Literaturkritik meist der moralisch-politischen Frage zugemessen wird, ob der Verfasser innerhalb und außerhalb seines Werkes für die richtige Seite *Partei* ergriffen habe. Ebenso wäre an die bedeutende Rolle der Autorpersönlichkeit in lebensphilosophischen Dichterinterpretationen und in der psychoanalytischen Literaturforschung zu erinnern – jeweils mit erheblichen Konsequenzen auch für die literarische Beurteilung.

Oder man kann darauf hinweisen, wie sich im Zusammenhang mit einer neuen Hypothese über den *Verfasser* der „Nachtwachen. Von Bonaventura" auch gleich die Frage nach dem literarischen *Rang* dieses Werkes neu gestellt hat. Ganz offenkundig war die Bereitschaft, die „Nachtwachen" zu den Gipfelwerken der deutschen Romantik zu rechnen, wesentlich größer, solange man nicht sicher sein konnte, ob das Werk nicht am Ende doch von Schelling, Brentano, E. T. A. Hoffmann oder Jean Paul stammt. Als dann aber 1973 ein literarischer Dilettant, der Braunschweiger Theaterdirektor Klingemann, als der lange gesuchte Bonaventura präsentiert wurde, da war damit in der anschließenden Forschungsdebatte zugleich die Tendenz zu einer gewissen Abwertung auch des *Werkes* zu erkennen.[343]

Solche offensichtlichen Zusammenhänge zwischen Verfasserschaft und Wertfrage wird man dennoch nicht überschätzen dürfen. Denn genauer besehen beeinflußt unsere Kenntnis des Autors wohl nicht wirklich unser literarisches *Urteil*, sondern nur unsere *Disposition*, ein Werk höher oder niedriger einzustufen. Wenn man schon weiß, daß die „Nachtwachen" von Klingemann sind, fällt einem eben leichter *auf*, daß mancher Zug dieses Buchs – etwa die Kapitelverknüpfung – reichlich dilettantisch und das ganze Buch – etwa in seinen massiven Jean Paul-Imitationen – reichlich epigonal ist. Wenn aber ein Werk den Erwartungen, die wir mit dem Namen seines Autors verbinden, schlichtweg nicht entspricht, dann wird sich unser literarisches Urteil auf die Dauer auch *gegen* unsere Vorerwartungen durchsetzen.

Als extremes Beispiel dafür kann Goethes Lustspiel „Der Bürgergeneral" dienen. Niemandem in der deutschen Literatur wird wohl stärker als Goethe die Bereitschaft entgegengebracht, seine Werke großartig zu finden. Im Fall des „Bürgergenerals" ist aber nicht nur die Bewunderung ausgeblieben – das Werk ist beinahe restlos *ignoriert* worden. Es mag sogar dem einen oder anderen Germanisten unbekannt sein, daß es ein Drama von Goethe gibt, das nicht einmal für wert befunden wurde, in die Hamburger Ausgabe aufgenommen zu werden, und über das nach Ausweis der stattlichen zweibändigen Goethe-Bibliographie keinerlei werkspezifische Sekundärliteratur existiert.[344] Auch Goethe-Monographien und Literaturgeschichten gehen über diesen heiklen Fall meist mit Stillschweigen oder mit wenigen belanglosen Sätzen hinweg.

Der Grund liegt ganz einfach darin, daß es sich beim „Bürgergeneral" um einen wirklich miserablen Text handelt, um ein profeudalistisches Tendenzstück gegen die Französische Revolution von peinlich primitiver Machart, auf das Goethe sein eigenes Urteil über ein anderes dramatisches Nebenwerk getrost hätte ausdehnen können: „Es ist Schülerarbeit oder vielmehr Sudelei."[345] Über die zeitgenössischen Reaktionen berichtet Goethe selbst in der „Kampagne in Frankreich" von 1822:

> Aber vergebens, das Stück brachte die widerwärtigste Wirkung hervor, selbst bei Freunden und Gönnern, die, um sich und mich zu retten, hartnäckig behaupteten: ich sei der Verfasser nicht, habe nur aus Grille meinen Namen und einige Federstriche einer sehr subalternen Produktion zugewendet.[346]

Bei dieser ablehnenden Haltung auch von ‚Freunden und Gönnern' ist es im ganzen geblieben, so daß man für die Rezeption und Bewertung dieses Stücks die Bemerkung Diltheys als repräsentativ ansehen darf: „Dagegen wird man Arbeiten Goethes, wie den Bürgergeneral, immer nur mit Selbstüberwindung entschuldigen ..."[347]. Die Beurteilung dieses einen Werkes wird also von der *sonstigen* Hochschätzung Goethes nicht nennenswert beeinflußt. Und genauso trübt umgekehrt dieses eine Stück nicht die allgemeine Bewunderung für Goethe und seine wirklich bedeutenden Werke. Es nimmt dem „Faust" nichts von seiner Größe, daß sein Autor außerdem den „Bürgergeneral" geschrieben hat.

Ebensowenig wie die allgemeine *literarische* Einschätzung eines Autors vermag übrigens auch sein persönliches oder *moralisches* Ansehen unser literarisches Werturteil entscheidend zu bestimmen. Wieviele Vorbehalte auch immer man gegen die wenig einnehmende Person Nietzsches und selbst gegen seine Philosophie des elitären Pathos haben mag – man wird sich nicht schon deshalb davon abhalten lassen, den „Zarathustra" als in seiner Art wohl einzigartiges *poetisches* Meisterwerk anzuerkennen (sofern man seine ausgetüftelte Kapitelstruktur, seine sprachschöpferische Energie und seine subtile Integration von epischer Rahmenfiktion und philosophischer Aussage erst einmal entdeckt hat). Als ein Beispiel für den umgekehrten Fall kann man Hans Werner Richter betrachten, der als Gründer und Mittelpunkt der ‚Gruppe 47' über 30 Jahre hinweg eine beinahe unbegrenzte *persönliche* Autorität in der deutschen Nachkriegsliteratur genoß; nichtsdestoweniger ist er mit seinen eigenen *Werken* niemals über den Ruf eines mittelmäßigen bis unbedeutenden Romanciers hinausgelangt.

Und schließlich ist hier noch in Rechnung zu stellen, daß wir ja auch bei *anonymen* Werken ohne Zögern eine wertende Einordnung vornehmen, obwohl wir ja hier einen zu beurteilenden Verfasser gar nicht haben. Niemand weiß, wer das „Nibelungenlied" geschrieben hat; niemand aber zweifelt an seinem hohen dichterischen Rang. Literarische Werturteile beziehen sich also in ihren wirklich substantiellen Teilen nicht auf den Autor, sondern auf das *Werk selbst*. Was aber ist nun dieses ominöse ‚Werk selbst'?

Nach verbreiteter und besonders im Zusammenhang rezeptionsästhetischer Literaturtheorien vertretener Auffassung konstituiert sich ein literarisches Werk überhaupt erst im Bewußtseinsakt des *Lesens*. Aus der unregelmäßigen Ansammlung von schwarzen Farbteilchen auf einem flachgepreßten Holzprodukt wird erst im rezipierenden Erleben des Lesers schließlich Goethes „Faust".

So richtig dies ist, so vorsichtig sollte man doch mit dem sein, was man daraus folgert. Gewiß ergibt sich daraus so viel, daß wir einen Text gelesen haben müssen, um ihn besprechen und beurteilen zu können; daraus folgt aber nicht, daß das, *worüber* wir dann sprechen, unser Leseerlebnis oder der daraus resultierende Bewußtseinsinhalt ist. Wenn nämlich ein ‚Kritiker-Papst'[348] wie Marcel Reich-Ranicki in der „Frankfurter Allgemeinen" nicht den „Butt" von Grass, sondern seinen eigenen Bewußtseinsinhalt davon rezensierte, dann könnte ihm sein ‚Gegenpapst' Joachim Kaiser in der „Süddeutschen Zeitung" gar nicht widersprechen. Denn Reich-Ranickis Leseerlebnis ist Kaiser ja als solches gar nicht zugänglich und unterliegt somit nicht seiner konkurrierenden literaturkritischen Beurteilung.

Und erst recht bestünde für den *Wissenschaftler* keine Chance, das gesetzte Ziel einer intersubjektiven Präzisierung und Begründung literarischer Werturteile zu erreichen, wenn schon der im Werturteil angesprochene *Gegenstand* nur dem subjektiven Bewußtseinsinhalt des jeweiligen Sprechers angehörte. Man wird hier also vielmehr in Anlehnung an einen Gedanken Freges sagen müssen, daß es dem literarischen Werk nicht *wesentlich* ist, gelesen zu werden – sondern nur, gelesen werden zu *können.*[349] Das Wesentliche des Werks besteht in dem, was den Leseerlebnissen aller potentiellen Rezipienten *gemeinsam* ist und worüber sie sich *verständigen* können. Die Objektivität des literarischen Kunstwerks besteht in der Intersubjektivität möglichen Redens darüber.

In diesem Sinne am besten intersubjektiv zugänglich ist das Werk ohne Zweifel in Gestalt des konkreten *Buchexemplars,* das sich durch seine geradezu handgreifliche Objektivität als Gegenstand der literarischen Wertbeurteilung anbietet. Es läßt sich jedoch leicht zeigen, daß diese Lösung allzu einfach ist, um das Siegel der Wahrheit erhalten zu können. Gewiß vermag ein schönes Buch das Lesevergnügen beträchtlich zu erhöhen: ein gut erhaltenes barockes Prachtexemplar des „Simplicissimus" mit Originaleinband, Titelkupfer, verzierten Initialen und handschriftlicher Widmung liest man natürlich viel lieber als das gleichlautende Reclam-Heft aus dem eigenen Bücherschrank. Zuweilen erleichtert es uns ein bestimmtes Buch sogar, die poetischen Qualitäten des enthaltenen Werkes zu *erfassen;* aber sobald wir sie einmal erkannt haben, werden wir sie auch in allen anderen textgleichen Buchexemplaren *wiederfinden* und unser literarisches Urteil nicht auf ein einzelnes dieser Bücher, sondern auf das in ihnen allen gleichermaßen abgedruckte Werk beziehen.

Das gilt übrigens sogar für das *Originalmanuskript* des Autors, das zwar die verläßlichste Quelle textkritischer Bearbeitung, aber kein bevorzugter Gegenstand literaturkritischer Bewertung ist. Die „Aura" der „Echtheit", das „Hier und Jetzt des Kunstwerks" spielen für die Literatur nicht annähernd dieselbe Rolle wie für die bildende Kunst – und das nicht erst im Zeitalter drucktechnischer Reproduzierbarkeit.[350] Ein „gefälschter Ossian" ist etwas grundsätzlich anderes als ein „gefälschter Rembrandt".

Damit verwandt, aber doch etwas anders gelagert ist die Frage, ob wir statt eines bestimmten Buches vielleicht eine bestimmte *Textausgabe* beurteilen. Denn insofern zwei Ausgaben eines Werkes nicht immer gleichlautend sind, kann dabei auch ihr literarischer Wert erheblich differieren. Vielleicht der eklatanteste Fall dieser Art ist Karl Mays „Old Surehand". Dessen Text wurde in den zweibändigen Ausgaben des Karl-May-Verlages – teilweise mit irreführenden Vermerken wie „Ungekürzte Originalfassung" – durch Kürzung um ein Drittel und durch im Schnitt rund 15 Textänderungen pro Seite zu einem jugendbuchfähigen, *so* in der Tat ziemlich trivialen Wildwest- und Schauerroman verstümmelt. Dagegen spricht aus Mays eigener, 60 Jahre lang unterdrückter Originalfassung in drei Bänden zwar in ihrer stilistischen Umständlichkeit noch immer – mit Ernst Bloch zu reden – ein „armer, verwirrter Prolet", aber zugleich in der großbogigen epischen Integration von funktional koordinierten Handlungssträngen und Binnenerzählungen zum Thema von Schuld und Sühne deutlich „einer der besten deutschen Erzähler".[351]

Diese Divergenz in der Beurteilung abweichender Ausgaben kann im Extremfall so weit gehen, daß schon zwei Textfassungen, die sich nur um ein *Komma* voneinander unterscheiden, verschieden bewertet werden. Ein berühmter Fall ist hier der ‚Komma-Prozeß', den Karl Kraus 1933/34 gegen das leicht entstellte Zitat seines Gedichts „Man frage nicht" in einer Prager Zeitschrift angestrengt und in dritter Instanz gewonnen hat.[352] Kraus hatte in diesem zehnzeiligen Gedicht sein Schweigen nach der nationalsozialistischen Machtergreifung zwar nicht eigentlich erklärt, aber in einer Weise einbekannt, die deutlich werden ließ, daß aus seiner Sicht von diesem Ausbruch der Barbarei nur eins unberührt bleiben könne: die Reinheit seines poetischen Umgangs mit der Sprache. Gerade diese sprachliche Reinheit sah er aber durch das fehlende Komma (nach „Kein Wort") verletzt und damit den *Wert* des Gedichts – zu dem die auffällig stark zergliedernde Interpunktion in der Tat wesentlich gehört – in seinem entscheidenden Punkt berührt:

> Man frage nicht, was all die Zeit ich machte.
> Ich bleibe stumm;
> und sage nicht, warum.
> Und Stille gibt es, da die Erde krachte.
> Kein Wort, das traf;
> man spricht nur aus dem Schlaf.
> Und träumt von einer Sonne, welche lachte.
> Es geht vorbei;
> nachher war's einerlei.
> Das Wort entschlief, als jene Welt erwachte.

Wie aber verhält es sich, wenn zwei Textausgaben zwar in Format, Seiteneinteilung, Schriftgrad und dergleichen Äußerlichkeiten differieren, in allen literarisch relevanten Punkten der *Textgestaltung* aber übereinstimmen? In diesem Falle wird man nicht gut dem einen Text einen anderen literarischen Wert zusprechen können als dem anderen. Ob man Jean Pauls „Siebenkäs" in der dreibändigen, sechsbändigen oder zwölfbändigen Hanser-Ausgabe liest, ist für die Beurteilung des Romans unerheblich; denn die Ausgaben unterscheiden sich allenfalls im Umbruch und im Satzspiegel.

Jedoch ist hier insofern Vorsicht geboten, als die Forderung nach buchstabengetreu gleichem *Wortlaut* zweier Ausgaben noch nicht ausreicht. Genauer wäre zu formulieren, daß die Textausgaben in bezug auf alle *signifikanten* poetischen Zeichen übereinstimmen müssen – und was dabei als signifikant zu gelten hat, kann man oft nur von Fall zu Fall entscheiden. Ein wichtiges Kriterium wird hier die Frage bilden, von welchen sprachlichen Normen und literarischen Quasi-Normen das betreffende Werk abweicht und wie es dabei internen oder auch externen Funktionen zugeordnet ist. Wenn z. B. eine Ausgabe von Michael Endes „Unendlicher Geschichte" in ihrer Ausstattung nicht exakt dem darin beschriebenen Buch gleichen Titels entspräche, ginge dem Text die für seinen Wert entscheidende Dimension der paradoxen Selbstbezüglichkeit verloren.

Bei den späten Werken Arno Schmidts sind selbst solche Dinge wie das Papier und sein Format, die Seitengliederung und die Wahl von Schreibmaschinentypen anstelle von Drucklettern Faktoren von *literarischer* Bedeutung. Und dies nicht bloß als Absetzung gegen Quasi-Normen dichterischer Buchproduktion, sondern als funktionale Sprachabweichung – wenn etwa eine der rückwärtslaufend beschriebenen Riesenseiten genau dem Rückweg einer dialoggefüllten Gehstrecke entspricht. Eine kleinformatige Dünndruckausgabe von „Zettels Traum", in der die Randbemerkungen etwa als abgetrennter Anhang nachgereicht würden, wäre nicht nur ein substantiell anderer Text, sondern auch literarisch nur noch ‚die Hälfte wert'.

Erst wenn solche individuell variierenden Umstände in der Verwendung des Ausdrucks „Text" gebührend berücksichtigt werden, wird man die bisherigen Überlegungen in folgender Weise zusammenfassen können: Gegenstand eines literarischen Werturteils ist das, was zwei *verschiedenen*, aber *übereinstimmenden* Ausgaben eines literarischen Werkes *gemeinsam* ist – nämlich der *Text* einer Dichtung im Sinne einer Folge signifikanter Zeichen mit festgelegter Anordnung.

Gewissen Zweifeln könnte dieses Ergebnis der Analyse noch insofern unterliegen, als man wohl die Frage stellen muß, ob das, was wir beurteilen, tatsächlich nur ein *einziger* Text ist. Ich denke dabei nicht an solche offensichtlichen Fälle wie das vergleichende Urteil „Der ‚Amphitryon' von Peter Hacks kann dem ‚Amphitryon' von Kleist nicht das Wasser reichen". Die Frage ist vielmehr, ob nicht schon in einer scheinbar ganz einfachen Textbeurteilung wie „Dies ist ein schönes Brentano-Gedicht" zugleich auch über *andere* Texte gesprochen wird.

Denn das Prädikat „schön" gehört ja ähnlich wie „groß" oder „gut" zu jenen polar-konträren Begriffen, die schon Aristoteles in seiner Kategorienlehre ausdrücklich nicht zu den *Quantitäten*, sondern zu den *Relativa* rechnet. Wie könne man nämlich sonst von einem „kleinen Berg" und von einem „großen Hirsekorn" sprechen, wenn nicht durch implizite Bezugnahme auf Gruppen vergleichbarer Gegenstände, nämlich auf die *durchschnittliche* Größe von Bergen bzw. von Hirsekörnern?[353]

Entsprechend müßte man wohl auch das Brentano-Beispiel interpretieren als: „Dieses Brentano-Gedicht ist in Relation zur Gruppe vergleichbarer Gedichte überdurchschnittlich schön." Freilich ist hier nicht ganz klar, auf *welche* Vergleichsgruppe man dabei Bezug nimmt: auf das Œuvre Brentanos, auf die zeitgenössische Gedichtproduktion, auf den allgemeinen literarhistorischen Entwicklungsstand im frühen 19. Jahrhundert, auf alle Texte im selben Genre oder aber derselben Textsorte, auf den lyrischen Gesamtertrag der deutschen Literatur oder der ganzen Weltliteratur?

Trotz solcher Unklarheiten wird man um eine Berücksichtigung dieses impliziten Bezugs auf andere Texte als den im Werturteil genannten nicht ganz herumkommen. Es fragt sich nur, ob dieser Aspekt wirklich schon in die Bestimmung des *Gegenstandes* literarischer Wertung aufgenommen werden muß. Das hätte nämlich wenigstens zwei durchaus unerwünschte Konsequenzen. Zum einen kann ja der urteilende Leser nur auf die ihm *bekannten* Texte der jeweiligen Vergleichsgruppe Bezug nehmen. Da aber beinahe jedem Leser ein anderer, meist sehr kleiner Ausschnitt z. B. der Gedichtproduktion um 1815 bekannt ist, drohte auf diese Weise die mühsam gewonnene *Intersubjektivität* des beurteilten literarischen Gegenstandes erneut verloren zu gehen.

Zum andern hätten wir dann gewisse Schwierigkeiten, noch deutlich zu *unterscheiden* zwischen den zwei Werturteilen „Dies ist ein schönes Brentano-Gedicht" und „Dies ist ein schönes Eichendorff-Gedicht", wenn wir den Gegenstand *beider* Urteile in der lyrischen Gesamtproduktion um 1815 oder gar im Universum der Weltliteratur sehen wollten. Von daher ist es vielleicht nicht ‚richtiger', aber mit Sicherheit wissenschaftlich *fruchtbarer,* hier definitorisch so zu unterscheiden: Dasjenige, *was* in einem literarischen Werturteil bewertet wird, ist der einzelne Text im präzisierten Sinne – und erst in dem, was man dabei über diesen Text *sagt,* nimmt man in der Regel Bezug auf größere oder kleinere Gruppen anderer Texte.

4.3.2. *Der Aussagesinn literarischer Werturteile*

> Es wird schwerlich Ein Mensch können gefunden werden, dessen Urteil über das Gute und Schöne als die Stimme der menschlichen Natur wird angesehen werden können . . .
>
> LICHTENBERG: *Sudelbücher*

Was genau ist es nun, was in einem literarischen Werturteil wie „Goethes ‚Faust' ist ein Meisterwerk" über einen Text gesagt wird? Die sprachliche Form dieses Urteils legt den Eindruck nahe, daß dem „Faust" hier eine *Eigenschaft* zugesprochen wird, nämlich die ‚Eigenschaft' oder ‚Qualität', ein Meisterwerk zu sein.

Freilich ist es mittlerweile ja auch über die Grenzen der analytischen Sprachphilosophie hinaus bekannt geworden, daß auf die Auskünfte der Grammatik hinsichtlich der *tatsächlich* zugrundeliegenden Äußerungsstrukturen in solchen Fällen wenig Verlaß ist. Mit besonderem Nachdruck trifft das auf die hier gestellte Frage zu, ob ein bestimmter Ausdruck der natürlichen Sprache für eine *Eigenschaft* oder für eine *Beziehung* steht – ob es sich also, in der Ausdrucksweise der Logik, um ein *einstelliges* oder *mehrstelliges* Prädikat handelt. Im vorliegenden Fall ist gegenüber Schlußfolgerungen aus dem sprachlichen Erscheinungsbild umso mehr Vorsicht angeraten, als sich mit demselben heideggerisierenden Verfahren des ‚Lauschens auf die Sage der Sprache' auch das genaue Gegenteil plausibel machen ließe.

Mustert man nämlich einmal eine beinahe beliebig gewählte Reihe deutscher Adjektive durch, mit denen wir unser ästhetisches Gefallen oder Mißfallen auszudrücken pflegen, so wird man bemerken, daß sie überwiegend aus logisch wie grammatisch zweiwertigen *Beziehungsverben* abgeleitet sind: eine Äußerung wie „Schillers ‚Don Karlos' ist hinreißend" kann man sich entstanden denken als syntaktische Einsparungsform des Satzes „Schillers ‚Don Karlos' reißt *mich* hin". Entsprechend geht „eindrucksvoll" zurück auf „das Werk beeindruckt mich", „gefällig" auf „es gefällt mir", „begeisternd" auf „es begeistert mich", „erstaunlich" auf „ich staune darüber", „wunderbar" auf „ich bewundere es", „erregend" auf „es erregt mich" und so fort. Umgekehrt kann man auch negative Urteile wie „Stifters ‚Nachsommer' ist langweilig/uninteressant/einschläfernd/abstoßend" auffassen im Sinne von: „Stifters ‚Nachsommer' langweilt mich/interessiert mich nicht/schläfert mich ein/stößt mich ab."

Überdies könnte ein an logischen Strukturen der natürlichen Sprache interessierter Sprachwissenschaftler an dieser Stelle darauf aufmerksam machen, das Offenlassen einer syntaktischen Leerstelle bei deutschen Verben weise meist darauf hin, daß sie *allquantifiziert* verstanden werden soll; die im Verb ausgedrückte Beziehung soll also gegenüber *allen* in Frage kommenden Gegenständen bestehen. Wenn wir etwa ein Argument „überzeugend" oder „einleuchtend" nennen, dann teilen wir damit nicht etwa nur unsere persönliche Zustimmung mit, sondern erklären das Argument für geeignet, ganz allgemein einzuleuchten und zu überzeugen. Entsprechend wäre auch das literarische Werturteil „Stifters ‚Nachsommer' ist uninteressant/einschläfernd/langweilig" zu lesen als die Behauptung, daß der „Nachsommer" *jeden* Leser langweilen, einschläfern, nicht interessieren wird – also etwa im Sinne der Beurteilung dieses Stifter-Romans durch Hebbel:

> Drei starke Bände! Wir glauben nichts zu riskieren, wenn wir demjenigen, der beweisen kann, daß er sie ausgelesen hat, ohne als Kunstrichter dazu verpflichtet zu sein, die Krone von Polen versprechen.[354]

Aus der grammatischen Struktur literarischer Werturteile könnte man somit jede der drei folgenden und untereinander grundverschiedenen logischen Strukturen herauslesen:

(1) Das Werk X hat die Eigenschaft A.
(2) Zwischen mir und dem Werk X besteht die Beziehung B.
(3) Für alle Menschen gilt: Wenn sie Leser des Werkes X sind, dann steht X zu ihnen in der Beziehung B.

Man kann sich hier also auf die Indizien, die uns die natürliche Sprache an die Hand gibt, nicht einfach verlassen, sondern muß sorgfältig prüfen, inwieweit sie zutreffen oder irreführen.

Am Anfang soll dabei die oben zuletzt genannte Auffassung stehen, daß literarische Werturteile zu verstehen sind als Aussagen über die allgemeine oder vorherrschende Beurteilung eines Werkes. Dies wäre sozusagen die demoskopische Interpretation von Werturteilen; sie läßt sich jedoch leicht erschüttern, indem wir uns einige ihrer Konsequenzen an einem Beispiel vor Augen führen. Hieße der Satz „Simmels Romane sind hervorragend" wirklich nur so viel wie „Simmels Romane werden von seinen Lesern allgemein als hervorragend beurteilt", dann könnte jemand ohne weiteres sagen: „Simmels Romane sind hervorragend, aber ich halte sie für schwachsinnig."

Doch dies ist offenkundig keine sinnvolle Äußerung: der eine Teilsatz ist mit dem anderen unverträglich. Wer so redet, der kennt einfach die Regeln des Sprachspiels „Wertung" nicht; er hat noch nicht gelernt, wie man solche wertenden Adjektive wie „hervorragend" sprachrichtig verwendet. Denkbar (ja naheliegend) wäre es hier nur, statt dessen zu äußern: „Simmels Romane sind allgemein beliebt, aber ich persönlich halte sie für schwachsinnig." Hier setzt sich der Sprecher mit *seinem* Werturteil gerade ausdrücklich in *Gegensatz* zur herrschenden Meinung.

Demnach scheint ein literarisches Werturteil also eine Aussage darüber zu sein, ob dem Sprecher *selbst* ein Werk gefällt oder nicht. Allerdings wird hier sofort eine Korrektur an der Formulierung erforderlich: von einer *Aussage* über mich selbst kann bei der Äußerung, daß mir eine bestimmte Dichtung gefällt, ebensowenig die Rede sein wie etwa bei einer Liebeserklärung. Wenn Hans seiner Grete mit den berühmten drei Worten seine Liebe gesteht, dann ist das nicht dasselbe wie die bloße Feststellung eines Dritten, daß der Hans die Grete liebt.

Ebenso *behaupte* ich nun in einem literarischen Werturteil nicht mein Gefallen an einem Werk – denn das könnte auch ein anderer, der mich vielleicht beim Lesen schmunzeln sieht, in einer wahren oder falschen Aussage tun. Sondern ich *bekenne* mein Gefallen an diesem Werk. Das aber kann ich nur selber tun, und zwar nicht objektiv wahr oder falsch, sondern nur subjektiv aufrichtig oder geheuchelt. Die persönliche Stellungnahme ist kein ‚konstativer', sondern ein ‚performativer' Sprechakt – oder, in einer älteren Redeweise: Im Bekenntnis meines literarischen Gefallens hat die Sprache nicht deskriptive oder *Darstellungsfunktion*, sondern expressive oder *Ausdrucksfunktion*.[355]

Der Vergleich mit einer Liebeserklärung macht aber zugleich aufmerksam auf einen schwachen Punkt an der Interpretation literarischer Werturteile als bloße Äußerung subjektiven Gefallens. Wenn nämlich auf das Bekenntnis von Hans hin, daß er Grete liebe, sich nunmehr Fritz ins Gespräch mengt und mitteilt, *er* jedenfalls liebe Grete nicht, so wird Hans sich an dieser Tatsache gar nicht stören; ganz im Gegenteil wird er sie – besonders, wenn er zur Eifersucht neigt – sogar mit einer gewissen Beruhigung zur Kenntnis nehmen.

Wenn uns hingegen auf unsere literarisch wertende Äußerung „Goethes ‚Faust' ist ein Meisterwerk" irgendjemand erwidert, *er* jedenfalls sei nicht dieser Meinung, sondern halte den „Faust" für absolut dilettantisch, so wird wohl kaum jemand diese Divergenz der Urteile bereitwillig akzeptieren oder mit einem Achselzucken übergehen. Vielmehr wird man sich – sofern die Umstände es zulassen – sofort bemühen, den Gesprächspartner von den reichen Schönheiten des Textes zu *überzeugen*: etwa indem man ihm die trotz aller Nebenstränge konsequent durchgehaltene Handlungslinie vom Prolog im Himmel bis zur Schlußapotheose vor Augen führt oder ihm einfach einige besonders eindrucksvolle Stellen vorliest – und sei es nur die über das philosophische „Collegium logicum", an der es ja (obwohl selten bemerkt) das Schönste ist, daß die darin enthaltenen Anwürfe gegen die Logik notabene aus dem Munde des *Teufels* kommen. Und der wird für seine Antipathie gegen korrekte Argumentation schon seine Gründe haben.

Die bloße Tatsache, daß über literarische Werturteile ausdauernd und heftig gestritten wird, *beweist* also schon, daß darin nicht nur von einem subjektiven Gefallen des Sprechers, sondern immer auch von der *allgemei-*

nen Geltung des Urteils die Rede ist. Jedoch wird auch diese allgemeine Geltung nicht *behauptet* – dann wäre sie ja durch das abweichende Urteil des Gesprächspartners bereits widerlegt –, sondern sie wird nur *gefordert*. Die strittige Allgemeingültigkeit eines Werturteils ist also in der Tat vorhanden – aber nicht im Sinne der Darstellungsfunktion, sondern der *Appellfunktion* der Sprache. Mit dem Aussprechen eines literarischen Werturteils *erheben* wir allererst einen Geltungsanspruch, gemäß Kants treffender Formulierung, „daß man durch das Geschmacksurteil (über das Schöne) das Wohlgefallen an einem Gegenstande jedermann ansinne, ohne sich doch auf einem Begriffe zu gründen".[356]

Diesen Geltungsanspruch erheben wir nun nicht etwa durch eine direkte und allenfalls variierend wiederholte Aufforderung an den Gesprächspartner: „Aber du mußt den ‚Faust' doch auch großartig finden!" Vielmehr bringen wir unser ‚Ansinnen' in Gestalt von Hinweisen auf *Textqualitäten* vor. Die im Arbeitsbereich des Literaturwissenschaftlers auftretenden literarischen Werturteile sind nicht vom Typ reiner Gefallensäußerungen wie „Ich mag Lessing – du nicht auch?", sondern sie sind vom Typ: „Der verdeckte Funktionalismus der Namen in Lessings ‚Nathan' nimmt in großartiger Weise poetische Verschlüsselungstechniken des 20. Jahrhunderts vorweg."[357]

Ohne Zweifel gibt es dabei unter den verwendeten Ausdrücken eine gleitende Skala der Schwerpunktsetzung – von beinahe reinen *Gefallensbekundungen* wie „schön" oder „großartig" bis zu beinahe reinen *Textcharakterisierungen* wie „stimmig" oder „originell". Gleichwohl läßt sich weder die deskriptive noch die expressive oder die appellative Komponente eines Werturteils jemals völlig *eliminieren*. Selbst in solchen ‚nichtssagenden', scheinbar rein expressiven Wertprädikaten wie „schön", „gelungen", „großartig" oder „gefällig" stecken in rudimentärer Form noch beschreibende Elemente.

Das kann man daran ablesen, daß sich diese wertenden Adjektive nicht gleichermaßen auf *jeden* positiv beurteilten Text anwenden lassen. Man wird eine strafende Satire nicht „gefällig" und eine anakreontische Idylle nicht „großartig" nennen; ein Romanfragment, selbst eins vom Rang des „Ofterdingen" von Novalis, wird man nicht als „gelungen" bezeichnen; und bei Kafkas „Prozeß" wird man, wie hoch auch immer man seinen literarischen Wert einschätzt, in Erinnerung an den alten ästhetischen Gegensatz von „schön" und „erhaben" doch zögern, von einem „schönen Roman" zu sprechen – ähnlich wie „der Ausdruck ‚schön' etwa für die Matthäus-Passion oder die Kerkerszene des ‚Faust' inadäquat erscheint".[358]

Es zeigt sich also, daß in einem literarischen Werturteil alle *drei* Komponenten enthalten sind, für die sich Indizien schon aus seiner sprachlichen Form ergeben hatten: eine Aussage über *Eigenschaften* des beurteilten Werks, ein persönliches Bekenntnis meiner positiven oder negativen

Beziehung zu ihm und eine Forderung nach *Allgemeingültigkeit* dieser Bewertung. Von den drei genannten logischen Strukturen ist somit Variante (1) als *deskriptiv*, Variante (2) hingegen als *expressiv* und Variante (3) als *appellativ* zu interpretieren.

Nun lassen sich diese drei Komponenten eines Werturteils zwar unterscheiden, aber nicht voneinander isolieren. Es handelt sich nicht um eine bloße *Addition* dreier unabhängiger Äußerungen, sondern um die *Integration* in eine einzige, einheitliche Äußerung eines literarischen Werturteils. Wir drücken sowohl unser persönliches Urteil als auch dessen allgemeinen Geltungsanspruch in der Weise *aus*, daß wir eine wertende Beschreibung des literarischen Gegenstandes geben. Wenn nun aber das literarische Werturteil keine bloße Aneinanderreihung verschiedener Äußerungen darstellt – von welcher Art ist dann die Beziehung zwischen seinen drei Komponenten?

Die entscheidende Antwort lautet hier zunächst negativ: Es handelt sich jedenfalls *nicht* um ein *Begründungsverhältnis*. Von einer triftigen Begründung kann man ja nur dann sprechen, wenn der Übergang von der Geltung der begründenden Argumente zur Geltung der fraglichen Aussage oder Forderung durch irgendein zugrundeliegendes, widerspruchsfreies logisches System gesichert ist. Es führt aber kein logischer Weg von einer objektiven *Aussage* über einen Text zum *Bekenntnis* meines subjektiven Gefallens daran oder zu der *Forderung* nach intersubjektiver Verallgemeinerung dieses Gefallens.

Dieser Hinweis auf die ‚logische Kontingenz', auf die durch keinen zwingenden Folgerungszusammenhang eingeschränkte *Unbestimmtheit* jeweder Beziehung zwischen Sätzen von verschiedenem Sprechakttyp ist zwar der Sache nach schlagend, aber als ein rein deduktives Argument vielleicht nicht unmittelbar einleuchtend; deshalb will ich das Gesagte erneut an einem Beispiel verdeutlichen.

Es läßt sich auch beim besten Willen nicht bestreiten, daß die Romane Jean Pauls ein gerütteltes Maß an Sentimentalität aufweisen. Man braucht vielleicht nicht gleich das harte Wort Nietzsches zu benutzen, Jean Paul – dieses „Verhängnis im Schlafrock" – gieße über alles „eine widerliche Tränenbrühe".[359] Aber allein das Zählen und Klassifizieren all der Tränen, die im „Titan" vergossen werden, wäre schon eine germanistische Dissertation wert. Ich erkenne hier also die Aussage „Jean Pauls Romane sind Belegfälle für literarische Sentimentalität" als Prämisse an – ebenso aber auch die allgemeine Prämisse „Literarische Sentimentalität ist unausstehlich". Wenn es hier mit *logischen* Dingen zuginge, müßte ich nun auch die Folgerung „Jean Pauls Romane sind unausstehlich" anerkennen. Doch weit gefehlt – ich würde noch heute mit einer bewundernden Formulierung Lichtenbergs sagen: „Ein Schriftsteller wie Jean Paul ist mir noch nicht vorgekommen, unter allem was ich seit jeher gelesen habe."[360]

Auch wenn man also dem *deskriptiven* Teil eines ablehnenden Urteils völlig zustimmt, wird man sich allein dadurch noch nicht gezwungen sehen, von einer bestimmten und möglicherweise durch ganz andere Umstände bedingten literarischen Vorliebe abzulassen. Umgekehrt wird man aber auch keine Vorliebe eines anderen schon deshalb *übernehmen*, weil man mit der in seinem lobenden Urteil enthaltenen Tatsachenbehauptung einig geht. Mit den Worten Kants:

Wenn jemand ein Gebäude, eine Aussicht, ein Gedicht nicht schön findet, so läßt er sich erstlich den Beifall nicht durch hundert Stimmen, die es alle hoch preisen, innerlich aufdringen . . . Denn es mag mir jemand alle Ingredienzien eines Gerichts erzählen und von jedem bemerken, daß jedes derselben mir sonst angenehm sei, auch obenein die Gesundheit dieses Essens mit Recht rühmen, so bin ich gegen alle diese Gründe taub, versuche das Gericht an meiner Zunge und meinem Gaumen, und darnach (nicht nach allgemeinen Prinzipien) fälle ich mein Urteil."[361]

Die deskriptive Komponente eines Werturteils vermag also das Gefallen bzw. Mißfallen des Sprechers oder des Angesprochenen nicht zwingend zu *begründen*; wohl aber – und damit komme ich zum zweiten, positiven Teil der Antwort – kann die Werkbeschreibung das persönliche Werturteil *motivieren*. Diese Beziehung zwischen den drei Komponenten eines Werturteils ist deutlich schwächer als ein Begründungsverhältnis, insofern dabei die vorgebrachten Sachaussagen weder als hinreichende noch als notwendige *Bedingungen* der Wertbeurteilungen fungieren. Sie sind lediglich mehr oder weniger geeignet, eine bestimmte persönliche Beurteilung *nahezulegen* oder uns zu einer Änderung unserer bisherigen Wertung zu *veranlassen*. Dazu wiederum Kant:

Das uns ungünstige Urteil anderer kann uns zwar mit Recht in Ansehung des unsrigen bedenklich machen, niemals aber von der Unrichtigkeit desselben überzeugen.[362]

Ich möchte das zunächst an einem Fall ganz anderer Art erläutern. Ähnlich wie hier verhält es sich nämlich, wenn wir etwa einen Freund zu überreden versuchen, mit uns spazieren zu gehen. Auch hier wird man sich nicht auf direkte *Appelle* wie „Nun komm schon mit!" oder „Los, sei kein Frosch!" beschränken, sondern man wird auf die verschiedensten *Tatsachen* hinweisen: „Das Wetter ist heute beinahe sommerlich" oder „Wir waren schon lange nicht mehr zusammen unterwegs" oder auch „Das Manuskript über numerische Ästhetik, an dem du da arbeitest, nimmt dir sowieso kein Verleger ab". Mit keiner dieser Aussagen – umgangssprachlich oft wohl auch als „Argumente" bezeichnet – kann die Forderung *begründet* werden, daß der Freund mit uns spazieren gehen müsse; wohl aber können diese erinnernden Hinweise den Freund möglicherweise dazu *motivieren*, der Aufforderung nachzukommen.

Ähnlich nun beim literarischen Werturteil: Wenn ich einen Satz äußere wie „Dieses Brentano-Gedicht hat eine großartige Struktur von Klangbeziehungen", dann führe ich damit die Klangstruktur als *mein Motiv* oder jedenfalls als *eines* meiner Motive dafür an, das Gedicht großartig zu finden. Und ich versuche dadurch zugleich den Gesprächspartner oder Leser meiner Literaturkritik zu motivieren, das Gedicht *ebenfalls* großartig zu finden. Die ‚Verteidigung' literarischer Werturteile besteht immer im ‚Gegenangriff': man rechtfertigt nicht bloß sein eigenes Urteil mit dem Ziel neutraler Tolerierung durch den anderen, sondern man versucht, den anderen zur Zustimmung zu bewegen.

Wie die Erfahrung lehrt, ist ein solcher Versuch zwar nicht in jedem Fall erfolgreich, aber auch keineswegs aussichtslos. Dies wird nun vor allem ermöglicht durch genau den Umstand, der sich als Resultat der einleitenden Überlegungen zum Gegenstand literarischer Werturteile ergeben hat: Zwar besitzt das Werturteil wegen des unaufhebbaren Sprecherbezugs *insgesamt* keine intersubjektive Verbindlichkeit – aber zwei divergierende Werturteile beziehen sich immerhin intersubjektiv auf ein- und denselben *Gegenstand*, auf den jedem urteilenden Leser gleichermaßen zugänglichen Text. Ebendieser Gegensatz von vollständiger Intersubjektivität des Aussagegegenstandes und partieller Subjektivität des Aussagesinnes im Werturteil erklärt auf etwas andere Weise die Bedingungen der Möglichkeit von Kants „Antinomie des Geschmacks": daß nämlich über ästhetische Werturteile sich einerseits nicht ‚disputieren' und ‚durch Beweise entscheiden' läßt, daß andererseits „darüber gar wohl und mit Recht gestritten werden kann".[363]

4.3.3. *Wertung und Literaturwissenschaft*

> Doch die Wissenschaft, man weiß es,
> achtet nicht des Laienfleißes.
>
> MORGENSTERN: *Palmström*

Was folgt nun aus all diesen Grundsatzüberlegungen zur Natur ästhetischer Werturteile für die Literaturwissenschaft? Eine wesentliche Konsequenz läßt sich in Anlehnung an die Eingangsfrage ganz kurz und hart ausdrücken: Literarische Werturteile sind keine reinen Tatsachenbehauptungen, also nicht als *wahrheitsfähige* Aussagen präzisierbar; und sie haben immer eine subjektive Komponente, sind also nicht wissenschaftlich *begründbar*.

Heißt das nun, daß Literaturwissenschaftler bei ihrer Arbeit keine Wertungen vornehmen dürfen? Nun, es besteht wohl kein Anlaß zu der Annahme, daß sich irgendein Literaturforscher das verbieten lassen würde. Und es wäre ja auch eine ganz unnatürliche Askese, nicht mehr sagen zu wollen, was man von einem poetischen Werk *hält*, das man wissenschaftlich untersucht. Auch ich selbst habe es ja im Verlaufe dieses Buches immer wieder getan; aber ich habe meine Werturteile nicht als Bestandteile des wissenschaftlichen *Argumentationsganges* benutzt.

Ausschlaggebend ist hier also, daß der *Unterschied* zwischen literaturwissenschaftlicher Analyse und literarischer Wertung nicht außer acht gelassen wird. Denn nur die Analyse erfolgt mit der Autorität des *Wissenschaftlers,* die Wertung dagegen allein mit der Autorität eines erfahrenen *Lesers.* Die literaturwissenschaftliche Kompetenz kann lediglich im motivierenden *deskriptiven* Teil des Werturteils zur Geltung kommen; und sie wird dabei der Chance, andere zur Zustimmung zum eigenen Urteil zu bewegen, sicher nicht abträglich sein.

Demnach sieht es so aus, als spiele zwar die Literaturwissenschaft eine Rolle für die literarische Wertung, die Wertung aber keine Rolle für die Literaturwissenschaft. Doch auch dies wäre eine zu starke Folgerung aus dem Gesagten. Im Gegenteil: um die Leistungsfähigkeit einer Literaturtheorie wäre es schlecht bestellt, wenn sie die für literarische Kunstwerke nun einmal ganz *zentrale* Dimension des ästhetischen Wertes nicht mit zu erfassen vermöchte. Die Frage ist hier nur, in welcher *Weise* dies möglich ist. Aus den vorgetragenen Überlegungen folgt eindeutig, daß die Literaturwissenschaft strittige literarische Werturteile nicht zwingend *rechtfertigen* kann; wohl aber kann und muß sie vorherrschende literarische Werturteile *erklären.*

Von einer „wissenschaftlichen Erklärung" spreche ich dabei durchaus im strikten Sinne einer Ableitung aus allgemeinen oder statistischen Gesetzesaussagen. Man mag deren Möglichkeit bezweifeln, da sich die Leser literarischer Werke bei deren ästhetischer Beurteilung ja gerade *nicht* gesetzmäßig, sondern ausgesprochen uneinheitlich oder sogar gegensätzlich verhalten. Doch könnte hier für ästhetische Urteile durchaus etwas Ähnliches gelten wie für moralische, daß nämlich „Unterschiede in moralischer Normierung und moralischem Urteil auf die Verschiedenheit von *Situationen,* von *Vorstellungen* und auf *Informationsgefälle* zurückgehen können, ohne daß deshalb Differenzen im Hinblick auf die zugrunde liegenden moralischen Prinzipien vorausgesetzt werden müßten".[364]

Ähnlich beruhen ja auch die höchstentwickelten und nur wenigen Menschen nachvollziehbaren Erkenntnisse der exakten Wissenschaften auf der sehr komplexen Anwendung elementarer Prinzipien der Rationalität, von denen *jedermann* alltäglich mit Erfolg Gebrauch macht. Und wie in diesen beiden Fällen könnte es sich auch bei der Beurteilung diffiziler literarischer Kunstwerke verhalten. Zwar liebt de facto nicht jedermann Wolfram von Eschenbach, Jean Paul oder James Joyce, weil dafür zuviel literarische Vorbildung vonnöten ist. Aber die überwiegend hochschätzende Beurteilung dieser Autoren bei erfahrenen Lesern ihrer Werke beruht möglicherweise auf unbewußt befolgten Bewertungsgrundsätzen, deren Geltung in elementarer Form in *allen* literarischen Werturteilen nachweisbar sein könnte und von denen sich vielleicht schon kleine Kinder bei der Auswahl ihrer Gute-Nacht-Geschichte leiten lassen.

Aufgabe der Literaturwissenschaft sollte es deshalb sein, solche verbreitet wirksamen *Prinzipien* des literarischen Wertens zu erforschen, nicht aber die vermeintlich ‚richtige' Beurteilung dieses oder jenes Einzelwerks. Denn aus solchen empirisch ermittelten Wertungsprinzipien wird sich zwar auch erklären lassen, wieso sich etwa bestimmte ‚klassische' Literaturwerke vielfacher und anhaltender Beliebtheit erfreuen; aber damit ist die Hochschätzung dieser Werke dennoch nicht als die ‚wahre' Beurteilung *gerechtfertigt* und jede davon abweichende Wertung wissenschaftlich ‚falsifiziert'.

Eine wissenschaftliche Theorie der literarischen Wertung entwickelt also keine *eigenen* Wertkriterien, sondern Hypothesen über verbreitet *befolgte* Wertkriterien. An dieser Stelle gewinnt nun das Abweichungsmodell seine Bedeutung für die literaturtheoretische Klärung des Wertungsproblems. Denn in seiner präzisierten Fassung stellt es eine sehr *weitreichende* und zugleich unbegrenzt *konkretisierbare* Bestimmung poetischer Prinzipien zur Verfügung; dadurch muß es zur Formulierung fruchtbarer und entscheidungsdefiniter Gesetzeshypothesen über das literarische Wertungsverhalten besonders geeignet erscheinen.

Welche Faktoren sich in dieser Weise systematisch auswirken, kann natürlich auch hier wieder nicht schon die Literaturtheorie, sondern erst die gezielte empirische und historische *Überprüfung* theoretisch entwickelter Hypothesen entscheiden. Vor allem ist gar nicht sicher, ob überwiegend befolgte Wertungsgrundsätze, die durch methodisch kontrollierte Beobachtungen bei *heutigen* Lesern nachgewiesen werden konnten, historisch *konstant* gelten und auch in anderen literarischen Epochen gleichermaßen wirksam gewesen sind. So könnte es sich beispielsweise ergeben, daß in einer bestimmten Epoche (vielleicht zwischen 1770 und 1815) besonders kühne Sprachabweichungen am höchsten bewertet wurden, in anderen Perioden die vollkommene Erfüllung interner Funktionen (etwa in der Barockzeit) oder externer Funktionen (etwa in der Aufklärungsliteratur) und zu anderen Zeiten wiederum die Abweichung von literarhistorischen Quasi-Normen (so wohl von etwa 1890 bis heute).

Über solche allgemeinen Hinweise hinaus legen die bisherigen Überlegungen zur Konzeption von Norm und Abweichung jedoch auch eine ganz bestimmte Erklärungshypothese für vorherrschende Werturteile nahe. Diese Hypothese nimmt ihren Ausgang bei der sprachlichen Beobachtung, daß wir eine besonders gut *gelungene* dichterische Formulierung oder Struktur gelegentlich auch als „sehr poetisch" oder als „besonders poetisch" bezeichnen und darin den klassifikatorischen Begriff „poetisch" in bewertender Weise *graduieren*. Man darf deshalb vermuten, daß ein Text genau dann in besonderem Maße als poetisch *wertvoll* angesehen wird, wenn er das poetische *Grundprinzip* der funktionalen Abweichung von Sprachnormen und gegebenenfalls von Quasi-Normen besonders erfolgreich verwirklicht.

Um aus dieser Vermutung eine entscheidungsdefinite Hypothese zu machen, muß man sie als *komparatives* Wertungskriterium für die Rangordnung von je zwei Texten formulieren und zunächst auf die Betrachtung einer *einzelnen* poetischen Abweichung mit ihren Funktionen und Quasi-Normbeziehungen beschränken. Die Hypothese besteht dann aus den folgenden drei Rangkriterien, die einander zwar sachlich ergänzen, aber logisch unabhängig und somit je für sich überprüfbar sind:

> *(1) Dient eine (z. B. lexikalisch-semantische) Sprachabweichung A nur einer einzigen internen Funktion (z. B. dem Reimschema), dagegen eine gleichartige Sprachabweichung B derselben und zusätzlich noch einer anderen internen Funktion (z. B. einer bildgleichen Metaphernkette), so wird ein Text mit B unter gleichen Umständen überwiegend höher bewertet als mit A.*

Dieses Teilkriterium nimmt in präzisierender Weise auch Grundgedanken traditioneller Wertungsmaßstäbe auf – so etwa ‚Stimmigkeit' bzw. ‚Ausgewogenheit' der Elemente, ‚Beziehungsreichtum der Teile' oder ‚polyphone Harmonie'. Zur knappen Exemplifizierung verwende ich für den Fall B die bereits zitierten Verse Wilhelm Buschs in der Originalversion und stelle ihr als den voraussichtlich schlechter bewerteten Fall A eine künstliche Kontrastvariante gegenüber, in der nur das Reimschema und nicht auch der metaphorische Zusammenhang bewahrt ist:

A: Wenn einer, der mit Mühe kaum
Geklettert hoch in einem Traum,
Schon meint, daß er ein Vogel wär,
So irrt sich der.

B: Wenn einer, der mit Mühe kaum
Geklettert ist auf einen Baum,
Schon meint, daß er ein Vogel wär,
So irrt sich der.

> *(2) Dient eine Sprachabweichung A nur internen Funktionen, dagegen eine gleichartige Sprachabweichung B denselben internen Funktionen und zusätzlich noch einer externen Funktion (z. B. der satirischen Gleichsetzung menschlicher mit tierischen Verhaltensweisen), so wird ein Text mit B unter gleichen Umständen überwiegend höher bewertet als mit A.*

Dieses Teilkriterium nimmt in sachlich verallgemeinernder und begrifflich präzisierender Weise auch Grundgedanken traditioneller Wertungsmaßstäbe auf – so etwa ‚Übereinstimmung von Inhalt und Form', ‚Sinnbildhaftigkeit' und ‚Polyvalenz', ‚ästhetische Erziehung' und selbst noch ‚parteiliche Widerspiegelung der Wirklichkeit'. In der folgenden künstlichen Kontrastvariante A ist durch die ausdrückliche Beschränkung auf die fiktionale Geschichte von „Fink und Frosch" der mögliche externe Bezug auf menschliche Verhaltensweisen aus Buschs Originalversion verlorengegangen oder doch stark abgeschwächt worden:

A: Wenn dieser Frosch, mit Mühe kaum
Geklettert hier auf diesen Baum,
Schon meint, daß er ein Vogel wär,
So irrt sich der.

B: Wenn einer, der mit Mühe kaum
Geklettert ist auf einen Baum,
Schon meint, daß er ein Vogel wär,
So irrt sich der.

(3) Dient eine Sprachabweichung A nur internen und externen Funktionen traditioneller Art, dagegen eine gleichartige Sprachabweichung B denselben Funktionen und zusätzlich noch einer funktionstragenden Abweichung von einer literarhistorischen bzw. textimmanenten Quasi-Norm (z. B. durch Enttäuschung einer durch Tradition und vorangehenden Text etablierten Erwartung metrischen Gleichmaßes), so wird ein Text mit B unter gleichen Umständen überwiegend höher bewertet als mit A.

Dieses Teilkriterium nimmt in präzisierender Weise auch Grundgedanken traditioneller Wertungsmaßstäbe auf – so etwa ‚Originalität', ‚Innovation', ‚Evolution', ‚Avantgardismus' oder ‚Ästhetische Distanz zum Erwartungshorizont'. In der folgenden Kontrastvariante A ist durch den gleichfalls vierhebigen Schlußvers der metrische Kontrapunkt und damit die witzig-funktionstragende Abweichung von der Quasi-Norm aus Buschs Originalversion verlorengegangen:

A: Wenn einer, der mit Mühe kaum
Geklettert ist auf einen Baum,
Schon meint, daß er ein Vogel wär,
So irrt sich dieser leider sehr.

B: Wenn einer, der mit Mühe kaum
Geklettert ist auf einen Baum,
Schon meint, daß er ein Vogel wär,
So irrt sich der.

Die Formulierung dieser dreiteiligen Hypothese macht deutlich, daß um der empirischen Überprüfbarkeit willen hier vorerst eine Beschränkung auf strikt kontrollierte Rahmenbedingungen erforderlich ist. Besondere Bedeutung kommt dabei der wiederkehrenden Wendung „unter gleichen Umständen" zu, die ich im Sinne der eingebürgerten philosophischen

Formeln „ceteris paribus" oder „other things being equal" verwende. Sie soll sicherstellen, daß sich die beiden auf ihre Bewertung hin verglichenen Texte wirklich *nur* in den jeweils genannten Aspekten signifikant unterscheiden – nicht aber nach anderen Faktoren wie Thematik, Aussage, Haltung, Struktur, kompetente Ausführung o. ä., die aus ganz anderen Gründen die höhere Bewertung des einen oder des anderen Textes auslösen könnten.

So wird im Teilkriterium (1) nicht etwa behauptet, daß ein Text mit zwei *beliebigen* internen Funktionen höher bewertet werde als mit einer einzelnen, aber ganz andersartigen internen Funktion. Jede Unvergleichbarkeit solcher Art muß hier aus methodischen Gründen ausgeschlossen werden: selbstverständlich kann eine einzige, in den Bildzusammenhang passende Metapher für die Beurteilung viel wichtiger sein als zwei parallele Klangäquivalenzen durch Endreim und Alliteration.

Ebensowenig besagt dieses Kriterium, daß die Anhäufung beliebig *vieler* interner Funktionen immer weiter von einer Wertsteigerung begleitet wird. Mit Sicherheit kommt hier irgendwo der Punkt, an dem das Lob der ‚Stimmigkeit' umschlägt in den Vorwurf der ‚Überladenheit', an dem weniger also mehr gewesen wäre. Wo dieser Punkt bei den verschiedenen internen Funktionen vom Endreim bis zum triftigen Erzählzusammenhang liegt, das wird man freilich nicht einheitlich festlegen können; mit Sicherheit aber liegt er jenseits des hier beschriebenen Normalfalles, des Kontrasts zwischen zwei Funktionen und einer einzigen. Aus ganz ähnlichen Gründen vermeidet die vorgeschlagene Wertungshypothese auch jede Kopplung des Werturteils an die Häufigkeit von *Abweichungen*: weder ihre absolute Zahl noch ihre relative Dichte verbessern automatisch die Bewertung einer Dichtung. Vielmehr können auch hier zu *viele* oder zu *vielfältige* Sprachabweichungen den ästhetischen Einwand der ‚Maßlosigkeit' oder des ‚Manierismus' hervorrufen.

Auch allzuviele *externe* Funktionen können der Beurteilung eines Werkes eher schaden als nützen, weil sie ihm eine tendenziell unbegrenzte Beziehbarkeit und damit zugleich eine externe *Unverbindlichkeit* verleihen. Weiterhin ist beim Teilkriterium (2) erneut und mit besonderem Nachdruck an die unerläßliche Vergleichbarkeit zu erinnern: es wäre natürlich mehr als waghalsig anzunehmen, daß zwei strukturell analoge Texte mit je einer externen Funktion auch dann noch gleich gut beurteilt werden, wenn diese externe Funktion einmal in der geglückten Vermittlung weltanschaulicher Probleme und das andere Mal in einer geglückten Waschmittelreklame besteht. Aber ein solch unsinniger Vergleich wird hier auch gar nicht angestellt; dieses Kriterium behauptet vielmehr nur, daß z. B. von zwei sonst gleichartigen Reklametexten derjenige grosso modo besser beurteilt wird, der die jeweils gewählten poetischen Sprachelemente im Rahmen des werbenden Gesamtzwecks umfassender in eine externe Beziehung mit entsprechender Wirkungsdisposition hineinstellt.

Dies ist auch bei der Frage zu beachten, ob nicht die Existenz von externen Funktionen aufgrund verbreiteter Vorstellungen von der ‚Autonomie der Kunst' die ästhetische Bewertung poetischer Texte eher *verschlechtern* als verbessern wird. Besonders bekannt sind hier ja die Vorwürfe gegen eine ‚Politisierung' oder eine ‚Kommerzialisierung' der Dichtung. Aber nicht solche allgemeinen kulturkritischen Einwände gegen ‚gereimte Leitartikel' oder gegen ‚Kunst im Dienste des Kaufmanns' sollen hier gesetzmäßig erklärt werden. Es geht vielmehr um die *speziellen* und *impliziten* Wertungen gegenüber vergleichbaren und potentiell konkurrierenden Texten – also z. B. um die Vorzugsentscheidungen eines Werbetexters bei der Herstellung oder Auswahl genau *dieses* poetisierenden Reklametextes statt denkbarer anderer; entsprechend auch um die Vorzugsentscheidungen eines politisch engagierten Dichters bei der selbstkritischen Redaktion eines Gedichtes. Die Bedeutung solcher technischen Einzelentscheidungen für den künstlerischen Gesamteffekt eines Werks hat Goethe einmal mit den Worten hervorgehoben:

Es ist weit mehr *Positives,* das heißt *Lehrbares* und *Überlieferbares* in der Kunst, als man gewöhnlich glaubt; und der mechanischen Vorteile, wodurch man die geistigsten Effekte (versteht sich immer mit Geist) hervorbringen kann, sind sehr viele. Wenn man diese kleinen Kunstgriffe weiß, ist vieles im Spiel, was nach wunder was aussieht . . .[365]

Bei einer solchen wertenden Auswahl zwischen alternativen poetischen Kunstgriffen werden die Autoren um der erstrebten Wirkung willen im allgemeinen zugleich die überwiegende Bewertung im Kreis der ins Auge gefaßten Rezipienten zu antizipieren versuchen. Hier spielt die externe Funktionsbindung poetischer Abweichungen gewiß eine wertungssteuernde Rolle. Sie darf aber auch nicht von den anderen Faktoren isoliert und überschätzt werden. Deshalb habe ich völlig auf Hypothesen über eine generelle *Priorität* von internen oder externen Funktionen verzichtet. Ein Text mit ausschließlich externen Funktionen gilt nicht automatisch mehr als mit ausschließlich internen Funktionen – aber auch nicht umgekehrt; verspielt artistische Barockgedichte werden nicht grundsätzlich weniger geschätzt als Freie Brecht-Verse mit politischem Gehalt – aber auch nicht umgekehrt.

In entsprechender Weise sind auch beim Teilkriterium (3) alle mitformulierten Vorbehalte gegen überzogene Annahmen genau zu beachten. Auch hier dürfen wegen drohender Unvergleichbarkeit nicht ganz beliebige Abweichungen von Quasi-Normen parallel gesetzt werden; auch hier würden zu stark gehäufte Verstöße gegen traditionelle Erwartungen in eine negative Beurteilung umschlagen, nämlich in den Vorwurf der ‚Originalitätshascherei'.

Überaus wichtig ist weiterhin die geforderte Bewahrung der internen wie der externen *Funktionen* des Vergleichstextes. Ein quasi-normabweichendes Werk ohne jede *externe* Funktion gerät leicht ins negative Licht bloßer ‚artistischer Spielerei' mit ‚avantgardistischen Experimenten' (im entsprechenden Kontext sogar der ‚bürgerlichen Dekadenz'); ein quasinormabweichendes Werk ohne jede *interne* Funktion leicht ins Licht bloßer ‚Formlosigkeit' (im entsprechenden Kontext sogar der ‚entarteten Kunst'). Auch literarhistorische Innovationen besitzen für sich genommen noch keine gesetzmäßige Priorität der Bewertung gegenüber tradierten Funktionsweisen der dichterischen Sprachverwendung. Eine gelungene Erfüllung überlieferter Quasi-Normen kann allgemein und auf Dauer ästhetisch befriedigender sein als ein mißratener Neuerungsversuch; strukturell konservative Poesie ist nicht als solche auch immer schon trivial.

Alles in allem unterstellt die vorgeschlagene Erklärungshypothese also nicht, daß *jede* literarische Vorzugsentscheidung gesetzesartigen Regelmäßigkeiten folgt, sondern nur bestimmte wichtige Teilbereiche. Die unleugbaren historischen, sozialen und individuellen Divergenzen in der Beurteilung ein- und desselben Werks legen ja auch die Annahme einer vollständigen Gesetzlichkeit des Wertungsverhaltens nicht eben nahe. Sollte sich aber die aufgestellte wertungspsychologische Hypothese durch empirische Tests erhärten lassen, dann könnte sie prinzipiell auch zur Erklärung der wertenden Rezeption ganzer Werke in der Geschichte der Literatur beitragen.

Zur exemplarischen Verdeutlichung solcher Erklärungsmöglichkeiten wähle ich ein kurzes Gedicht aus Friedrich Rückerts „Kindertotenliedern".[366] Der im 19. Jahrhundert recht beliebte Rückert gilt heute im allgemeinen als allzu gefälliger Salonpoet und allzu glatt reimender Verfasser vielfältiger Gelegenheitsgedichte und beginnt – außer als glänzender Übersetzer orientalischer Poesie – fast schon in Vergessenheit zu geraten. Hier jedoch, im Sonderfalle eines gar nicht für die Veröffentlichung geschriebenen Gedichts, könnte ihm ein lyrisches Kunstwerk von hohem Rang gelungen sein. So scheint es jedenfalls, mit dem bekanntesten Dokument zustimmender Rezeption, Gustav Mahler gesehen zu haben, als er neben vier anderen gerade dieses Gedicht für die Vertonung auswählte – aus Hunderten nachgelassener „Kindertotenlieder" Rückerts, die er nach dem Tod zweier seiner Kinder über längere Zeit hin geschrieben und niemals an die Öffentlichkeit gegeben hat:

Oft denk' ich, sie sind nur ausgegangen,
Bald werden sie wieder nach Haus gelangen,
Der Tag ist schön, o sei nicht bang,
Sie machen nur einen weitern Gang.

Ja wohl, sie sind nur ausgegangen,
Und werden jetzt nach Haus gelangen,
O sei nicht bang, der Tag ist schön,
Sie machen den Gang zu jenen Höhn.

Sie sind uns nur voraus gegangen,
Und werden nicht hier nach Haus verlangen,
Wir holen sie ein auf jenen Höhn
Im Sonnenschein, der Tag ist schön.

Bei rascher Lektüre könnte dieses Gedicht befremdlich, vielleicht sogar mißraten wirken. Die zwölf Verse erwecken den Anschein, als sei dem doch so flüssig und vielfältig reimenden Rückert hier einfach ‚nichts eingefallen‘: nicht nur die Reimwörter kehren immer wieder (und daneben noch häufig als Mittenreim im Versinneren), sondern halbe und ganze Sätze wiederholen sich ständig mit geringfügigen Abwandlungen. Das Gedicht scheint sich im Kreis zu drehen.

Aber es ist kein Kreis; es ist eine zweifache Spirale. Ein aufmerksamer Leser wird, wie Mahler, sehr viel positiver über das Gedicht urteilen – und dies läßt sich mit Hilfe der erläuterten Hypothese genau erklären. Der Gedichttext ist nämlich ein Musterfall für die *gleichzeitige* Erfüllung der Teilkriterien (1) – (3): für reichhaltige *interne* Funktionen in Gestalt vielfältiger innertextlicher Ähnlichkeitsbeziehungen, für die Unterordnung aller Abweichungen und Äquivalenzstrukturen unter eine sinngebende *externe* Funktion und für die in derselben Weise funktional motivierte Absetzung gegen literarhistorische *Quasi-Normen.*

Denn die vielen ‚Wiederholungen‘ erfolgen alles andere als planlos oder aus bloßer Verlegenheit; sie verleihen dem Gedicht eine präzis ausbalancierte Struktur. Die drei Strophen sind untereinander durch partiell gleiche Endreime, durch Parallelismus und Chiasmus, durch Wortwiederholung und gedankliche Antithetik streng korrespondierend gebaut. Besondere Bedeutung kommt dabei den leichten *Modifikationen* bei der scheinbaren Wiederkehr des Gleichen zu: die Reime, Wörter, Wendungen und Sätze kehren äußerlich wieder, aber ihr *Sinn* ist jedesmal verändert. Wenn das Gedicht in der zweiten und dritten Strophe sprachlich und gedanklich an die Stelle der ersten zurückkommt, hat es wie in einer spiralförmigen Bewegung jeweils eine neue Ebene erreicht.

Die erste Strophe spricht von der *Illusion,* die Kinder seien gar nicht wirklich gestorben und kämen von ihrem „weitern Gang“ an einem schönen Tag wieder „nach Haus“, in ihr irdisch reales Vaterhaus zurück. In der zweiten Strophe weicht diese Illusion der Einsicht und zugleich der metaphysischen *Deutung* ihres Todes: Die Kinder sind in anderem Sinne wirklich „zu Hause“, sind auf „jenen Höhn“ – eine Chiffre des Jenseits, die bei einem mit der ‚Weisheit des Brahmanen‘ tief vertrauten Verfasser nicht unbedingt nur im abendländisch-christlichen Sinne auszulegen ist. Die dritte Strophe schließlich handelt vom kommenden Tod der Eltern und damit vom eigenen Tod des lyrischen Sprechers; die *Hoffnung* auf das Wiederfinden der Kinder „auf jenen Höhn“ läßt auch den Tag des Sterbens nicht mehr „bang“, sondern „schön“ erscheinen. In beinahe unmerklicher sprachlicher Verschiebung wird so aus der Trauer um den Verlust der Kinder die Versöhnung mit dem eigenen Tod.

Ermöglicht wird dieses dichte Gefüge von interner und externer Funktion aller Teile jedoch erst dadurch, daß Rückert hier mit einer Konvention bricht, die für seine Zeit längst zu einer literarischen Quasi-Norm geworden war: mit dem Zwang zur ‚variatio', zur sprachlichen Abwechslung und besonders zur Neuigkeit und Vielfalt der Reimwörter. Um der internen und externen Funktionen willen hat Rückert den Mut zur sprachlichen Wiederholung und zum ‚rührenden' oder sogar ‚identischen' Reim – obgleich ihm das doch nach traditionellen Maßstäben den Vorwurf eines ‚Mangels an Einfällen' eintragen muß.

Solchen charakteristischen Quasi-Normen der Goethe-Zeit mit ihren Leitidealen des ‚original genius' und der innovatorischen Sprachgewalt sagt Rückert in diesem Kindertotenlied entschieden ab. Statt dessen tut er erste Schritte auf einem Weg, der dann später der lyrischen Moderne von Holz bis Heißenbüttel die Richtung gewiesen hat: dem Weg der indirekten Mitteilung durch Sprachdemonstration, durch Wiederholung, Variation und Reihenbildung nahezu identischer Wörter, Wendungen und Sätze. Und bemerkenswerterweise hat diese Entwicklung lyrische Höhepunkte gerade in thematisch verwandten Gedichten wie Paul Celans „Todesfuge", Ingeborg Bachmanns „Reklame" und Peter Handkes „Unbenutzten Todesursachen" gefunden.

Doch im Unterschied zu vielen experimentellen Lyrikern des 20. Jahrhunderts ist die Sprache bei Rückert noch nicht *Thema* oder spielerischer *Selbstzweck* des Gedichts, sondern in allen Elementen und Struktureigenschaften *Ausdrucksmittel* für einen jenseits der Sprache liegenden Sinn. Denn die umfassende Integration von sprachlichen und innerliterarischen Abweichungen, von internen und externen Funktionen ermöglicht dem Gedicht etwas, was in dieser Weise keine andere Form der Sprachverwendung zu leisten imstande wäre: eine poetische Bewältigung des Todesproblems – ohne doch mit einem einzigen Wort ausdrücklich vom Tod, vom Jenseits oder vom ewigen Leben zu reden.

4.3.4. *Johsts „Schlageter" als Testfall*

> Niemand aber sollte auch nur einen Moment glauben, man könnte einen guten Roman zum Lobe des Antisemitismus schreiben.
>
> SARTRE: *Was ist Literatur?*

Aus methodischen Gründen mußte die vorgeschlagene Erklärungshypothese für konvergierende Werturteile zunächst auf isolierte poetische Elemente und Phänomene bezogen werden; und die bisherigen Beispielfälle waren durchweg auf lyrische Einzelheiten begrenzt. Das legt den Eindruck nahe, auf diese Weise könnte eigentlich nur die Bewertung sprachlicher oder metrischer Details, also einzelner Normabweichungen als der Elemente poetischer Textgestaltung, erfaßt werden. Diese Einschränkung ist aber nicht zwingend; der Übergang von einzelnen poetischen Abweichungen zu komplexen Werkzusammenhängen ist durch die Festlegungen der Wertungshypothese zwar noch nicht *gesichert*, aber durch die integrierende Rolle der Funktionen schon *vorbereitet*.

Denn vor allem die Verfugung eines normabweichenden Einzelbausteins durch textinterne Relationen betrifft automatisch auch andere, *normal* verwendete Elemente – beispielsweise im Zusammenhang einer gemeinsamen geordneten Reihung. Eine Vielzahl positiv oder negativ bewerteter und folglich bereits funktional integrierter Faktoren macht somit die positive bzw. negative Beurteilung des gesamten Textes zwar nicht *gewiß*, aber immerhin *wahrscheinlich*. Daß es sich für die Literaturwissenschaft lohnen wird, diesen Weg weiter zu verfolgen, möchte ich nun am Beispiel eines umfänglichen und hinsichtlich seiner Bewertung problemreichen Werkes plausibel machen.

Es handelt sich dabei um das Drama „Schlageter" von Hanns Johst, dem späteren Präsidenten der nationalsozialistischen Reichsschrifttumskammer. Sein Text ist Anfang 1933 erschienen und trägt den Widmungsvermerk „FÜR ADOLF HITLER – In liebender Verehrung und unwandelbarer Treue". Das Stück feiert den terroristischen Bombenleger Albert Leo Schlageter, der 1923 als Untergrundkämpfer gegen die französische Besetzung des Ruhrgebiets hingerichtet worden war, als nationalen Märtyrer und Freiheitskämpfer – und zwar nicht, „weil er der letzte Soldat des Weltkrieges ist, sondern weil er der erste Soldat des Dritten Reiches ist".[367]

Dieser Text ist nun ein interessanter Prüfstein für die im Motto angedeutete These Sartres, es könne *gute* Literatur zum Lobe faschistischer Ideale überhaupt nicht geben. In gewissem Sinne wird ihm da wohl jeder zustimmen; es fragt sich nur, in *welchem* Sinne. In einem anderen Sinne nämlich kann gerade der „Schlageter" durchaus als ein Beleg für ‚gute faschistische Literatur' gelten – und nicht etwa nur für ‚guten Faschismus' (eine *contradictio in adiecto*), sondern für ein ‚gutes Drama'.

Auch das soll nun wiederum nicht heißen, daß man das Drama heute noch für ‚literarisch gut' zu halten hätte, sondern daß es den historischen Tatsachen gemäß eine Zeitlang überwiegend als ‚literarisch gut' bewertet *wurde* – und daß man dafür neben anderen auch literarische Erklärungsgründe in Gestalt nachweisbarer Textqualitäten anführen kann.

Der „Schlageter" war nämlich seinerzeit, mit einem hier endlich einmal passenden Ausdruck, ein ‚Bombenerfolg'. Das Stück ist noch in der Spielzeit 1933/34 von etwa jeder zweiten bis dritten Bühne im Deutschen Reich nachgespielt worden, und das gewiß nicht allein als Zwangsfolge der kulturellen ‚Gleichschaltung'. Auch eine Hörspielfassung wurde bald hergestellt und wiederholt gesendet. Der „Schlageter" wurde dann an den deutschen Theatern bis in den Krieg hinein gespielt, besonders gern als Festvorstellung – etwa zum ‚100jährigen Bestehen des Kursaales in Bad Brückenau'; die Freilichtbühne Heidecksburg nahe Rudolstadt ist bei dieser Gelegenheit sogar als ganze „dem Andenken Leo Schlageters geweiht" worden.[368] Neben diesem Theatererfolg trat ein ebenso außerordentlicher *Bucherfolg*. Das mir vorliegende Exemplar, 1937 oder 1938 gedruckt, stammt aus dem 61.-65. Tausend; eine Auflage von 60 000 Exemplaren binnen fünf Jahren ist für ein Gegenwartsdrama schon eine recht ungewöhnliche Verkaufszahl.

Dieses Faktum einer zunächst massiv positiven Wertung *muß* die Literaturwissenschaft, wenn sie etwas taugen will, erklären können. Die im Rahmen des Abweichungsmodells entwickelte Wertungshypothese bietet dafür Ansätze. Mit dem „Schlageter" liegt nämlich ein Text vor, der die genannten Teilkriterien (1) und (2) in hohem Grade erfüllt: das Stück hat alle Qualitäten eines handwerklich sauber gearbeiteten politischen ‚Reißers'.

Der Verfasser des „Schlageter" war beileibe kein literarischer Dilettant. Alle Personen und Aktionen der Handlung sind durch interne Relationen straff in eine dramatisch geschlossene *Bauform* integriert. Alle erreichbaren politischen Zielgruppen im Publikum – radikale Nationalisten, besonnene Konservative, vaterländisch gesonnene Sozialdemokraten, begeisterungsfähige Jugendliche sowie politisch desinteressierte Mütter, Schwestern und Bräute – werden durch Identifikationsfiguren mit subtilen Mitteln der *Sympathielenkung* angesprochen und für die ‚Volksgemeinschaft' vereinnahmt. Und beinahe jeder Zug des Werkes ist konsequent dem *politischen Ziel* untergeordnet, den Haß gegen Frankreich sowie gegen das sogenannte ‚System' – nämlich die parlamentarische Demokratie unter besonderer Berücksichtigung der SPD – nachhaltig zu schüren und die Zuschauer statt dessen auf das faschistische Prinzip „Ein Volk, ein Reich, ein Führer!" einzuschwören.

In den Begriffen der Abweichungstheorie ausgedrückt: Die grundlegenden Sprachabweichungen des Stücks, nämlich die einzelnen Bestandteile der pragmatisch abweichenden dramatischen Fiktion, erfüllen streng ihre *internen* Funktionen, insofern sie untereinander ein festes System mit dramatischer Triftigkeit, also eine geschlossene und chronologisch geordnete ‚fiktive Welt' bilden. Und sie erfüllen einzeln wie im ganzen eine *externe* Funktion, insofern sie gemäß erprobten Wirkungsdispositionen sämtlich direkt oder mittelbar auf den Zweck ausgerichtet sind, den Zuschauer für das politische Programm der NSDAP und für die damit verbundenen militärischen Zukunftsperspektiven zu begeistern.

Mit all dem soll nun keineswegs gesagt sein, daß 1933 zunächst jedermann den „Schlageter" hätte für ein literarisch bedeutendes Kunstwerk halten müssen. Im Gegenteil: jedem wirklichen Kenner der deutschen Literaturgeschichte mußte sofort und unabhängig von seinem politischen Standort klar sein, daß es sich hier zwar nicht um Trivialliteratur handelt, aber doch um das Werk eines *Epigonen*. Daß das Stück von den zeitgenössischen Fachleuten in der Mehrzahl tatsächlich so beurteilt worden *ist*, läßt sich zwar kaum positiv nachweisen; denn negative Äußerungen über Hitlers alten Kampfgefährten Johst konnten im Reich selbst öffentlich nicht gewagt werden, und die emigrierten Intellektuellen hatten Dringlicheres zu tun, als die faschistische Literaturproduktion einer literarhistorischen Würdigung zu unterziehen. Man darf es aber wohl ex negativo daraus entnehmen, daß der „Schlageter" außerhalb der nationalsozialistischen Parteipublizistik von der ernstzunehmenden literaturwissenschaftlichen Gegenwartsforschung der Zeit kaum beachtet worden ist – auch nicht von der zum Teil erheblich angebräunten Hochschulgermanistik.[369]

Eine solche literarhistorisch differenzierte Beurteilung des Stücks hängt natürlich entscheidend mit dem hypothetischen Teilkriterium (3) zusammen – mit der Frage nämlich, ob der Text des „Schlageter" gegenüber den dramengeschichtlich wohletablierten Quasi-Normen seiner Zeit irgendwelche neuartigen oder originellen Züge aufzuweisen hat. Johst selbst hat einen derartigen Anspruch mit seinem im gleichen Jahr erschienenen Essay „Vom neuen Drama" nachdrücklich erhoben[370]; und zwar mit dramentheoretischen Formulierungen, die vielfach ganz erstaunlich an ähnliche Äußerungen Brechts in seiner Theorie des *epischen* Theaters erinnern.

Johst wendet sich in dieser programmatischen Schrift gegen das Theater der „eingemauerten Guckkastenverflachung" und gegen ein „abgeschlossenes Kunstwerk" als „absolut erledigten, unter Dach und Fach gebrachten Bau". Statt dessen plädiert er unter Berufung auf die Dramaturgie des Sturm und Drang für ein Drama, dessen Ausgang „offen zu lassen" ist und dessen letzter Akt „im Hinzuschauer zu spielen hat".

Das klingt in der Tat beinahe wie Brechts „Wir ... sehn betroffen / Den Vorhang zu und alle Fragen offen."[371] Johsts literarische Praxis im „Schlageter" beweist aber, daß er trotz ähnlicher Formulierungen das genaue Gegenteil meint: nicht, wie bei Brecht, *Störung* der illusionistischen Sehgewohnheiten, größere ästhetische Distanz mit dem Ziel rationaler Auseinandersetzung, sondern noch eine *Steigerung* illusionierender und emotionalisierender Effekte der traditionell geschlossenen Dramenform.

Mittel dieser Steigerung ist eine Verbindung älterer und neuerer Schauspieltraditionen, nämlich des heroischen Ideendramas der *Klassik* mit *naturalistischer* Sprachimitation und *expressionistischer* Gefühlsdramaturgie. Personal und Handlungsstruktur des „Schlageter" sind den Dramen des jungen Schiller entlehnt: „Klemm" heißt hier die Kanaille und ist, versteht sich, hoher SPD-Funktionär. Entsprechend steht die Figur des Schlageter selbst – so pervers das klingt – gattungsgeschichtlich in der direkten Nachfolge des Marquis von Posa.

Die *Sprache* des Stückes freilich ist nicht klassisch geformt, sondern in naturalistischer Manier mit dem Einsatz von Dialekt, Studentenjargon, Landserdeutsch und Gesellschaftskonversation auf ‚Wirklichkeitsnähe' hin stilisiert. Und schließlich treibt mit diesem Stück – besonders in den stilistisch aufschlußreichen Regieanweisungen und den durchweg vom ‚O Mensch'-Pathos triefenden Aktschlüssen – auch der literarische Expressionismus eine späte Blüte. Hier wird Johst, der ja zwei Jahrzehnte zuvor der eigentlichen expressionistischen Bewegung angehört hatte, sozusagen zum Epigonen seiner selbst. Man vergleiche das Finaltableau des Stücks, das ich hier der eigenen Emphase der Originalinterpunktion und des Frakturdrucks zuliebe (mit dem bezeichnenden ‚Fremdkörper' der französischen Sätze in Antiqua) faksimiliert wiedergebe:

Alexandra

Sie hoffen und horchen in die Nacht hinaus ...?

Exzellenz

Ja! ... und ich höre neue Kolonnen ... Marschschritt ... Aufbruch ... Deutschland erwacht!!

Alexandra

Ich höre nur die Clairons ... das Lastauto, das Schlageter zur Schädelstätte schleppt ... die Salve ... die Salve ... und ich lache ... lache ... lache ...

(Schreit gellend wie im Wahnsinn auf, wirft ihre Fäuste, die den Daumen halten, über den Kopf. Jähe Dunkelheit überfällt die Szene.)

(Vorhang)

Sechste Szene

(Sofort gellen von fernher Clairons auf, und man vernimmt das Dröhnen der Motore von Lastautos. Das letzte Bild schließt sich wie eine Vision der Szene an. Der Lärm der Motore schwillt an. Die Clairons sind ganz dicht in ihrem atemlosen Triumph. Sobald sich der Vorhang hebt, Totenstille.

Schlageter, Rücken zum Publikum, steht steil, Hände auf den Rücken mit einem Seil gebunden, dessen Ende zur Erde schleppt, als ob er die ganze Erde trüge.

Dämmerlicht. Nur Schlageter steht im Lichtkegel der Scheinwerfer des Lastautos, dessen Motor jetzt leise im Leerlauf zittert. Ein französischer Sergeant schlägt ihm mit dem Gewehrkolben in die Kniekehlen, so daß er in die Knie bricht.)

Sergeant

... à genoux! à genoux!...

(Im Hintergrund riegelt den Horizont, wie schwarzes Mauerwerk, ein französisches Peloton ab, das zur Exekution bereit steht. Links von Schlageter, im Dunkel, sein Geistlicher und sein Anwalt.)

Schlageter

(wendet sein Gesicht nach links.) Deutschland!
Ein letztes Wort! Ein Wunsch! Befehl!!
Deutschland!!!
Erwache! Entflamme!!
Entbrenne! Brenn ungeheuer!!
(Nach dem Hintergrund befehlend.)
Und ihr... Gebt Feuer!!

Stimme des französischen Kommandanten

À mon commandement — feu!

(Vorher werden die Scheinwerfer langsam eingezogen, so daß die Feuergarbe der Salve wie greller Blitz durch Schlageters Herz in das Dunkel des Zuschauerraumes fetzt.

Alles Licht erlöscht jäh. Vorhang stürzt herab.
Die Motore donnern, die Clairons gellen Triumph. Einen Augenblick lang, dann jähe und unbedingte Stille...
Totenstille. Licht im Zuschauerraum.)

Ende

Diese Mischung aus klassischem, naturalistischem und expressionistischem Pathos mag nun zwar insofern etwas Neues haben, als sich dabei epigonale Züge verschiedener Herkunft *überlagern.* Aber insgesamt berechtigt die Tatsache, daß Johst hier die überkommene Schillersche Dramaturgie mit einer Prise Gerhart Hauptmann und einem Schuß Georg Kaiser versetzt, wohl noch nicht dazu, den „Schlageter" als den Beginn eines ‚neuen Dramas' zu feiern.

Diese literarhistorischen Herleitungen bieten zwar eine Erklärung des Umstands, daß schon Literaturkenner unter Johsts Zeitgenossen das Stück nicht für ein Meisterwerk halten mochten – aber sie sind wohl nicht allein maßgeblich dafür, daß wir *selbst* heute dem „Schlageter" ablehnend gegenüberstehen. Die Analyse des Textes mit den empirischen Wertungskriterien kann zwar möglicherweise *erklären,* warum das Stück zunächst sehr positiv und dennoch niemals als zeitüberdauernder ‚Klassiker' beurteilt worden ist. Aber eine solche Erklärung kann, wie die philosophischen Grundsatzüberlegungen deutlich gemacht haben, weder das frühere positive noch ein heutiges negatives Urteil wissenschaftlich *rechtfertigen,* so daß wir uns dann dieser Bewertung aus zwingender Einsicht anschließen müßten.

Für unser eigenes Werturteil dürfte das ausschlaggebende *Motiv* doch wohl in der Tatsache liegen, daß wir wissen, wie es dann mit dem Nationalsozialismus weiterging. Unser Widerwille gegen den „Schlageter" ist überhaupt nicht aus allgemeinen Gesetzen ästhetischen Wertungsverhaltens ableitbar, sondern bedingt durch den einmaligen historischen Umstand der faschistischen Greueltaten. Deren Kenntnis überschattet bereits jede einzelne unserer *literarischen* Wahrnehmungen, so daß wir das, was wir sonst vielleicht als ‚gesellschaftliche Relevanz' loben würden, nur noch als *politische Manipulation* empfinden, alle ‚erregenden Momente' nur noch als *falsches Pathos,* das ‚Gekonnte' nur noch als *raffiniert,* das ‚Eindringliche' nur noch als *penetrant.*

Man mag sogar fragen, ob dabei überhaupt noch ein *ästhetisches* Werturteil über Literatur vorliegt und nicht vielmehr ein politisch-moralisches. Aber *Gegenstand* unserer Beurteilung ist hier noch immer, in der für literarische Wertung als charakteristisch aufgewiesenen Weise, der dramatische *Text* und nicht Gesinnung oder Handlungsweise des Autors. Unsere tiefe Aversion ist nicht bloß allgemein gegen den politischen *Faschismus* gerichtet, sondern speziell gegen dieses *Stück* und seine literarische Machart. Richtig ist freilich, daß unser ästhetisches Urteil von unserem moralischen Urteil entscheidend beeinflußt wird. Aber wenn ein literarisches Werk zuläßt, daß seine ästhetische Beurteilung ganz und gar von seiner moralischen abhängt, dann spricht das nicht gegen die *Moral des Autors,* sondern gegen die *Ästhetik des Werks.*

Man kann sich auch das wieder gut am Gegenbeispiel Brechts klarmachen. Die moralische Position, die er in seinen frühen politischen Lehrstücken wie der „Maßnahme" oder dem „Badener Lehrstück vom Einverständnis" vertritt, ist wohl ebenfalls gänzlich unannehmbar; das ist oft nicht mehr weit entfernt von „Du bist nichts, deine Partei ist alles". Nichtsdestoweniger handelt es sich bei diesen Lehrstücken um Werke von hohem *literarischen* Rang, ja vom bleibenden Rang der Klassizität. Denn Brecht entwickelt mit ihnen in strenger Durchführung eine ganz neue Form des rationalen politischen Theaters, die gerade durch ihre historisch-ästhetische Verfremdung, durch den distanzierenden Effekt innerliterarischer Quasi-Normabweichungen eine platte Identifikation mit dem inhumanen moralischen Rigorismus der vertretenen ‚Lehre' von vornherein ausschließt. Hier schlägt also nicht, wie bei Johst, die moralische Verurteilung auf das ästhetische Urteil durch, sondern eher umgekehrt: Erst der hohe ästhetische Rang der Lehrstücke läßt uns ihre politisch-moralischen Kernthesen erträglich oder sogar dauerhaft diskutierbar erscheinen.

Unsere negative literarische Beurteilung des „Schlageter" ist dagegen entscheidend gekennzeichnet von unserem historischen Standort, von unserem politischen Wissen und unserer persönlichen Erschütterung über die Untaten des Faschismus. Daran wird aber noch deutlicher, daß sich ein solches literarisches Werturteil niemals zwingend aus objektiven literaturwissenschaftlichen Feststellungen über den Text ableiten ließe.

Eine wesentliche Konsequenz der in diesem Kapitel vorgetragenen Überlegungen lautet also: Es besteht nicht die geringste Chance, mit wissenschaftlichen Mitteln zu *beweisen,* daß ein nationalsozialistisches Drama wie Johsts „Schlageter" ein minderwertiges, ja widerwärtiges Stück Literatur ist. Diese Konsequenz mag für uns als *Literaturwissenschaftler* enttäuschend sein. Ich möchte jedoch lieber das Positive hervorheben, das sich daraus für uns als *Leser* ergibt: Ist es nicht zugleich eine tiefe Beruhigung zu wissen, daß es umgekehrt auch niemals eine wissenschaftliche Erkenntnis geben wird, die uns davon *abhalten* könnte, einen Text wie Johsts „Schlageter" widerwärtig zu finden?

Um ein letztes Mal mit Kant zu reden: Auch für eine Literaturwissenschaft, die sich um größtmögliche Rationalität bemüht, ist irgendwann der Punkt erreicht, an dem sie den ‚Zwang des Wissens' aufheben muß, um der ‚Freiheit des Glaubens' – und das heißt hier: der persönlich wertenden Entscheidung des einzelnen – Platz zu schaffen.

4.4. Literatur und Gesellschaft

> Pudel Ali an Atma. „Dennoch kann eine gemalte Wurst den Hunger auf eine echte erwecken."
>
> SCHNURRE: *Der Schattenfotograf*

Die literaturtheoretische Konzeption von Norm und Abweichung nimmt auch in der hier vorgeschlagenen Fassung ihren Ausgang bei dem grundlegenden Faktum der sprachlichen Form von Dichtung. Anders als bisherige Abweichungstheorien ist sie jedoch weder ‚formalistisch' noch ‚sprachimmanent'. Ganz im Gegenteil ist die Präzisierung des Modells gerade darauf angelegt, das alte literaturwissenschaftliche Dilemma von ‚Inhalt und Form', von ‚Gehalt und Gestalt', von ‚Struktur und Funktion', von ‚gedanklicher Aussage' und ‚sprachlichem Ausdruck', von ‚Ästhetischem' und ‚Gesellschaftlichem' zu unterlaufen und so zu überwinden.

Unter den drei zentralen Präzisierungsvorschlägen findet das am augenfälligsten seinen Niederschlag im Begriff der *Funktion*. Denn im Gegensatz zur Beschränkung auf die ‚poetische Funktion' in der linguistischen Poetik treten hier *externe* Beziehungen als gleichrangige funktionale Bindungen neben Beziehungen textinterner Art. Und diese externen Funktionen kommen nicht erst gleichsam nachträglich zu bereits in sich bestehenden dichterischen Werkstrukturen hinzu, sondern sie sind mitentscheidend dafür, ob überhaupt *poetische* Sprachabweichungen und damit dichterische Werkstrukturen vorliegen. So ist die Gestaltung eines literarischen Werks durch seinen Weltbezug und dieser Weltbezug durch die Gestaltung mitbedingt.

Das drückt sich zum zweiten auch schon im neu bestimmten Begriff der *Abweichung* aus. Denn im Gegensatz zur modernen Abweichungsstilistik und zur überwiegend rhetorischen Tradition des Abweichungsmodells seit Aristoteles erfaßt das Prinzip des demonstrativen Sprachverstoßes hier nicht nur strukturelle Detailregeln der Sprache in Grammatik und Lexik, sondern bestimmt mit den anderen Ebenen der Semantik, Pragmatik und Textematik, der Erfahrungswirklichkeit, der empirischen und logischen Möglichkeit die gesamte Art und Weise der *Welterfassung* in der Dichtung. In die poetische Sprachabweichung geht somit z. B. der ganze Bereich der Erzeugung ‚fiktiver Welten' in Drama und Erzählkunst ein – und das heißt auch: der Erzeugung analoger oder alternativer *gesellschaftlicher* Welten.

Am wichtigsten für eine genauere Ergründung der Beziehungen zwischen Literatur und Gesellschaft ist jedoch die Neuinterpretation der zugrundeliegenden *Norm*. Denn im Gegensatz zur Verfremdungstheorie des Russischen Formalismus wird das abweichende Verfahren der Poesie hier nicht auf die psychologische Kategorie der ‚automatisierten Wahrnehmung' bezogen, sondern auf die soziologische Kategorie der gesellschaftlich geltenden Sprachnormen. Und die verwendete Normdefinition durch verhängte und akzeptierte Sanktionen ist ja ursprünglich gar nicht speziell für den sprachlichen oder gar den literarischen Bereich entwickelt worden, sondern im Rahmen der Soziologie sowie der analytischen Rechts- und Sozialphilosophie für die umfassende Bestimmung implizit befolgter gesellschaftlicher Konventionen. Ebendadurch bietet sich hier die Möglichkeit, *sprachliche* Normen als exemplarische Teilklasse *sozialer* Normen aufzufassen und so die Beziehungen zu untersuchen zwischen den verschiedenartigen historisch-gesellschaftlichen Normen einerseits – etwa politischen, rechtlichen, moralischen, religiösen Ordnungen – sowie den sprachlichen Normen, literarhistorischen Quasi-Normen und poetischen Abweichungen andererseits.

Dies kann jedoch nur im vielfältigen Zusammenhang literarhistorischer, geschichtswissenschaftlicher und empirisch-soziologischer Einzelforschung geschehen. Für die Klärung einer bestimmten, besonders heftig und besonders anhaltend diskutierten Frage allerdings bieten die Überlegungen und Resultate der bisherigen Abschnitte bereits eine geeignete Grundlage: über die Frage nach einem möglichen *Abbildungsverhältnis* zwischen Literatur und Gesellschaft läßt sich schon auf der Ebene literaturtheoretischer Prinzipienreflexion entscheiden.

4.4.1. *Widerspiegelung und Vorspiegelung*

> Die leute suchen gern hinter einem gedicht was sie den ‚eigentlichen sinn' nennen. sie sind wie die affen die auch immer mit den händen hinter einen spiegel fahren als müsse *dort* ein körper zu fassen sein.
>
> GEORGE: *Über dichtung*

Wie lange und wie grundsätzlich der Streit um die Abbildungsfunktion der Dichtung schon geführt worden ist, läßt sich leicht durch einige Gegensatzpaare großer philosophischer Namen andeuten: man denke etwa an die Kontroversen zwischen Platon und Aristoteles (schädliche Nachahmung des bloß *scheinhaft* Seienden oder lehrreiche Darstellung eines bloß *möglichen* Geschehens?), zwischen Kant und Hegel (freies Spiel der *Einbildungskraft* oder historische Stufe der *Selbsterkenntnis* des absoluten Geistes?), schließlich zwischen den marxistischen Opponenten Lukács und Bloch (ästhetische *Widerspiegelung* der objektiven Wirklichkeit oder ästhetischer *Vorschein* künftigen wahren Lebens?). Man könnte versucht sein, diese anhaltende Debatte mit dem alten begrifflichen Gegensatzpaar von „Mimesis" und „Poiesis", von Imitation und Imagination zusammenzufassen – wenn sie sich nicht in Wahrheit häufig in Gestalt einer Auseinandersetzung um die richtige *Auslegung* des Begriffs der „Mimesis" abgespielt hätte.

Für die Literaturtheorie des 20. Jahrhunderts stellt den sachlich bedeutendsten und wirkungsmächtigsten Beitrag zur poetischen Abbildfunktion ohne Zweifel die ästhetische Widerspiegelungstheorie von Georg Lukács dar; an ihrem Beispiel soll deshalb auch hier die Diskussion geführt werden. Nach dieser Theorie ist „die ästhetische Widerspiegelung ein besonderer Fall der allgemeinen Widerspiegelung".[372] Die Dichtung erfüllt grundsätzlich dieselbe Aufgabe der Wirklichkeitsabbildung wie die Wissenschaft, nur unter Verwendung anderer Darstellungsmittel: „Die Kunst gibt also ein Bild des Lebens, so wie es wirklich ist; d. h. gerade in seiner realen Struktur und Bewegtheit."[373]

Entscheidend ist dabei natürlich die spezifische Art und Weise der dichterischen Weltdarstellung. Die wissenschaftliche Widerspiegelung nämlich erfaßt alles Einzelne nur in generalisierenden Sätzen als Allgemeines; infolgedessen kommt auch der individuelle Mensch in der wissenschaftlichen Erkenntnis nur abstrakt vor. Dagegen stellt die ästhetische Widerspiegelung die Wirklichkeit durch dialektische Vermittlung von Allgemeinem und Einzelnem, durch die Integration genereller und spezieller Züge als *Besonderes* dar. Deshalb vermag sie auch konkrete Menschen in ihren konkreten Lebensumständen darzustellen – etwa als episch oder dramatisch handelnde Figuren; und durch die *typische* Zeichnung dieser fiktiven Individuen vermag sie dabei dennoch zur Einsicht in allgemeine gesellschaftliche Zusammenhänge des menschlichen Lebens in einer bestimmten Geschichtsepoche zu verhelfen.

Mit seiner vielfältigen Ausarbeitung dieser traditionsreichen Idee der ‚Besonderheit' in der Literatur als Verbindung von individuellen und allgemeinen Zügen hat Lukács der Literaturtheorie außerordentlich wertvolle Anstöße gegeben. Ihr Grundgedanke läßt sich unter Entlastung von der spekulativen Terminologie Hegels als das poetische Prinzip des *Exemplarischen* umschreiben. Es beruht in erster Linie auf den gattungsspezifischen Sprachabweichungen epischer und dramatischer Fiktion: dadurch, daß hier die Sprache in semantisch oder pragmatisch normwidriger Weise keinen bestehenden Bezugsobjekten bzw. Sprechsituationen zugeordnet wird, entsteht ein *interpretatorisches Vakuum* – und damit zugleich die Möglichkeit, daß zahllose Leser in ganz unterschiedlichen Lebensumständen, ja in weit auseinanderliegenden Epochen ein Werk zu ihrem eigenen Leben ‚in Beziehung setzen' oder sogar buchstäblich ‚sich in das Werk hineinversetzen'. Die abweichungsbedingten Leerstellen einer jeden Dichtung *verlangen* vom Leser geradezu eine Einsetzung aus dem subjektiven

Bereich seiner äußeren und inneren Erfahrungen und erzeugen so die charakteristische ‚Appellstruktur' poetisch verwendeter Sprache.[374]

Der grundlegende Mißgriff in der Theorie von Lukács liegt nun darin, daß er das exemplarische Prinzip der ‚Besonderheit' von Dichtung nicht im Sinne einer solchen *Appellfunktion* der Sprache interpretiert hat, sondern als eine deskriptive Sprachverwendung im Sinne der *Darstellungsfunktion*. Aufgrund unhaltbarer erkenntnistheoretischer Prämissen sieht er sich gezwungen, auch dem dichterischen Sprachgebrauch ausnahmslos die Aufgabe einer ‚Abbildung der objektiven Wirklichkeit' zuzusprechen – während dies doch so schon für die normgerecht verwendete Alltagssprache mit ihren ganz unterschiedlichen ‚Sprachspielen' nicht gilt, sondern allenfalls für den Sonderfall der rein deskriptiven Wissenschaftssprache.

Der kritische Punkt liegt hier natürlich in Lukács' Voraussetzung einer ‚objektiven Wirklichkeit', die *unabhängig* vom erkennenden Subjekt besteht, gleichwohl aber in allen ihren Zügen unter Einschluß gesellschaftlicher Strukturen und historischer Entwicklungstendenzen *festgelegt* ist und dann von Kunst und Wissenschaft nur noch auf ihre je eigene Weise widergespiegelt zu werden braucht. Dies ist nun freilich ein ganz unglaublicher Rückfall hinter Kants ‚kopernikanische Wende' in der Erkenntnistheorie, den man wohl nur als eine noch weitergehende Verzeichnung von Hegels grundlegendem Kant-Mißverständnis erklären kann. Und Kants fundamentale Einsicht in die Abhängigkeit der Gegenstandswelt von unseren Erkenntnisvermögen ist ja von Wittgenstein in irreversibler Weise weiter verschärft worden zur Abhängigkeit der ‚Tatsachen' von unserer *sprachlichen* Erfassung – komprimiert schon in den Worten von Wittgensteins Idol Karl Kraus: „Die Welt ist durch das Sieb des Worts gesiebt."[375]

Der praktische Nutzen einer solchen naiv objektivistischen Unterstellung für Lukács marxistische Literaturinterpretation liegt allerdings auf der Hand. Denn zum Maßstab der in Dichtung widergespiegelten ‚objektiven Realität' nimmt er regelmäßig die vermeintlich korrespondierende *wissenschaftliche* Widerspiegelung – und „wissenschaftlich" ist in solchen Zusammenhängen regelmäßig ein bloßer Euphemismus für „historisch-materialistisch" im Sinne der marxistisch-leninistischen Geschichtsinterpretation.

Schlüsselfunktion übernimmt dabei das Begriffspaar von „Wesen" und „Erscheinung", weil es die Möglichkeit bietet, jeden empirischen Einwand gegen eine widerspiegelungstheoretische Werkdeutung mit dem Hinweis abzutun, die Abbildfunktion bestehe natürlich nicht in „der photographischen Wiedergabe der unmittelbar wahrnehmbaren Oberfläche der Außenwelt".[376] Nicht bloße *Erscheinungsformen* der Wirklichkeit spiegele das Kunstwerk wider, sondern das „von ihm unabhängig existierende, aber nicht für jeden zugängliche, auch für den größten Künstler lange verborgene Wesen".[377] Dieses ‚nicht für jeden zugängliche' wahre Wesen der Wirklichkeit kennt hingegen selbstredend die „marxistische Ästhetik, die den realistischen Charakter einer mit den naturalistischsten Details gezeichneten Welt leugnet, wenn in ihrer Darstellung die wesentlichen bewegenden Kräfte nicht zum Ausdruck kommen".[378]

Da ist die Katze aus dem Sack: Wenn Dichtung das *Wesen* der Wirklichkeit widerspiegeln will, muß sie *parteilich* sein. Ihre Aufgabe ist zwar die Abbildung der objektiven Wirklichkeit; das „bedeutet aber bei weitem nicht, daß die echte Literatur keine Tendenz hätte: vor allem: die objektive Wirklichkeit selbst ist kein richtungsloses Kunterbunt von Bewegungen, sondern ein Entwicklungsprozeß, der selbst mehr oder minder tiefgehende Tendenzen hat, der – vor allem – seine eigene grundlegende Tendenz hat."[379] So wird mit dialektischer Rabulistik noch der offene politisch-parteiliche *Appell* einer Dichtung verbal zu einer *deskriptiven* Beziehung des Werks zur gesellschaftlichen Wirklichkeit seiner Zeit mit ihren ‚objektiven Tendenzen' zurechtgebogen.

Es kann aber ganz grundsätzlich keine fruchtbare Entscheidung für die allgemeine Literaturtheorie sein, starke Voraussetzungen über die ‚wahre' Wirklichkeit zu machen. Ein barockes Versgebet muß seinen eigenen Vorgaben gemäß auf den außertextlichen Sachverhalt der Existenz Gottes bezogen werden – ganz unabhängig von der Frage der *Berechtigung* einer solchen Annahme. Eine Interpretation, die aufgrund literaturtheoretischer Vorabfestlegungen solche Gebetsdichtung statt dessen ausschließlich als Flucht aus den gesellschaftlichen Konflikten der Zeit zu erfassen versuchte, wäre ebenso zum Scheitern verurteilt wie umgekehrt eine Interpretation von Brechts Lehrstücken als einer bloßen Manifestation der Gottferne. Der Literaturtheoretiker hat sich hier nicht als Schulmeister der literarischen Geschichte aufzuspielen, der von vornherein immer schon alles besser weiß.

Andernfalls führt das mit Notwendigkeit zu einer unzulässigen Verquickung von Theoriefragen und Wertungsfragen. So benötigt auch die Widerspiegelungstheorie ständig massive Wertungen, um vor der Widerlegung durch allfällige Gegenbeispiele geschützt zu erscheinen: Alle religiöse, avantgardistisch-experimentelle oder anderweitig ‚nichtrealistische' Poesie, auf die das Theorem der Abbildungsfunktion nicht paßt, muß gemäß Hegels Diktum „Desto schlimmer für die Tatsachen" in zirkulärer Argumentation aus dem Bereich der als realistisch definierten ‚echten Literatur' ausgeschlossen und literaturkritisch verworfen werden. Die unselige ‚Expressionismus-Debatte' über die Berechtigung formal experimentierender Kunst – auch „Realismusstreit" genannt – stellt deshalb, jedenfalls auf Lukács' Seite, nicht viel mehr dar als den Folgeschaden aus einem hartnäckig verteidigten Theoriedefekt.

Doch nicht einmal für die verschiedenen Spielarten ‚realistischer' Dichtung vermag die Widerspiegelungstheorie der Literatur eine sachadäquate Charakterisierung zu geben. Denn für die semantisch oder pragmatisch abweichenden Fiktionen in Epik und Drama ist es ihrer Natur nach von vornherein ausgeschlossen, reale Sachverhalte wahrheitsfähig darzustellen. Selbst ein Werk von größter ‚Wirklichkeitstreue' kann niemals mehr als nur dem erfahrungsgemäß *Möglichen* getreu bleiben. Die empirisch gegebenen Möglichkeiten lassen sich aber nicht als das eigentliche ‚Wesen' der bloßen ‚Erscheinung' gegebener Wirklichkeit gegenüberstellen. Besonders im hier vorwiegend betroffenen Bereich gesellschaftlicher Sachverhalte haben wir keinerlei solide Kriterien, um etwa eine dichterische Darstellung der ‚wahren und wesenhaften Möglichkeiten' von einer *Verzerrung* der ‚möglichen Welt' oder von einer bloß ‚photographischen' Wiedergabe ihrer *Oberfläche* unterscheiden zu können.[380] Deshalb gilt auch für alle mimetische Dichtung mit dem programmatischen Vorsatz des ‚Realismus', des ‚Naturalismus' oder des ‚verismo' die Einsicht Jean Pauls:

> Eigentlich hat der Grundsatz, die Natur treu zu kopieren, kaum einen Sinn ... so geht die Frage der Nachahmung in die neue über, nach welchem Gesetze, an welcher Hand die Natur sich in das Gebiet der Poesie erhebe.[381]

Jean Pauls Neufassung der Frage weist hier den richtigen Weg; denn selbstverständlich ‚erhebt' sich die Wirklichkeit auf irgendeine Weise in das ‚Gebiet der Poesie'. Jede realistische Fiktion – aber nicht nur die realistische! – liefert ein gewisses ‚Bild der Wirklichkeit', das der uns aufgrund alltäglicher oder wissenschaftlicher Erfahrungen bekannten Realität mehr oder weniger adäquat sein kann. Dieses Bild entsteht nun im wesentlichen dadurch, daß auch die dichterische Sprachverwendung mit einer Fülle von *Präsuppositionen* arbeiten muß – ebenso wie jeder andere appellative Sprachgebrauch.

Denn wenn z. B. ein Sprecher A gegenüber einem Sprecher B die Aufforderung äußert: „Hör endlich auf, mich wie ein Baby zu behandeln!", dann werden darin gleich mehrere Sachverhalte zwar nicht *behauptet*, aber als stillschweigende Voraussetzungen des Gesagten *präsupponiert*: B behandelt A wie ein kleines Kind, das man nicht ernst nimmt; A ist aber kein kleines Kind (daher „wie"); und A ärgert sich über diese Behandlung durch B schon länger (daher „endlich"). Dadurch wird aber aus der *Aufforderung* noch lange keine *Aussage* mit Wahrheitswert oder Widerspiegelungscharakter – nicht einmal eine implizierte. Denn auch das erfolgreiche Bestreiten einzelner Präsuppositionen ändert nichts am geäußerten Appell zur Verhaltensänderung. („Aber ich behandle dich doch gar nicht wie ein Baby." – „Egal – du sollst mich gefälligst ernst nehmen!")

Und genausowenig wird ein dichterisches Werk durch die in ihm enthaltenen Präsuppositionen zeitgenössischer oder historischer Lebensumstände zu einer ‚Widerspiegelung der gesellschaftlichen Wirklichkeit'. Natürlich gehen in Schillers „Kabale und Liebe" viele Annahmen über das äußere und innere Hofleben des 18. Jahrhunderts ein – darunter auch sehr fragwürdige, wie etwa die nachgerade kleinbürgerlich-illusionsreiche Idealisierung der heroischen ‚femme fatale' Lady Milford zeigt. Aber deshalb spiegelt das Drama doch nicht einfach die feudalistische Gesellschaft der Zeit richtig bzw. falsch *wider*, sondern es *prangert sie an*.

Es gibt sogar immer wieder Situationen, in denen der ‚Informationswert' einzelner Werkelemente oder ganzer Werke gegenüber den *zeitgenössischen* Rezipienten im Mittelpunkt steht, nämlich die poetisch integrierte Enthüllung *tabuisierter* Tatsachen in einer totalitären, geschlossenen oder jedenfalls stark zensurbestimmten Öffentlichkeit. In „Kabale und Liebe" ist der Bericht des alten Kammerdieners über den Soldatenverkauf nach Amerika eine solche Information – freilich gerade aus seinem Munde alles andere als *nur* eine Information. Manchmal sind ganze Werke von dieser Art: Dostoevskijs „Aufzeichnungen aus einem Totenhaus" etwa (über die zaristischen Zwangsarbeitslager) oder Dickens' „Oliver Twist" (über Fürsorgeerziehung, Kinderarbeit und Kinderkriminalität im viktorianischen England), Pasternaks „Doktor Živago" (über die Russische Oktoberrevolution), Brechts „Furcht und Elend des Dritten Reiches" oder Stefan Heyms „Fünf Tage im Juni" (über den DDR-Aufstand von 1953).

Aber nirgends gilt stärker als in derartigen Fällen, daß solche dichterische Vermittlung von Tatsachen gerade nicht als deskriptive Faktendarstellung erfolgt. Nicht allein durch den Verstoß gegen zwangsweise durchgesetzte Tabuisierungsnormen, sondern vor allem durch die *literarische* Form, durch die fiktionale Nötigung des Lesers zum persönlichen Auffüllen der normwidrig vakanten Referenzbereiche ist die dichterische Verbreitung unterdrückter Informationen immer schon ein kritischer Appell – und oft genug eine gezielte politische Aufforderung zum geistigen oder physischen Widerstand. Die Umsetzung in die Appellstruktur sprachlicher ‚Kunst' macht aus der Information eine ‚Waffe', wie dies Brecht in den „Fünf Schwierigkeiten beim Schreiben der Wahrheit" mit lakonischer Präzision zum Ausdruck gebracht hat:

> Wer heute die Lüge und Unwissenheit bekämpfen und die Wahrheit schreiben will, hat zumindest fünf Schwierigkeiten zu überwinden. Er muß den *Mut haben,* die Wahrheit zu schreiben, obwohl sie allenthalben unterdrückt wird; die *Klugheit,* sie zu erkennen, obwohl sie allenthalben verhüllt wird; die *Kunst,* sie handhabbar zu machen als eine Waffe; das *Urteil,* jene auszuwählen, in deren Händen sie wirksam wird; die *List,* sie unter diesen zu verbreiten.[382]

Mit vollem Recht weist Brecht hier zugleich darauf hin, daß die Informationsvermittlung durch Kunst nicht etwa von allen Lesern gleichartig aufgefaßt wird und bei allen gleichermaßen zu einer wirksamen politischen Waffe werden kann. Die appellative Grundstruktur poetischer Sprachverwendung äußert sich keineswegs in einem jeweils identischen ‚Appell an alle' als eine objektive ‚Botschaft' des Werks. Sondern das Werk als poetisch abweichende, also gerade den Bereich intersubjektiv geregelter Kommunikation *überschreitende* Sprachverwendung appelliert an jeden einzelnen als Individuum, das poetisch Vermittelte auf sich selbst zu beziehen und seine persönlichen Konsequenzen daraus zu ziehen.

Erst recht wäre deshalb jede Suche nach objektiver Wirklichkeitsdarstellung mit intersubjektivem Wahrheitsanspruch in der Dichtung verfehlt. Sie kann weder bestimmte einzelne noch bestimmte allgemeine Sachverhalte unpersönlich widerspiegeln, sondern nach Jean Pauls Worten „muß die lebendige Poesie eine solche Vereinigung beider verstehen und erreichen, daß jedes Individuum sich in ihr wiederfindet".[383]

Wenn also literarische Fiktion statt des Wirklichen immer nur das *Mögliche* darstellt, so stellt sie es immer auch als das *uns* Mögliche dar – im Guten wie im Schlechten. Denn ob nun in einer Schreckensvision wie Orwells realistischer Apokalypse „1984" gezeigt wird, was in genau der Welt, in der wir leben, einmal passieren *könnte*, wenn wir es nicht rechtzeitig *verhindern*; oder ob in einer historisch lokalisierten, aber utopisch generalisierten Freiheitsvision wie Schillers „Wilhelm Tell" gezeigt wird, was wir in dieser Welt erreichen *können*, wenn wir es nur mit Energie und Besonnenheit *anstreben*: immer läuft es auf einen impliziten Appell an jeden einzelnen von uns zur Veränderung seiner Einstellung oder seines Verhaltens hinaus, damit das mögliche Gute *verwirklicht* und das mögliche Schlechte *abgewendet* wird. Auf dieser appellativen Offenheit und abweichungsbedingten Variabilität der Leserbezogenheit beruht die überzeitliche Wirkung von Poesie und damit ihr dauerhafter ästhetischer Vorschein im Sinne Ernst Blochs:

Daher auch vergeht das „bedeutende" Werk mit der Zeit nicht, obwohl es darin gesellschaftlich wurzelt und ihr zweifellos, doch nicht auf erschöpfende Weise, ideologisch zugehört. Die großen Kunstgebilde haben ihre Dauer und Größe gerade darin, daß sie voll Vor-Schein, voll utopischer Bedeutungsländer wirken. Diese liegen gleichsam in den Fenstern solcher Werke und allemal in den Fenstern, welche nach jener Richtung gehen, worin „zu Ende" treibende (sprengende oder vollendende) Vorwegnahme geschieht (ohne daß das „Wolkenregion" wäre).[384]

Wie jede andere dichterische Fiktion erzeugt deshalb auch ‚realistische' Literatur keine ästhetische ‚Widerspiegelung der Wirklichkeit', sondern eine ästhetische ‚Vorspiegelung falscher Tatsachen' um der Auslösung vielfältiger *Wirkungen* in der subjektiven und objektiven Wirklichkeit willen. Zur Verdeutlichung dieser Rückwirkung von Poesie auf die sie bedingende Geschichte hat sich auch Brecht einer Abwandlung des Spiegel-Vergleiches bedient:

das dichten muß als menschliche tätigkeit angesehen werden, als gesellschaftliche praxis mit aller widersprüchlichkeit, veränderlichkeit, als geschichtsbedingt und geschichtemachend. der unterschied liegt zwischen ‚widerspiegeln' und ‚den spiegel vorhalten'.[385]

Und wie derjenige, dem man einen echten Spiegel vorhält, darin etwas sieht, was so niemand anders als *er* und er nirgends anders als im *Spiegel* sehen kann, nämlich *sich selbst* – so charakterisiert Jean Paul auch die Besonderheit des poetischen Spiegelbildes in präzis treffender Weise:

> Wenigstens würde in Bildern sich das verwandte Leben besser spiegeln als in toten Begriffen – nur aber für jeden anders; denn nichts bringt die Eigentümlichkeit der Menschen mehr zur Sprache als die Wirkung, welche die Dichtkunst auf sie macht.[386]

4.4.2. *Realismus und Utopie bei Jörg Wickram*

> Denn sind nicht so viele Märchen, als die von armen Kindern oder mutigen Burschen, von lauter Glücksbild bewegt und schon auf utopischem Zug zu ihm?
>
> BLOCH: *Tübinger Einleitung in die Philosophie*

Wie die dichterische Antizipation zukünftiger Möglichkeiten als Appell zu ihrer Verwirklichung auch im Zusammenhang ‚realistischer' Literatur konkrete Gestalt annehmen kann, soll nun am Beispiel von Wickrams frühbürgerlichen Romanen „Der Jungen Knaben Spiegel" (1554) und „Von Guoten und Boesen Nachbaurn" (1556) genauer dargestellt werden. Denn diese beiden Werke eignen sich in verschiedener Hinsicht besonders gut, um die Widerspiegelungstheorie der Literatur einmal in flagranti zu falsifizieren.

Auch Wickrams Romane nämlich sind wiederholt als realistisches Abbild ihrer Zeit oder ihrer Gesellschaft oder jedenfalls der in ihr herrschenden Ideologie interpretiert worden.[387] Eine solche Auslegung läuft dann etwa darauf hinaus, daß sich im „Knabenspiegel" die Aufstiegsideologie des gesellschaftlich führenden *Handelskapitalismus* spiegele, in den „Nachbaurn" dagegen die calvinistische Sparsamkeitsideologie des gesellschaftlich aufstrebenden *Manufakturkapitalismus.*

Zur Erläuterung und Kritik derartiger Werkdeutungen muß ich etwas näher auf die beiden Romane eingehen. Der „Knabenspiegel" ist in der Tat die Geschichte eines sozialen Aufstiegs: Fridbert, ein Sohn einfacher Leute, wird zusammen mit dem Adelssproß Wilbald aufgezogen und nutzt seine Bildungschancen so fleißig und tugendsam, daß er schließlich zu hohen Ämtern und privatem Glück gelangt. Wilbald hingegen läßt sich von einem bösen Buben locken; die Schandtaten der beiden Ausreißer enden für den schlimmen Lottario am Galgen und für den verwöhnten

Wilbald im Los eines gedemütigten Viehhirten. Erst als er nach dem expressis verbis angerufenen Muster des biblischen Verlorenen Sohns reuevoll heimkehrt und sich einige Jahre im Forstdienst bewährt hat, bringt er es zu einer ähnlich gesicherten Lebensstellung wie sein nichtadeliger Ziehbruder Fridbert.

Wenn man in dieser fiktionalen Gestaltung sozialer Karrieren das Ziel des zeitgenössischen Handelsbürgertums verwirklicht sieht, die Privilegien seiner adeligen Kundschaft aus Geschäftsgründen zu *erhalten* und zugleich selbst an ihnen *teilzuhaben,* so ist das auf den ersten Blick von bestechender Plausibilität. Bei genauerer Untersuchung nimmt diese Plausibilität allerdings rapide ab. Um den Aufstieg der *Handelsbourgeoisie* geht es hier nämlich gar nicht, ja das ganze Bürgertum kommt im Knabenspiegel-Roman so gut wie überhaupt nicht vor. Der Aufsteiger Fridbert ist das Kind eines leibeigenen *Bauern;* sein Wohltäter, Wilbalds Vater, ist ein ziemlich mittelloser *Ritter* in der Stellung eines Hofbeamten.

Grundlage des sozialen Aufstiegs sind auch nicht Geschäftssinn und Handelserfolg, sondern allein *Tugend* und *Gelehrsamkeit.* Nur durch glänzende Beweise von charakterlichen und intellektuellen Qualitäten in Schule und Universität bringt es Fridbert schließlich zum Kanzler bei Hofe, sein Freund und ehemaliger Privatlehrer Felix entsprechend zum weithin berühmten Modearzt.

Und überhaupt spielt sich das Ganze nicht in der von Adeligen und Patriziern beherrschten Ständegesellschaft süddeutscher *Städte* ab, sondern im für den Elsässer Wickram räumlich und sozial weit entfernten Deutschordensstaat *Preußen* vor der Säkularisierung von 1525. Während die realistisch ausgemalte, von Ausschweifungen strotzende Reise Wilbalds und Lottarios wenigstens durch etwas bekanntere Landstriche bis ins bei Wickram notorische Sündenbabel „Antorff" (= Antwerpen) führt, dient für die sozialgeschichtlich wesentliche Haupthandlung der ritterlich-preußische Hof zu „Boßna" (= Posen) als soziale ‚Utopia'-Chiffre, als gesellschaftliches *Nirgendwo.*

Wickram vertritt hier also nicht die Standesideologie einer bestimmten *Klasse* innerhalb der sozialen Hierarchie seiner Zeit; sondern er entwirft mit egalitärem Rigorismus die Utopie einer nach oben wie nach unten völlig *durchlässigen* Hierarchie mit einem allein am individuellen *Handeln* ausgerichteten Tugendadel. Nur in einer solchen Gesellschaft kann es geschehen, daß entgegen der sozialen Herkunft „menicklich den edlen für einen Bawren / und des Bawrenson / für edel schatzten".[388]

Dies wird nun im Falle Fridberts nicht, wie bei dem schon durch die wunderbaren Umstände seiner Geburt herausgehobenen Lewfrid in Wickrams „Goldtfaden", als ein märchenhafter Einzelfall nach dem Mythos von der Prinzessin und dem Schweinehirten dargestellt, sondern als allgemeine soziale Regel. Das zeigt sich an der *Wiederholung* des Motivs im parallelen gesellschaftlichen Aufstieg des armen Felix sowie in der analog verlaufenden Forstdienst-Episode. Als Wilbald nämlich nach dreijähriger Bewährung als Forstmeister befördert wird, tritt er in überwundenem Adelsstolz erfolgreich dafür ein, sein bisheriges Amt mit seinem einfachen, aber durch Leistung und Treue ausgezeichneten Diener wiederzubesetzen. In dieser didaktischen Verallgemeinerbarkeit liegt die externe Funktion der auffälligen internen Verdopplung fast aller Personen und Motive bei Wickram: einmal ist keinmal, zweimal ist immer.

Im „Goldtfaden", in dem in partieller Analogie ein Hirtensohn zum ritterlichen Grafen aufsteigt, hat Wickram diesen Zusammenhang von persönlichem Verdienst und sozialem Rang sogar programmatisch als ein in der utopischen Märchenwelt der Erzählung bereits erfülltes Prinzip formuliert: „sind gleichwol jetzund vil grosser stend auff erden / so kommend sie doch allein von tugend".[389] Daß dies als vorwärtsweisende Forderung an seine Zeit und nicht etwa als konservative Legitimierung bestehender Klassenschranken zu verstehen ist, geht aus der Handlung des „Goldtfaden" ebenso eindeutig hervor wie aus der komplementären im früher entstandenen „Gabriotto": In beiden Romanen stößt die Liebe der Helden auf starrsinnig verteidigte Standesgrenzen, was in der mythischen Welt des „Goldtfaden" glücklich, in der unverklärten Doppelgeschichte „Gabriotto und Reinhart" dagegen allseits tragisch endet.

Wir sind zwar heute gewohnt, diese Assoziation von sozialem Rang und ‚Tugend' bzw. ‚Leistung' pauschal als „bürgerliche Ideologie" zu bezeichnen; die Ideologie des standesstolzen *Großbürgertums* in den freien Reichsstädten der Fugger-Zeit war dies jedoch ganz gewiß nicht. Es dürfte kaum dem verbreiteten Selbstverständnis der kastenartig geschlossenen Patrizierfamilien entsprochen haben, sich gegebenenfalls auch von einem ‚hergelaufenen Bauernlümmel' sozial *überholen* zu lassen. Und schon gar nicht spiegelt sich in einer so prononciert *antifeudalen* Haltung die ‚herrschende Ideologie' in der Feudalgesellschaft des 16. Jahrhunderts, in dem sich bürgerliche Positionen materiell und ideell erst langsam zu festigen beginnen.

Von einem realistischen Abbild der Zeit, der Gesellschaft oder der in ihr dominierenden Überzeugungen kann also bei Wickrams „Knabenspiegel" nicht die Rede sein. Die genaue Lektüre des Werks ergibt ein ganz anderes Bild: Wickram als ein durch seine eigene Geburt als unehelicher Sohn Benachteiligter, aber nicht wie die meisten zum Verstummen Gebrachter opponiert hier gegen *jegliche* Privilegien der Geburt. Noch deutlicher tritt das hervor, nimmt man zum eigentlichen Romantext die ihn umgebenden Rahmentexte hinzu – den das Werk interpretierenden „Dialog vom ungeratnen Sohn", die Widmung des „Knabenspiegels" sowie zu allererst schon den ausführlichen Titel:

Der Jungen Knaben Spiegel. Ein schoen Kurtzwyligs Buechlein / Von zweyen Jungen Knaben / Einer eines Ritters / Der ander eines bauwren Son / würt in disen beiden fürgebildt /was grossen nutz das studieren / gehorsamkeit gegen Vatter und

Muoter / schuol vnd lermeistern bringet / Hergegen auch was grosser geferligkeit auß dem widerspyl erwachsen / die Jugent darin zuo lernen / vnd zuo einer warnung fürzuospieglen. Newlich in Druck verfertiget durch Joerg Wickram. Im Jar / M.D.LIIII.

Eigentlich müßte einen Verfechter deskriptivistischer Literaturauffassung schon bei diesem Titel der Mut verlassen. Nicht eine wirkliche oder mögliche Welt soll ‚abgebildet' werden, sondern ‚fürgebildt, was grossen nutz bringet'. Erklärtes Ziel ist nicht, etwas ‚widerzuspiegeln", sondern etwas ‚zuo einer warnung fürzuospiegeln'.

Freilich könnte es sich bei diesem offen ausgesprochenen Programm der Erziehung durch einen Roman über Erziehung selbst um eine bloße ‚Ideologie' handeln. Argumentation und Formulierungen der Widmungsvorrede aber machen deutlich, daß man hier jedenfalls nach Rechtfertigungsideologien einer speziellen *Klasse* vergeblich suchen wird. Denn wiewohl eine aufstrebende Klasse in aller Regel die Aufhebung von Klassenschranken fordert, so darf man sich doch dadurch nicht zu dem Fehlschluß verleiten lassen, dichterische Opposition gegen Klassenschranken *überhaupt* sei immer nur eine Parteinahme für die jeweils gerade aufsteigende Klasse. Vielmehr geht es Wickram hier dem impliziten Romanverlauf wie seiner expliziten Erklärung nach um den sozialen Lohn von Tugend und Laster für jedermann *gleichermaßen,* also allein um Repräsentanten verschiedener *Verhaltensweisen*:

was aber deren jedem auß seinem fleiß erfolget / wirt hie als in einem spiegel fürgemalet. Und der weychen jugend nutzlich darin zuo lesen / damit sich die ehrlichen gemueter / und herrlichen ingenia / nit durch boeße geselschafft verfueren lassen.[390]

Interessanterweise setzt nun Wickram diese Widmungsvorrede im „Beschluß" des Romans mit einer Art Widmungsnachwort unmittelbar fort. Darin verleiht er auch seiner Erwartung einer unfreundlichen Aufnahme des Werks Ausdruck und demonstriert dabei statt ängstlicher Anpassung an Lesererwartungen gelassenes schriftstellerisches Selbstbewußtsein:

dann gewissz bin ich / das dis mein ringes Buechlein / wiewol das niemant zuo nachteil schand oder schaden reychen wirt / es doch von etlichen ungetadlet nicht moegen hingon ... darumb ich mich gar nicht irren lassen will[391]

Es sieht so aus, als habe Wickram mit seiner Voraussage über negative Leserreaktionen recht behalten. Denn ein knappes Jahr nach Erscheinen des „Knabenspiegels" sieht er sich veranlaßt, eine gedruckte Rechtfertigung seines Romans herauszubringen: den „Dialog vom ungeratnen Sohn". Dieser Fall ist in Wickrams Werk einmalig und auch sonst nicht gerade zeitüblich; wir müssen deshalb annehmen, daß Wickram durch öffentliche oder private *Kritik* an seinem Werk dazu gebracht wurde, diese begründende Selbstinterpretation in Gestalt eines Dialogs zwischen „Georgius" (d. i. Wickram) und seinem Freund „Casparus" (d. i. sein Colmarer Nachbar Caspar Hanschel) zu publizieren.

Den Hauptvorwurf dieser Kritik läßt Wickram gleich einleitend die Dialogfigur Casparus in ironischer Form vorbringen: die mangelnde *Glaubwürdigkeit* seiner erzählerisch doch ganz wie eine ‚warhafftige History' dargestellten Sozialutopie. Demgegenüber bemüht sich Georgius dann anhand eines authentischen, aber außerhalb der utopischen Möglichkeiten von Literatur böse endenden Falles um den Nachweis, daß bei aller eingestandenen dichterischen Freiheit der Erzählung doch jedenfalls der moralisch-pädagogische *Appell* seine Berechtigung für die Wirklichkeit habe. Auf die unangebrachten Einwände gegen den Wahrheitsgehalt seiner literarischen Präsuppositionen reagiert Wickram also exakt nach dem oben angeführten Muster: „Egal – du sollst mich gefälligst ernst nehmen!"

Der Dialogpartner Caspar Hanschel erscheint noch ein zweites Mal in einem Rahmentext Wickrams: als Adressat der Widmungsvorrede zum Roman „Von Guoten und Boesen Nachbaurn". Der Inhalt des Dedikationsschreibens macht schnell deutlich, daß die angeführte Werkdeutung durch zeitgenössische Gruppenideologien auch hier wenig Rückhalt findet: unter den in der Vorrede als Zentralthemen des Werks genannten Motiven findet man von Klasseninteressen des Manufakturkapitalismus keine Spur, auch keine noch so hoch sublimierte. *Thematisch* geht es hier um Goldschmiede – und zwar als Handwerker und besonders als reisende Schmuckhändler, aber ohne jedes Anzeichen frühmanufaktureller Produktionsweisen. *Didaktisch* geht es um die Moral des Gemeinschaftslebens – und zwar ganz allgemein um lebenskluge Zurückhaltung gegenüber bösen und um Freundschaft und Nachbarschaftshilfe gegenüber guten Mitmenschen.

Motivik und Struktur der Romanhandlung selbst bestätigen dann die Haltlosigkeit der genannten ideologischen Zuordnung. Durch drei Generationen erfährt der Leser die wechselnden Geschicke dreier Bürgerfamilien in guter und schlechter Nachbarschaft, in gefährlichen Nachstellungen, in Freunschaft und Liebe; am Ende schließen sich die Familien dann zu einem gemeinsamen Haushalt und Geschäft zusammen. Dies ist nun nicht etwa eine Fusion mehrerer Handwerksbetriebe zur Ausbildung einer Frühmanufaktur. Vielmehr handelt es sich hier um eine *Kaufmannsfamilie* – in die dann ein weiterer *Kaufmann* einheiratet – und um eine ebenfalls vorwiegend vom *Warenhandel* lebende Goldschmiedsfamilie. Wenn schon, dann würde hier also eher das *handels*kapitalistische als das *manufaktur*kapitalistische Element gestärkt.

Aber auch eine solche Interpretation wäre abwegig, weil die *ökonomische* Dimension im gesamten Roman kaum eine Rolle spielt (nicht einmal die des Verdrängten!) und weil die Vereinigung der Familien rein *privat* motiviert wird: die Väter haben sich gegenseitig in Lebensgefahr, die

Mütter haben sich in Schwangerschaft und Familiensorgen beigestanden, Sohn und Tochter der beiden Familien heiraten schließlich aus sehr individuell gezeichneter Liebe zueinander. Wenn deshalb am Schluß zum Oberhaupt der neuen Großfamilie nicht der Ranghöchste unter ihnen, sondern „der saelig Frid" erwählt wird, so ist dies wohl nicht eben ein ideologischer Beitrag zur Entwicklung kapitalistischer Produktionsweisen.[392] Vielmehr entwirft es – nicht ohne eine gewisse Rührseligkeit – in begrenztem Rahmen eine beinahe paradiesische, urchristliche, urkommunistische *Utopie* des „Alle Menschen werden Brüder".

Während Zeitkritik jedoch bei früheren Autoren wie Walther von der Vogelweide, Wernher dem Gärtner oder Sebastian Brant in aller Regel *konservativ* orientiert war und als Klage über den Verlust traditioneller Tugenden, Werte und Ordnungen auftrat, entfällt bei Wickram dieser Topos von der ‚aurea aetas', von der ‚guten alten Zeit'. Vielmehr darf man in Jörg Wickram wohl den ersten *optimistischen*, auf gesellschaftlichen Fortschritt durch Erziehung setzenden Oppositionellen unter den sozialkritischen Dichtern in Deutschland sehen. Sein Weg ist derjenige einer poetischen *Antizipation* möglicher Freiheit, Gleichheit und Brüderlichkeit – und damit von politisch bis heute uneingelösten Idealen des 18. und 19. Jahrhunderts, die Wickram in *theoretischer* Reflexion noch völlig unerreichbar gewesen wären: im „Knabenspiegel" des Postulats ‚Jedem nach seinen Leistungen' bei Adam Smith, in den „Nachbaurn" des Postulats ‚Jedem nach seinen Bedürfnissen' bei Proudhon und Marx.

Wie ist diese Antizipation poetisch möglich? Vor allem dadurch, daß Wickram sich in seinem dichterischen *Verfahren* erheblich von den literarischen Gewohnheiten seiner Zeit entfernt – mit anderen Worten: daß er nicht nur von den geltenden Sprachnormen, sondern auch von den literarhistorischen Quasi-Normen des 16. Jahrhunderts in mehrfacher Hinsicht abweicht. Zum einen ist Wickram hier zum konkurrenzlos dastehenden Begründer des eigenständigen, in Stoff und Gestaltung unabhängigen deutschen *Prosaromans* geworden.[393] Wie weit Wickram damit seiner Zeit und der allgemeinen literarischen Entwicklung in Deutschland vorauseilte, geht besonders daraus hervor, daß – im Gegensatz zu der nach Wickrams „Rollwagenbüchlein" schnell populär werdenden Gattung der Schwankerzählungen – seine Romane zwar viele *Leser*, aber keine unmittelbaren *Nachfolger* fanden. Wickram hat also zwar die *Textsorte* des bürgerlichen Gesellschaftsromans zum ersten Mal erfüllt, aber damit noch lange nicht das entsprechende *Genre* in der deutschen Literatur etabliert. Denn kurz darauf verdrängte die 1569 einsetzende Welle der in zahllosen Übersetzungen, Fortsetzungen und Imitationen verbreiteten, ritterlich-amourösen „Amadis"-Romane die Ansätze Wickrams zum bürgerlichen Erziehungsroman von der literarischen Szene – und dies bis weit ins 17. Jahrhundert hinein.

Zweitens aber stellt sich Wickram auch in Hinsicht auf das Erzählverfahren, auf die interne Funktionsbindung epischer Fiktionselemente als gewichtiger literarischer Neuerer dar. Darauf hat besonders Clemens Lugowski in einer Abhandlung aufmerksam gemacht, die zugleich in ihren literaturtheoretischen Grundsatzdimensionen den eigentlichen Gegenpol zur etwa gleichzeitig entstandenen Widerspiegelungstheorie von Lukács darstellt.[394] Denn Lugowski wendet sich prinzipiell gegen jede Vorstellung von verschiedenen Abbildungsweisen ein- und derselben ‚objektiven Wirklichkeit' und geht statt dessen von der erkenntnistheoretischen Einsicht aus, daß ‚die Wirklichkeit' immer schon durch bestimmte tradierte Weisen ihrer Darstellung *geformt* ist. Die spezifische Form der Wirklichkeitserfassung epischer Literatur ist nun die Darstellung fiktionaler *Individuen*; und deren literarische Gestaltung bleibt geschichtlich nicht *konstant*, sondern hat den Status einer historisch-sozial begrenzten Quasi-Norm.

Hier liegt nun die formgeschichtliche Besonderheit von Wickrams Romanen. In ihnen wird – im Gegensatz zu den Volksbüchern der Zeit sowie zum Amadis-Roman, aber in Analogie zur späteren Rolle des „Don Quixote" für die Weltliteratur – die teleologische Erzählweise des Mittelalters aufgelöst und die neuzeitliche Form fiktionaler Individualitätsdarstellung entwickelt. Denn in der höfisch-feudalen Epik und noch bei Wickrams Zeitgenossen werden alle Elemente *linear* gereiht und funktional allein auf das von Anfang an schon präsente *Ende* der jeweiligen Geschichte bezogen. Dies gibt der Erzählproduktion dieser Epoche ihre spezifische, für das zeitgenössische Lesepublikum gemeinschaftsbildende *Künstlichkeit.*

In Wickrams Romanen aber zerfällt zunehmend diese alte epische Künstlichkeit zugunsten der *modernen*: die handelnden Personen entwickeln sich von kollektiv schematisierten und in gewissen Grenzen beliebig ersetzbaren Funktionsträgern zu echten fiktiven Individuen, deren einzelmenschliche Unverwechselbarkeit aus ihrer ganz persönlichen und nicht vom Ergebnis vorherbestimmten *Entwicklung* resultiert. Diese verstärkte Individualisierung der Personen im „Knabenspiegel" und in den „Nachbaurn" verstärkt aber zugleich wegen der weiterbestehenden Fiktionalität den Zwang zur aktiven Auffüllung der semantisch normwidrigen Leerstellen durch individuelle Erfahrungen des Lesers – und damit den persönlichen Appellcharakter solcher fiktionalen Darstellung menschlicher Möglichkeiten. Die neuartige Organisation der *internen* Funktionen des Erzählzusammenhangs ermöglicht so die neuartige *externe* Funktion der sozialen Utopie.

Doch Wickram setzt sich hier noch in einem dritten Punkt von den literarhistorischen Quasi-Normen seiner Zeit ab: im Hinblick auf den fundamentalen *Typ* poetischer Normabweichung. Die gesamte Romanproduktion seit dem Mittelalter, in Vers oder Prosa, war nämlich – wie das antike Epos und wie noch der an unglaublichen Zauber- und Heldentaten reiche Amadis-Roman – in der einen oder anderen Form fiktionale Gestaltung des *Wunderbaren,* des empirisch Unmöglichen: Darstellung verschiedenster Arten weltlicher und geistlicher Wunder, von Zaubertränken und Fabeltieren, von übermenschlichen Heldentaten in sagenhafter Ferne des Ortes oder der Zeit. Auch Wickrams andere Romane bis hin zum „Goldtfaden" mit seinen tierischen, menschlichen und göttlichen Wundern halten sich noch an dieses Schema.

Der „Knabenspiegel" und die „Nachbaurn" dagegen weichen durchweg nur von der empirischen *Wirklichkeit* ab, überschreiten aber niemals die Grenzen des empirisch *Möglichen.* Die soziale Welt der beiden Romane ist nicht die wirkliche Welt der Entstehungszeit und insofern kein ‚Abbild'; aber die darin lebenden Personen sind in ihrem Wesen wie in ihren Erlebnissen ausnahmslos ‚Menschen wie du und ich'. Selbst der als Dieb gehenkte Lottario erscheint dem gefährdeten Wilbald zur Warnung nicht als *Geist,* sondern auf immerhin denkbare Weise nur im *Traum.*

Beschränkt man nun die Rede von „realistischer Fiktion" auf solche poetische Abweichung vom empirisch Wirklichen unter Wahrung des empirisch Möglichen, dann sind die beiden genannten Romane Wickrams in diesem Sinne klassische Muster eines literarischen *Realismus.* Sie sind es dagegen nicht in irgendeiner deskriptivistischen Interpretation des Wortes: weder im Sinne einer Widerspiegelung objektiver Verhältnisse noch im Sinne einer Reproduktion wirtschaftlich motivierter Ideologien.

Statt dessen entwirft Wickram realistische Fiktion als *Modell* des rechten Handelns – also mit genau jener Aufgabe, zu der die Dichtung auch *innerhalb* seiner Romanhandlungen immer wieder herangezogen wird. Denn so wie die Erinnerung an die Geschichte vom Verlorenen Sohn schließlich Wilbald im „Knabenspiegel" zur inneren und äußeren Umkehr bewegt, so zitieren Wickrams Romanpersonen ganz allgemein sehr häufig das Beispiel literarischer Vorbilder und nehmen es zur Richtschnur des eigenen Handelns: Literatur fungiert hier nicht *als* Nachahmung, sondern als Muster *für* Nachahmung. Und so deutet Wickram in der Widmungsvorrede zum „Knabenspiegel" auch die Mimesis-Auffassung der Antike ausdrücklich in diesem Sinne einer appellativ gemeinten Vorspiegelung:

> Es habend sich günstiger weiser Herr / die alten fast in iren gedichten beflissen / das die selbigen nit so gar on nutz und fruchtbarkeit der Jugend fürzuospieglen gewesen / Sunder die Jugend sunderlich von üblem und laster abzogen[395]

Diese Form von Realismus mit ihren vielfältigen Verstößen gegen die in Quasi-Normen verfestigten literarischen Erwartungen der Zeit erklärt wohl auch einen andernfalls beinahe paradox anmutenden Umstand: daß nämlich ausgerechnet gegen Wickrams spätes Romanschaffen, das doch viel weniger phantastisch und unglaublich ist als alle verbreitete Ritter- und Zauberliteratur zuvor, der im „Dialog vom ungeratnen Sohn" manifestierte Vorwurf der *Unglaubwürdigkeit* aufgekommen ist. Die innovative Annäherung der Fiktion an den Bereich des empirischen Möglichen wirkt offenbar zunächst verstörender als die gewohnte, ‚automatisierte' Künstlichkeit phantastischer Literatur.

Denn dies ist literaturgeschichtlich kein Einzelfall: programmatisch vertretener Realismus im Sinne einer Forderung nach größerer ‚Wirklichkeitsnähe' der Literatur hat in der Praxis immer wieder zu einer die Zeitgenossen irritierenden *Reduktion* von Künstlichkeit, zu einer *Abschwächung* der zur Quasi-Norm verblaßten Abweichungen mit dem Ziel der ‚Desillusionierung' geführt – bei Büchner wie bei Hauptmann, bei Thackeray wie bei Flaubert, bei Brecht wie noch im modernen dokumentarischen Theater von Weiss, Hochhuth oder Kipphardt. Und es ist bezeichnend, daß mit diesem desillusionierenden Realismus in aller Regel auch eine programmatische Ausrichtung auf eine *Kritik* der gesellschaftlichen Realität, auf ihre *Veränderung* durch appellative Einwirkung auf Leser oder Zuschauer einhergegangen ist; Brechts Bühnentransparent „Glotzt nicht so romantisch!" ist nur eine drastischere Formulierung für die alte Maxime „Tua res agitur!"

Bei Wickram kommt freilich zu all den genannten Formen der Distanzierung von zeitgenössischen Erwartungen noch eine Besonderheit hinzu: Er setzt sich nämlich auch über bestimmte *äußere* Konventionen des literarischen Lebens seiner Zeit hinweg, über die sozial reglementierenden Normen der herrschenden *Widmungspraxis.*[396] Im 16. Jahrhundert – und noch weit bis ins 18. Jahrhundert hinein – werden Bücher fast ausschließlich um des Honorars, der Protektion, des Renommees oder mindestens um des urheberrechtlichen Schutzes willen dediziert: an adelige, reiche, mächtige oder individuell nützliche Gönner, also in der sozialen Hierarchie von unten nach oben. Demgegenüber widmet Wickram seine späteren Werke durchweg an Freunde oder Bekannte innerhalb seiner *eigenen* bürgerlichen Sphäre, und zwar in der heute üblichen Weise nach Maßgabe einer sachlichen oder persönlichen Beziehung zum *Inhalt* des jeweiligen Werks: den Erziehungsroman „Knabenspiegel" einem befreundeten Vater, die „Nachbaurn" dem ehemaligen Nachbarn, das „Rollwagenbüchlein" einem schwankfreudigen Wirt und Veranstalter geselliger Rollwagenfahrten, den „Dialog von der Trunkenheit" einem missionarischen Alkoholgegner und so fort.

So wie Wickram also in seinen Romanen die Personen zunehmend aus den bloßen Funktionsträgern der höfisch-feudalen Epik zu fiktiven *Individuen* entwickelt, so entfernt er sich auch von der zeitüblichen Widmung an feudale oder quasifeudale Garanten bloßer Gunst- und Schutzfunktionen zugunsten der Widmung an werkentsprechend ausgewählte *Einzelpersonen.* Und so wie Wickram mit diesen privat adressierten Widmungen eine Verfahrensweise vorwegnimmt, die erst in der Widmungspraxis seit der Französischen Revolution zur allgemeinen Regel geworden ist, so greift er auch als Dichter mit seinen egalitären Sozialutopien auf politische Ideale späterer Jahrhunderte voraus.

4.4.3. *Soziale Normierung und poetische Freiheit*

> Gibt es denn nicht Nachrichten, welche uns nur auf Dichter-Flügeln kommen können; gibt es nicht eine Natur, welche nur dann ist, wenn der Mensch nicht ist, und die er antizipiert?
>
> JEAN PAUL: *Vorschule der Ästhetik*

Läßt sich der am Fall Jörg Wickrams gewonnene Befund verallgemeinern? Ist es möglicherweise typisch, wenn ein Dichter in dieser Weise zugleich von sprachlichen Normen, literarhistorischen Quasi-Normen, sozialen Verhaltensnormen und Normen des politischen Denkens seiner Zeit abweicht? Besteht vielleicht sogar eine prinzipielle Koinzidenz der dichterischen Opposition gegen sprachliche und gegen soziale Konventionen?

Trotz der verbreiteten Redeweise von der ‚emanzipatorischen Funktion der Literatur' läßt sich eine solche These sachlich nicht halten. Schon die in früherem Zusammenhang angeführte Ahnengalerie berühmter literarischer Tabubrecher und Tabuwahrer hat dokumentiert, daß bis in die weltliterarische Abfolge bedeutendster Dichter hinein stets sozial normsprengende und normstützende Autoren nebeneinander stehen. Dichtung ist nicht schon per se ‚progressiv'; sie kann, wie die Untersuchung von Johsts „Schlageter" vor Augen geführt hat, auch in den Dienst reaktionärster Unterdrückungssysteme gestellt werden. Und um poetische Abweichung in elementarer Form handelt es sich schließlich selbst noch bei fiktionalisierter Industriewerbung oder bei repressiven Erziehungsregeln à la „Hände auf den Tisch / Und stumm wie ein Fisch!" – aber doch nicht eben um Beiträge zur sozialen Emanzipation des Individuums.

Doch es wäre nicht nur falsch, poetische *Abweichungen* pauschal zu quasirevolutionären Akten sozialer Befreiung zu stilisieren. Es wäre ebenso falsch, gesellschaftlich geltende *Normen* pauschal nur als zu beseitigende Instrumente autoritärer Herrschaft anzusehen. Ohne Zweifel können bestimmte Normen in bestimmten sozialgeschichtlichen Kontexten zu solchen Herrschaftsinstrumenten werden. Darüber darf jedoch nicht verkannt werden, daß funktionierende soziale Normen prinzipiell eine *unersetzliche* Bedingung der Möglichkeit jeder gewaltlosen Einigung unter freien und solidarischen Individuen bilden. In hervorstechender Weise gilt das für sozial akzeptierte Normen der Sprache als Voraussetzung jeder intersubjektiven Verständigung.

Und dennoch hat die poetische Abweichung von sprachlichen Normen etwas ganz Grundlegendes mit gesellschaftlicher Selbstbestimmung, mit der *Möglichkeit* einer Befreiung auch von anderen bestehenden Normzwängen zu tun. Denn Poesie *verletzt* ja nicht bloß die geltenden Sprachregeln: dadurch, daß jede poetische Abweichung eine interne oder externe Funktion erfüllt, erbringt der Normverstoß hier zugleich einen kommunikativen *Gewinn.* So führt die poetische Sprachverwendung stellvertretend vor: Es ist nicht nur *möglich,* es kann sich sogar *lohnen,* eine sozial anerkannte und durch Sanktionen gesicherte Norm zu durchbrechen.

Damit erhält die poetische Abweichung von Sprachnormen exemplarische Bedeutung für den Umgang mit gesellschaftlichen Normen überhaupt. Sie demonstriert nämlich die *Konventionalität* auch der implizit geltenden Normen: sie sind zwar nicht generell entbehrlich, aber je einzeln verfügbar und veränderbar. So könnten wir uns etwa ganz *ohne* intersubjektiv verbindliche Regelungen des Sprechens nicht verständigen – aber *wie* wir unsere Sprache regeln, darüber können wir uns mit höchst unterschiedlichem Ergebnis einigen, solange nur die Funktionsfähigkeit der Ausdrucksmittel gewahrt bleibt. Das gilt sogar für die logischen als die tiefstliegenden impliziten Normen der Sprache: wir können sie zwar nicht gänzlich abschaffen – aber für ihre Realisierung in sprachlichen Zeichen, Regeln und Grundannahmen gibt es ganz verschiedenartige und für verschiedene Zwecke unterschiedlich geeignete Möglichkeiten.

Indem die poetische Abweichung somit weitergehende soziale Abweichungen zwar nicht *impliziert,* aber deren Prinzip in ihrer Struktur *demonstriert,* vermag Poesie als prototypischer Modellfall auch zur Erprobung, Verletzung und Veränderung anderer als sprachlicher Normen anzuregen. Literarische Normbefreiung kann soziale Normbefreiung weder kausal noch argumentativ erzwingen, wohl aber durch ihr exemplarisches Vorgehen motivieren. Daraus erklärt sich die literaturgeschichtliche Tatsache, daß sprachliche, innerliterarische und politisch-soziale Abweichung so häufig, wie bei Wickram, Hand in Hand gehen.

Die Beziehung zwischen poetischer Abweichung und Normabweichung überhaupt ist also die stellvertretende eines *pars pro toto.* Poesie ist, nach Kants Worten, mit ihrem ‚freien Spiel der Einbildungskraft' nach selbstgegebenen Regeln die *sinnliche Erfahrung der Freiheit* und so zugleich das ‚Symbol der Sittlichkeit', nämlich der Befolgung moralischer Normen allein aus eigenem Willen. Denn in der poetischen Sprachverwendung zeigt sich das sprechende Individuum als das *Subjekt* der Regeln, denen es sich zur Verständigung mit anderen zu fügen hat. In diesem Sinne – und nur in diesem – ist Dichtung wirklich jenes seit Schiller vielberufene ‚Reich der Freiheit': nicht indem sie uns zeigt, daß wir tun können, was wir wollen, sondern indem sie uns zeigt, daß wir wählen können, was wir müssen.

Das mag nun allerdings ein wenig danach klingen, als solle hier das vergnügliche Unternehmen der Literatur erneut mit deplazierten Weltverbesserungsfunktionen belastet werden – als müsse die Poesie wieder einmal das Abendland retten oder doch wenigstens nach dem Postulat Alexander Popes ihren öffentlichen Nutzen erweisen:

Of little use the Man you may suppose,
Who says in verse what others say in prose;
Yet let me show, a Poet's of some weight,
And (tho' no Soldier) useful to the State.[397]

Doch das Gegenteil ist gemeint. Gerade die partiell normsprengende und befreiende Rolle poetischen Sprechens erklärt nämlich überhaupt erst, warum Literatur *Spaß macht*. Die Lust des Lesens von Dichtung beruht entscheidend auf der Voraussetzung poetischer Sprachabweichung. Und mit den Grenzen der Sprache vermag Literatur dann auch in vielfacher und vielfältig unterhaltsamer Weise die Grenzen zu überschreiten, die uns durch eigene Lebenszeit, eigenen Lebensraum, eigene Erfahrungsmöglichkeiten gesetzt sind: sie erlaubt uns die ‚vorgespiegelte' Teilnahme an fernen *Zeiten* (als geschichtliche Vergangenheit oder außergeschichtlicher Mythos), an anderen *Lebenswelten* (im exotischen oder auch im utopischen Roman) und an fremdartigen *Erfahrungen*. Zu diesen gehören beispielsweise die uns sonst nicht zugänglichen Erfahrungen des jeweils anderen Geschlechts, das literarisch gleich auf drei verschiedenen Ebenen getauscht werden kann: wenn etwa ein weiblicher *Autor* wie Ingeborg Bachmann eine Vater-Geschichte mit männlichem Ich-Erzähler schreibt[398]; wenn andererseits im *Text* der Circe-Episode einmal der „Ulysses"-Held Leopold Bloom unvermittelt zur Frau wird und auch in den epischen Szenenanweisungen unvorbereitet als „she" erscheint[399]; oder wenn schließlich der *Leser* erfahrungsgemäß starke literarische Identifikationsangebote auch dann anzunehmen vermag, wenn er als Mann eine Frauengeschichte liest oder umgekehrt.

In diesem Zusammenhang der lustbetonten Rolle normsprengender Literatur wäre noch an ein weiteres zu erinnern: Auch *pornographische* Poesie ist eine Form der Poesie. Und im Bezug auf die sittlichen Tabus ihrer Zeit haben zu dieser zugleich poetisch und gesellschaftlich normverletzenden Gattung selbst viele literarische Klassiker ihren Beitrag geleistet; allein in der deutschen Literatur finden sich hier zahllose Beispiele – von Walther, Fischart und Grimmelshausen über Goethe, Schiller und Büchner bis zu Hofmannsthal, Döblin, Thomas Mann und Arno Schmidt.

Im Erlebnis der *Selbstbestimmung* gegenüber geltenden Normen liegt also zugleich der ästhetische *Reiz* poetischer Abweichung. Dies hat vor allem Kant ausdrücklich hervorgehoben:

An einem Produkte der schönen Kunst muß man sich bewußt werden, daß es Kunst sei, und nicht Natur; aber doch muß die Zweckmäßigkeit in der Form desselben von allem Zwange willkürlicher Regeln so frei scheinen, als ob es ein Produkt der bloßen Natur sei. Auf diesem Gefühle der Freiheit im Spiele unserer Erkenntnisvermögen, welches doch zugleich zweckmäßig sein muß, beruht diejenige Lust, welche allein allgemein mitteilbar ist, ohne sich doch auf Begriffe zu gründen.[400]

Das ‚Lustprinzip der Literatur' beruht also gerade auf der poetischen Erweiterung des sprachlichen ‚Reichs der Freiheit' – und das heißt nicht: der Willkür, sondern: der selbstgewählten und deshalb Genuß statt Zwang herbeiführenden funktionalen Bindungen. Entgegen der Horazischen Antithese von „prodesse" und „delectare" fallen damit *Nutzen* und *Vergnügen* in der Dichtung prinzipiell zusammen. Freilich hat Horaz diesen Gegensatz schon selbst relativiert und demjenigen Dichter den größten Erfolg zugesprochen, der „Nützliches mischte zum Holden, / Wann er den Leser zugleich aufheiterte, und ihn ermahnte".[401]

Solcher Erfolg hat seinen Grund darin, daß der poetische Appell des ‚Ermahnens' statt durch bloße Lehrsätze in der Regel durch die unterhaltsame Präsentation positiver oder negativer Vorbilder erfolgt. Die Reaktion ist unvermeidlich eine persönliche Betroffenheit des ins literarische Spiel einbezogenen Lesers: teilnehmender *Jubel* über Erfolge des fiktiven Helden, *Furcht* vor dem bloß fiktiven Bösen, *Mitleid* mit dem Unglück der Sympathieträger, *Gelächter* über die Fehler und Schwächen von Komödienfiguren.

Literarische Lernprozesse haben so immer den Charakter *exemplarischen* Lernens: der rational kaum bewußt werdenden Orientierung an guten und schlechten Beispielen, die dem Leser lebendig vor Augen geführt werden und die ihn durch den Sog der fiktionalen Identifikation zur *Imitation* oder *Distanzierung* im eigenen Handeln einladen. Diese unverwechselbare Eigenart dichterischer Belehrung hat Friedrich Schlegel in einem seiner Fragmente präzis zusammengefaßt:

Die Lehren welche ein Roman geben will, müssen solche sein, die sich nur im ganzen mitteilen, nicht einzeln beweisen, und durch Zergliederung erschöpfen lassen. Sonst wäre die rhetorische Form ungleich vorzüglicher.[402]

Und dies gilt für poetische Sprachverwendung ganz allgemein. Selbst Fabeln belehren wesentlich nicht durch eine etwaige explizite Schlußmoral, sondern durch ihre vielbezügliche *Beispielerzählung* als Spielart phantastischer Fiktion. Und sogar die eigentlich poetische Wirkung einer aphoristischen Maxime beruht nicht auf dem ausgesprochenen Gedanken, sondern auf der normwidrigen Kontextisolierung, die den Leser zur aktiven Herstellung *eigener* gedanklicher Zusammenhänge nötigt. Mit vollem Recht hat sich deshalb Goethe dagegen gewendet, den möglichen allgemeinen Nutzen von Poesie mit der pflichtgemäßen Erfüllung gemeinnütziger Aufgaben zu verwechseln:

denn ein gutes Kunstwerk kann und wird zwar moralische Folgen haben, aber moralische Zwecke vom Künstler fordern, heißt ihm sein Handwerk verderben.[403]

Im Gegensatz zu intendierten *Zwecken* sind nämlich die positiven *Folgen* von Dichtung nicht auf die Epoche ihrer Entstehung und Veröffentlichung beschränkt. Die appellative Kraft bedeutender Poesie entfaltet sich auch und gerade für Leser späterer Zeiten, die sich infolge der abweichungsbedingten Offenheit literarischen Sprechens noch immer selbst darin wiederzufinden vermögen. Mit besonderem Nachdruck hat dies einmal Stefan George zum Ausdruck gebracht:

Einigen dichtern an dieser stelle: wir loben euch dass ihr uns wenig von euren schönen ansichten und viel von euren schönen liedern gegeben habt. denn eure schönen ansichten werden sich ändern eure schönen lieder aber werden bleiben.[404]

Und selbst Georges ästhetischer Gegenpol Brecht hat sein politisch hochsignifikantes Prinzip der *Verfremdung* dramatischer Literatur und Darstellung immer wieder mit der Erhöhung von „Genuß", „Unterhaltung", „Vergnügung", „Spaß" begründet – als „die nobelste Funktion, die wir für *Theater* gefunden haben".[405]

Aus all dem ergibt sich: Die grundlegende *gesellschaftliche Bedeutung* der Literatur liegt in der *ästhetischen Verfassung* ihrer Texte. In ihrem poetischen, also zugleich freien und funktionalen Umgang mit der Sprache appelliert Dichtung durch ihr Beispiel an jeden einzelnen Leser, soziale Normen als *seine* Normen zu behandeln, sie demgemäß kritisch zu prüfen und gegebenenfalls zu verändern.

Der freisetzende Appell von Poesie kommt also aus ihrer charakteristischen *Struktur*: sie spricht nicht explizit durch das, *was* sie sagt, sondern implizit durch das, *wie* sie es sagt. Eine der berühmtesten Formulierungen dafür hat Archibald MacLeish in seinem das Prinzip zugleich demonstrierenden Gedicht „Ars poetica"[406] gefunden:

A poem should be equal to:
Not true.

(. . .)

A poem should not mean
But be.

Als regelverletzende Sprachverwendung nämlich *kann* Poesie gar nichts verbindlich Fixiertes ‚meinen': indem sie die subjektive Person des Lesers in die Erzeugung eines Äußerungssinnes hineinzieht, sagt sie *jedem etwas anderes*, etwas unmittelbares an ihn Gerichtetes. Anders als normales unterstreicht dichterisches Sprechen die *Individualität* und nicht die kollektive *Angleichung* aller Mitglieder der Sprachgemeinschaft. Statt einem bestehenden Regelzwang zu folgen, bestimmt die Poesie aus eigener Souveränität die impliziten und wandelbaren Prinzipien ihres Umgangs mit der Sprache.

Nirgends aber wird so deutlich wie hier, daß Dichtung keine parallele Unternehmung zur Wissenschaft ist, sondern eine geradezu gegenläufige. Wissenschaft zielt durch zusätzliche *Normierung* der sprachlich zulässigen Ausdrucksweisen und der sachlich zulässigen Behauptungen darauf ab, einen intersubjektiven *Zustimmungszwang* als Voraussetzung gemeinsamen rationalen Handelns zu begründen. Dichtung hingegen zielt durch funktionale *Abweichung* von sprachlichen Normen darauf ab, einen subjektiven *Freiraum* zu schaffen und dessen individuelle Ausfüllung durch persönliche Aktivität des Lesers zu stimulieren.

Wegen dieses unaufhebbaren Subjektbezuges ist Poesie zur *Abbildung* der Wirklichkeit grundsätzlich ungeeignet – höchst geeignet dagegen zur *Veränderung* der Wirklichkeit durch Veränderung unserer individuellen Einstellung zu ihr. Die Dichtung gebraucht die Sprache nicht deskriptiv, sondern appellativ; ihr Grundgestus lautet nicht, wie in der Wissenschaft: „So ist die Welt", sondern, wie in Rilkes Gedicht: „Du mußt dein Leben ändern."

Anhang

Nachweise

1. Jan Mukařovský: Kapitel aus der Ästhetik, übs. v. W. Schamschula, Frankfurt 1970, S. 10 f.
2. Heinrich Wittenwilers Ring, hrsg. v. E. Wießner, Leipzig 1931, Vers 40 f.
3. Stefan George: Das Zeitgedicht, in: Der siebente Ring. Gesamtausgabe der Werke, endgültige Fassung, Band 6/7, Berlin 1931, S. 32.
4. Vgl. dazu Helmut Heißenbüttel: Über George, in: Agora 11, 2. Aufl. 1961, S. 138.
5. Helmut Heißenbüttel: Das Textbuch, Neuwied 1970, S. 130 f.
6. Christian Morgenstern: Alle Galgenlieder, Wiesbaden 1947, S. 263.
7. Hans Arp: wortträume und schwarze sterne. auswahl aus den gedichten der jahre 1911–1952, Wiesbaden 1953, S. 7.
8. Arno Schmidt: Abend mit Goldrand, eine MärchenPosse. 55 Bilder aus der Lä/Endlichkeit für Gönner der VerschreibKunst, Frankfurt 1975, S. 25 bzw. 100 bzw. 141 bzw. 4.
9. Peter Handke: Kaspar, 2. Aufl. Frankfurt 1968, S. 71; vgl. ähnlich schon S. 42.
10. Jürgen Stenzel: Zeichensetzung. Stiluntersuchungen an deutscher Prosadichtung, Göttingen 1966.
11. Hans-Georg Gadamer: Poesie und Interpunktion, in: Kleine Schriften, Band II, Tübingen 1967, S. 188–193.
12. Kaspar (s. Anm. 9), S. 21 f.
13. Stefan George: Tage und Taten. Aufzeichnungen und Skizzen, in: Werke (s. Anm. 3) Band 17, Berlin 1933, S. 53.
14. Arno Schmidt: Die Gelehrtenrepublik. Kurzroman aus den Roßbreiten. Neuausgabe Frankfurt 1965, S. 54 bzw. 24 bzw. 69.
15. Ebenda S. 150.
16. Ebenda S. 59.
17. Ebenda S. 36.
18. Ebenda S. 142.
19. Edward Sapir: Abnormal Types of Speech in Nootka, in: Selected Writings of Edward Sapir in Language, Culture and Personality, hrsg. v. D. G. Mandelbaum, Berkeley 1949, S. 188 ff.
20. Nach Viktor Šklovskij: Die Kunst als Verfahren, in: Texte der russischen Formalisten, Band I, hrsg. u. eingel. v. J. Striedter, München 1969, S. 2–35, hier S. 11. Quellenhinweise dazu bei Victor Erlich: Russischer Formalismus, übs. v. M. Lohner, Neuausgabe Frankfurt 1973, S. 81 sowie S. 338.
21. Aristoteles: Poetik 1458 a 34–1458 b 15.
22. Morgenstern: Das große Lalula (s. Anm. 6, S. 23).
23. Rudolf Blümner: Ango Laina, in: Lyrik des expressionistischen Jahrzehnts, eingel. v. G. Benn, München 1962, S. 186.
24. Ernst Jandl: schtzngrmm, in: Laut und Luise, Olten 1966, S. 47.

25. Melchior Vischer: Sekunde durch Hirn, Der Teemeister, Der Hase und andere Prosa, hrsg. v. H. Geerken, München 1976, S. 76.
26. Vgl. allg. Kurt Schwitters: Das literarische Werk, Band I, hrsg. v. F. Lach, Köln 1973, S. 198–213.
27. Morgenstern (s. Anm. 6), S. 31 bzw. 332.
28. Johann Wolfgang von Goethe: Rezension von Arnims und Brentanos Volksliedersammlung „Des Knaben Wunderhorn" (dort Nr. 311: Der angeschossene Guckguck), in: Berliner Ausgabe Band 17, Berlin/DDR 1970, S. 400.
29. Vgl. z. B. Burckhard Garbe: Experimentelle Texte im Sprachunterricht, Düsseldorf 1976, S. 56–105; Christoph Küper: Linguistische Poetik, Stuttgart 1976, S. 81–95.
30. Morgenstern (s. Anm. 6), S. 254.
31. Ebenda S. 255.
32. Ebenda S. 40 f.
33. Ebenda S. 90 f.
34. Vgl. dazu Klaus Baumgärtner: Der methodische Stand einer linguistischen Poetik, in: Jahrbuch für Internationale Germanistik I 1, 1969, S. 15–43, hier S. 21–24.
35. Alexander Pope: The Rape of the Lock, z. B. in: Collins Albatross Book of Verse, hrsg. v. L. Untermeyer, Neuausgabe London 1960, S. 253.
36. John Donne: Death, Be not Proud (ebenda S. 165).
37. John Milton: On Shakespeare (ebenda S. 196).
38. Sir John Denham: Cooper's Hill, z. B. in: Poetry of the Landscape and the Night. Two Eighteenth Century Traditions, hrsg. v. Ch. Peake, London 1967, S. 24.
39. Alexander Pope: Windsor-Forest (ebenda S. 42).
40. Pope: The Rape of the Lock (s. Anm. 35, S. 253).
41. Denham: Cooper's Hill (s. Anm. 38, S. 24; originale Schreibung).
42. Ebenda S. 25.
43. Johann Christoph Gottsched: Versuch einer Critischen Dichtkunst. Erster allgemeiner Theil, VII. Capitel: Von poetischen Worten. Zitiert nach: Ausgewählte Werke, Band VI 1, hrsg. v. J. u. B. Birke, Berlin 1973, S. 301.
44. Astrid Lindgren: Pippi Langstrumpf. Einbändige Gesamtausgabe, übs. v. C. Heinig, Hamburg 1970, S. 274–281.
45. Vgl. dazu Marcel Mauss: Soziologie und Anthropologie, Band I: Theorie der Magie. Soziale Morphologie, übs. v. H. Ritter, München 1974, S. 140–156; sowie die Einleitung von Claude Lévi-Strauss, ebenda S. 35–39.
46. Astrid Lindgren: Das entschwundene Land, übs. v. A.-L. Kornitzky, Hamburg 1977, S. 102.
47. Knut Hamsun: Hunger, übs. v. J. Sandmeier u. S. Angermann, Reinbek 1959, S. 52 f.
48. Lewis Carroll: Complete Works, hrsg. v. A. Woollcott, London 1939, S. 196.
49. Die Gelehrtenrepublik (s. Anm. 14), S. 36.
50. Vgl. dazu Hamburger Ausgabe Band 1, S. 436 f.
51. Laut und Luise (s. Anm. 24), S. 174.
52. Die Fackel 917, S. 106.
53. Rudolf Borchardt: Abschied vom Sonett, in: Gesammelte Werke in Einzelbänden, Band I: Gedichte, hrsg. v. M. L. Borchardt u. H. Steiner, Stuttgart 1957, S. 102.

54. Vgl. dazu Aristoteles: Poetik 1457 b 6 ff.; Jurij M. Lotman: Das *fremde Wort* im poetischen Text, in: Die Analyse des poetischen Textes, übs. u. eingel. v. R. Grübel, Kronberg/Ts. 1975, S. 157–166; Michail Bachtin: Probleme der Poetik Dostoevskijs, übs. v. A. Schramm, München 1971; Jürgen Lehmann: Ambivalenz und Dialogizität. Zur Theorie der Rede bei Michail Bachtin, in: Urszenen. Literaturwissenschaft als Diskursanalyse und Diskurskritik, hrsg. v. F. A. Kittler u. H. Turk, Frankfurt 1977, S. 355–380, bes. S. 365 ff.
55. Zitiert nach: Epochen der deutschen Lyrik, Band 4: Gedichte 1600–1700, hrsg. v. Chr. Wagenknecht, München 1969, S. 163 f. (Kursivierung original).
56. Vgl. dazu Gottlob Frege: Über Begriff und Gegenstand, in: Funktion, Begriff, Bedeutung. Fünf logische Studien, hrsg. u. eingel. v. G. Patzig. 4. erg. Aufl. Göttingen 1975, S. 66–80, bes. S. 73–77; sowie Gottlob Frege: Die Grundlagen der Arithmetik. Neudruck Hildesheim 1961, § 53.
57. Richard Wagner: Das Rheingold, in: Gesammelte Schriften und Dichtungen, 2. Aufl. Leipzig 1888, Band V, S. 218.
58. Die Walküre (ebenda Band VI, S. 7 bzw. 21).
59. Siegfried (ebenda S. 171).
60. Parsifal (ebenda Band X, S. 355).
61. Hendrik Birus: Poetische Namengebung. Zur Bedeutung der Namen in Lessings „Nathan der Weise", Göttingen 1978.
62. Vgl. dazu Noam Chomsky: Grammatikalitätsgrade, in: Aspekte der Syntax-Theorie, übs. v. E. Lang u. a., Frankfurt 1969, S. 188–194; Samuel R. Levin: Poetry and Grammaticalness, in: Proceedings of the Ninth International Congress of Linguists, hrsg. v. H. G. Lunt, den Haag 1964, S. 308–315, hier S. 310.
63. Goethe: Heidenröslein, in: Berliner Ausgabe Band 1, S. 16 (s. Anm. 28).
64. Karl May: Und Friede auf Erden. Reiseerzählungen in Einzelausgaben, Band 31, Herrsching o. J. (1976 ff.), S. 429.
65. Textbuch S. 171 (s. Anm. 5).
66. Zahlreiche Belege z. B. bei Garbe (s. Anm. 29) sowie in den Werken von Arp (s. Anm. 7), Schwitters (s. Anm. 26), Heißenbüttel (s. Anm. 5) und Jandl (s. Anm. 24).
67. Das deutsche Sonett. Dichtungen, Gattungspoetik, Dokumente, hrsg. v. J.-U. Fechner, München 1969, S. 91.
68. Roman Jakobson: Closing Statement: Linguistics and Poetics, in: Style in Language, hrsg. v. Th. A. Sebeok, Cambridge/Mass. 1960, S. 350–377, hier S. 356.
69. John Henry Mackay: Morgen, z. B. in: Texte deutscher Lieder, hrsg. u. eingel. v. D. Fischer-Dieskau, München 1968, S. 308.
70. Rainer Maria Rilke: Der Einsame, in: Sämtliche Werke, hrsg. v. E. Zinn, Band 1, Frankfurt 1955, S. 636.
71. Hugo von Hofmannsthal: Manche freilich . . ., in: Gesammelte Werke in Einzelausgaben, Band 14, Frankfurt 1952, S. 19.
72. Briefwechsel zwischen George und Hofmannsthal, Berlin 1938, S. 85 f. (10.–12. 2. 1896).
73. Wolfgang Borchert: Die Küchenuhr, in: Das Gesamtwerk, Hamburg 1959, S. 201.
74. Borchert: Die drei dunklen Könige, ebenda S. 185.

75. Borchert: Maria, alles Maria, in: Die traurigen Geranien. Und andere Geschichten aus dem Nachlaß, hrsg. v. P. Rühmkorf, Hamburg 1967, S. 82.
76. Ingeborg Bachmann: Gedichte, Erzählungen, Hörspiel, Essays. München 1964, S. 43.
77. Friedrich Nietzsche: Also sprach Zarathustra, in: Kritische Gesamtausgabe, hrsg. v. G. Colli u. M. Montinari. 6. Abt., Band I, Berlin 1968, S. 394.
78. Die Fackel 323, S. 23 f.
79. Victor Hadwiger: Mein Tag. Zitiert nach Benn (s. Anm. 23), S. 30.
80. Aristoteles: Poetik 1457 b 6–33.
81. Quintilian: Institutio Oratoria 8.6.8.
82. Vgl. bes. Uriel Weinreich: Explorations in semantic theory, in: Current trends in linguistics III, den Haag 1966, S. 395–477.
83. Vgl. bes. Hans Hörmann: Semantische Anomalie, Metapher und Witz, oder: Schlafen farblose grüne Ideen wirklich wütend? In: Folia Linguistica 5, 1971, S. 310–330.
84. Clemens von Brentano: Werke Band III, hrsg. v. F. Kemp, München 1965, S. 320.
85. So bes. Harald Weinrich: Semantik der kühnen Metapher, in: Deutsche Vierteljahresschrift 37, 1963, S. 325–344, hier S. 334.
86. So bes. Wilhelm Köller: Semiotik und Metapher. Untersuchungen zur grammatischen Struktur und kommunikativen Funktion von Metaphern, Stuttgart 1975, bes. S. 4 ff.
87. So bes. Els Oksaar: Zur Frage der grammatischen Metapher, in: Festschrift für Hugo Moser, hrsg. v. U. Engel u. a., Düsseldorf 1969, S. 131–145.
88. Vgl. dazu John L. Austin: How to Do Things with Words, Oxford 1962; John R. Searle: Speech Acts. An Essay in the Philosophy of Language, Cambridge 1969.
89. Vgl. dazu Günter Saße: Literatursprache, in: Lexikon der Germanistischen Linguistik, hrsg. v. H. P. Althaus, H. Henne u. H. E. Wiegand, 2., vollst. neu bearb. u. erw. Aufl. Tübingen 1980, S. 698–706.
90. Vgl. bes. Johannes Anderegg: Fiktion und Kommunikation. Ein Beitrag zur Theorie der Prosa, Göttingen 1973; Gottfried Gabriel: Fiktion und Wahrheit. Eine semantische Theorie der Literatur, Stuttgart 1975, bes. S. 42–52.
91. Laurence Sterne: The Life and Opinions of Tristram Shandy, Gentleman, hrsg. v. G. Petrie, Harmondsworth/Middlesex 1967, I 25, S. 101.
92. Ebenda I 9, S. 45.
93. Wolfgang Amadeus Mozart: Die Zauberflöte. Dichtung von Emanuel Schikaneder. Zusammen mit Szenen aus Goethes „Der Zauberflöte zweiter Teil“ hrsg. u. eingel. v. W. Zentner, Stuttgart 1967, S. 68.
94. Georg Christoph Lichtenberg: Schriften und Briefe, Band I: Sudelbücher, hrsg. v. W. Promies, Darmstadt 1968, Nr. E 252.
95. Otfrids Evangelienbuch, hrsg. v. O. Erdmann, 5. Aufl. bes. v. L. Wolff, Tübingen 1965, z. B. S. 14 ff., 53, 220, 262 f.
96. Z. B.: An das leydende Angesicht Jesu Christi, in: Epochen der deutschen Lyrik (s. Anm. 55), S. 216 f.
97. Z. B.: Gebet (Herr! schicke, was du willt), in: Eduard Mörike: Sämtliche Werke, hrsg. v. G. Baumann u. S. Grosse, Stuttgart 1961, Bd. 1, S. 134 f.

98. Z. B.: Pied Beauty, in: Untermeyer (s. Anm. 35), S. 483.
99. Über epische und dramatische Dichtung. Von Goethe und Schiller, in: Berliner Goethe-Ausgabe Band 17, S. 326–328 (s. Anm. 28).
100. Odyssee IX, 407 f.; übs. v. J. H. Voß, z. B. München 1962, S. 105.
101. Pippi Langstrumpf (s. Anm. 44), S. 240.
102. Jules Verne: Die Propellerinsel, übs. v. W. Wondratschek, in: Die große Jules Verne Ausgabe Band 14, Frankfurt 1968, S. 179.
103. Die Gelehrtenrepublik (s. Anm. 14), S. 27.
104. Vgl. bes. Gottlob Frege: Über Sinn und Bedeutung, in: Funktion, Begriff, Bedeutung (s. Anm. 56), S. 40–65; Karl Aschenbrenner: Implications of Frege's Philosophy of Language for Literature, in: The British Journal of Aesthetics VIII, 1968, S. 319–334; Gottfried Gabriel: Fiktion und Wahrheit (s. Anm. 90), bes. S. 9–42 sowie S. 112–128; ders.: Fiction – A Semantic Approach, in: Poetics 8, 1979, S. 245–255.
105. So Felix Martinez-Bonati: Die logische Struktur der Dichtung, in: Deutsche Vierteljahresschrift 47, 1973, S. 185–200.
106. Ebenda S. 192 f.
107. Vgl. dazu Wayne C. Booth: The Rhetoric of Fiction, Chicago 1961, bes. Kap. VII, VIII, XI und XII.
108. Aristoteles: Poetik 1451 a 36–1451 b 5 (meine Übs.). Vgl. dazu Platon: Der Staat 386 a–398 b und 595 a–608 b, hier bes. 391 e 1, 599 a 2 sowie 600 e 5–7.
109. Johann Jacob Breitinger: Critische Dichtkunst. Faksimilierte Ausgabe Stuttgart 1966, Band I, S. 142 f.
110. Vgl. dazu Harald Fricke: Wie soll man über Kafka reden? Sieben Thesen zum Umgang mit Literatur, erläutert an Franz Kafkas Erzählung „Ein Hungerkünstler", in: Anstöße 26, 1979, S. 17–23.
111. Vgl. dazu Clemens Lugowski: Die Form der Individualität im Roman, neu hrsg. u. eingel. v. H. Schlaffer, Frankfurt 1976.
112. So schon 1897 Kurd Laßwitz: Auf zwei Planeten. Roman in zwei Büchern. Faksimilierte Ausgabe Frankfurt 1979, S. 175 f.
113. Tzvetan Todorov: Einführung in die Theorie der fantastischen Literatur. A. d. Franz. übs. v. K. Kersten u. a., München 1972, S. 52–54.
114. Der Staat 391 b 7–c 1; Schleiermachers Übs., zit. nach: Platon: Sämtliche Werke, Band III, Reinbek 1958, S. 124.
115. Gottfried August Bürger: Wunderbare Reisen zu Wasser und Lande. Feldzüge und lustige Abenteuer des Freiherrn von Münchhausen, wie er dieselben bei der Flasche im Zirkel seiner Freunde selbst zu erzählen pflegt. In: Werke und Briefe. Auswahl, hrsg. v. W. Friedrich, Leipzig 1958, S. 656–726, hier S. 723.
116. Jakob Böhme: Sämtliche Schriften. Neudruck der Ausgabe von 1730, hrsg. v. W.-E. Peuckert, Stuttgart 1955; Band I, S. 34 bzw. Band IV, Teil VII, S. 68.
117. Angelus Silesius (d. i. Johannes Scheffler): Cherubinischer Wandersmann. Geistreiche Sinn- und Schlußreime, hrsg. v. G. Ellinger, Halle 1895, I 5 (S. 14) bzw. IV 77 (S. 97).
118. Novalis: Schriften, hrsg. v. P. Kluckohn und R. Samuel. 2. erw. Aufl., Band II, Stuttgart 1965, S. 417; bzw. Band III, Stuttgart 1968, S. 559.
119. Kritische Friedrich-Schlegel-Ausgabe Band 2, hrsg. v. H. Eichner, München 1967: Athenäums-Fragment Nr. 53 (S. 173) bzw. Lyceums-Fragment Nr. 14 (S. 148) bzw. Lyceums-Fragment Nr. 108 (S. 160).

120. Faust I, Vers 2540–52 sowie 2557 f., in: Berliner Ausgabe Band 8, S. 229 f. (s. Anm. 28).
121. Macbeth I 1, Vers 10 f., in: William Shakespeare: The Complete Works, hrsg. v. P. Alexander, London 1951, S. 999.
122. Vgl. Peter Rühmkorf: Über das Volksvermögen. Exkurse in den literarischen Untergrund, Reinbek 1967.
123. Zitiert nach: Kinder- und Hausmärchen der Brüder Grimm. Vollständige Ausgabe in der Urfassung, hrsg. v. F. Panzer, Wiesbaden o. J., S. 517 f.
124. Ludwig Tieck: Die verkehrte Welt (hier: Symphonie, hier: Pizzicato mit Accompagnement der Violinen), in: Werke in vier Bänden, hrsg. v. M. Thalmann, Band II, Darmstadt 1964, S. 274.
125. Vgl. dazu Wolfgang Kayser: Das Groteske. Seine Gestaltung in Malerei und Dichtung, Oldenburg 1957, bes. S. 143–145.
126. Vgl. dazu Ernst Bloch: Der zweimal verschwindende Rahmen. Das Tor-Motiv, in: Spuren. Neue, erw. Ausgabe Frankfurt 1969, S. 149–156.
127. Vgl. z. B. Franz Kafka: „Von den Gleichnissen"; ähnlich „Eine kaiserliche Botschaft", „Vor dem Gesetz", „Die Sorge des Hausvaters".
128. Vielfältige Beispiele (u. a. von Chr. Gryphius, Goethe, A. W. Schlegel und Borchardt) in: Das deutsche Sonett. Dichtungen, Gattungspoetik, Dokumente, hrsg. v. J.-U. Fechner, München 1969.
129. Zusammenstellung z. B. in: Deutsche Aphorismen, hrsg. v. G. Fieguth, Stuttgart 1978, S. 300–304. Vgl. dazu auch Friedrich Schlegel (z. B. Lyceums-Fragmente Nr. 4, 9, 14, 34, 51, 56, 59, 71, 90, 109, 126; Athenäums-Fragmente Nr. 23, 24, 78, 206, 302; Ideen Nr. 10, 15, 26; s. Anm. 119) und Karl Kraus: Beim Wort genommen. Werke Band III, hrsg. v. H. Fischer, München 1955 (z. B. S. 116/4, 116/8, 117/2, 132/5, 238/1, 238/2, 332/5).
130. Novalis: Schriften Band I, 3. Aufl. 1977, S. 264 f. (s. Anm. 118).
131. Tieck: Werke Band II, S. 253–255 (s. Anm. 124).
132. Peter Handke: Weissagung, in: Stücke 1, Frankfurt 1972, S. 49–63.
133. Johann Nestroy: Der Zerrissene, in: Sämtliche Werke. Historisch-kritische Gesamtausgabe, hrsg. v. F. Brukner u. O. Rommel, Band 12, Wien 1929, S. 275.
134. Briefe, die neueste Litteratur betreffend. Erster Theil, 17. Brief, in: Gotthold Ephraim Lessings sämtliche Schriften, hrsg. v. K. Lachmann. 3. Aufl., bes. v. F. Muncker, Band 8, Stuttgart 1892, S. 41.
135. Through the Looking-Glass (s. Anm. 48), S. 205.
136. Michael Ende: Die unendliche Geschichte, Stuttgart 1979, bes. S. 139–146.
137. Zitiert nach: So viele Tage, wie das Jahr hat. 365 Gedichte für Kinder und Kenner, hrsg. v. J. Krüss, Gütersloh 1959, S. 67.
138. Bertolt Brecht: Das Lied vom Sankt Nimmerleinstag, in: Der gute Mensch von Sezuan. Gesammelte Werke in 20 Bänden, Band 4, Frankfurt 1967, S. 1562 f.
139. Deutsches Rätselbuch, hrsg. v. V. Schupp, Stuttgart 1972, S. 48 f. (Der Meissner) bzw. S. 53 (anonym) bzw. S. 209 (Theodor Körner).
140. Macbeth I 3, Vers 65–67 (s. Anm. 121).
141. Der Große Duden, Band I: Rechtschreibung, 6. Auflage Mannheim 1967, Umschlagtext.
142. So Eugenio Coseriu: System, Norm und Rede, in: Sprachtheorie und Allge-

meine Sprachwissenschaft. 5 Studien, a. d. Span. übs. v. U. Petersen, München 1975, S. 11–101, hier S. 57.
143. Zit. n.: Dt. Aphor. (s. Anm. 129), S. 63, Nr. 59.
144. Thomas Mann: Gesammelte Werke in zwölf Bänden, Band I, Frankfurt 1960, S. 9.
145. Ludwig Wittgenstein: Philosophische Untersuchungen. Schriften Band I, Frankfurt 1960, § 199.
146. Gerd Spittler: Norm und Sanktion. Untersuchungen zum Sanktionsmechanismus, Olten o. J. (1967), S. 9.
147. H. L. A. Hart: The Concept of Law, Oxford 1961, S. 88.
148. Ferdinand de Saussure: Cours de linguistique générale, Paris 1916 (dt.: Grundfragen der allgemeinen Sprachwissenschaft, Berlin 1931), bes. Teil I, Kap. III, § 6/7 und Teil III, Kap. II, § 1–5.
149. Vgl. dazu Paul Grebe: Sprachnorm und Sprachwirklichkeit, in: Sprachnorm, Sprachpflege, Sprachkritik. Jahrbuch des Instituts für deutsche Sprache 1966/67, Düsseldorf 1968, S. 28–44, hier S. 32 f.
150. Vgl. bes. Šklovskij (s. Anm. 20) und Bohuslav Havránek: The Functional Differentiation of the Standard Language, in: A Prague School Reader on Esthetics, Literary Structure, and Style, hrsg. u. übs. v. P. L. Garvin, Washington D. C. 1964, S. 3–16.
151. Vgl. bes. Lotman (s. Anm. 54, z. B. S. 193) und Lubomir Doležel: Zur statistischen Theorie der Dichtersprache, in: Mathematik und Dichtung. Versuche zur Frage einer exakten Literaturwissenschaft, hrsg. v. R. Gunzenhäuser und H. Kreuzer, 3. Aufl. München 1969, S. 275–293.
152. Vgl. dazu Carl G. Hempel: Problems and Changes in the Empiricist Criterion of Meaning, in: Revue Internationale de Philosophie 11, 1950, S. 41–63.
153. Vgl. dazu Karl Raimund Popper: Logik der Forschung, Wien 1935.
154. Noam Chomsky: A Transformational Approach to Syntax, in: Proceedings of the Third Texas Conference on Problems of Linguistic Analysis in English, hrsg. v. A. A. Hill, Austin 1962, S. 124–148 sowie S. 179–184, hier S. 180.
155. George Edward Moore: Principia Ethica, Cambridge 1903, bes. S. 15 ff. und S. 39 ff.
156. Siegfried Jäger: Zum Problem der sprachlichen Norm und seiner Relevanz für die Schule, in: Muttersprache 81, 1971, S. 162–175, hier S. 162 f.
157. Vgl. z. B. Die Fackel 751–756, S. 37–57 („Zur Sprachlehre"), und 876–884, S. 147–192 („Subjekt und Prädikat").
158. Wittgenstein: Philosophische Untersuchungen § 199 (s. Anm. 145).
159. Gottlob Frege: Der Gedanke, in: Logische Untersuchungen, hrsg. u. eingel. v. G. Patzig, Göttingen 1966, S. 30–53, hier S. 30.
160. Niklas Luhmann: Normen in soziologischer Perspektive, in: Soziale Welt 20, 1969, S. 28–48, hier S. 36 f.
161. Vgl. dazu Spittler (s. Anm. 146), bes. S. 112.
162. Vgl. bes. Max Weber: Wirtschaft und Gesellschaft. Neudruck Köln 1964, Band I, S. 21–24; ders.: Rechtssoziologie. Neudruck Neuwied 1960, S. 63 ff.
163. Vgl. bes. John Searle: How to Derive „ought" from „is", in: Theories of Ethics, hrsg. v. Ph. Foot, Oxford 1967, S. 101–114, bes. S. 111 ff.; John Rawls: Two Concepts of Rules. Ebenda S. 144–170, bes. S. 151 ff.; David Lewis: Conventions, Cambridge/Mass. 1969, bes. S. 99 ff.

164. Hugo Steger: Sprachverhalten – Sprachsystem – Sprachnorm, in: Jahrbuch der Deutschen Akademie für Sprache und Dichtung Darmstadt 1970, Heidelberg 1971, S. 11–32, hier S. 19 f.
165. Ausdruck nach Spittler (s. Anm. 146), S. 131.
166. Bestellungen aus der Reichspressekonferenz vom 9. 9. 1937, zitiert nach: Sprachnorm und Gesellschaft, hrsg. v. F. Winterling, Frankfurt 1974, S. 40.
167. Wittgenstein: Philosophische Untersuchungen § 241 (s. Anm. 145).
168. Lewis: Conventions (s. Anm. 163), bes. S. 28–31.
169. Luhmann: Normen (s. Anm. 160), bes. S. 32–35.
170. Vgl. bes. Hart (s. Anm. 147, S. 54 f.) sowie Eike von Savigny: Argumentation in der Literaturwissenschaft. Wissenschaftstheoretische Untersuchungen zu Lyrikinterpretationen, München 1976, bes. S. 24–27.
171. Wittgenstein: Philosophische Untersuchungen § 54 (s. Anm. 145).
172. Platon: Ion 534 b 3–5 (Schleiermachers Übs.; s. Anm. 114).
173. So Zdenko Škreb (briefliche Mitteilung vom 5. 3. 1979).
174. So Jan Mukařovský in: Prague School Reader (s. Anm. 150), S. 20.
175. So z. B. Sol Saporta: Die Bedeutung der Linguistik beim Studium dichterischer Sprache, in: Literaturwissenschaft und Linguistik, hrsg. v. J. Ihwe, Band II 2, Frankfurt 1971, S. 327–342, bes. S. 340 f.; Harald Fricke: Die Sprache der Literaturwissenschaft. Textanalytische und philosophische Untersuchungen, München 1977, bes. S. 24 f. und S. 38 f.
176. So z. B. Mukařovský in: Prague School Reader (s. Anm. 150), S 18.
177. Gottlob Frege: Logik, in: Schriften zur Logik und Sprachphilosophie. Aus dem Nachlaß, hrsg. u. eingel. v. G. Gabriel, Hamburg 1971, S. 35–73, hier S. 68.
178. TV Hören und Sehen 18/1978.
179. Hans Robert Jauß: Literaturgeschichte als Provokation der Literaturwissenschaft, Konstanz 1967, S. 29.
180. Vgl. dazu Gilbert Ryle: The Concept of Mind, London 1949.
181. Immanuel Kant: Kritik der Urteilskraft, § 22 (S. 69 der Originalpaginierung, hier zitiert nach der Ausgabe von K. Vorländer, Neudruck Hamburg 1963; vgl. ähnlich S. 44, 61, 170, 247, 274).
182. Friedrich Schiller: Kallias oder Über die Schönheit. Sämtliche Werke, hrsg. v. G. Fricke und H. Göpfert, Band 5, München 1975, S. 400 bzw. 409.
183. Ein Wort für junge Dichter, in: Berliner Ausgabe Band 17, S. 714 f. (s. Anm. 28).
184. Jean Paul: Die unsichtbare Loge. Vorredner, in: Werke in sechs Bänden, hrsg. v. N. Miller, München 1960 ff., Band I, S. 29.
185. Die Meistersinger von Nürnberg (s. Anm. 57, Band VII, S. 185).
186. Ebenda S. 239.
187. Tage und Taten (s. Anm. 13), S. 86.
188. Schriften Band III, S. 92 (s. Anm. 118).
189. Vgl. dazu Jakobson (s. Anm. 68), bes. S. 358 ff.
190. Jean Paul: Vorschule der Ästhetik (s. Anm. 184, Band V, S. 194).
191. Vgl. dazu Mukařovský in: Prague School Reader (s. Anm. 150), bes. S. 20 f.
192. So Ulrich Brandt (briefliche Mitteilung vom 28. 1. 1979).
193. Vgl. dazu Saße (s. Anm. 89), bes. S. 702–705.
194. Vgl. dazu Zdenko Škreb: Literarischer und nichtliterarischer Text. Zur Frage

der Textrezeption des Lesers, in: Umjetnost riječi. Wortkunst. Deutschsprachiges Sonderheft: Rezeptionsästhetik und Literaturgeschichte, Zagreb 1977, S. 5–22.

195. Vgl. bes.: Heine und die Folgen (Die Fackel 329–330, S. 1–33); Untergang der Welt durch schwarze Magie (Die Fackel 363–365, S. 1–28); Die Kultur im Dienste des Kaufmanns (Die Fackel 873–875, S. 1–44).
196. Nicolas Boileau-Despréaux: Brief an Brosette, zitiert nach Jürgen von Stakkelberg: Boileau-Despréaux (1636–1711), in: Klassiker der Literaturtheorie. Von Boileau bis Barthes, hrsg. v. H. Turk, München 1979, S. 10–22, hier S. 10.
197. Critische Dichtkunst (s. Anm. 43), S. 284.
198. Von etlichen sachen die den Poeten vorgeworffen werden; vnd derselben entschuldigung, in: Martini Opitii Buch von der Deutschen Poeterey (zitiert nach der Ausgabe von 1624, neu hrsg. v. R. Alewyn nach der Edition v. W. Braune, 2. Aufl. Tübingen 1966, S. 10 f.).
199. Louis Hjelmslev: Prolegomena to a Theory of Language, übs. v. F. J. Whitfield, Baltimore 1953, S. 50 f. u. ö.
200. Hans Glinz: Die innere Form des Deutschen, 5. Aufl. Bern 1968, z. B. S. 93 f. u. ö.
201. Vgl. Chomsky, Aspekte (s. Anm. 62), S. 21–28.
202. Franz Mon: Sätze in einem Satz, in: Akzente 12, 1965, S. 526–532.
203. Peter Handke: Die Innenwelt der Außenwelt der Innenwelt, Frankfurt 1969, S. 59.
204. Vgl. dazu Karl Bühler: Sprachtheorie. Neudruck Stuttgart 1965, S. 154 ff.
205. Vgl. dazu Gerhard Schulz: Arno Holz. Dilemma eines bürgerlichen Dichterlebens, München 1974, S. 223 f.
206. Vgl. dazu Roman Jakobson: Was ist Poesie? In: Poesie und Sprachstruktur, übs. v. F. P. Ingold, Zürich 1970, S. 10.
207. Linguistics and Poetics (s. Anm. 68), S. 377.
208. Johann Gottfried Herder: Fragmente, in: Sämtliche Werke, hrsg. v. B. Suphan, Band 5, Berlin 1891, S. 19.
209. Sprache der Literaturwissenschaft (s. Anm. 175), S. 23–184.
210. Goethe: Maximen und Reflexionen Nr. 147. Berliner Ausgabe Band 18, S. 497 (s. Anm. 28).
211. Goethe: Noten und Abhandlungen zum besseren Verständnis des West-Östlichen Divans. Berliner Ausgabe Band 3, S. 232–234 (s. Anm. 28).
212. Ebenda.
213. Ebenda.
214. Vgl. Anm. 104.
215. Arno Holz: Werke, hrsg. v. W. Emrich und Anita Holz, Neuwied 1963 ff., Band V, Teil 3, S. 87.
216. Vgl. z. B. Emil Staiger: Grundbegriffe der Poetik, Zürich 1946, passim.
217. Vgl. Anm. 211.
218. Nathan der Weise, III 7, Vers 1894 f. (s. Anm. 134, Band 3).
219. Aphorismen aus Hegels Wastebook (1803–1806), in: Werke, hrsg. v. E. Moldenhauer und K. M. Michel, Band II, Frankfurt 1970, S. 559.
220. Schriften Band II, S. 537 (s. Anm. 118).
221. Kritik der Urteilskraft § 52 (s. Anm. 181).

222. Goethe: Über das Lehrgedicht. Berliner Ausgabe Band 17, S. 681–683 (s. Anm. 28).
223. Vorschule der Ästhetik (s. Anm. 190), S. 250 f.
224. Vgl. dazu Käte Hamburger: Die Logik der Dichtung. 2., veränd. Aufl. Stuttgart 1968, bes. S. 59–72.
225. Gottlob Frege: Nachgelassene Schriften, Band II: Wissenschaftlicher Briefwechsel, hrsg. v. G. Gabriel u. a., Hamburg 1976, S. 34 (Brief an Hugo Dingler).
226. Romeo and Juliet, V 3, Vers 92 f. (s. Anm. 121).
227. Macbeth, III 3, Vers 16 ff. bzw. III 4, Vers 15 bzw. III 4, Vers 89 ff.
228. Hamlet, II 2, Vers 446 ff.
229. Vgl. dazu z. B. Alfred Tarski: Wahrheit und Beweis, in: Einführung in die mathematische Logik. 5., erw. Aufl., übs. v. E. Scheibe und R. Stuhlmann-Laeisz, Göttingen 1977, S. 244–275.
230. Othello, V 2, Vers 169 bzw. 87 bzw. 128.
231. King Lear, III 2.
232. Vgl. Anm. 211.
233. Der Staat 394 a 5–b 3 (s. Anm. 114).
234. Günter Grass: Die Blechtrommel. Neudruck Frankfurt 1962, S. 9.
235. Vgl. Anm. 99.
236. Robert Browning: My Last Duchess, z. B. in Untermeyer (s. Anm. 35), S. 427 f.
237. Vgl. dazu: Die Dimensionen der Rede im Erzählvorgang, in: Eberhard Lämmert: Bauformen des Erzählens, 3. Aufl. Stuttgart 1968, S. 195–242.
238. Friedrich Traugott Hase: Gustav Aldermann. Ein dramatischer Roman. Faksimilierter Neudruck mit einem Nachwort von Eva D. Becker, Stuttgart 1964, Band I, S. 135.
239. James Joyce: Ulysses, London 1937, S. 461.
240. Ebenda S. 550.
241. Ebenda S. 496.
242. Ebenda S. 452.
243. Ebenda S. 431.
244. Ebenda S. 410 f., 429, 564 u. ö.
245. Ebenda S. 440.
246. In: Nachlaß (s. Anm. 177), S. 1–22.
247. Phaidros 227 a bzw. 279 c (s. Anm. 114).
248. Politeia 327 a.
249. Theaitetos 142 a bzw. 143 c.
250. Parmenides 127 a.
251. Vgl. dazu Max Kommerell: Die Sprache und das Unaussprechliche. Eine Betrachtung über Heinrich von Kleist, in: Geist und Buchstabe der Dichtung, 4. Aufl. Frankfurt 1956, S. 243–317.
252. Handke: Innenwelt, S. 122–125 (s. Anm. 203) bzw. Stücke 1 (s. Anm. 123).
253. Werke Band VII, S. 405–450 (s. Anm. 215).
254. Ebenda S. 308–315.
255. Vgl. Anm. 211.
256. Arno Schmidt: Belphegor. Nachrichten von Büchern und Menschen, Karlsruhe 1961 (hier bes. die ‚Historische Revue': Massenbach, S. 310–448).

257. Abend mit Goldrand (s. Anm. 8), S. 3 bzw. 12.
258. Vgl. dazu Klaus W. Hempfer: Gattungstheorie. Information und Synthese, München 1973, S. 30–127.
259. Max Frisch: Stücke Band 1, Frankfurt 1962, S. 175.
260. Jurij Tynjanov: Das literarische Faktum, in: Formalisten (s. Anm. 20), S. 393–431, bes. S. 395–399.
261. Marie von Ebner-Eschenbach: Gesammelte Werke in drei Einzelbänden,hrsg. v. J. Klein, München 1956–58, Band III, S. 865.
262. Adolf Nowaczyński: Der schwarze Kauz. Eulen-Spiegel-Glas-Splitter, aufgelesen und aus dem Polnischen herübergetragen von Karl Dedecius, Frankfurt 1972, S. 35.
263. Friedrich Nietzsche: Die Unschuld des Werdens. Der Nachlaß, ausgew. u. geordnet v. A. Bäumler, 1. Band Stuttgart 1956, S. 189.
264. Ebenda S. 378.
265. Maximen und Reflexionen Nr. 416 (s. Anm. 210).
266. Heinrich Wiesner: Die Kehrseite der Medaille. Neue lakonische Zeilen, München 1972, S. 68.
267. Carl Gustav Jochmann: Über die Sprache, hrsg. v. Ch. J. Wagenknecht, Göttingen 1968, S. 336 der Originalpaginierung (Schreibweise modernisiert).
268. Alle Formulierungen bei Franz H. Mautner: Der Aphorismus als literarische Gattung, in: Der Aphorismus. Wege der Forschung 356, hrsg. v. G. Neumann, Darmstadt 1976, S. 19–74, hier S. 52.
269. So Gerhard Neumann: Ideenparadiese. Untersuchungen zur Aphoristik von Lichtenberg, Novalis, Friedrich Schlegel und Goethe, München 1976, bes. S. 660–662, 682, 724 und 727.
270. Maximen und Reflexionen Nr. 621–632 (s. Anm. 210).
271. Ebenda Nr. 633–641.
272. Z. B. ebenda Nr. 252, 277, 279, 419, 436, 539, 594, 949, 1133, 1275, 1287, 1288.
273. So Tynjanov (s. Anm. 260), S. 397.
274. Joseph Peter Stern: Lichtenbergs Sprachspiele, in: Aufklärung über Lichtenberg. Mit Beiträgen von H. Heißenbüttel u. a., Göttingen 1974, S. 60–75, hier S. 74.
275. Wittgenstein: Philosophische Untersuchungen § 132 (s. Anm. 145).
276. Vgl. Anm. 211.
277. Sämtliche Schriften Band XI, S. 220 (s. Anm. 134).
278. Wolfdietrich Schnurre: Der Schattenfotograf. Aufzeichnungen, München 1978, S. 377 f., Nr. 6 bzw. 18.
279. Vorschule der Ästhetik, S. 175–178 (s. Anm. 190; meine Kursivierung).
280. Sudelbücher E 16 (s. Anm. 94); vgl. auch D 96.
281. Kritische Ausgabe Band 2, S. 182 f. (s. Anm. 119).
282. Sudelbücher D 216 (s. Anm. 94).
283. Ebenda C 81.
284. So z. B. Otto Paul/Ingeborg Glier: Deutsche Metrik, 8. Aufl. München 1970, S. 131; Wolfgang Kayser: Kleine deutsche Versschule, 12. Aufl. Bern 1966, S. 62; Bernhard Asmuth: Aspekte der Lyrik, Düsseldorf 1972, S. 67.
285. Z. B. S. 79, 95, 90, 91, 93, 108, 109, 228 und 275 in: Das deutsche Sonett (s. Anm. 128).

286. Franz Kafka: Sämtliche Erzählungen, hrsg. v. P. Raabe, Frankfurt 1970, S. 320.
287. Reiner Kunze: Sensible Wege. Neudruck Reinbek 1976, S. 13.
288. Hans Magnus Enzensberger: Der Untergang der Titanic. Eine Komödie, Frankfurt 1978.
289. Vgl. bes. Ulrich Fülleborn: Das deutsche Prosagedicht. Zur Theorie und Geschichte einer Gattung, München 1970; Deutsche Prosagedichte des 20. Jahrhunderts, hrsg. u. eingel. v. U. Fülleborn, München 1976.
290. Vgl. z. B. die Vorrede Agricolas zu: Sybenhundertundfünfftzig Teütscher Sprichwörter / verneüwert und gebessert, Hagenau 1534, in: Johannes Agricola: Die Sprichwörtersammlungen, Band I, hrsg. v. S. L. Gilman, Berlin 1971, S. 3–6.
291. Vgl. z. B. Sprüche Salomonis 1,11 mit Lichtenberg: Sudelbücher G 172 (s. Anm. 94), sowie Karl May: Mahnung und Trost, in: Lichte Höhen, Bamberg 1956, S. 394.
292. Matth. 7, 28–29.
293. Jean Paul: Titan, in: Werke Band III (s. Anm. 184), S. 167.
294. Hegel: Werke Band XI, S. 353 (s. Anm. 219).
295. Vgl. z. B.: Weltliche Texte. Aphorismen-Schatz der Welt-Litteratur, hrsg. v. F. Hoddik, Berlin 1901; Das Buch der Bücher. Aphorismen der Weltliteratur, hrsg. v. E. Berg, 8. Aufl. Teschen 1902; Geistige Waffen. Ein Aphorismen-Lexikon von O. Schaible, Freiburg 1904.
296. Francis Bacon: The New Organon and Related Writings, hrsg. v. F. H. Anderson, New York o. J., S. 39.
297. Sudelbücher J 1242 (s. Anm. 94).
298. Theodor W. Adorno: Minima moralia. Neudruck Frankfurt 1976, S. 140 (Nr. 72).
299. Vgl. bes. Ideen Nr. 137 (zu 128), 155 und 156 (s. Anm. 119).
300. Vgl. Jurij Tynjanov: Über die literarische Evolution, in: Formalisten (s. Anm. 20), S. 432–461.
301. Friedrich Hölderlin: Friedensfeier, in: Sämtliche Werke und Briefe, hrsg. v. G. Mieth, München 1970, Band 1, S. 365.
302. Wilhelm Busch: Gesamtausgabe in vier Bänden, hrsg. v. F. Bohne, Wiesbaden o. J., Band IV, S. 515.
303. Ben Jonson's Literary Criticism, hrsg. v. J. D. Redwine, Jr., Lincoln 1970, S. 170 f.
304. Gelehrtenrepublik, S. 115 (s. Anm. 14).
305. Übs. nach v. Stackelberg (s. Anm. 196), S. 19.
306. Wunderselzame Abentheurliche / vnerhörte / vnd bißher vnbeschriebene Geschichten vnd Thaten der obgemelten Schiltbuerger in Misnopotamia hinder Vtopia gelegen, cap. 17 (zitiert nach: Die Volksbücher von Till Ulenspiegel, Hans Clawert und den Schildbürgern, hrsg. u. eingel. v. H. Wiemken, Bremen 1962, S. 309).
307. Andreas Gryphius: Absurda Comica oder Herr Peter Squentz, in: Gesamtausgabe der deutschsprachigen Werke, hrsg. v. M. Szyrocki und H. Powell, Band 7, Tübingen 1969, S. 21.
308. Zitiert nach: Epochen der deutschen Lyrik, S. 343 (s. Anm. 55).
309. Werke Band 1 (s. Anm. 70), S. 689 bzw. 697 bzw. 701.

310. Vgl. Anm. 50.
311. Abschied von Rom, in: August Graf von Platens sämtliche Werke, hrsg. v. M. Koch und E. Petzet, Leipzig o. J. (1909 ff.), 4. Band, S. 112.
312. Max und Moritz, in: Gesamtausgabe Band 1, S. 368 (s. Anm. 302).
313. Galgenlieder S. 263 (s. Anm. 6).
314. Nathan der Weise II 1, Vers 832 (s. Anm. 218).
315. So Paul/Glier (s. Anm. 284), S. 100–102; ähnlich Kayser (s. Anm. 284), S. 22; Ulrich Pretzel: Deutsche Verskunst, in: Deutsche Philologie im Aufriß, hrsg. v. W. Stammler, Band 3, 2. Aufl. Berlin 1962, Sp. 2357–2546, hier Sp. 2477 f.; Gero von Wilpert: Sachwörterbuch der Literatur. 4., verb. u. erw. Aufl. Stuttgart 1964, s. v. „Knittelvers".
316. So Christian Wagenknecht: Deutsche Metrik. Eine historische Einführung, München 1981, S. 40.
317. Vgl. ebenda S. 93–95.
318. Alle Zitate nach: Werke Band 1, S. 557 (s. Anm. 70)
319. Vgl. dort z. B. Teil 1, Nr. I, III(!), VI(!), XX, XXIII, XXIV und Teil 2, Nr. IV(!), V, VII, IX(!), XV, XVII(!), XXVIII(!).
320. Werke Band 1, S. 482 (s. Anm. 70).
321. Werke Band 8, S. 181–186 (s. Anm. 138).
322. Ebenda Band 4, S. 4*.
323. Ebenda Band 19, S. 403.
324. Ebenda S. 401.
325. Ebenda S. 399.
326. Ebenda Band 10, S. 1022.
327. Ebenda Band 19, S. 404.
328. Ebenda S. 402.
329. Claus Bremer: ANLAESSE. Kommentierte Poesie 1949 bis 1969, Neuwied 1970, S. 89.
330. Ebenda S. 88.
331. Brecht: Werke Band 9, S. 743 f. (s. Anm. 138).
332. Karl Marx: Einleitung zur Kritik der politischen Ökonomie, in: MEW Band 13, Berlin/DDR 1972, S. 641.
333. Brecht: Werke Band 10, S. 894 (s. Anm. 138).
334. Wolf Biermann: Nachlaß 1, Köln 1977, S. 384 (dort handschriftlich, ohne graphische Gliederung).
335. Acht Argumente für die Beibehaltung des Namens „Stalinallee" für die Stalinallee, ebenda S. 417–419.
336. Wolf Biermann: Preußischer Ikarus. Lieder, Balladen, Gedichte, Prosa. Köln 1978, S. 123.
337. Die hab ich satt! Nachlaß 1, S. 413 f. (s. Anm. 334).
338. Ebenda S. 467 ff.
339. Ebenda S. 431 ff.
340. Ebenda S. 453 f.
341. Reiner Kunze: Die wunderbaren Jahre. Prosa, Frankfurt am Main 1976, S. 76–80.
342. Vgl. bes. C. L. Stevenson: Ethics and Language, New Haven 1945; R. M. Hare: The Language of Morals, London 1952; Günther Patzig: Ethik ohne Metaphysik, Göttingen 1971.

343. Vgl. dazu Jost Schillemeit: Bonaventura. Der Verfasser der ‚Nachtwachen', München 1973, bes. S. 99 f.
344. Goethe-Bibliographie, begründet von Hans Pyritz, 1. Band Heidelberg 1965, 2. Band ebenda 1968.
345. Goethe: Italienische Reise, 12. 9. 1787, in: Berliner Ausgabe Band 14, S. 584 (s. Anm. 28).
346. Ebenda Band 15, S. 247.
347. Wilhelm Dilthey: Leben Schleiermachers, hrsg. v. M. Redeker. Gesammelte Schriften Band XIII/1, Göttingen 1970, S. 515.
348. Vgl. Martin Walser: Über Päpste, in: Wer ist ein Schriftsteller? Aufsätze und Reden, Frankfurt 1979, S. 47–54.
349. Vgl. Frege: Logische Untersuchungen, S. 52 (s. Anm. 159).
350. Vgl. Walter Benjamin: Das Kunstwerk im Zeitalter seiner technischen Reproduzierbarkeit. Drei Studien zur Kunstsoziologie, Frankfurt 1963, S. 7–63, bes. 13–21.
351. Ernst Bloch: Die Silberbüchse Winnetous, in: Erbschaft dieser Zeit. Gesamtausgabe Band 4, Frankfurt 1962, S 169–173, hier S. 170.
352. Vgl. Die Fackel 888 sowie 889.
353. Aristoteles: Categoriae 6, 5 b 11–29.
354. Friedrich Hebbel: Der Nachsommer, in: Werke, hrsg. v. G. Fricke u. a., Band III, München 1965, S. 682.
355. Vgl. dazu Austin (s. Anm. 88) bzw. Bühler (s. Anm. 204).
356. Kritik der Urteilskraft, § 8 (s. Anm. 181).
357. So sinngemäß Birus (s. Anm. 61), bes. S. 187 ff.
358. So Richard Alewyn (briefliche Mitteilung vom 31. 1. 1978).
359. Nietzsche: Menschliches, Allzumenschliches. Zweiter Teil: Der Wanderer und sein Schatten, § 99, in: Gesamtausgabe (s. Anm. 77), 4. Abteilung, 3. Band, S. 234 f.
360. Brief an J. F. Benzenberg, Juli 1798, in: Schriften und Briefe Band IV, S. 988 (s. Anm. 94).
361. Kritik der Urteilskraft, § 33 (s. Anm. 181).
362. Ebenda.
363. Ebenda § 56.
364. So Patzig (s. Anm. 342), S. 87.
365. Italienische Reise, 8. 12. 1787, in: Berliner Ausgabe Band 14, S. 635 (s. Anm. 28).
366. Friedrich Rückerts Kindertodtenlieder. Aus seinem Nachlasse, Frankfurt 1872, S. 311.
367. Hanns Johst: Schlageter. Schauspiel, München 1933, S. 85.
368. Angaben nach: Deutsches Bühnen-Jahrbuch 44–55, Berlin 1933–44.
369. Vgl. dazu die Bibliographie bei Helmut F. Pfanner: Hanns Johst. Vom Expressionismus zum Nationalsozialismus, den Haag 1970, bes. S. 309–314.
370. In: Des deutschen Dichters Sendung in der Gegenwart, hrsg. v. H. Kindermann, Leipzig 1933, S. 206–212.
371. Brecht: Der gute Mensch von Sezuan, Epilog. Werke Band 8, S. 1607 (s. Anm. 138).
372. Georg Lukács: Hegels Ästhetik, in: Georg Wilhelm Friedrich Hegel: Ästhetik. Mit einer Einführung von G. Lukács hrsg. v. F. Bassenge, Berlin/DDR 1955, Band II, S. 587–624, hier S. 604.

373. Georg Lukács: Über die Besonderheit als Kategorie der Ästhetik, in: Georg Lukács Werke Band 10, Neuwied 1969, S. 537–789, hier S. 761.
374. Vgl. dazu Wolfgang Iser: Die Appellstruktur der Texte. Unbestimmtheit als Wirkungsbedingung literarischer Prosa, Konstanz 1970, bes. S. 11–19.
375. Karl Kraus: Worte in Versen. Werke Band VII, hrsg. v. H. Fischer, München 1959, S. 83.
376. Lukács: Einführung in die ästhetischen Schriften von Marx und Engels, in: Werke Band 10, S. 205–231, hier S. 219 (s. Anm. 373).
377. Ebenda S. 223.
378. Ebenda S. 222.
379. Ebenda S. 225.
380. Vgl. dazu Zdenko Škreb: Die Bedeutung der Lehre von den zwei Wirklichkeiten in der Literaturwissenschaft, in: Marxistische Literaturkritik, hrsg. v. V. Žmegač, Neuausgabe Frankfurt 1972, S. 76–87, bes. S. 85 f.
381. Vorschule der Ästhetik, S. 34 f. (s. Anm. 190).
382. Werke Band 18, S. 222 (s. Anm. 138).
383. Vorschule der Ästhetik, S. 46 (s. Anm. 190).
384. Bloch: Tübinger Einleitung in die Philosophie. Gesamtausgabe Band 13, Frankfurt 1970, S. 100 f. (s. Anm. 351).
385. Bertolt Brecht: Arbeitsjournal, Frankfurt 1973, Band 1, S. 158.
386. Vorschule der Ästhetik, S. 30 (s. Anm. 190).
387. Vgl. bes. Hans-Jürgen Geerdts: Das Erwachen des bürgerlichen Klassenbewußtseins in den Romanen Jörg Wickrams, in: Wissenschaftliche Zeitschrift der Universität Jena, 1952, S. 117–124; Wolfgang Friedrich: Bemerkungen zu den Romanen Georg Wickrams, in: Wissenschaftliche Zeitschrift der Universität Halle, 1961, S. 1037–1042; Hannelore Christ: Literarischer Text und historische Realität. Versuch einer historisch-materialistischen Analyse von Jörg Wickrams „Knabenspiegel"- und „Nachbarn"-Roman, Düsseldorf 1974, bes. S. 89–102.
388. Georg Wickram: Sämtliche Werke, hrsg. v. H.-G. Roloff, Berlin 1977, Band III, S. 13.
389. Ebenda Band V, S. 110.
390. Ebenda Band III, S. 6.
391. Ebenda S. 120.
392. Ebenda Band IV, S. 177.
393. Vgl. dazu Wilhelm Scherer: Die Anfänge des deutschen Prosaromans und Jörg Wickram von Colmar. Eine Kritik, Straßburg 1877.
394. Die Form der Individualität im Roman (s. Anm. 111), bes. S. 119–141.
395. Werke Band III, S. 5 (s. Anm. 388).
396. Vgl. dazu ausführlicher Harald Fricke: Wickrams Widmungen und ihre Bedeutung für die sozialgeschichtliche Einordnung seiner Romane (demnächst in: Sammelband zur Theorie und Geschichte der Buchwidmung, hrsg. v. Chr. Wagenknecht).
397. Alexander Pope: Epistle to Augustus (i. e. The First Epistle of the Second Book of Horace, Imitated), Vers 201 ff., in: The Poems of Alexander Pope, hrsg. v. J. Butt, Band IV, 2. Aufl. London 1953, S. 211.
398. Ingeborg Bachmann: Alles. In: Gedichte, Erzählungen (s. Anm. 76), S. 111–132.

399. Joyce: Ulysses (s. Anm. 239), S. 503–513.
400. Kritik der Urteilskraft, § 45 (s. Anm. 181).
401. Horaz: Ars poetica, Vers 343 f. Übersetzung von Johann Heinrich Voß: Werke Band II, Auf dem Vorgebirg der guten Hoffnung 1806, S. 232.
402. Athenäums-Fragment Nr. 111 (s. Anm. 119; S. 181).
403. Goethe: Dichtung und Wahrheit. Berliner Ausgabe Band 13, S. 580 (s. Anm. 28).
404. Stefan George: Über dichtung, in: Blätter für die Kunst, Neudruck Düsseldorf 1968, Folge 3, S. 35.
405. Brecht: Kleines Organon für das Theater. Werke Band 16, S. 659–708 (s. Anm. 138), bes. §§ 1–14 und § 75.
406. Archibald MacLeish: Collected Poems 1917–1952, Cambridge/Mass. o. J., S. 40 f.

Sachregister

Kursive Seitenzahlen verweisen auf Begriffsdefinitionen bzw. Worterläuterungen

Personenregister

Buchanzeige

Vom gleichen Autor ist erschienen:

Harald Fricke

Die Sprache der Literaturwissenschaft

Textanalytische und philosophische Untersuchungen
1977. 296 Seiten (Edition Beck)

Zwischen diesem früheren und dem jetzt vorgelegten Buch – wiewohl beides völlig selbständige Werke – besteht ein starker sachlicher Zusammenhang: „Die Sprache der Literaturwissenschaft" entwickelt die methodologischen Prinzipien, nach denen in „Norm und Abweichung" eine Theorie der Literatur aufgebaut wird.
Gegenstand der methodologischen Untersuchung sind die Äußerungen von Literaturwissenschaftlern: wissenschaftliche Texte über dichterische Texte. Von welcher Art ist dabei ihr eigener Sprachgebrauch? Inwieweit ist er wissenschaftssprachlich orientiert, inwieweit nähert er sich selbst wieder der poetischen Sprache an? Diese Fragen werden – in stilanalytischer Anwendung des Abweichungsmodells – anhand von 80 literaturwissenschaftlichen Arbeiten eingehend geprüft.
Die ermittelten Ergebnisse werden im zweiten Teil der Arbeit einer philosophischen Kritik unterzogen. In Auseinandersetzung mit Tarski und Habermas stehen dabei Probleme der Wahrheitsfähigkeit und der gesellschaftlichen Relevanz literaturwissenschaftlicher Aussagen im Mittelpunkt. Das Resultat: gerade wenn sie praktische Bedeutung gewinnen will, darf die Literaturwissenschaft weder auf logische Präzision noch auf breite Verständlichkeit verzichten.
Daß sich diese beiden Forderungen miteinander vereinbaren lassen, beweist der Autor mit dem nunmehr vorliegenden Buch.

„Mit großer Befriedigung konnte ich diese überaus bedeutende und originelle Studie anzeigen: in ihr hat ein junger Forscher, sachkundig und kampflustig, die unhaltbare Lage in der Literaturwissenschaft aufs Korn genommen. Vielleicht wird, unter seinen Schlägen, das baufällige Gebäude doch ins Wanken geraten." *Zdenko Škreb (Umjetnost riječi, Zagreb)*